अध्यापक शिक्षा

Translated by PHI Learning

राधा मोहन
पूर्व प्राचार्य
राजलक्ष्मी कॉलेज ऑफ एजुकेशन
थंडलम, चेन्नई

टी.वी. सोमशेखर
सहायक प्रोफेसर
शिक्षा विभाग
क्षेत्रीय शिक्षा संस्थान (एनसीईआरटी)
मैसूर, कर्नाटक

PHI Learning Private Limited
Delhi-110092
2025

In fond memory of ***Shri Asoke K. Ghosh*** *(October 1942 – February 2024), Founder Chairman and Managing Director of PHI Learning, whose vision endlessly inspires.*

The Legacy Continues....

Published by Pushpita Ghosh, PHI Learning Private Limited, Rimjhim House, 111, Patparganj Industrial Estate, Delhi-110092 and Printed by Syndicate Binders, A-20, Hosiery Complex, Noida, Phase-II Extension, Noida-201305 (N.C.R. Delhi).

₹625.00

अध्यापक शिक्षा
राधा मोहन एवं टी.वी. सोमशेखर

ISBN-978-93-5443-943-8 (Print Book)
ISBN-978-93-5443-838-7 (e-Book)

The export rights of the book are vested solely with the publisher.

विषय सूची (Contents)

भाग 2
प्रक्रिया और अभ्यास (PROCESS AND PRACTICE)

भाग 3
चरण और अवस्थाएँ (STAGES AND PHASES)

भाग 4
विधियाँ और तकनीकें —सामान्य और आधुनिक
(METHODS AND TECHNIQUES—General and Modern)

भाग 6
व्यावसायिक अभ्यास और नैतिकता
(PROFESSIONAL PRACTICE AND ETHICS)

प्रस्तावना (Preface)

अध्यापक शिक्षा शिक्षक तैयारी के लिए लिखी गई पुस्तक है जो एक परिवर्तनकारी दृष्टिकोण की तत्काल आवश्यकता की पूर्ति करती है। यह वर्तमान चुनौतियों से निपटने और शिक्षा के भविष्य को आकार देने के लिए मूल्यवान अंतर्दृष्टि, व्यावहारिक सिफारिशें और विविध दृष्टिकोण प्रदान करती है। COVID-19 महामारी ने शिक्षक प्रशिक्षण में अभिनव, प्रौद्योगिकी-संचालित समाधानों को अपनाने के महत्व को उजागर किया है। स्कूल की इन जटिलताओं का समाधान करते हुये, यह पुस्तक शिक्षक तैयारी की वर्तमान स्थिति का गंभीर रूप से आकलन करने और भविष्य के लिए एक मजबूत और अनुकूलनीय शिक्षा प्रणाली सुनिश्चित करने के इस क्षेत्र में क्रांति लाने के विचार से प्रगतिशील सोच वाली रणनीतियों को प्रस्तुत करने की दोहरी आवश्यकता पर जोर देती है। राष्ट्रीय शिक्षा नीति 2020 की शुरुआत के साथ न्यायमूर्ति वर्मा आयोग की सिफारिशों के आकर के अद्यतन एनसीटीई (राष्ट्रीय अध्यापक शिक्षा परिषद) विनियमों ने अध्यापक शिक्षा में कई संरचनात्मक परिवर्तन किए हैं। एनसीटीई ने विविध शिक्षक शिक्षा कार्यक्रम शुरू किए हैं, जिनमें 2 साल का बीएड/एमएड, 4 साल का बीए/ बीएससी-बीएड, 3 साल का बीएड (अंशकालिक), और 3 साल का एकीकृत बीएड/एमएड शामिल हैं। स्कूलों और विश्वविद्यालयों के बीच अध्यापक शिक्षा की स्थिति में शिक्षाशास्त्र के सिद्धांत और व्यवहार, विषय सामग्री और मूल्यांकन तकनीक में महत्वपूर्ण बदलाव शामिल होंगे।

इस पुस्तक का उद्देश्य शिक्षक प्रशिक्षुओं, शिक्षकों और शोधकर्ताओं के लिए एक व्यापक संसाधन के रूप में सेवा करना है, जो उन्हें शिक्षा में उत्कृष्टता को बढ़ावा देते हुए आधुनिक शिक्षण की चुनौतियों का सामना करने के लिए तैयार करता है।

हम PHI Learning की संपादकीय और उत्पादन टीमों को उनके निरंतर प्रयासों और समर्थन के लिए धन्यवाद देना चाहते हैं। ऐसे पेशेवर और सक्षम लोगों के समूह के साथ काम करना सैभाग्य की बात है।

हमें उम्मीद है कि यह पुस्तक अध्यापक शिक्षा में आपकी यात्रा को प्रेरित करेगी।

राधा मोहन
टी.वी. सोमशेखर

भाग 1

अध्यापक शिक्षा—एक अवलोकन
(REFLECTIONS ON TEACHER EDUCATION)

अध्याय 1

हितधारक (Stakeholders)

विद्यालय हमेशा से ही परंपरा की संपदा को एक पीढ़ी से दूसरी पीढ़ी तक पहुंचाने का सबसे महत्वपूर्ण साधन रहा है। यह आज पहले के समय की तुलना में कहीं अधिक हद तक लागू होता है, क्योंकि आर्थिक जीवन के आधुनिक विकास के कारण परंपरा और शिक्षा के वाहक के रूप में परिवार कमजोर हो गया है। इसलिए मानव समाज की निरंतरता और स्वास्थ्य पहले की तुलना में कहीं अधिक हद तक विद्यालयों पर निर्भर है। ***—अल्बर्ट आइंस्टीन***

परिचय (Introduction)

अध्यापक शिक्षा (शिक्षक शिक्षा), निश्चित रूप से, सभी शैक्षिक प्रणालियों का आधार है। शिक्षक प्रशिक्षण की गुणवत्ता और प्रकृति शैक्षिक प्रणालियों की प्रकृति और सफलता को निर्धारित करती है। डेलर्स रिपोर्ट में शिक्षकों की महत्वपूर्ण भूमिका के बारे में यही कहा गया है:

> आने वाली सदी के बारे में हमारा दृष्टिकोण ऐसा है जिसमें सीखने की चाहत को दुनिया भर के व्यक्तियों और अधिकारियों द्वारा न केवल एक लक्ष्य के साधन के रूप में बल्कि अपने आप में एक लक्ष्य के रूप में भी महत्व दिया जाता है। प्रत्येक व्यक्ति को आजीवन सीखने के अवसरों को अपनाने के लिए प्रोत्साहित और सक्षम किया जाएगा। इसलिए शिक्षकों से बहुत उम्मीद की जाएगी और बहुत मांग की जाएगी, क्योंकि यह काफी हद तक उन पर निर्भर करता है कि यह दृष्टिकोण सच हो सकता है या नहीं। शिक्षकों को युवा लोगों को न केवल आत्मविश्वास के साथ भविष्य का सामना करने के लिए बल्कि उद्देश्य और जिम्मेदारी के साथ इसे बनाने के लिए तैयार करने में भी महत्वपूर्ण भूमिका निभानी होगी (डेलर्स एवं अन्य 1996)।

शिक्षा के लक्ष्य (Goals of Education)

शिक्षा तब सामाजिक कार्य करती है जब वह व्यक्तियों या समुदायों की शिक्षा की मांगों को उनकी विशेष आवश्यकताओं, आकांक्षाओं और सांस्कृतिक परंपराओं के अनुकूल पूरा करने का प्रयास करती है। यह तब जनशक्ति की तरह कार्य करती है जब यह अर्थव्यवस्था को प्रशिक्षित कर्मचारियों की संख्या को बढ़ाने के लिए, यह सुनिश्चित करती है कि पूरे समाज की जरूरतों को पूरा करने के लिए पर्याप्त शिक्षक, नर्स या इंजीनियर मौजूद हैं। इस प्रकार शिक्षा सामाजिक और जनशक्ति दोनों

कार्यों का निर्वहन करती है। इसलिए, यह समझना आवश्यक है कि शैक्षिक नियोजन इन कार्यों का ताल-मेल कैसे बैठाता है, और किस हद तक जनशक्ति नियोजन ने शैक्षिक नियोजन में योगदान दिया है।

शिक्षक शिक्षा में संतुलन की योजना (Planning for Balance in Teacher Education)

शिक्षक-शिक्षा शिक्षा की एक उप-प्रणाली है। इस उप-प्रणाली का संतुलन निम्नलिखित तीन कारकों पर निर्भर करता है:

1. शिक्षक-शिक्षा के प्रवेश उम्मीदवारों के लिए मांगी गई सीटों की संख्या और शिक्षक शिक्षा संस्थानों द्वारा सीटों की उपलब्धता।
2. संस्थानों से निकलने वाले शिक्षकों की मांग और आपूर्ति हेतु स्कूल शिक्षकों के लिए रोजगार में शिक्षक शिक्षा की भूमिका।
3. शिक्षक-प्रशिक्षकों की संख्या, तथा अध्यापक-शिक्षा संस्थानों में रोजगार के अवसर की उपलब्धता

इन तीनों क्षेत्रों में संतुलन बनाए रखना एक जटिल प्रक्रिया है। शिक्षकों की कमी का दौर था, उसके बाद शिक्षण सहित सभी क्षेत्रों में जनशक्ति की अधिक आपूर्ति का दौर आया। इसलिए भविष्य में शिक्षक शिक्षा के संतुलित विकास पर काम करना आवश्यक है। इसके लिए हमें शिक्षकों और शिक्षक शिक्षकों की मांग और आपूर्ति को प्रभावित करने वाले कारकों को निर्देशित करने के लिए विनियमन और मुक्त बाजार शक्तियों के उपयोग पर एक साथ विचार करना होगा।

शिक्षक शिक्षकों की मांग शिक्षक शिक्षा संस्थानों की संख्या और इन संस्थानों में भावी शिक्षकों के नामांकन पर निर्भर करती है। संस्थानों की संख्या, एक तरफ उपलब्ध धन और दूसरी तरफ स्कूलों में शिक्षकों की मांग पर निर्भर करती है।

भारत में शिक्षक प्रशिक्षण का स्वरूप (Pattern of Teacher Training in India)

भारत में शिक्षा का स्वरूप चित्र 1.1 में दर्शाया गया है। छात्र स्नातक की डिग्री के बाद बी.एड. करके शिक्षक बनने का विकल्प चुन सकते हैं, जिसे वे नियमित पाठ्यक्रमों या दूरस्थ शिक्षा कार्यक्रमों के माध्यम से प्राप्त कर सकते हैं। प्रवेश के लिए, यह अनिवार्य है कि वे 5 + 3 + 3 + 4 ग्रेड की आवश्यकताओं को पूरा करें।

स्कूल पाठ्यचर्या संरचना प्रारूप (वर्षों में)	5	3	3	4	10 + 2	सेवा-पूर्व और सेवाकालीन के अनेक स्तरों के शिक्षक प्रशिक्षण की आवश्यकता
आयु का विवरण: वर्षों में	3 – 8, साल	8 – 11, साल	11 – 14, साल	14 – 18, साल	16 – 18, साल	

मानक	I	II	III	IV	V	VI	VII	VIII	IX	X	XI	XII
आयु	7	8	9	10	11	12	13	14	15	16	17	18
चरण	एफएलएन		प्रारंभिक चरण			मध्य चरण			माध्यमिक चरण			
	अनिवार्य शिक्षा											

चित्र 1.1 भारत में शिक्षक शिक्षा पैटर्न।

हालांकि, वे 10 + 2 साल की स्कूली शिक्षा के बाद एकीकृत शिक्षक शिक्षा कार्यक्रम, बीएससी बीएड/बीए बीएड/एमएससीएड या एक प्राथमिक शिक्षक प्रशिक्षण कार्यक्रम चुन सकते हैं जो उन्हें शिक्षण में डिप्लोमा/नर्सरी शिक्षक प्रशिक्षण डिप्लोमा प्रदान करेगा और उन्हें पूर्व-प्राथमिक स्तर पर पढ़ाने के योग्य बनाएगा। ये पाठ्यक्रम दो साल की अवधि के हैं। यह DIET और शिक्षा के स्व-वित्तपोषित संस्थानों द्वारा संचालित किया जाता है। डिप्लोमा संबंधित राज्य सरकारों द्वारा प्रदान किया जाता है। NEP-2020 स्कूली शिक्षा के सभी चरणों–फाउंडेशन, प्रारंभिक, मध्य और माध्यमिक—के लिए चार वर्षीय एकीकृत शिक्षक प्रशिक्षण कार्यक्रम निर्धारित करता है। नया एकीकृत शिक्षक शिक्षा कार्यक्रम (Integrated Teacher Education Programme, ITEP) देश में NCTE के माध्यम से लागू किया जा रहा है।

चित्र 1.1 बी.एड. की डिग्री प्राप्त करने के विभिन्न तरीकों को दर्शाता है। सर्वप्रथम अभिलाषी नियमित पाठ्यक्रम का अनुसरण कर सकते हैं तथा स्नातक होने के बाद नियमित महाविद्यालय या दूरस्थ शिक्षा के द्वारा बी. एड. में नामांकन करवा सकते हैं।

चित्र 1.2 शिक्षक शिक्षा का मानसिक मानचित्र (mind map) प्रस्तुत करता है। चित्र 1.2 में, एक हब और स्पोक मॉडल दिया गया है, जहां शिक्षक प्रशिक्षु हब है, और हितधारक हैं:

1. **शिक्षक प्रशिक्षु**—जो शिक्षक बनने की आकांक्षा रखते हैं
2. **शिक्षक प्रशिक्षक**—जो प्रेरित हों, छात्रों के विकास में रुचि रखते हों और पूरी तरह से पेशेवर हों।
3. **प्रदाता**—शिक्षा महाविद्यालय, संस्थान या विश्वविद्यालय
4. **समाज**—व्यापक समुदाय—स्थानीय, राष्ट्रीय और वैश्विक
5. **वित्तपोषक**—छात्र, विश्वविद्यालय, अन्य परोपकारी लोग, उद्योग, स्कूल और कॉलेज
6. **नियोक्ता**—स्कूल, कॉलेज, उद्योग, जिला और स्थानीय सरकारें
7. **पुरस्कार देने वाली संस्थाएँ**—विश्वविद्यालय, एनसीटीई (NCTE) जो मान्यता प्रदान करती है, और एनएससी (NAAC) जो आउटपुट को मान्यता प्रदान करता है और मूल्यांकन करता है

प्रत्येक हितधारक की अपेक्षाओं को चित्र 1.2 में दर्शाया गया है।

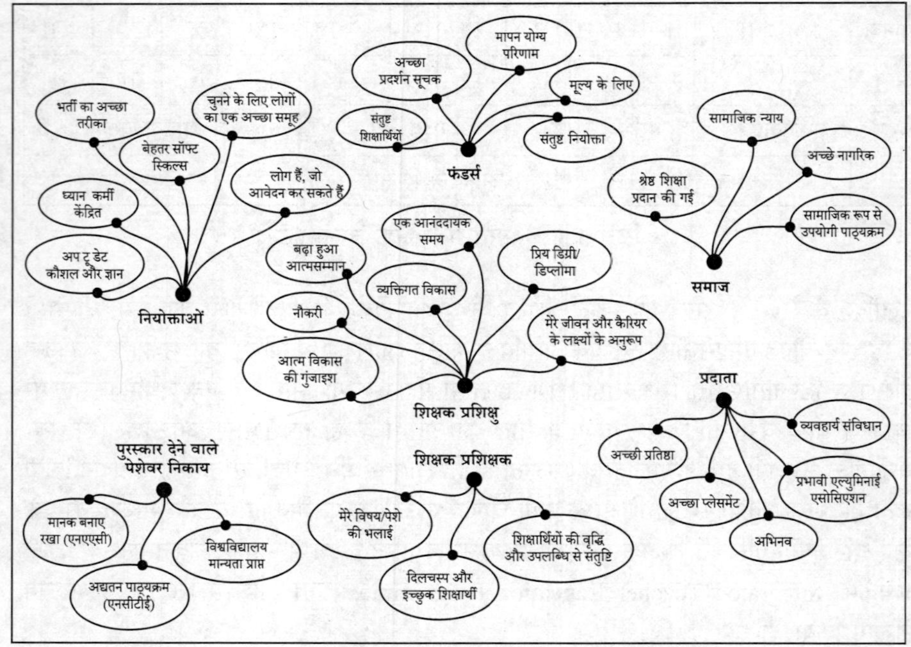

चित्र 1.2 शिक्षक शिक्षा का मानसिक मानचित्र।

शिक्षक शिक्षा में हितधारक (Stakeholders in Teacher Education)

शिक्षक शिक्षा संस्थानों की बढ़ती संख्या के कारण सामने आने वाली चुनौतियाँ स्कूल प्रणाली और राज्य सरकारों दोनों के लिए सवाल खड़े करती हैं। एक ओर, स्कूल प्रणाली को खराब शिक्षक गुणवत्ता और बढ़ती छात्र और सामाजिक अपेक्षाओं से निपटना पड़ता है, वहीं दूसरी ओर, राज्य और राष्ट्रीय सरकारों को शिक्षक शिक्षा प्रणाली में नवाचार को प्रोत्साहित करने और स्कूल की ज़रूरतों को पूरा करने की व्यवस्था करनी पड़ती है। चित्र 1.3 शिक्षक शिक्षा में विभिन्न हितधारकों को दर्शाता है।

हितधारक "ऐसे व्यक्ति या संस्थाएँ हैं जो किसी प्रणाली या संगठन की सफलता या विफलता से लाभ या हानि उठाते हैं"। ग्रॉस और गॉडविन (2005) शिक्षा के हितधारकों की पहचान माता-पिता, छात्र, पूर्व छात्र, प्रशासक, नियोक्ता और समुदाय के रूप में करते हैं। हमारे भारतीय परिप्रेक्ष्य में, हम धार्मिक समूहों, युवा सेवाओं जैसे कि एनएसएस और एनसीसी, सामुदायिक संगठनों जैसे कि रोटारैक्ट क्लब, वरिष्ठ नागरिकों, सरकारी एजेंसियाँ, गैर सरकारी संगठन, इत्यादि को शामिल कर सकते हैं।

शिक्षा में हितधारकों का स्कूली शिक्षा के परिणाम और सीखने के उद्देश्यों पर बहुत प्रभाव पड़ता है, इस प्रकार वे शैक्षिक संस्थानों की संरचना, सीखने को परिभाषित करने और छात्र की प्रकृति को समझने के तरीके को प्रभावित करते हैं। ये परस्पर अनन्य प्रतीत हो सकते हैं।

शिक्षक शिक्षा एक जटिल प्रणाली है। इसमें राज्य विधानमंडल, राज्य प्रमाणन बोर्ड, राष्ट्रीय और क्षेत्रीय मान्यता संघ, शैक्षिक पेशेवर संघ, शिक्षक संघ, शिक्षक शिक्षा संस्थान, स्कूल और संघीय सरकार जैसे कई योगदान कर्ता शामिल हैं।

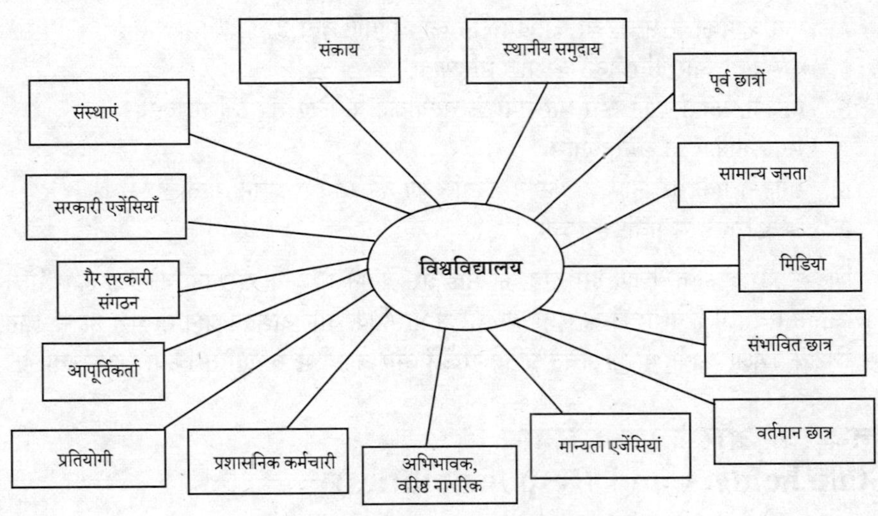

चित्र 1.3 शिक्षक शिक्षा में हितधारक।

अधिकांश हितधारक इस बात पर सहमत हैं कि डिजिटल युग के शिक्षार्थियों की ज़रूरतों और तेज़ी से बदलते ज्ञान और प्रौद्योगिकी-आधारित वैश्विक समाज की चुनौतियों को पूरा करने के लिए शिक्षक शिक्षा में बदलाव की ज़रूरत है। लेकिन विविध नीतिगत संदर्भ और साझा दृष्टिकोण की कमी हितधारकों के बीच परिवर्तन को प्रभावी बनाने के लिए सहयोगी कार्रवाई में बाधा उत्पन्न करती है। हालाँकि शिक्षक पेशेवर विकास में नवाचार और उत्कृष्टता अलग-अलग पहलू हैं, लेकिन उन्हें बड़े पैमाने पर ले जाने के लिए सभी हितधारक समूहों द्वारा ठोस और समन्वित प्रयास की आवश्यकता है।

उत्पादक साझेदारियों ने पहले से अलग-थलग पड़े लोगों के समूह को एक साथ ला दिया है जो यह मानते हैं कि

> सहयोग तब आवश्यक होता है जब पक्षों की किसी समस्या को हल करने में साझा रुचि हो, जिसे कोई भी अकेले हल नहीं कर सकता। सहयोग तब सार्थक होता है जब हितधारक एक साथ काम करने के संभावित लाभों को पहचानते हैं—उन्हें एक दूसरे की ज़रूरत होती है ताकि वे एक ऐसे दृष्टिकोण को क्रियान्वित कर सकें जिसे वे सभी साझा करते हैं, और उन्हें अपने शैक्षिक हितों को आगे बढ़ाने के लिए दूसरों की ज़रूरत होती है। (फुलन और वॉटसन, 2000)

'साझा हित' स्कूलों में शिक्षार्थियों के नाम पर है—मुख्य हितधारक—जिनका जीवन मानवीय और सामाजिक रूप से संतुलित वातावरण में एक अच्छी तरह से संरचित और सार्थक पाठ्यक्रम से अवगत होने पर बदल जाएगा। स्कूलों, शिक्षक शिक्षकों, नियोक्ताओं और समाज के बीच विकसित होने वाली साझेदारियाँ ऐसी हैं जो परामर्श और सलाह से आगे बढ़कर वास्तविक पारस्परिकता की ओर बढ़ रही हैं। ग्राउंडवाटर-स्मिथ एवं अन्य (2001) के अनुसार, भागीदारों के बीच पारस्परिकता निम्नलिखित मामलों में प्राप्त होती है:

1. अन्योन्याश्रितता और अद्वितीय योगदान की मान्यता विभिन्न साझेदार रिश्ते में क्या लाते हैं
2. रचनात्मक और कल्पनाशील समस्या समाधान
3. सुधार के लिए काम करने की इच्छा

4. एक कामकाजी संबंध जो जोखिम लेने की अनुमति देता है
5. अस्पष्टता और दुविधाओं के प्रति सहिष्णुता
6. योजना, कार्यान्वयन और परिणामों के मूल्यांकन के लिए संयुक्त जिम्मेदारी
7. समान प्रकार के संयुक्त लाभ
8. संगठनात्मक संरचनाएं जो फैसले कार्यान्वयन की सुविधा प्रदान करती हैं
9. अच्छी तरह से प्रबंधित संचार

शिक्षक प्रशिक्षकों के लिए, इस तरह की साझेदारी बनाने से उनके संस्थानों को कई लाभ मिले हैं। शिक्षा के संबंध में हितधारकों के एजेंडे के बारे में प्रासंगिक और अद्यतन ज्ञान में वृद्धि हुई है, ज्ञान जिसे शिक्षक शिक्षा कार्यक्रमों में उचित प्रतिक्रियाओं और कार्यों में रूपांतरित किया जा सकता है।

हितधारक और जिम्मेदारियाँ (Stakeholders and Responsibilities)

शिक्षक-शिक्षकों के पेशे के बारे में निर्णय लेने में जिन हितधारकों को शामिल करने की आवश्यकता है उनमें शामिल हैं: सरकार/शैक्षणिक प्राधिकारी, शिक्षक प्रशिक्षुओं के दृष्टिकोण, शिक्षक-शिक्षकों के नियोक्ता, स्वयं शिक्षक-शिक्षक, शिक्षकों के नियोक्ता, शिक्षक-शिक्षकों के व्यावसायिक संघ, बाहरी गुणवत्ता एजेंसियां, यूनियनें, विश्वविद्यालय प्रशासक, स्कूल बोर्ड, विधायिका, जिला प्रशासक और कई अन्य।

प्रमुख हितधारकों की अपेक्षाएँ (Expectations of Key Stakeholders)

प्रमुख हितधारकों की अपेक्षाएं नीचे सूचीबद्ध हैं।

1. समाज बच्चों को शिक्षित करना चाहता है ताकि यह सुनिश्चित हो सके कि उसके विभिन्न आर्थिक और सांस्कृतिक संस्थान कायम रहें और विस्तारित हों। इसका उद्देश्य छात्रों को उत्पादकों और उपभोक्ताओं की अगली पीढ़ी के रूप में ढालना है।
2. सरकार बच्चों को शिक्षित करना चाहती है ताकि वह एक स्थिर, संतुलित एवं सशक्त समाज बना सकें और राष्ट्रीय लक्ष्यों के अनुरूप उत्पादक एवं शक्तिशाली राष्ट्र बनानें में सहायक हों।
3. धार्मिक समूह बच्चों को शिक्षित करना चाहते हैं ताकि वे उनके सांस्कृतिक मानदंडों के अनुरूप ढाल सकें।
4. माता-पिता चाहते हैं कि उनके बच्चे शिक्षित हों, ताकि वे कुशल बन सकें, जिससे वे घर से बाहर निकलकर उन्नति कर सकें तथा उन्हें सम्मान मिल सके।
5. विद्यार्थी शिक्षित होने की अपेक्षा रखते हैं, ताकि उनके पास पर्याप्त विकल्प हों, जिससे वे अपने माता-पिता की स्वायत्तता को सहजता से महसूस कर सकें, जिसकी वह चाह रखते थे।

यद्यपि इन जिम्मेदारियों को पूरा करने के लिए तंत्र तथा इसमें शामिल हितधारकों की संख्या, निश्चित रूप से, विभिन्न राष्ट्रीय संदर्भों के अनुसार भिन्न हो सकती है, लेकिन ऐसा प्रतीत होता है कि कई देशों में इनमें से कुछ प्रमुख शर्तें पूरी नहीं हो रही हैं, क्योंकि प्रायः यह स्पष्ट नहीं है कि इनके लिए कौन जिम्मेदार है, तथा इससे पेशे पर पड़ने वाले नकारात्मक परिणामों पर भी प्रकाश डाला गया है।

उद्देश्यों, परिभाषाओं और समझ की विविधता शिक्षकों के लिए हितधारकों द्वारा प्रदान की गयी जानकारी के साथ अपने प्रयासों को समायोजित करने में संभावित समस्याएं पैदा करती है। ग्रॉस और गॉडविन (2005) एक हितधारक विश्लेषण करने का सुझाव देते हैं जिसके द्वारा एक बार प्रासंगिक हितधारकों की पहचान हो जाने के बाद, यह निर्धारित किया जाता है कि इनमें से किसका किसी दिए गए शैक्षणिक संस्थान पर हित और प्रभाव दोनों है। यह सभी हितधारकों को शिक्षक शिक्षा के सामान्य लक्ष्य को प्राप्त करने के लिए एक साथ काम करने के लिए प्रेरित करेगा।

21वीं सदी में शिक्षक शिक्षा की कुछ आवश्यक विशेषताएँ (Some Essential Features of Teacher Education in The 21st Century)

कई लोग दावा करते हैं कि शिक्षक तैयार करने की मौजूदा प्रणाली शिक्षकों को 21वीं सदी में अपने छात्रों को सफल बनाने के लिए आवश्यक कौशल प्रदान नहीं कर रही है। शिक्षक उम्मीदवार पुराने तैयारी कार्यक्रमों में डूबे रहते हैं जो उन्हें पारंपरिक कक्षाओं में मुख्य रूप से पारंपरिक स्टैंड-अलोन (stand-alone), पाठ-आधारित निर्देश देने के लिए तैयार करते हैं। यदि शिक्षा के स्कूल और वैकल्पिक शिक्षा प्रणालियाँ केवल पारंपरिक शिक्षण के लिए शिक्षकों को तैयार करना जारी रखती हैं, तो भविष्य पहले ही खत्म हो चुका है। केवल शिक्षक तैयार करने पर ध्यान केंद्रित करके, राष्ट्र इस तथ्य को नज़रअंदाज़ करने का जोखिम उठाता है कि वैश्वीकरण के साथ तालमेल रखने के लिए स्कूलों को भी बदलना होगा। चित्र 1.4 में 21वीं सदी के शिक्षक प्रशिक्षु के पास शिक्षक शिक्षा संस्थान से अवधि पूर्ण करने पर जो आवश्यक कौशल होने चाहिए दशाएं गए हैं। ये निम्नलिखित प्रणालियों पर निर्भर हैं:

1. सीखने का माहौल
2. व्यावसायिक विकास
3. पाठ्यक्रम और निर्देश
4. मानक और मूल्यांकन

21वीं सदी में शिक्षक शिक्षा की आवश्यक विशेषताएं नीचे सूचीबद्ध हैं:

1. कई मायनों में, शिक्षक शिक्षक (teacher educator) एक पैर भविष्य में और दूसरा अतीत में रखकर काम कर रहे हैं। उनके स्नातक इतिहास की सबसे डिजिटल रूप से समझदार, सामाजिक रूप से विकसित नेटवर्क वाली पीढ़ी की सेवा करेंगे।
2. आज के युवाओं के पास 21वीं सदी की शिक्षा के बारे में स्पष्ट दृष्टिकोण है। वे ऑनलाइन समुदायों में भाग लेते हैं, जहाँ सीखने के लिए बहुत सारे संसाधन उपलब्ध हैं, जो उनके स्कूलों की सीमाओं से कहीं आगे तक फैले हुए हैं और एक शिक्षक के ज्ञान और कौशल की सीमाओं से भी कहीं आगे हैं।
3. भविष्य के शिक्षक वैश्विक रूप से एकीकृत ज्ञान अर्थव्यवस्था में अपना करियर बनाएंगे, जो टीमवर्क, निरंतर सीखने और निरंतर नवाचार को पुरस्कृत करती है।
4. पारंपरिक शिक्षण के लिए उच्च मानक निर्धारित करने होंगे जिससे डिजिटल युग के शिक्षार्थियों की आवश्यकताओं को पूरा किया जा सके।
5. शिक्षा के स्कूलों को शिक्षक तैयार करने के मौजूदा प्रतिमान से आगे जाना होगा। उन्हें 21वीं सदी के स्कूलों के लिए 21वीं सदी के शिक्षकों को विकसित करने की रोमांचक चुनौती का सामना करना होगा। शिक्षक-शिक्षा को फिर से आविष्कृत करने का यही सही समय है।

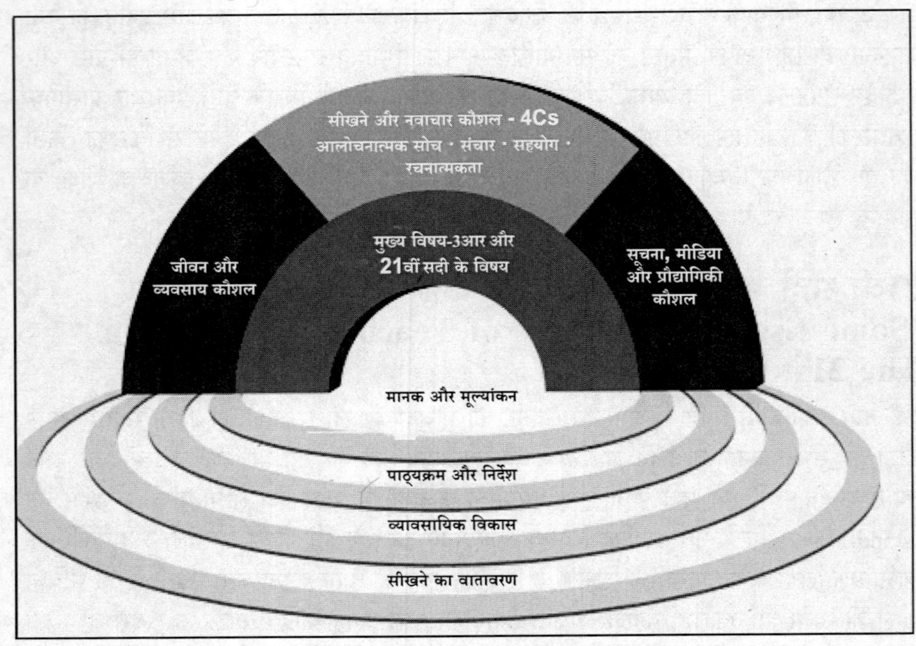

चित्र 1.4 21वीं सदी की शिक्षक शिक्षा-कौशल और परिणाम।

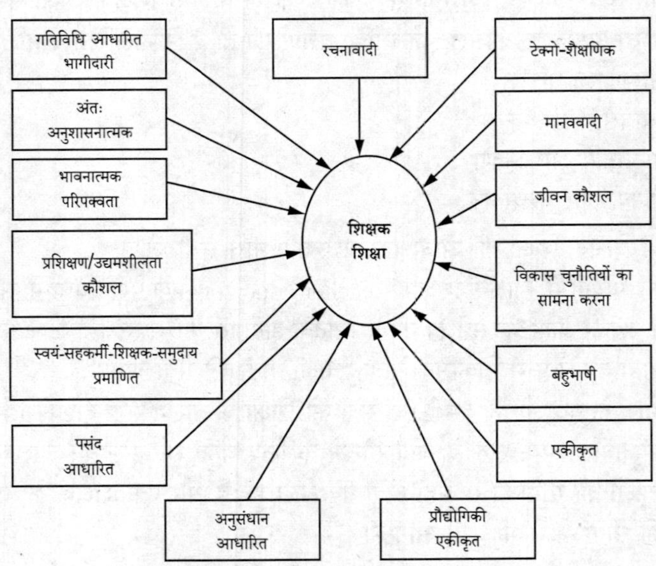

चित्र 1.5 नवीन शिक्षक शिक्षा के घटक.

नवोन्मेषी शिक्षक शिक्षा के घटक (Components of Innovative Teacher Education)

ज्ञानवान शिक्षक छात्रों को उच्च स्तर के कौशल प्रदान कर सकते हैं। इससे देश को गुणवत्तापूर्ण कार्यबल प्राप्त करने और आर्थिक रूप से अधिक प्रतिस्पर्धी बनने में मदद मिल सकती है।

चित्र 1.5 में शिक्षक-शिक्षा कार्यक्रम के विभिन्न प्रावधानों को दर्शाया गया है।

राष्ट्रीय अध्यापक शिक्षा परिषद (National Council for Teacher Education)

राष्ट्रीय अध्यापक शिक्षा परिषद एक वैधानिक निकाय है जो राष्ट्रीय अध्यापक शिक्षा परिषद अधिनियम, 1993 (1993 की संख्या 73) के अनुसरण में 17 अगस्त, 1995 को अस्तित्व में आया।

एनसीटीई (NCTE) का मुख्य उद्देश्य पूरे देश में अध्यापक शिक्षा प्रणाली का योजनाबद्ध और समन्वित विकास करना, अध्यापक शिक्षा प्रणाली में मानदण्डों और मानकों का विनियमन और उचित रखरखाव करना तथा उससे संबंधित मामलों का समाधान करना है।

एनसीटीई के दो वर्षीय कार्यक्रम में तीन व्यापक अंतर-संबंधित पाठ्यचर्या क्षेत्र शामिल हैं:
(क) शिक्षा में महत्व (ख) पाठ्यक्रम और शैक्षणिक अध्ययन (ग) क्षेत्र से जुड़ाव

सभी पाठ्यक्रमों में अध्ययन और परियोजनाओं की अंतर्निहित क्षेत्र-आधारित इकाइयाँ अंतःविषयक दृष्टिकोण से सैद्धांतिक जानकारी के साथ शामिल हैं। फील्ड के साथ जुड़ाव पाठ्यक्रम का वह घटक है जिसका उद्देश्य कार्यक्रम के सभी पाठ्यक्रमों को समग्र रूप से जोड़ना है, जबकि इसमें छात्र शिक्षकों की व्यावसायिक क्षमताओं (Enhancing Professional Capacities—EPC) को बढ़ाने के लिए विशेष पाठ्यक्रम भी शामिल हैं। एनसीटीई-पृष्ठ 2

एनसीटीई पाठ्यक्रमों के संचालन के तरीके को विभिन्न दृष्टिकोण, जैसे केस अध्ययन, समूह प्रस्तुतियाँ, परियोजनाएँ, चिंतनशील पत्रिकाओं पर चर्चाएँ, बच्चों का अवलोकन, तथा विभिन्न सामाजिक-सांस्कृतिक परिवेशों में समुदाय के साथ अंतःक्रियाएँ वातावरण का उपयोग करते हुए निर्दिष्ट करता है। (एनसीटीई-पृष्ठ 2)

एनसीटीई अभिनव शिक्षक शिक्षा कार्यक्रमों को भी बढ़ावा देता है। ऐसा ही एक अभिनव कार्यक्रम एनसीईआरटी (NCERT) द्वारा अपनी घटक इकाई, क्षेत्रीय शिक्षा संस्थान (Regional Institute of Education—RIEs) के माध्यम से देश के पांच क्षेत्रों में चार वर्षीय एकीकृत बीएससी बीएड/बीए बीएड कार्यक्रम, 2 वर्षीय बीएड कार्यक्रम और 2 वर्षीय एमएड कार्यक्रम चलाकर चलाया जाता है।

निष्कर्ष (Conclusion)

शिक्षक शिक्षा कार्यक्रम का लक्ष्य उच्च योग्यता वाले शिक्षकों का विकास करना है जो ज्ञानवान, प्रभावी मार्गदर्शक दुनिया भर में कक्षाओं, स्कूलों, जिलों और समुदायों में अभिनव, कार्रवाई-उन्मुख रोल मॉडल होंगे। शिक्षक शिक्षा कार्यक्रम को सक्षम, आत्मविश्वासी मार्गदर्शकों को तैयार करने में सबसे आगे होना चाहिए जो ग्रामीण और शहरी बहुसांस्कृतिक और अंतर्राष्ट्रीय समुदायों में बच्चों को शिक्षित करने के लिए प्रतिबद्ध हैं। शिक्षक प्रशिक्षुओं को प्रेरित परिवर्तन एजेंट, सभी बच्चों के लिए सहयोग, रचनात्मक, ऊर्जावान और जोखिम लेने वाले बनने के लिए प्रेरित किया जाना चाहिए ताकि शिक्षण के माध्यम से भविष्य की चुनौतियों का सामना कर सकें।

अध्याय 2

दूरस्थ शिक्षा (Distance Education)

एक ही तरह का दृष्टिकोण अब हमारी आकांक्षाओं के अनुरूप नहीं है। हमें यह विचार पसंद है कि हम जब चाहें, जिस तरह चाहें, अलग-अलग जगहों पर सीख सकें - जो काम की बदलती प्रकृति को दर्शाता है।

—प्रोफेसर किरण त्रेहान, प्रो-वाइस चांसलर
यूनिवर्सिटी ऑफ न्यूयॉर्क

परिचय (Introduction)

दूरस्थ शिक्षा या दूरस्थ अधिगम (distance education, or distance learning), शिक्षा का एक ऐसा क्षेत्र है जो शिक्षण पद्धति, प्रौद्योगिकी और निर्देशात्मक प्रणाली डिजाइन पर ध्यान केंद्रित करता है, जो उन छात्रों को शिक्षा प्रदान करने में प्रभावी सिद्ध होता है जो अपनी शिक्षा प्राप्त करने के लिए शारीरिक रूप से मौजूद नहीं होते हैं। अध्यापक (शिक्षक) और छात्र प्रिंट या इलेक्ट्रॉनिक मीडिया के माध्यम से या ऐसी तकनीक के माध्यम से अतुल्यकालिक (asynchronously) रूप से (अपनी पसंद से) संवाद कर सकते हैं जो उन्हें वास्तविक समय में (समकालिक रूप से) संवाद करने की अनुमति देती है। दूरस्थ शिक्षा का विकास प्रौद्योगिकी के विकास के साथ हुआ है—छात्रों को व्यक्तिगत रूप से अध्ययन करने के लिए मेल के माध्यम से मुद्रित सामग्री भेजने से लेकर इंटरनेट-आधारित पाठ्यक्रमों तक जो छात्रों को वास्तविक समय में एक-दूसरे और शिक्षक के साथ बातचीत करने की अनुमति देते हैं। इसमें सभी लोगों को गुणवत्तापूर्ण शिक्षा प्रदान करने की क्षमता है, चाहे वे कहीं भी हों। इस प्रकार, यह एक सच्चे मानव समाज की स्थापना का एक महत्वपूर्ण पहलू है।

कीगन (1980) ने दूरस्थ शिक्षा के छह प्रमुख तत्वों की पहचान की है:

1. अध्यापक (शिक्षक) और शिक्षार्थी का पृथक्करण
2. एक शैक्षिक संगठन का प्रभाव
3. शिक्षक और शिक्षार्थी को जोड़ने के लिए मीडिया का उपयोग
4. दोतरफा संचार का आदान-प्रदान
5. समूह के बजाय व्यक्तिगत रूप से शिक्षार्थी, और
6. औद्योगिक रूप में शिक्षक।

दूरस्थ शिक्षा को पारंपरिक रूप से प्रिंट या इलेक्ट्रॉनिक संचार मीडिया के माध्यम से शिक्षा के रूप में परिभाषित किया गया है, जो कि प्रशिक्षक या प्रशिक्षकों के स्थान या समय से अलग किसी स्थान या समय में शिक्षा के क्षेत्र में लगे व्यक्तियों को दी जाती है। दूरस्थ शिक्षा की पारंपरिक परिभाषा धीरे-धीरे खत्म होती जा रही है क्योंकि नए तकनीकी विकास शिक्षकों को स्कूली शिक्षा और आजीवन सीखने के विचार को फिर से समझने की चुनौती दे रहे हैं। साथ ही, प्रत्येक नई संचार तकनीक के विकास के साथ व्यक्तिगत दूरस्थ शिक्षा की असीमित संभावनाओं में रुचि बढ़ रही है।

दूरस्थ शिक्षा पाठ्यक्रम में इंटरनेट का उपयोग किया जा सकता है; खुले प्रसारण, बंद सर्किट, केबल, माइक्रोवेव, ब्रॉडबैंड लाइनों, फाइबर ऑप्टिक्स, उपग्रह या वायरलेस संचार उपकरणों के माध्यम से एकतरफा और दोतरफा प्रसारण; ऑडियो कॉन्फ्रेंसिंग; या वीडियो कैसेट, डीवीडी (DVDs) और सीडी-रोम (CD-ROMs) का उपयोग किया जा सकता है, यदि इसे दूरस्थ शिक्षा पाठ्यक्रम या कार्यक्रम के भाग के रूप में उपयोग किया जाता है।

पत्राचार शिक्षा एक औपचारिक शैक्षणिक प्रक्रिया है जिसके तहत संस्थान छात्रों को मेल या इलेक्ट्रॉनिक ट्रांसमिशन के माध्यम से शिक्षण सामग्री प्रदान करता है, जिसमें सामग्री पर परीक्षाएं भी शामिल हैं, जो प्रशिक्षक से अलग होते हैं। प्रशिक्षक और छात्र के बीच बातचीत सीमित होती है, नियमित और ठोस नहीं होती है, और मुख्य रूप से छात्र द्वारा शुरू की जाती है; और पाठ्यक्रम आमतौर पर स्व-गति वाले होते हैं।

पत्राचार और दूरस्थ शिक्षा का इतिहास (History of Correspondence and Distance Education)

पत्राचार शिक्षा 19वीं सदी के मध्य में ग्रेट ब्रिटेन, फ्रांस, जर्मनी और संयुक्त राज्य अमेरिका में शुरू हुई (कैलिफोर्निया डिस्टेंस लर्निंग प्रोजेक्ट, 2005) (क्लार्क, 2004)। बाथ, इंग्लैंड में, सर आइजैक पिटमैन ने 1840 में पत्राचार द्वारा शॉर्टहैंड पढ़ाया, और विश्वविद्यालयों द्वारा पत्राचार का उपयोग इंग्लैंड के कैम्ब्रिज विश्वविद्यालय के स्कॉटिश शिक्षक जेम्स स्टुअर्ट द्वारा दिए गए ऑफ-कैंपस व्याख्यानों से बढ़ा (क्लार्क, 2004)। 1874 में, इलिनोइस वेस्लेयन (Illinois Wesleyan) विश्वविद्यालय ने पत्राचार के माध्यम से स्नातक और स्नातकोत्तर डिग्री प्रदान करना शुरू किया और 1883 में, पहला पत्राचार कार्यक्रम अमेरिका के चौटाक इंस्टीट्यूट के माध्यम से शुरू हुआ, जहाँ रविवार को स्कूल के शिक्षकों को पढ़ाया जाता था (कैलिफोर्निया डिस्टेंस लर्निंग प्रोजेक्ट, 2005) (क्लार्क, 2004)। द्वितीय विश्व युद्ध के बाद दुनिया भर में राजनीतिक प्रोत्साहन के माध्यम से संस्थानों द्वारा पत्राचार शिक्षा का बहुत विस्तार और स्वीकृति मिली (हीरेमा और रॉजर्स, 2001)। शुरुआती वर्षों में, पत्राचार शिक्षा के छात्रों और शिक्षकों को लिखित सामग्री भेजने के लिए डाक प्रणाली का उपयोग किया जाता था। इससे सबसे ज़्यादा फ़ायदा शारीरिक रूप से विकलांग लोगों को हुआ, महिलाओं को जिन्हें उन संस्थानों में दाखिला लेने की अनुमति नहीं थी जो केवल पुरुषों के लिए खुले थे, वे लोग जो सामान्य स्कूल के घंटों के दौरान नौकरी करते थे या वे लोग जो दूरदराज के इलाकों में रहते थे जहाँ कोई स्कूल उपलब्ध नहीं था (कैलिफ़ोर्निया डिस्टेंस लर्निंग प्रोजेक्ट, 2005)।

पहला ऑस्ट्रेलियाई पत्राचार विद्यालय 1909 में विक्टोरियन सरकार द्वारा स्थापित किया गया था। हालाँकि, पत्राचार शिक्षण बहुत पहले से ही घुमंतू शिक्षकों के माध्यम से शुरू हो गया था। 1922

में, एक राष्ट्रीय पत्राचार कार्यक्रम अपनाया गया था। ऑस्ट्रेलिया में, द्वितीय विश्व युद्ध के बाद, 'स्कूल ऑफ द एयर' विकसित किया गया था। दूरदराज और ग्रामीण क्षेत्रों में छात्रों को रेडियो के माध्यम से पढ़ाया जाता था (हीरमा और रोजर्स, 2001)। सत्तर के दशक के उत्तरार्ध में पत्राचार शिक्षा ब्रिटेन, जर्मनी, स्कैंडिनेविया, पूर्व यूएसएसआर के देशों, ऑस्ट्रेलिया, न्यूजीलैंड, दक्षिण अफ्रीका, जापान और अमेरिका जैसे विकसित देशों में व्यापक रूप से उपलब्ध हो गई। संयुक्त राष्ट्र शैक्षिक, वैज्ञानिक और सांस्कृतिक संगठन (यूनेस्को), अन्य संगठनों के साथ, पत्राचार शिक्षा के माध्यम से विकासशील देशों में शिक्षा को आधुनिक बनाने का प्रयास कर रहा है (इवांस, 1995)।

1920 के दशक में रेडियो और 1940 के दशक में टेलीविजन के विकास ने प्रसारण कार्यक्रमों और शैक्षिक सामग्री के माध्यम से सीखने के अवसरों को बढ़ाया। अन्य तकनीकी प्रगति, जैसे कि 1990 के दशक की शुरुआत में लंबी दूरी की टेलीफोन प्रणाली, 1980 और 1990 के दशक में टेलीकांफ्रेंसिंग और इंटरनेट, वर्ल्ड वाइड वेब और कंप्यूटर-नेटवर्क संचार की नई मिली क्षमता (कैलिफ़ोर्निया डिस्टेंस लर्निंग प्रोजेक्ट, 2005) के विकास ने नए मीडिया संचार विकास और शिक्षा में इनके उपयोग को जन्म दिया। इसने पत्राचार शिक्षा के लिए अधिक आधुनिक साधन के रूप में दूरस्थ शिक्षा को अपनाने का मार्ग प्रशस्त किया है।

1800 के दशक के अंत में, शिकागो विश्वविद्यालय में, संयुक्त राज्य अमेरिका में पहला प्रमुख पत्राचार कार्यक्रम स्थापित किया गया था जिसमें शिक्षक और शिक्षार्थी अलग-अलग स्थानों पर थे। उस समय से पहले, विशेष रूप से पूर्व-औद्योगिक यूरोप में, शिक्षा मुख्य रूप से समाज के उच्च स्तरों पर पुरुषों के लिए उपलब्ध थी। उन दिनों शिक्षा का सबसे प्रभावी रूप छात्रों को एक स्थान और एक समय में एक साथ लाना था ताकि वे किसी एक गुरु से सीख सकें। पारंपरिक शिक्षा का वह रूप आज भी आदर्श बना हुआ है। 1890 में विलियम रेनी हार्पर जैसे शिक्षकों के वैकल्पिक तरीकों को स्थापित करने के शुरुआती प्रयासों का मज़ाक उड़ाया गया। पत्राचार अध्ययन, जिसे उन लोगों को शैक्षिक अवसर प्रदान करने के लिए डिज़ाइन किया गया था जो अभिजात वर्ग में से नहीं थे और जो किसी शैक्षणिक संस्थान में पूर्णकालिक निवास का खर्च नहीं उठा सकते थे, को निम्न शिक्षा के रूप में देखा जाता था। कई शिक्षक पत्राचार पाठ्यक्रमों को केवल व्यावसायिक संचालन मानते थे। जैसे ही प्रथम विश्व युद्ध के दौरान रेडियो और 1950 के दशक में टेलीविज़न का विकास हुआ, पारंपरिक कक्षा के बाहर शिक्षा को अचानक नई वितरण प्रणाली मिल गई। ऐसे कई उदाहरण हैं कि कैसे शुरुआती रेडियो और टेलीविज़न का उपयोग स्कूलों में दूर से शिक्षा देने के लिए किया जाता था। विस्कॉन्सिन का स्कूल ऑफ द एयर 1920 के दशक में यह पुष्टि करने का एक प्रारंभिक प्रयास था कि स्कूल की सीमाएँ राज्य की सीमाएँ हैं। हाल ही में, ऑडियो और कंप्यूटर टेलीकांफ्रेंसिंग ने पब्लिक स्कूलों, उच्च शिक्षा, सेना, व्यवसाय और उद्योग में शिक्षा के वितरण को प्रभावित किया है।

ब्रिटेन में ओपन लर्निंग (Open Learning in UK)

1969 में यूनाइटेड किंगडम में ब्रिटिश ओपन यूनिवर्सिटी की स्थापना ने अच्छी तरह से डिज़ाइन किए गए पाठ्यक्रमों के माध्यम से प्रिंट आधारित निर्देश को पूरक करने के लिए प्रौद्योगिकी के उपयोग की शुरुआत की। तीन कार्यक्रमों में छात्रों को बड़े पैमाने पर सीखने की सामग्री वितरित की गई, अर्थात स्नातक, स्नातकोत्तर और सहयोगी छात्र। हालाँकि पाठ्यक्रम सामग्री मुख्य रूप से प्रिंट आधारित थी,

लेकिन उन्हें कई तरह की तकनीकों द्वारा समर्थित किया गया था। ब्रिटिश ओपन यूनिवर्सिटी में प्रवेश के लिए किसी औपचारिक शैक्षणिक योग्यता की आवश्यकता नहीं है। पाठ्यक्रमों की बारीकी से निगरानी की जाती है और 100,000 से अधिक छात्रों को सफलतापूर्वक वितरित किया गया है। इसकी सफलता के प्रत्यक्ष परिणाम के रूप में, ओपन यूनिवर्सिटी मॉडल को विकसित और विकासशील दुनिया के कई देशों द्वारा अपनाया गया है (कीगन, 1980)। यूनाइटेड किंगडम के शोधकर्ता समस्याओं की पहचान करने और क्षेत्र में कर्ताओं के लिए समाधान प्रस्तावित करने में अग्रणी बने हुए हैं (हैरी, कीगन और मैग्नस, 1993)। ब्रिटिश ओपन यूनिवर्सिटी में इंटरनेशनल सेंटर फॉर डिस्टेंस लर्निंग, अंतर्राष्ट्रीय दूरस्थ शिक्षा के अनुसंधान और अभ्यास दोनों में शिक्षण सामग्री का पूरा संग्रह रखता है। दुनिया भर में दूरस्थ शिक्षा से संबंधित शोध अध्ययन, मूल्यांकन रिपोर्ट, पाठ्यक्रम मॉड्यूल, पुस्तकें, जर्नल लेख और अल्पकालिक सामग्री सभी त्रैमासिक अभिगम सूचियों या ऑनलाइन के माध्यम से उपलब्ध हैं।

इंदिरा गांधी राष्ट्रीय मुक्त विश्वविद्यालय का मॉडल ब्रिटिश ओपन यूनिवर्सिटी पर आधारित है।

पत्राचार शिक्षा (Correspondence Education)

पत्राचार शिक्षा एक औपचारिक शिक्षा प्रक्रिया और प्रणाली है जहाँ शिक्षार्थी और प्रशिक्षक दूरी और/या समय के आधार पर अलग-अलग होते हैं। यह दूरस्थ शिक्षा के समान है क्योंकि यह इस प्रकार की शिक्षा के लिए पूर्ववर्ती प्रक्रिया और शब्द था। कक्षा सामग्री और शिक्षार्थी और प्रशिक्षक के बीच संचार मुख्य रूप से नियमित डाक सेवा के माध्यम से किया जाता है। कंप्यूटर, वीडियो कैसेट, वीडियो और दूरसंचार विधियों जैसे अन्य सहायक साधनों का भी उपयोग किया जाता है (इवांस, 1995)। पत्राचार पाठ्यक्रम कई शिक्षा संस्थानों द्वारा पेश किए जाते हैं, चाहे वे प्राथमिक, माध्यमिक या तृतीयक हों, व्यवसाय, उद्योग विभाग और यहाँ तक कि दुनिया भर में रक्षा बल भी।

पत्राचार अध्ययन से दूरस्थ शिक्षा तक (Correspondence Study to Distance Education)

दुनिया में दूरस्थ शिक्षा के विकास को दर्शाने वाली समय रेखा (time line) चित्र 2.1 में दर्शाई गई है। 1982 में, अंतर्राष्ट्रीय पत्राचार शिक्षा परिषद ने इस क्षेत्र में विकास को दर्शाने के लिए अपना नाम बदलकर अंतर्राष्ट्रीय दूरस्थ शिक्षा परिषद कर लिया। नई प्रौद्योगिकियों के तेजी से विकास और सूचना प्रदान करने की प्रणालियों के विकास के साथ, शिक्षा तक पहुँच की समानता प्रदान करने के अपने आदर्शों के साथ दूरस्थ शिक्षा एक वास्तविकता बन गई। आज, दर्जनों सार्वजनिक और निजी संगठनों और संस्थानों द्वारा स्कूलों, विश्वविद्यालयों, सेना और बड़ी कंपनियों को दूरस्थ शिक्षा पाठ्यक्रम प्रदान किए जाते हैं।

देश में कई मुक्त विश्वविद्यालय हैं जो अनौपचारिक शिक्षा के माध्यम से विभिन्न डिग्री/डिप्लोमा प्रदान करते हैं। देश में मुक्त विश्वविद्यालयों की स्थापना यूजीसी अधिनियम, 1956 की धारा 2(एफ) में निहित प्रावधानों के अनुसार संसद या राज्य विधानमंडल के अधिनियम द्वारा की गई है। इसलिए, इन विश्वविद्यालयों को यूजीसी अधिनियम, 1956 की धारा 22(1) के अनुसार डिग्री प्रदान करने का अधिकार है।

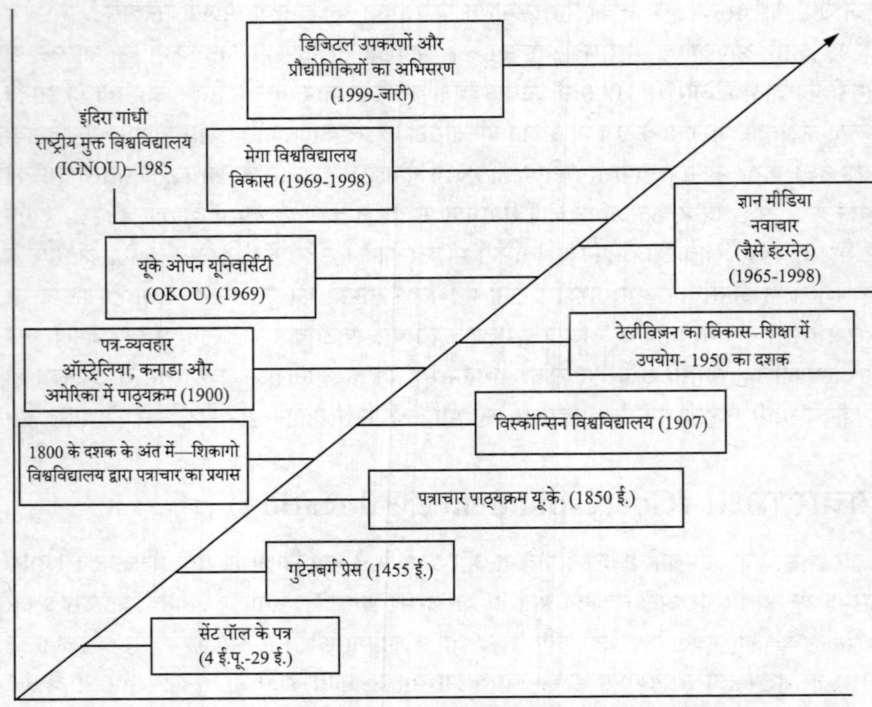

चित्र 2.1 विश्व में दूरस्थ शिक्षा के विकास की समयरेखा।

तालिका 2.1 में भारत के कुछ चुनिंदा मुक्त विश्वविद्यालयों की सूची दी गई है जो बी.एड. और एम.एड. पाठ्यक्रम प्रदान करते हैं।

तालिका 2.1 भारत में बी.एड. और एम.एड. पाठ्यक्रम प्रदान करने वाले चुनिंदा मुक्त विश्वविद्यालय (जनवरी 2005 तक)

क्र.सं.	*नाम और पता*	*प्रस्तावित पाठ्यक्रम*
1.	इंदिरा गांधी राष्ट्रीय ओपन विश्वविद्यालय (1985)	• शिक्षा में पीएच.डी. • दूरस्थ शिक्षा में कला स्नातकोत्तर • शिक्षा स्नातक • प्रारंभिक बाल्यावस्था देखभाल और शिक्षा में डिप्लोमा • प्राथमिक शिक्षा में डिप्लोमा • दूरस्थ शिक्षा में स्नातकोत्तर डिप्लोमा • उच्च शिक्षा में स्नातकोत्तर डिप्लोमा • प्राथमिक शिक्षण में प्रमाणपत्र • प्राथमिक विद्यालय गणित शिक्षण में प्रमाणपत्र • अंग्रेजी शिक्षण में प्रमाणपत्र

क्र.सं.	नाम और पता	प्रस्तावित पाठ्यक्रम
2.	डॉ. बी.आर. अम्बेडकर ओपन विश्वविद्यालय (1982) हैदराबाद–500033, आंध्र प्रदेश	• शिक्षा स्नातक • शिक्षा परास्नातक
3.	कोटा ओपन यूनिवर्सिटी (1987) कोटा–324010, राजस्थान	• शिक्षा परास्नातक • बी.एड. (केवल सेवारत शिक्षकों के लिए)
4.	नालंदा खुला विश्वविद्यालय (1987) पटना–800001, विहार	• शिक्षा परास्नातक
5.	यशवंतराव चव्हाण महाराष्ट्र ओपन यूनिवर्सिटी (1989) नासिक–422005, महाराष्ट्र	• पीएच.डी. कार्यक्रम दूरस्थ शिक्षा • शिक्षा परास्नातक • बी.एड. (सेवारत शिक्षकों के लिए) • शिक्षा स्नातक • बी.एड/बी.पी.एड में सर्टिफिकेट कोर्स।
6.	मध्य प्रदेश भोज (Open) विश्वविद्यालय (1991) भोपाल–462016 मध्य प्रदेश	• बी.एड. (जीई-डीई) • बी.एड. (साइट) • विशेष शिक्षा में (पीजीपीसी एसईडीई) • शिक्षा प्रौद्योगिकी में
7.	डॉ. बाबासाहेब अम्बेडकर ओपन विश्वविद्यालय (1994)	• बी.एड. • बी.एड. विशेष शिक्षा दूरस्थ शिक्षा
8.	कर्नाटक राज्य मुक्त विश्वविद्यालय (1996) मैसूर–570006, कर्नाटका	• पीएच.डी. • एम.फिल. • शिक्षा में स्नातकोत्तर (एम.एड.) • शिक्षा स्नातक
9.	नेताजी सुभाष मुक्त विश्वविद्यालय (1997) कोलकाता–700020, पश्चिम बंगाल	• पीएच.डी. दूरस्थ शिक्षा • अंग्रेजी भाषा में स्नातकोत्तर • शिक्षण • प्री-प्राइमरी शिक्षक प्रशिक्षण में सर्टिफिकेट कोर्स
10.	तमिलनाडु मुक्त विश्वविद्यालय (2002), तमिलनाडु	• बी.एड. कार्यक्रम • बी.एड. विशेष शिक्षा
11.	उ. प्र. राजर्षि टंडन ओपन यूनिवर्सिटी विश्वविद्यालय (1999) इलाहाबाद–21100, उत्तर प्रदेश	• बी.एड. विशेष शिक्षा (बी.एड.एस.ई.) • शैक्षिक प्रबंधन में स्नातकोत्तर डिप्लोमा • प्रारंभिक बाल्यावस्था देखभाल और शिक्षा में डिप्लोमा

तालिका 2.2 पत्राचार पाठ्यक्रम से बी.एड. कराने वाले भारतीय विश्वविद्यालय

क्र.सं.	*संस्था का नाम*	*स्थापनावर्ष*
1.	दूरस्थ शिक्षा निदेशालय, अन्नामलाई विश्वविद्यालय	1979
2.	एसएनडीटी महिला विश्वविद्यालय (बी.एड. और एम.एड)।	1951
3.	अंतर्राष्ट्रीय दूरस्थ शिक्षा एवं मुक्त शिक्षा केंद्र, हिमाचल प्रदेश विश्वविद्यालय, शिमला	1971
4.	दूरस्थ शिक्षा निदेशालय, मदुरै कामराज विश्वविद्यालय, मदुरै	1966
5.	दूरस्थ शिक्षा विद्यालय, कालीकट विश्वविद्यालय	1981
6.	पत्राचार अध्ययन विभाग, पंजाब विश्वविद्यालय, चंडीगढ़	1971
7.	पत्राचार पाठ्यक्रम निदेशालय, कुरुक्षेत्र विश्वविद्यालय, कुरुक्षेत्र (बी.एड. और एम.एड.)	1976
8.	भारतीदसन विश्वविद्यालय तिरूचिरापल्ली	1992
9.	दूरस्थ शिक्षा निदेशालय, मौलाना आज़ाद राष्ट्रीय उर्दू विश्वविद्यालय, हैदराबाद	1998
10.	पत्राचार पाठ्यक्रम के निदेशालय और दूरस्थ शिक्षा, बैंगलोर	1962
11.	दूरस्थ शिक्षा विद्यालय, महात्मा गांधी विश्वविद्यालय, कोट्टायम, केरल (बी.एड.)	1983
12.	दूरस्थ शिक्षा विभाग, कश्मीर विश्वविद्यालय (बीएड और एमएड)	1976
13.	इंस्टीट्यूट ऑफ डिस्टेंस एजुकेशन, डॉ. हरिसिहं गौड़ विश्वविद्यालय, सागर, म.प्र.	1997–98
14.	केंद्रीय अंग्रेजी एवं विदेशी भाषा संस्थान, हैदराबाद (प्रमाणपत्र पाठ्यक्रम)	1972
15.	महात्मा गांधी चित्रकूट ग्रामोदय विश्वविद्यालय, सतना, म.प्र.	1991
16.	दूरस्थ शिक्षा निदेशालय, त्रिपुरा विश्वविद्यालय, त्रिपुरा	1987
17.	दूरस्थ शिक्षा संस्थान, केरल विश्वविद्यालय (पीजीडीईपीएमए—शैक्षिक योजना, प्रबंधन और प्रशासन में स्नातकोत्तर डिप्लोमा)	1976
18.	दूरस्थ शिक्षा एवं सतत शिक्षा स्कूल, काकतीय विश्वविद्यालय (बी.एड. और एम.एड.)	1988
19.	मुक्ता विद्या केंद्र, तिलक महाराष्ट्र विद्यापीठ	2005
20.	दूरस्थ शिक्षा निदेशालय, श्री वेंकटेश्वर विश्वविद्यालय	1972
21.	दूरस्थ शिक्षा निदेशालय, जम्मू विश्वविद्यालय	*B.Ed. 1977* *M.Ed. 1997*
22.	स्कूल ऑफ डिस्टेंस एजुकेशन, आंध्र विश्वविद्यालय एडीशनल मेथोडोलॉजी (बी.एड. और एमए शिक्षा)	*1972*
23.	एनईएचयू शिलांग (बी.एड. विशेष शिक्षा)	
24.	जामिया मिलिया इस्लामिया, नई दिल्ली	1988
25.	अलगप्पा विश्वविद्यालय—दूरस्थ शिक्षा निदेशालय	1992
26.	मनोनमनियम सुंदरनार विश्वविद्यालय—निदेशालय दूरस्थ एवं सतत शिक्षा	2006

दूरस्थ शिक्षा के माध्यम से बी.एड. की आवश्यकता (Need for B.Ed. Through Distance Learning)

छात्रों के भविष्य को आकार देने में शिक्षकों की महत्वपूर्ण भूमिका होती है। इसलिए, इच्छुक शिक्षकों के लिए औपचारिक प्रशिक्षण से गुजरना आवश्यक है ताकि वे कौशल हासिल कर सकें जो उन्हें रोल मॉडल बनने में सहायता करेंगे। बैचलर ऑफ एजुकेशन कोर्स का मुख्य उद्देश्य व्यक्तियों को इस महान पेशे के लिए तैयार करना और उन्हें इसके विभिन्न पहलुओं को सीखने में मदद करना है।

जो उम्मीदवार पहले से ही काम कर रहे हैं या जो शिक्षा के लचीले तरीके की तलाश कर रहे हैं, वे विभिन्न संस्थानों द्वारा पेश किए जाने वाले दूरस्थ शिक्षा कार्यक्रमों का विकल्प चुन सकते हैं। पेश किए जाने वाले व्यापक पाठ्यक्रम उन्हें अपनी समझ क्षमता को व्यापक बनाने और छात्रों की ज़रूरतों का आकलन करने में मदद करते हैं। शिक्षक छात्रों को सही रास्ता चुनने और भविष्य में अपने लक्ष्य हासिल करने के लिए मार्गदर्शन भी देते हैं।

दूरस्थ शिक्षा डिग्री कार्यक्रमों के माध्यम से शिक्षा स्नातक की पात्रता (Eligibility for Bachelor of Education Through Distance Learning Degree Programmes)

जिन उम्मीदवारों ने किसी मान्यता प्राप्त विश्वविद्यालय से किसी भी विषय में स्नातक की डिग्री प्राप्त की है, वे इस कोर्स के लिए आवेदन करने के पात्र हैं। कुछ संस्थानों में, इस कोर्स में प्रवेश लेने के लिए छात्रों के लिए स्नातक में कम से कम 45% अंक होना अनिवार्य है। किसी प्रतिष्ठित दूरस्थ शिक्षा संस्थान में शामिल होने के लिए कम से कम दो साल का कार्य अनुभव भी आवश्यक है। प्रस्तावित किया जाने वाला कोर्स शिक्षा के सैद्धांतिक और व्यावहारिक रूप का एक आदर्श मिश्रण है।

कोर्स पूरा करने के बाद छात्र सरकारी और निजी दोनों क्षेत्रों में उपलब्ध नौकरी के अवसरों की तलाश कर सकते हैं। अधिकांश स्कूल बी.एड. डिग्री वाले उम्मीदवारों को प्राथमिकता देते हैं।

दूरस्थ शिक्षा कार्यक्रमों का व्यावसायिक पहलू (Professional Aspect of Distance Education Programmes)

दूरस्थ शिक्षा कार्यक्रम विविध लक्ष्य समूहों पर ध्यान केंद्रित करते हैं, जिसका उद्देश्य उन्हें प्रशिक्षित करना तथा उन लोगों के कौशल को उन्नत करना है जो देश के सामाजिक-आर्थिक विकास में प्रभावी रूप से भाग ले सकते हैं। अपने विजन और मिशन के माध्यम से अर्थव्यवस्था के विकास को ध्यान में रखते हुए, हाल ही में, बाजार की बढ़ती मांग को पूरा करने के लिए अधिक पेशेवर और व्यावसायिक कार्यक्रम शुरू करने के प्रयास किए गए हैं। विकासशील देशों में, विशेष रूप से भारत के संदर्भ में, व्यावसायिक शिक्षा की आवश्यकता महत्व प्राप्त कर रही है। पिछले दशक में, तेजी से तकनीकी विकास के कारण, भारत और विदेशों दोनों में व्यवसायों के विभिन्न क्षेत्रों में गुणवत्ता वाले पेशेवरों की निरंतर मांग रही है। इसने जीवन की गुणवत्ता, मानव क्षमता के सकारात्मक उपयोग, व्यक्ति के सशक्तीकरण और उत्कृष्टता के साथ विकास में सीधे योगदान दिया है।

ओजार और सोकोल (2002) ने पेशे को परिभाषित करते निम्नलिखित पेशे की कुछ विशेषताएं बताई हैं जो इस प्रकार हैं:

1. इसके कर्ताओं को सामान्य से परे सैद्धांतिक और व्यावहारिक दोनों तरह की शिक्षा प्राप्त होती है।
2. इसकी विशेष विशेषज्ञता उन लोगों के लिए लाभ का स्रोत है जो इसकी सहायता चाहते हैं।
3. इस पेशे की विशेषज्ञता इसके व्यवसायियों को इससे संबंधित मामलों में व्यापक स्वायत्तता प्रदान करती है।
4. पेशेवर लोग यह स्वीकार करते हैं कि उनके पास विशेष दायित्व हैं।

पॉल रोबॉटम (2000) ने किसी पेशे की पहचान के लिए छह विशेषताएँ गिनाईं जो इस प्रकार हैं:

1. ज्ञान का एक भंडार।
2. इसका व्यावहारिक अनुप्रयोग (प्रौद्योगिकी) है।
3. "विशिष्ट योग्यता", अर्थात् ज्ञान और प्रौद्योगिकी इतनी जटिल है कि उसे आम लोगों द्वारा उपयोग में नहीं लाया जा सकता।
4. पेशे को अपना ज्ञान स्वयं विकसित और प्रसारित करना होगा।
5. कर्ता सेवा नीति को स्वीकार करते हैं।
6. यह पेशा अपने सदस्यों के प्रवेश को नियंत्रित करता है।

वर्तमान सामाजिक-सांस्कृतिक संदर्भ में पेशे के लिए दी गई सबसे उपयुक्त परिभाषा एल्विन रोसेनब्लम (2001) की है।

1. सामान्य स्तर से अधिक शिक्षा, जीवन पर्यन्त जारी रखना
2. आत्म नियमन
3. तकनीकी योग्यता जिसके लिए व्यक्ति को नैतिक रूप से जिम्मेदार ठहराया जाता है
4. आत्म सुधार और
5. मानवता की सेवा।

इसलिए, एक पेशेवर के लिए, ज्ञान को अद्यतन करने और संगठनात्मक और सामाजिक दोनों जिम्मेदारियों को प्रभावी ढंग से निभाने के लिए ऐसे पेशेवर कौशल सीखने की आवश्यकता बढ़ रही है। यह शिक्षण के लिए सच है जिसमें एक पेशे के सभी गुण मौजूद हैं।

इंदिरा गांधी राष्ट्रीय मुक्त विश्वविद्यालय (इग्नू) (Indira Gandhi National Open University—IGNOU)

मिशन और विजन (Mission and Vision)

दुनिया के मेगा विश्वविद्यालयों में से एक इंदिरा गांधी राष्ट्रीय मुक्त विश्वविद्यालय (IGNOU) की स्थापना 1985 में भारतीय संसद के एक अधिनियम द्वारा की गई थी। वर्तमान में, विश्वविद्यालय 125

से अधिक शैक्षणिक कार्यक्रम प्रदान कर रहा है और इसमें लगभग 1000 पाठ्यक्रम हैं। यह न केवल भारत में बल्कि दुनिया भर के 30 देशों में लगभग 1.5 मिलियन शिक्षार्थियों की शैक्षिक आकांक्षाओं को पूरा करता है। सूचना और संचार प्रौद्योगिकी (ICT) के व्यापक उपयोग के साथ ओपन एंड डिस्टेंस लर्निंग (ODL) के माध्यम से वैश्विक रूप से शिक्षा प्रदान करने के अलावा, इग्नू के पास देश भर में ODL प्रणाली में मानकों को बढ़ावा देने, निर्धारित करने और बनाए रखने की अतिरिक्त जिम्मेदारी है। विश्वविद्यालय के उद्देश्यों को प्राप्त करने के लिए समय-समय पर विश्वविद्यालय के विजन और मिशन में सुधार किया जाता है। यह मुख्य रूप से अवसर की समानता के साथ पहुंच को व्यापक बनाने, अर्थव्यवस्था के सभी क्षेत्रों में निरंतर पेशेवर विकास और प्रशिक्षण प्रदान करने और समाज के सभी वर्गों की शैक्षिक आवश्यकताओं को पूरा करने पर केंद्रित है।

विश्वविद्यालय की प्राथमिकता मुक्त एवं दूरस्थ शिक्षा के लिए राष्ट्रीय संसाधन केंद्र के रूप में कार्य करना है, जिसकी अंतर्राष्ट्रीय स्तर पर व्यापक मान्यता हो। यह नवीन तकनीकों और पद्धतियों का उपयोग करके तथा एकीकृत राष्ट्रीय विकास और वैश्विक समझ को बढ़ावा देने के लिए आवश्यक विशाल मानव संसाधनों के लिए मौजूदा प्रणालियों के अभिसरण को सुनिश्चित करके सभी को टिकाऊ और शिक्षार्थी-केंद्रित गुणवत्तापूर्ण शिक्षा, कौशल उन्नयन और प्रशिक्षण तक निर्बाध पहुँच प्रदान करेगा (इग्नू प्रोफाइल 2006)। इसलिए, समय के साथ, सामाजिक-आर्थिक विकास और समाज के वंचित वर्ग की सेवा पर ध्यान केंद्रित करते हुए अधिक पेशेवर, व्यावसायिक, जागरूकता पैदा करने वाले और गैर-क्रेडिट विस्तार और कौशल-उन्मुख कार्यक्रम शुरू करने पर जोर दिया गया है। एक टिकाऊ पाठ्यक्रम लेन-देन प्रणाली के लिए, विश्वविद्यालय निर्देश के लिए मल्टी-चैनल मल्टी-मीडिया शिक्षण-अधिगम पैकेज प्रदान करता है।

शिक्षक शिक्षा (Teacher Education)

इग्नू के बैचलर ऑफ एजुकेशन (बी.एड.) कार्यक्रम का उद्देश्य माध्यमिक स्तर पर प्रभावी शिक्षण-अधिगम प्रक्रिया के लिए कार्यरत शिक्षकों द्वारा आवश्यक समझ और दक्षताओं का विकास करना है।

यह कार्यक्रम कार्यरत शिक्षकों द्वारा प्राप्त अनुभवों को साझा करने के अवसर भी प्रदान करता है। यह सेवारत शिक्षकों को शिक्षार्थियों की आवश्यकता के अनुसार सीखने के अनुभवों का चयन और आयोजन करने में सक्षम बनाता है। इसके अलावा, यह ज्ञान प्रदान करता है और उनमें शैक्षिक मूल्यांकन और स्कूल प्रबंधन जैसे क्षेत्रों की समझ विकसित करता है।

इग्नू के बी.एड. कार्यक्रम को राष्ट्रीय अध्यापक शिक्षा परिषद एनसीटीई (NCTE) द्वारा मान्यता प्राप्त है। किसी विश्वविद्यालय या संस्थान द्वारा प्रदान की जाने वाली बी.एड. डिग्री की वैधता के लिए एनसीटीई मान्यता एक महत्वपूर्ण मानदंड है। देश के कुछ विश्वविद्यालयों द्वारा पेश किए जाने वाले एम.एड/एमए (शिक्षा) पाठ्यक्रमों में प्रवेश के लिए एनसीटीई द्वारा मान्यता प्राप्त बी.एड. डिग्री आवश्यक है। इसके अलावा, सरकारी स्कूलों में शिक्षकों की नियुक्ति के लिए, उम्मीदवारों के पास एनसीटीई द्वारा मान्यता प्राप्त डिग्री होना आवश्यक है।

इग्नू के बी.एड. कार्यक्रम के उद्देश्य
(Objectives of IGNOU's B.Ed. Programme)

इग्नू के बी.एड. कार्यक्रम का उद्देश्य कार्यरत शिक्षकों को निम्नलिखित उद्देश्यों को प्राप्त करने में सक्षम बनाना है:

1. सेवारत शिक्षकों के अनुभवों को व्यवस्थित करना तथा उनकी व्यावसायिक दक्षताओं को मजबूत करना।
2. माध्यमिक विद्यालय के छात्रों के सीखने के अनुभवों को व्यवस्थित करने की विभिन्न विधियों और दृष्टिकोणों के बारे में ज्ञान प्राप्त करना तथा समझ विकसित करना।
3. शिक्षण अनुभवों के चयन एवं आयोजन में आवश्यक कौशल विकसित करना।
4. सीखने की प्रक्रिया की प्रकृति को समझना।
5. शिक्षार्थियों की शैक्षणिक और व्यक्तिगत समस्याओं से निपटने के लिए कौशल विकसित करना।
6. मूल्यांकन की विभिन्न प्रक्रियाओं और तकनीकों तथा उनके कक्षा अनुप्रयोगों के बारे में ज्ञान प्राप्त करना तथा समझ विकसित करना।
7. मूल्यांकन उपकरणों के चयन, विकास और उपयोग में कौशल विकसित करना।
8. स्कूल प्रबंधन के विभिन्न पहलुओं का ज्ञान प्राप्त करना और समझ विकसित करना।
9. विभिन्न अनुदेशात्मक और छात्र सहायता गतिविधियों के आयोजन हेतु दक्षताओं का विकास करना।
10. सामान्यतः प्रचलित सामाजिक-सांस्कृतिक और राजनीतिक व्यवस्था तथा विशेष रूप से शैक्षिक प्रणाली में शिक्षक की भूमिका के प्रति समझ विकसित करना।

तालिका 2.3 बी.एड. कार्यक्रम घटकों पर संक्षिप्त रूपरेखा देती है।

दूरस्थ शिक्षा के संदर्भ में, नया ज्ञान प्राप्त करने और किसी दिए गए परिस्थिति में उसे प्रदर्शित करने में लेन-देन प्रक्रिया बहुत महत्वपूर्ण भूमिका निभाता है। दूरस्थ पद्धति का उपयोग करके व्यावसायिक कौशल प्राप्त करने के लिए, पाठ्यचर्या इनपुट की डिलीवरी और नए ज्ञान के अनुप्रयोग के चैनल अधिक महत्व रखते हैं। व्यावसायिक कार्यक्रमों के निर्देश के लिए, इग्नू मल्टी-चैनल मल्टी-मीडिया शिक्षण अधिगम पैकेज का अनुसरण करता है।

तालिका 2.3 बी.एड. पाठ्यक्रम घटक

क्रम. संख्या	*कार्यक्रम घटक*	*बी.एड. (6)*
1.	लक्ष्य समूह	स्नातक और दो वर्ष का शिक्षण अनुभव
2.	आयु	कोई सीमा नहीं
3.	कार्यक्रम की अवधि	न्यूनतम: 2 वर्ष अधिकतम: 4 वर्ष
4.	प्रवेश	प्रवेश परीक्षा, योग्यता एवं अनुभव

क्रम. संख्या	कार्यक्रम घटक	बी.एड. (6)
5.	कार्यक्रम के उद्देश्य	• शिक्षकों की व्यावसायिक दक्षताओं को मजबूत करना • सीखने के अनुभवों को व्यवस्थित करने हेतु बेहतर समझ विकसित करना • शिक्षार्थियों की समस्याओं को हल करने के लिए आवश्यक कौशल विकसित करना • मूल्यांकन उपकरणों के चयन, विकास और उपयोग में शामिल कौशल विकसित करना • विभिन्न अनुदेशात्मक और छात्र सहायता गतिविधियों के आयोजन के लिए दक्षताओं का विकास करना
6.	डिलीवरी चैनल	सीखने के लिए मल्टी-मीडिया दृष्टिकोण + स्कूल आधारित व्यावहारिक + कार्यशाला आधारित व्यावहारिक + अभ्यास शिक्षण
7.	मूल्यांकन तंत्र	• टर्मिनल परीक्षा (थ्योरी) • सतत मूल्यांकन • व्यावहारिक गतिविधियों पर मूल्यांकन

व्यावसायिक दक्षताओं के लिए इनपुट (Inputs for Professional Competencies)

इन सभी व्यावसायिक कार्यक्रमों का मुख्य उद्देश्य व्यावसायिक दक्षताओं का विकास करना रहा है। ये दक्षताएँ न केवल उन व्यवसायों के प्रति दृष्टिकोण में परिवर्तन से संबंधित हैं जिनसे कोई व्यक्ति जुड़ा हुआ है/जुड़ा होना चाहिए, बल्कि उसे उस पेशे को गहराई से समझने और कार्य वातावरण के अनुकूल ढलने में भी सक्षम बनाती हैं। विश्लेषण के उद्देश्य से, दक्षताओं के निम्नलिखित व्यापक क्षेत्रों पर विचार किया गया है।

1. **प्रासंगिक दक्षताएँ:** समाज में व्यावसायिक शिक्षा के विकास और इसमें पेशेवरों की भूमिका के बारे में व्यापक दृष्टिकोण प्रदान करना।
2. **संकल्पनात्मक दक्षताएँ:** अपने पेशे के मूल सिद्धांतों को समझना।
3. **पाठ्यचर्या संबंधी दक्षताएँ:** पाठ्यचर्या आधार और उसके क्रियान्वयन के माध्यम से ज्ञान प्रदान करना।

4. **सीखने के परिणाम पर दक्षताएँ:** अर्जित दक्षताओं के आकलन के संबंध में फीडबैक तंत्र।
5. **पेशे के प्रबंधन पर दक्षताएँ:** पेशेवर व्यवस्था में गतिविधियों को व्यवस्थित करने की क्षमताएं।
6. **स्वयं के वातावरण को समझने में दक्षता:** भूमिकाओं और जिम्मेदारियों की आंतरिक स्वीकृति।

तालिका 2.4 में बी.एड. कार्यक्रम में शामिल प्रक्रियाओं के साथ-साथ दक्षताओं का विवरण दिया गया है।

तालिका 2.4 इग्नू के बी.एड. कार्यक्रम में दक्षता क्षेत्रों का विश्लेषण

क्रम. स.	*दक्षताएँ*	*बी.एड*
1.	प्रासंगिक	• माध्यमिक स्तर पर शिक्षण-अधिगम प्रक्रिया की समझ विकसित करना • स्कूलों में शिक्षण-अधिगम प्रक्रिया से निपटने के लिए ऐसी दक्षताओं को अद्यतन करना
2.	वैचारिक	निम्नलिखित क्षेत्रों में व्यापक रूप से पाठ्यक्रम प्रस्तुत किये जाते हैं: • बच्चों को समझना • पाठ्यक्रम और उनका संचालन • मूल्यांकन तकनीक • समाज को समझना
3.	पाठ्यक्रम संबंधी	पाठ्यक्रम इनपुट में पाँच मुख्य पाठ्यक्रम, विषय-वस्तु आधारित कार्यप्रणाली पाठ्यक्रम से दो पाठ्यक्रम और एक विशेष पाठ्यक्रम शामिल हैं। इन सभी पाठ्यक्रमों का लक्ष्य शिक्षण-अधिगम प्रक्रिया से संबंधित विशिष्ट दक्षताओं को बढ़ाना है। इसके अलावा, छात्रों को स्कूल आधारित और कार्यशाला आधारित गतिविधियों से संबंधित व्यावहारिक गतिविधियों के तीन क्षेत्रों और स्कूल विषयों में अभ्यास शिक्षण से अवगत कराया जाता है।
4.	सीखने के परिणाम	• व्यावहारिक उन्मुख असाइनमेंट के माध्यम से मूल्यांकन • विद्यालयों के पर्यवेक्षक, मार्गदर्शकों और प्रधानाचार्यों द्वारा प्रस्तुत मूल्यांकन अभिलेख • स्कूल आधारित और कार्यशाला आधारित गतिविधियों से संबंधित अभिलेखों का सत्यापन • अभ्यास शिक्षण अभिलेखों की जांच

क्रम. स.	दक्षताएँ	बी.एड
5.	पेशे का प्रबंधन	• स्कूली बच्चों और उनकी समस्याओं को समझना • प्रासंगिक अनुदेशन प्रणाली की पहचान करना और उसकी योजना बनाना • शिक्षण-अधिगम प्रक्रिया में मूल्यांकन करना • स्कूल संरचना और समाज के साथ उसके संबंध से संबंधित विभिन्न मुद्दों को समझना • कक्षा में विषय-विशिष्ट सामग्री के शिक्षण का प्रदर्शन
6.	पर्यावरण समझ	• स्कूल के माहौल को समझना • प्रभावी कक्षा शिक्षण को बढ़ावा देना

इग्नू में शिक्षार्थी-केंद्रित पद्धति को चित्र 2.2 में दर्शाया गया है।

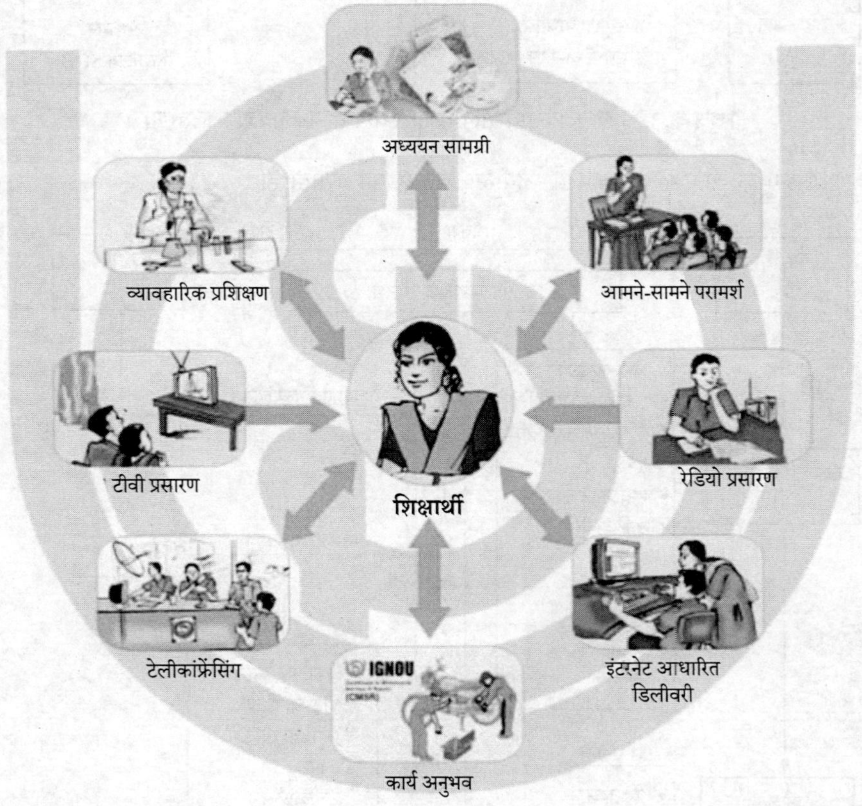

चित्र 2.2 इग्नू की शिक्षार्थी केंद्रित अनुदेशन प्रणाली।

चित्र 2.3 एक मुक्त विश्वविद्यालय में कार्यक्रम वितरण का विवरण देता है

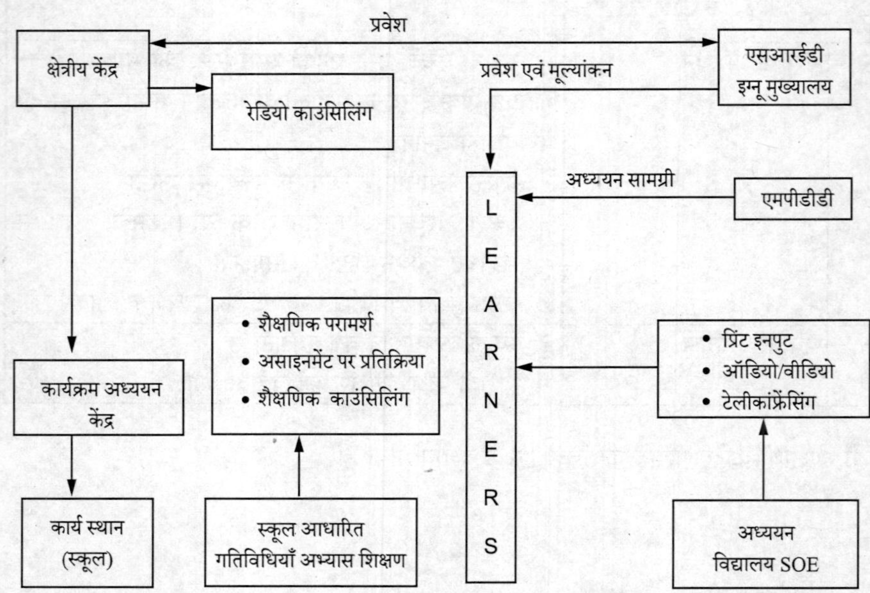

चित्र 2.3 खुले विश्वविद्यालय की स्थापना में कार्यक्रम वितरण।

चित्र 2.4 इग्नू के बी.एड. कार्यक्रम में कार्यक्रम वितरण को दर्शाता है।

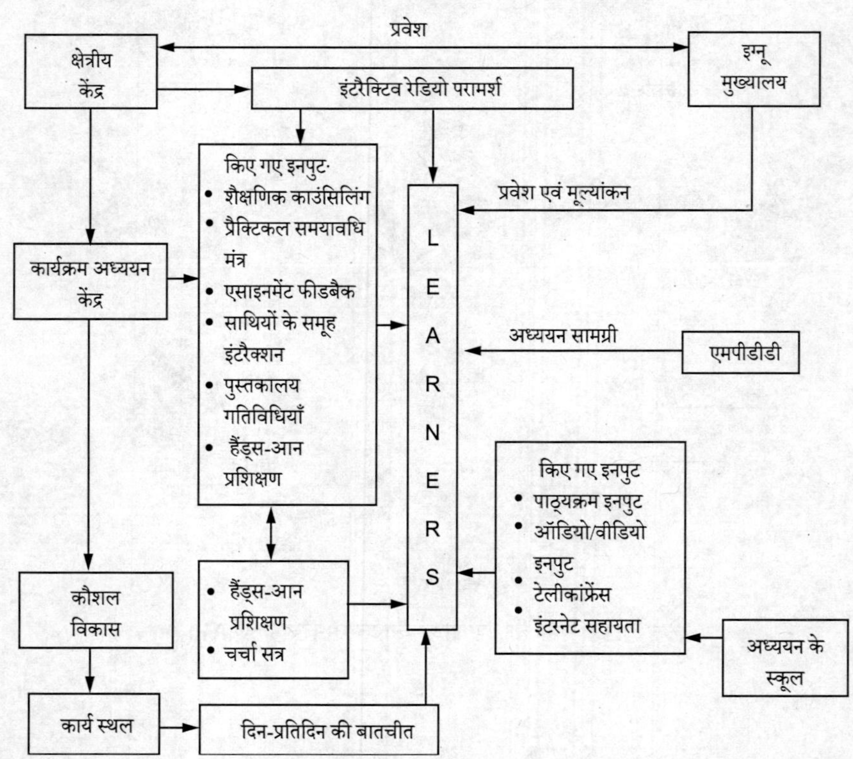

चित्र 2.4 इग्नू के बी.एड. कार्यक्रम का कार्यक्रम वितरण।

दूरस्थ एवं पत्राचार शिक्षा के संबंध में गुणवत्ता की चिंताएं (Concerns of Quality with Respect to Distance and Correspondence Education)

पत्राचार शिक्षा ने अभिजात्य वर्ग और अत्यंत अलोकतांत्रिक शिक्षा प्रणाली को नाराज किया जो संयुक्त राज्य अमेरिका में शुरुआती वर्षों की विशेषता थी (पिटमैन, 1991)। वास्तव में, कई पत्राचार पाठ्यक्रमों को वास्तविक चीज़ के लिए बस खराब बहाने के रूप में देखा गया था। हालाँकि, शैक्षिक अवसरों तक समान पहुँच प्रदान करने की आवश्यकता हमेशा हमारे लोकतांत्रिक आदर्शों का हिस्सा रही है, इसलिए पत्राचार/दूरस्थ शिक्षा ने आज एक नया मोड़ ले लिया है।

भाग 2

प्रक्रिया और अभ्यास (PROCESS AND PRACTICE)

अध्याय 3

सूक्ष्म शिक्षण (Microteaching)

सीखते हुए आप सिखाएंगे और सिखाते हुए आप सीखेंगे।

—फिल कोलिंस

तर्क और दायरा (Rationale and Scope)

कक्षा में अध्यापक (शिक्षक) अपने विद्यार्थियों में प्रभावी अधिगम लाने के लिए कई तकनीकों और प्रक्रियाओं का उपयोग करता है। इनमें परिचय देना, प्रदर्शन करना, समझाना या प्रश्न पूछना शामिल है। शिक्षक मुस्कुराना, इशारा करना और सिर हिलाना जैसे गैर-मौखिक व्यवहारों का भी उपयोग कर सकता है। गतिविधियों के इन समूहों को शिक्षण कौशल कहा जाता है। शिक्षण कौशल प्राप्त करके, एक अनुभवी शिक्षक अपने पाठ उद्देश्यों को प्राप्त करने के लिए अपने शिक्षण में इनका उचित उपयोग कर सकता है।

प्रशिक्षु शिक्षक को शिक्षण कौशल की एक विस्तृत श्रृंखला से परिचित कराया जाता है। सूक्ष्म शिक्षण-शिक्षक प्रशिक्षु को किसी एक कौशल का अभ्यास स्वयं करने की अनुमति देता है, और फिर जब वह उसमें निपुण हो जाता है तो उसे अन्य कौशलों के साथ जोड़ता है।

शिक्षण कौशल को विभिन्न तरीकों से परिभाषित किया गया है। कुछ परिभाषाएँ इस शब्द के अर्थ को स्पष्ट करेंगी। मैकइंटायर एवं अन्य (1977) शिक्षण कौशल को "संबंधित शिक्षण व्यवहारों के एक समूह के रूप में परिभाषित करते हैं जो निर्दिष्ट प्रकार की कक्षा बातचीत स्थितियों में निर्दिष्ट प्रकार के शैक्षिक उद्देश्यों की प्राप्ति को सुविधाजनक बनाते हैं"।

पासी (1976) शिक्षण कौशल को "शिक्षण क्रियाओं या व्यवहारों के एक समूह के रूप में परिभाषित करते हैं जिसका उद्देश्य प्रत्यक्ष या अप्रत्यक्ष रूप से विद्यार्थियों के सीखने में सहायता करना है।"

एनसीईआरटी (राष्ट्रीय शैक्षिक अनुसंधान और प्रशिक्षण परिषद) ने अपने प्रकाशन कोर टीचिंग स्किल्स (1982) में निम्नलिखित शिक्षण कौशल पर जोर दिया है:

- अनुदेशात्मक उद्देश्य लिखना
- सामग्री को व्यवस्थित करना
- पाठ शुरू करने के लिए सेट बनाना

- पाठ का परिचय
- कक्षा के प्रश्नों की संरचना
- प्रश्न वितरण और उसका वितरण
- प्रतिक्रिया प्रबंधन
- स्पष्टीकरण
- उदाहरण सहित वर्णन करना
- शिक्षण सहायक सामग्री का उपयोग करना
- विभिन्न प्रकार के प्रोत्साहन
- पाठ की गति
- छात्रों की भागीदारी को बढ़ावा देना
- ब्लैकबोर्ड का उपयोग
- पाठ का समापन प्राप्त करना
- असाइनमेंट देना
- छात्र की प्रगति का मूल्यांकन
- छात्रों की सीखने संबंधी कठिनाइयों का निदान करना और उपचारात्मक उपाय करना
- कक्षा का प्रबंधन

सूक्ष्म शिक्षण की परिभाषाएँ (Definitions of Microteaching)

सूक्ष्म शिक्षण को कई तरीकों से परिभाषित किया गया है:

एलन और ईव (1968) ने सूक्ष्म शिक्षण को "नियंत्रित अभ्यास की एक प्रणाली के रूप में परिभाषित किया है जो विशिष्ट शिक्षण व्यवहार पर ध्यान केंद्रित करना और नियंत्रित परिस्थितियों में शिक्षण का अभ्यास करना संभव बनाता है"।

एलन (1966) ने सूक्ष्म शिक्षण को "कक्षा के आकार और कक्षा के समय में एक छोटा शिक्षण अनुभव" के रूप में परिभाषित किया हैं।

बुच (1974) ने सूक्ष्म शिक्षण की एक व्यापक परिभाषा दी है, "शिक्षक शिक्षण तकनीक जो शिक्षकों को 5 से 10 मिनट की योजनाबद्ध श्रृंखला में सावधानीपूर्वक तैयार किए गए पाठों में स्पष्ट रूप से परिभाषित शिक्षण कौशल लागू करने की अनुमति देती है। यह वास्तविक छात्रों के एक छोटे समूह के साथ होता है, जिसमें अक्सर वीडियोटेप पर परिणामों को देखने का अवसर मिलता है"।

मैकएलीस और अनविन (1973) ने सूक्ष्म शिक्षण को समय, कक्षा, आकार, पाठ, लंबाई और शिक्षण जटिलता के संदर्भ में एक छोटे पैमाने पर शिक्षण के रूप में परिभाषित किया है।

पासी (1976) लिखते हैं कि "सूक्ष्म शिक्षण में सबसे महत्वपूर्ण बात यह है कि शिक्षण को परिभाषित, अवलोकनीय, मापनीय और नियंत्रणीय शिक्षण कौशल के संदर्भ में अभ्यास किया जाता है"।

सिंह (1977) सूक्ष्म शिक्षण को "एक छोटे पैमाने पर शिक्षण मुठभेड़ के रूप में परिभाषित करते हैं जिसमें एक शिक्षक 5 से 20 मिनट की छोटी अवधि के लिए 5 विद्यार्थियों के समूह को एक छोटी इकाई पढ़ाता है। ऐसी स्थिति एक अनुभवी या अनुभवहीन शिक्षक के लिए नए शिक्षण कौशल हासिल करने और पुराने को निखारने के लिए एक सहायक सेटिंग प्रदान करती है।"

ये परिभाषाएँ एलन और रयान (1969) द्वारा प्रस्तुत सूक्ष्म शिक्षण के आवश्यक प्रस्तावों पर बल देती हैं।

1. सूक्ष्म शिक्षण वास्तविक शिक्षण है, यद्यपि शिक्षण की स्थिति एक अनुकरणात्मक होती है।
2. सूक्ष्म शिक्षण सामान्य कक्षा शिक्षण की जटिलताओं को कम करती है। इस प्रकार, कक्षा का आकार, विषय-वस्तु का दायरा और समय सभी कम हो जाते हैं।
3. कौशल का चयन किया जाता है और तैयारी सत्र में उन पर चर्चा की जाती है। सूक्ष्म शिक्षण ब्लैकबोर्ड लेखन का अभ्यास, प्रभावी ढंग से प्रदर्शन आदि जैसे विशिष्ट कार्यों को पूरा करने के लिए प्रशिक्षण पर केंद्रित है।
4. सूक्ष्म शिक्षण अभ्यास पर अधिक नियंत्रण की अनुमति देता है।
5. सूक्ष्म पाठ के अंत में दिए गए फीडबैक से शिक्षक प्रशिक्षु को अपने प्रदर्शन के बारे में जानकारी मिलती है, तथा किसी भी प्रकार की विशेष आचरण से बचने में मदद मिलती है।

सूक्ष्म शिक्षण तकनीक की समग्र परिभाषा इस प्रकार होगी:

सूक्ष्म शिक्षण एक शिक्षक प्रशिक्षण तकनीक है जिसमें एक विषय वस्तु की एकल अवधारणा पर 5 या 6 साथी शिक्षक प्रशिक्षुओं/सहकर्मी समूह वाली एक छोटी कक्षा के लिए 5 से 6 मिनट की छोटी अवधि का विशिष्ट शिक्षण व्यवहार/कौशल शामिल होता है।

सूक्ष्म शिक्षण की विशेषताएँ (Characteristics of Microteaching)

सूक्ष्म शिक्षण की विशेषताएं निम्नलिखित हैं:

1. सूक्ष्म शिक्षण में, प्रशिक्षु एक विशिष्ट, सुपरिभाषित कौशल के अभ्यास पर ध्यान केंद्रित कर सकता है।
2. यह इस अर्थ में लघु शिक्षण है जो वास्तविक शिक्षण की जटिलताओं को कम करता है और इसके लिए प्रावधान करता है।
   - एक समय में एक ही कौशल का अभ्यास करना
   - कक्षा का आकार घटाकर 5–10 साथियों का समूह करना
   - पाठ की अवधि को घटाकर 5–10 मिनट करना
   - विषय-वस्तु को एक ही अवधारणा तक सीमित रखना।
3. सूक्ष्म शिक्षण सटीक, तत्काल फीडबैक प्रदान करता है।
4. चूंकि सूक्ष्म शिक्षण एक छोटा शिक्षण है, इसलिए इसमें अनुशासन की कोई समस्या नहीं होती।
5. अध्यापन सत्र सहपाठियों के साथ आयोजित होने से प्रशासनिक समस्याएं कम उत्पन्न होती हैं।
6. सूक्ष्म शिक्षण स्थितियों और हालातों पर बेहतर नियंत्रण के साथ शोध अध्ययन करने का अवसर प्रदान करता है।
7. भारत में शिक्षक प्रशिक्षण में सूक्ष्म शिक्षण को एक अभिन्न अंग के रूप में इस्तेमाल किया जा सकता है, क्योंकि इसमें परिष्कृत उपकरणों की आवश्यकता नहीं होती।

सूक्ष्म शिक्षण तकनीक के अंतर्निहित सिद्धांत (Principles Underlying Microteaching Techniques)

सूक्ष्म शिक्षण तकनीकों के अंतर्निहित सिद्धांत इस प्रकार हैं:

1. सूक्ष्म शिक्षण इस आधार पर आधारित है कि शिक्षण को घटक शिक्षण कौशल में विभाजित किया जा सकता है।
2. शिक्षण कौशल को परिभाषित, अभ्यास, अवलोकन, नियंत्रण, मापन और मूल्यांकन किया जा सकता है।
3. फीडबैक सूक्ष्म शिक्षण सत्र का एक महत्वपूर्ण हिस्सा है। तत्काल फीडबैक आलोचना शिक्षक प्रशिक्षु के प्रदर्शन के एक विशेष पहलू पर केंद्रित होती है, और सुधारों को शामिल करते हुए पुनः योजना बनाने का प्रयास किया जाता है।
4. समय, छात्रों की संख्या और पर्यवेक्षण पर उच्च स्तर के नियंत्रण पर बल दिया जाता है।
5. व्यवहार को आकार देने के स्किनर के सिद्धांत को सूक्ष्म शिक्षण के शिक्षण-प्रतिक्रिया-पुनःशिक्षण पैटर्न के साथ लागू किया जाता है।

सूक्ष्म शिक्षण—भारतीय स्थिति (चित्र 3.1) (Microteaching—The Indian Situation)

प्रशिक्षण तकनीक के रूप में सूक्ष्म शिक्षण में निम्नलिखित चरण शामिल हैं:

***चरण 1*—अभिमुखीकरण:** शुरुआत में, शिक्षक प्रशिक्षु को सूक्ष्म शिक्षण के निम्नलिखित पहलुओं पर आवश्यक सैद्धांतिक पृष्ठभूमि दी जानी चाहिए:

- सूक्ष्म शिक्षण की अवधारणा
- सूक्ष्म शिक्षण के उपयोग का औचित्य
- सूक्ष्म शिक्षण की प्रक्रिया
- सूक्ष्म शिक्षण तकनीक अपनाने के लिए आवश्यकताएँ और सेटिंग।

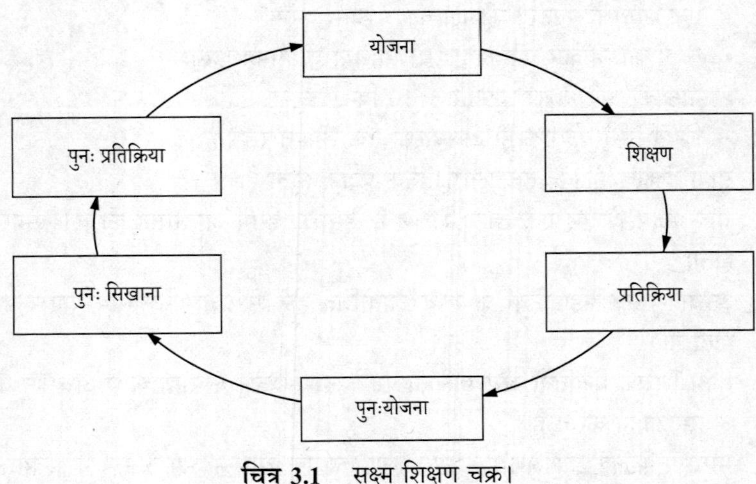

चित्र 3.1 सूक्ष्म शिक्षण चक्र।

***चरण 2*—शिक्षण कौशल की चर्चा:** इस चरण में शिक्षण के घटक शिक्षण कौशल, औचित्य और शिक्षण में इन शिक्षण कौशल की भूमिका का विश्लेषण शामिल है।

***चरण 3*—किसी विशेष शिक्षण कौशल का चयन:** शिक्षक प्रशिक्षु को किसी विशेष कौशल का चयन करने और उसका अभ्यास करने के लिए प्रोत्साहित किया जाता है। इस चरण को पूरा करने के लिए उसे पर्याप्त अभिविन्यास और पृष्ठभूमि जानकारी दी जाती है।

***चरण 4*—मॉडल प्रदर्शन की प्रस्तुति:** इस चरण में, शिक्षण कौशल को प्रदर्शन के रूप में प्रस्तुत किया जाता है ताकि शिक्षक प्रशिक्षुओं को यह पता चल सके कि उनसे क्या अपेक्षित है। यह प्रदर्शन शिक्षक प्रशिक्षु या किसी विशेषज्ञ द्वारा फिल्म या वीडियो टेप दिखाकर, ऑडियोटेप प्रस्तुति सुनकर या शिक्षक प्रशिक्षुओं को हैंडबुक, गाइड या नोट्स जैसी लिखित सामग्री प्रदान करके किया जा सकता है।

***चरण 5*—मॉडल पाठ का अवलोकन और आलोचना:** अवलोकन अनुसूची का उपयोग करते हुए, शिक्षक प्रशिक्षु प्रदर्शन मॉडल सूक्ष्म पाठ की आलोचना करते हैं।

***चरण 6*—सूक्ष्म पाठ योजना की तैयारी:** शिक्षक प्रशिक्षु देखे गए प्रदर्शन के आधार पर एक सूक्ष्म पाठ तैयार करता है। सूक्ष्म शिक्षण चक्र की अवधि इस प्रकार है:

योजना	5 मिनट
शिक्षण	5 मिनट
प्रतिक्रिया	5 मिनट
पुनः योजना बनाएं	10 मिनट
पुनः पढ़ाएं	5 मिनट
पुनः प्रतिक्रिया	5 मिनट
कुल	35 मिनट

***चरण 7*—शिक्षण सत्र के रूप में कौशल का अभ्यास:** शिक्षक प्रशिक्षु अपने द्वारा तैयार किए गए सूक्ष्म पाठ को 5-10 सहकर्मी समूह के सदस्यों की कक्षा को 6 मिनट तक पढ़ाता है। इसका पर्यवेक्षण शिक्षक प्रशिक्षक और सहकर्मियों द्वारा अवलोकन अनुसूची का उपयोग करके किया जाता है।

***चरण 8*—फीडबैक सत्र पर फीडबैक प्रदान करना:** यह सूक्ष्म शिक्षण का एक महत्वपूर्ण पहलू है। प्रभावी होने के लिए, इसे उपयोग किए जाने वाले शिक्षण कौशल के मॉडल से स्पष्ट रूप से संबंधित होना चाहिए। मूल्यांकन मार्गदर्शिकाएँ पर्यवेक्षक और साथी छात्रों की टिप्पणियों को जोड़ती हैं। वे विशिष्ट व्यवहार से संबंधित फीडबैक पर ध्यान केंद्रित करते हैं जिसका उपयोग विश्लेषण सत्र के लिए किया जा सकता है या शिक्षक प्रशिक्षु को उसके कौशल प्रदर्शन की लिखित टिप्पणी या रेटिंग के साथ दिया जा सकता है।

सूक्ष्म शिक्षण में फीडबैक वह जानकारी है जो शिक्षक प्रशिक्षु को किसी कौशल का अभ्यास करने के अपने प्रयासों के बारे में मिलती है। यह आम तौर पर शिक्षण सत्र के अंत में पर्यवेक्षक, सहकर्मी समूह, विद्यार्थियों या वीडियो रिकॉर्डर से दी जाती है। फीडबैक के इन स्रोतों में से अधिकांश को मूल्यांकन गाइड के उपयोग से पुष्ट किया जाता है।

फीडबैक पर विचार करने के लिए सामान्य कारक निम्नलिखित हैं:

1. क्या मूल्यांकन किया जा रहा है?
2. क्या इस कौशल के घटक पृथक एवं मापनीय हैं?
3. क्या टिप्पणियों को बिना किसी राय या पूर्वाग्रह के स्पष्ट किया जा सकता है?
4. क्या फीडबैक शिक्षक प्रशिक्षु के आत्मविश्वास को नष्ट किए बिना सहायक और सुधारात्मक है?

***चरण 9*—सत्र की पुनःयोजना बनाना:** पर्यवेक्षक से प्राप्त फीडबैक को ध्यान में रखते हुए, शिक्षक प्रशिक्षु सूक्ष्म पाठ योजना में सुझावों को संशोधित और शामिल करके या मौजूदा योजना को संपादित करके सूक्ष्म पाठ की पुनःयोजना बनाता है।

***चरण 10*—पुनः पढ़ाना:** शिक्षक प्रशिक्षु सुझाए गए बदलावों को शामिल करते हुए उन्हीं छात्रों या 5 छात्रों के दूसरे समूह के साथ पुनः पढ़ाता है। पर्यवेक्षक यह देखने के लिए जाँच करता है कि कौशल प्राप्ति में कोई सुधार हुआ है या नहीं।

***चरण 11*—पुनः फीडबैक:** पर्यवेक्षक पाठ का पुनः मूल्यांकन करता है तथा सुधार और चूकों की ओर संकेत करता है।

***चरण 12*—शिक्षण कौशल का एकीकरण:** इसका अर्थ है एक शिक्षक प्रशिक्षु द्वारा व्यक्तिगत रूप से महारत हासिल किए गए विभिन्न शिक्षण कौशलों का एकीकरण। यह अलग-अलग शिक्षण प्रकरण और वास्तविक शिक्षण स्थिति के बीच की खाई को पाटने में मदद करता है, ताकि शिक्षक प्रशिक्षु व्यक्तिगत कौशल को पाठ में शामिल कर सके क्योंकि वे महारत हासिल कर चुके हैं।

सूक्ष्म शिक्षण के लाभ (Merits of Microteaching)

शिक्षक प्रशिक्षण कार्यक्रमों में सूक्ष्म शिक्षण एक कुशल और प्रभावी तकनीक साबित हुई है।

1. शिक्षक प्रशिक्षु को शिक्षण के विभिन्न कौशलों से अवगत कराया जाता है।
2. चयनित कौशलों का चयन किया जाता है और ब्रीफिंग सत्र में उन पर चर्चा की जाती है।
3. सूक्ष्म शिक्षण कक्षा के दृश्य का अनुकरण करता है और शिक्षक प्रशिक्षु को वास्तविक शिक्षण का अनुभव देता है।
4. फीडबैक शिक्षक प्रशिक्षु को अवांछनीय आदतों और तौर-तरीकों को सचेत रूप से समाप्त करने या छोड़ने में सक्षम बनाता है।
5. सूक्ष्म शिक्षण समय और धन की दृष्टि से किफायती है।
6. सूक्ष्म शिक्षण लचीली है और इसका उपयोग विभिन्न स्थितियों में किया जा सकता है—जैसे बिजनेस स्कूल, नर्सिंग शिक्षा, पुलिस, आदि।
7. शिक्षक प्रशिक्षु अपने व्यवहार के स्पष्ट रूप से परिभाषित पहलुओं पर अपना ध्यान केंद्रित कर सकता है। इससे अनुशासन, नियंत्रण और अन्य संगठनात्मक गतिविधियों की समस्याएँ कम हो जाती हैं।
8. शिक्षक और छात्रों के बीच कक्षा में बातचीत और संचार के पैटर्न का वस्तुनिष्ठ और आसानी से अध्ययन किया जा सकता है। शिक्षण/पुनःशिक्षण चक्र का समय प्रबंधन व्यवस्थित किया जा सकता है।

9. सूक्ष्म शिक्षण शिक्षकों के प्रशिक्षण में व्यक्तिगत अंतर की आवश्यकता को पूरा करता है। यहाँ, एक व्यक्तिगत शिक्षक प्रशिक्षु अपनी शिक्षण क्षमताओं के आधार पर, अपनी गति से शिक्षण कौशल के विकास के लिए काम कर सकता है।
10. सूक्ष्म शिक्षण शिक्षक व्यवहार में संशोधन और शिक्षण-अधिगम प्रक्रिया में शामिल अंतःक्रिया प्रक्रिया में सुधार पर ध्यान केंद्रित करता है।

कई प्रशिक्षण कॉलेजों में, शिक्षण सत्र पाँच से दस मिनट तक चलता है। इस प्रकार सूक्ष्म पाठ की अवधि अभ्यास किए जाने वाले कौशल, छात्र की ज़रूरतों, छात्रों की संख्या, उपलब्ध कुल समय और विद्यार्थियों की पहुँच से संबंधित होती है।

शिक्षक प्रशिक्षु के प्रदर्शन के बारे में अधिकतम फीडबैक वीडियो टेप, पर्यवेक्षक टिप्पणियों और सहकर्मी समूह टिप्पणियों द्वारा प्रदान किया जा सकता है। फीडबैक की सामान्य रूप से स्वीकृत अवधि पाँच से दस मिनट है। यदि वीडियो रिकॉर्डर का उपयोग किया जाता है, तो शिक्षक प्रशिक्षु पूरे सूक्ष्म पाठ को देखना पसंद कर सकते हैं। यह आत्म-विश्लेषण को प्रोत्साहित करता है।

कई मामलों में समय की कमी के कारण पुनःशिक्षण कार्य को छोड़ना पड़ सकता है। यदि इसे शामिल किया जाता है, तो पुनःयोजना और पुनःशिक्षण के बीच का समय बहुत कम नहीं होना चाहिए।

सूक्ष्म शिक्षण कौशल (Microteaching Skills)

सूक्ष्म शिक्षण की अवधारणा के पीछे मुख्य आधार यह है कि जटिल शिक्षण कार्य को घटक कौशल में विभाजित किया जा सकता है—प्रत्येक सरल, सुपरिभाषित और सीमित। इन कौशलों को प्रशिक्षण के माध्यम से पहचाना, अभ्यास, मूल्यांकन, नियंत्रित और अर्जित किया जा सकता है।

बहुत सारे कौशलों की पहचान की गई है। एलन और रयान द्वारा किए गए पहले प्रयास के परिणामस्वरूप चौदह कौशलों की पहचान हुई। सिंह एवं अन्य (1987) ने बाईस सामान्य शिक्षण कौशलों का उल्लेख किया है।

इन कौशलों को इसलिए चुना गया है क्योंकि ये शिक्षक-शिष्य के बीच बातचीत को बढ़ावा देते हैं, खास तौर पर इसलिए क्योंकि ये प्रेरणा, प्रस्तुति, पुनरावृत्ति और प्रश्न पूछने के चार क्षेत्रों से संबंधित हैं। ये कौशल हैं:

1. सेट प्रेरण/परिचय
2. व्याख्या करना
3. विभिन्न प्रोत्साहन
4. सुदृढीकरण
5. प्रश्न पूछना
6. ब्लैकबोर्ड लेखन
7. प्रदर्शन
8. समापन

इन कौशलों पर प्रमुख घटकों, उद्देश्यों और एक सरल मूल्यांकन मार्गदर्शिका के साथ चर्चा की गई है।

समुच्चय प्रेरण/परिचय का कौशल (Skill of Set Induction/Introduction)

समुच्चय प्रेरण एक पूर्व-निर्देशात्मक तकनीक है। सेट में प्रशिक्षण शिक्षक को छात्रों को पाठ के लिए तैयार करने में मदद करता है ताकि सीखने में अधिकतम लाभ प्राप्त हो सके। सेट एक संक्षिप्त परिचय से कहीं अधिक है। इसका उद्देश्य छात्रों को मूड में लाना और निर्देश के लक्ष्यों को स्पष्ट करना है, छात्रों के वर्तमान ज्ञान और कौशल का उपयोग करके उन्हें पाठ में शामिल करना है। निर्देशात्मक सेट लंबाई और विस्तृतता में भिन्न हो सकता है। यह कई रूप ले सकता है: एक सादृश्य, एक प्रदर्शन, एक पेचीदा समस्या प्रस्तुत करना, कहानी सुनाना, कथन, समस्या-समाधान आदि।

सेट कौशल के प्रमुख घटक हैं: ध्यान आकर्षित करना, प्रेरणा जगाना, संरचना बनाना और संबंध बनाना।

व्याख्या का कौशल (Skill of Explaining)

एक शिक्षक को तब व्याख्या करते हुए कहा जाता है जब वह किसी अवधारणा, घटना, क्रिया या स्थिति के बारे में 'कैसे', 'क्यों' और 'क्या' का वर्णन करता है। व्याख्या को किसी अवधारणा या सिद्धांत के बारे में समझ लाने के लिए एक गतिविधि के रूप में परिभाषित किया जा सकता है। यह किसी की समझ में कमी को भरने के लिए एक गतिविधि है। व्याख्या करने के कौशल का उद्देश्य यह सुनिश्चित करना है कि स्पष्टीकरण समझ में आ गया है। सभी शिक्षकों को सटीक और प्रभावी ढंग से समझाने के कौशल को पूर्ण करने का प्रयास करना चाहिए।

प्रमुख घटक (Major components)

व्याख्या कौशल को संरचनात्मक और प्रस्तुति घटकों में विभाजित किया जा सकता है।

संरचनात्मक घटक: इनमें प्रारंभिक कथन, मुख्य अवधारणाएँ, उदाहरण और सारांश जैसे कारक शामिल हैं।

(क) प्रासंगिक पहलू हैं ध्यान आकर्षित करना, प्रेरणा जगाना, तालमेल स्थापित करना और विषय को उसके संदर्भ में रखना जैसी गतिविधियाँ।

(ख) शिक्षक मुख्य अवधारणाओं को स्पष्ट एवं संक्षिप्त रूप से बताता है।

(ग) शिक्षक प्रमुख विचारों को समझाने के लिए प्रासंगिक, सरल और स्पष्ट उदाहरणों का उपयोग करता है।

(घ) शिक्षक स्पष्टीकरण के मुख्य बिंदुओं का सारांश प्रस्तुत करता है।

प्रस्तुति घटक: इनमें शैली, स्पष्टता, संकेत, लिंक और प्राथमिकता शामिल हैं।

(क) शिक्षक जोर देने के तरीके अपनाता है—आवाज़ का स्तर, पिच और टोन, जिसे सामूहिक रूप से शैली के रूप में जाना जाता है, विषय-वस्तु के सापेक्ष महत्व को व्यक्त कर सकता है। गैर-मौखिक संचार इशारों, सिर हिलाने और दृश्य संपर्क जैसे बिंदुओं पर जोर देने में बहुत मददगार हो सकता है।

(ख) स्पष्टता एक उपकौशल के रूप में कई कारकों को शामिल करती है। शिक्षक स्पष्टीकरण का उद्देश्य बताता है, नए शब्दों और अवधारणाओं को परिभाषित करता है, उपयुक्त भाषा

का उपयोग करता है, जब विचार कठिन या जटिल होते हैं तो शब्दों के प्रवाह को धीमा कर देता है, और मुख्य बिंदु से भटकता नहीं है, ध्यान को फिर से केंद्रित करने के लिए कभी-कभी सारांश प्रदान करता है।

(ग) शिक्षक बेहतर समझ के लिए उपयुक्त शब्दों का प्रयोग करता है। उदाहरण के लिए,

"ये छह कारक हैं..." —एक संकेत
"इससे यह निष्कर्ष निकलता है कि..." —लिंक शब्द
"अब हम सबसे महत्वपूर्ण मुद्दे पर आएंगे..." — प्राथमिकताएं

प्रेरण परिवर्तन का कौशल (Skill of Stimulus Variation)

प्रेरण परिवर्तन के कौशल में प्रशिक्षण का उद्देश्य शिक्षक प्रशिक्षुओं को कक्षाओं में एकरसता पैदा करने वाली शिक्षण शैलियों से बचने में मदद करना है। एक प्रेरण की स्थिति जो अलग-अलग तरीकों से बदलती है, कक्षा में छात्रों की रुचि बनाए रखने में सबसे शक्तिशाली प्रभावों में से एक है। शिक्षक जो कुछ कर सकते हैं, उनमें शारीरिक हाव-भाव का उपयोग, एक स्थान पर खड़े होकर पढ़ाने से बचना, इशारों का उपयोग करना और छात्रों का ध्यान आकर्षित करने के लिए मौखिक और गैर-मौखिक संचार रणनीतियों का विकास करना शामिल है।

प्रेरण परिवर्तन का कौशल उन गतिविधियों को शामिल करता है जिन्हें शिक्षक पाठ में इस्तेमाल की जाने वाली प्रस्तुति विधियों में बदलाव लाने के लिए शुरू कर सकता है। यह कौशल शिक्षण के तीन मुख्य क्षेत्रों से संबंधित है। वे हैं:

1. शिक्षक का तरीका, आवाज़ और पढ़ाने की शैली
2. शिक्षण के दौरान प्रयुक्त मीडिया और सामग्री
3. कक्षा के दौरान शिक्षक/शिष्य संबंध।

प्रमुख कौशल घटक (Major skill components)

1. एक स्थान से दूसरे स्थान तक जाना, जैसे ब्लैक बोर्ड से कक्षा में अंतिम बेंच तक और वापस।
2. हाव-भाव किसी विशेष बिंदु की ओर ध्यान आकर्षित करते हैं, मौखिक, संकेतात्मक या दोनों।
3. अंतःक्रियात्मक शैलियाँ तीन क्षेत्रों को समाहित करती हैं, अर्थात शिक्षक, शिक्षक-छात्र, और छात्र-छात्र।
4. विराम का उद्देश्य किसी विचार को स्पष्ट तार्किक घटकों में तोड़ना है।
5. विषय की मांग के अनुसार संवेदी चैनल बदलना अपरिहार्य हो जाता है। यह बदलाव इस प्रकार हो सकता है:
   - मौखिक से दृश्य तक—जैसे, नीले लिटमस को लाल रंग में बदलना
   - मौखिक से मौखिक-दृश्य तक—चार्ट और मॉडल का उपयोग करना
   - दृश्य से मौखिक-दृश्य तक—फिल्में, चार्ट/व्याख्यान
6. भाषण का पैटर्न विषय की गम्भीरता और महत्व के अनुसार भिन्न होता है।

सुदृढ़ीकरण का कौशल (Skill of Reinforcement)

सुदृढ़ीकरण कौशल कई सकारात्मक तरीकों से छात्रों की उनके पाठों में भागीदारी को बढ़ा सकता है। इस कौशल का उपयोग तब किया जाता है जब शिक्षक मुस्कुराहट के साथ अच्छे व्यवहार को सुदृढ़ करता है, और जब शिक्षक अच्छे उत्तर की प्रशंसा करता है, या धीमी गति से सीखने वाले को प्रोत्साहित करता है। इस तरह का सकारात्मक सुदृढ़ीकरण वांछनीय व्यवहार को मजबूत करता है, छात्रों की भागीदारी बढ़ाता है। दूसरी ओर, डांटना, भौंहें सिकोड़ना जैसे नकारात्मक सुदृढ़ीकरण अवांछनीय व्यवहार को कमजोर करते हैं।

प्रमुख घटक (Major components)

सुदृढीकरण कौशल के छह प्रमुख घटक हैं:

1. मौखिक सुदृढ़ीकरण—"अच्छा", "बहुत बढ़िया" जैसी टिप्पणियाँ
2. हाव-भाव सुदृढ़ीकरण—चेहरे के भाव, जैसे मुस्कुराहट
3. निकटता सुदृढ़ीकरण—शिक्षक छात्र के पास जाकर रुचि दिखाता है
4. संपर्क सुदृढ़ीकरण—सिर, पीठ... आदि थपथपाना।
5. गतिविधि सुदृढ़ीकरण—शिक्षक विद्यार्थियों को सुदृढ़ीकरण के रूप में उनकी पसंद का कार्य देता है, जैसे कोई प्रोजेक्ट आदि।
6. सांकेतिक सुदृढ़ीकरण—शिक्षक अंक, योग्यता कार्ड प्रदान करता है, और "अच्छा" जैसी टिप्पणियाँ लिखता है।

प्रश्न पूछने का कौशल (Skill of Questioning)

एक अच्छी शिक्षण तकनीक में विभिन्न प्रश्न पूछने के स्तर, तकनीक और दिशा का प्रयोग किया जाता है।

प्रश्न पूछने का स्तर (Questioning levels)

1. **निम्न स्तर का प्रश्न:** यह सबसे कम या प्रारंभिक ज्ञान स्तर का प्रश्न है, जिसके लिए छात्र को अपने द्वारा संग्रहीत जानकारी को याद करने की आवश्यकता होती है। इसलिए, निम्न स्तर के उत्तर के लिए छात्र को याद करने की आवश्यकता होती है और जानकारी को संसाधित करने की आवश्यकता नहीं होती है।

   इसका सबसे सरल तरीका यह है कि ऐसा प्रश्न जिसमें विद्यार्थी को केवल जानकारी याद करनी हो, जैसे शब्द, तथ्य, नाम और घटनाएं, निम्न स्तर का प्रश्न है।
2. **उच्च स्तरीय प्रश्न:** इसके लिए छात्र की ओर से बौद्धिक प्रसंस्करण के एक स्तर की आवश्यकता होती है—समझ, अनुप्रयोग, सादृश्य, संश्लेषण और मूल्यांकन।
3. **विवरणात्मक प्रश्न:** ऐसे प्रश्न पूछना आसान है, उत्तर देना काफी आसान है और छात्र भागीदारी को बढ़ावा देने के लिए उत्कृष्ट हैं।

4. **तुलना प्रश्न:** ऐसे प्रश्नों में शिक्षार्थी को दो या दो से अधिक वस्तुओं, कथनों, चित्रों या प्रदर्शनों को देखकर उनके बीच समानता या अंतर की पहचान करनी होती है।

प्रश्न की दिशा (Question direction)

अभिसारी प्रश्न ऐसे प्रश्नों को कहते हैं जिनका एक ही सही उत्तर होता है। ये आम तौर पर तथ्य या स्मरण के प्रश्न होते हैं। अपसारी प्रश्नों के कई उत्तर होते हैं।

प्रश्न पूछने की तकनीक (Questioning techniques)

1. पुनर्निर्देशन में बड़ी संख्या में छात्र शामिल होते हैं। यह कक्षा में सकारात्मक पैटर्न और उच्च स्तर की बातचीत स्थापित करने में मदद करने के लिए एक उपयोगी तकनीक है। इस तकनीक में एक ही प्रश्न तैयार करना शामिल है जिसके लिए छात्रों की ओर से कई संभावित प्रतिक्रियाएँ होती हैं। पुनर्निर्देशन केवल उच्च क्रम, भिन्न प्रश्नों के मामले में ही संभव है।
2. जब किसी छात्र से कोई प्रश्न पूछा जाता है और वह उत्तर देने में असफल रहता है या गलत उत्तर देता है तो उसे संकेत देने की आवश्यकता होती है।

   इस तकनीक में संकेत या सुराग का उपयोग शामिल है जिसका उपयोग छात्र को सही ढंग से जवाब देने में सहायता करने के लिए किया जाता है। इसके लिए तत्काल अभ्यास की आवश्यकता होती है, जैसे तुरंत सोचना।
3. जांच का उपयोग तब किया जाता है जब छात्र का उत्तर सही होता है लेकिन अपर्याप्त होता है क्योंकि उसमें गहराई का अभाव होता है। इससे जानकारी को संसाधित करने, क्यों, कैसे और किस पर आधारित है, से निपटने में मदद मिलती है।

प्रश्न पूछने के कौशल के घटक (Components of questioning skill)

चूंकि प्रश्न पूछने के कौशल के कई घटक और उपघटक हैं, इसलिए इसे आम तौर पर दो प्रमुख घटकों में विभाजित किया जाता है: बुनियादी प्रश्न पूछना और उन्नत प्रश्न पूछना।

बुनियादी प्रश्न पूछने में निम्नलिखित उपकौशल शामिल हैं:

- वाक्यांश
- ध्यान केन्द्रित करना
- दिशा
- वितरण
- विराम
- तत्परता

उन्नत प्रश्न पूछने में निम्नलिखित उपकौशल शामिल हैं:

- स्तर में परिवर्तन
- स्मरण करना
- समझ
- अनुप्रयोग
- विश्लेषण

- संश्लेषण
- मूल्यांकन
- जांच

ब्लैकबोर्ड लेखन का कौशल (Skill of Blackboard Writing)

प्रभावी ब्लैकबोर्ड लेखन के महत्व पर जितना ज़ोर दिया जाए, उतना कम है, ख़ासकर भारत जैसे देश में। "ऑपरेशन ब्लैकबोर्ड" का लक्ष्य देश के हर एक स्कूल को ब्लैकबोर्ड से लैस करना है, जिसका मतलब है कि हर संभावित शिक्षक को ब्लैकबोर्ड के इस्तेमाल में कुशल होना चाहिए। अच्छा ब्लैकबोर्ड लेखन निम्नलिखित की ओर ले जाता है:

- अवधारणाओं को समझने में स्पष्टता
- शिक्षक द्वारा मौखिक रूप से बताई गई बात को पुष्ट करना
- सामग्री की समग्र तस्वीर की प्रस्तुति
- विविधता और प्रासंगिक बिंदुओं की ओर विद्यार्थियों का ध्यान आकर्षित करना।

इस कौशल के प्रमुख घटक हैं:

1. लिखावट में सुपाठ्यता
   (क) अक्षरों के बीच स्पष्ट अंतर
   (ख) बड़े अक्षरों का आकार
   (ग) बड़े और छोटे अक्षरों का आकार
   (घ) लाइनों की मोटाई
2. ब्लैकबोर्ड पर साफ-सफाई
   (क) रेखाओं की सीधीता
   (ख) लाइनों के बीच की दूरी
   (ग) ओवरराइटिंग से बचना
   (घ) प्रासंगिक मामले पर ध्यान केंद्रित करना
3. उपयुक्तता
   (क) बिंदुओं में निरंतरता
   (ख) संक्षिप्तता और सरलता
   (ग) ध्यान आकर्षित करना और ध्यान केन्द्रित करना

प्रदर्शन का कौशल (Skill of Demonstration)

विज्ञान में व्यावहारिक प्रासंगिकता के विषयों में प्रदर्शन कौशल की अत्यधिक आवश्यकता होती है, क्योंकि शिक्षक को किसी उपकरण की कार्यप्रणाली, यंत्र की कार्यप्रणाली, गैस की तैयारी आदि का प्रदर्शन करना होता है। इससे छात्रों को तथ्यों, सिद्धांतों, अवधारणाओं और गतिविधियों के बारे में आवश्यक ज्ञान, समझ, कौशल और अनुप्रयोग प्राप्त करने में मदद मिलती है। इस कौशल को प्राप्त करने के लिए शिक्षक को कई घटक व्यवहारों का ध्यान रखना पड़ता है। घटकों में उपकरण और सामग्री को संभालना, प्रासंगिक विषय वस्तु, विद्यार्थियों की भागीदारी, प्रदर्शन कार्य की दृश्यता, प्रासंगिक निष्कर्ष निकालना, कारण और प्रभाव संबंध पर जोर देना आदि शामिल हैं।

प्रदर्शन का कौशल छात्रों को वैज्ञानिक जांच की प्रक्रियाओं को समझने और गंभीर रूप से सोचने के लिए जांच और अवलोकन, प्रयोग, भविष्यवाणी और सत्यापन के वैज्ञानिक तरीकों का उपयोग करने में मदद करता है।

समापन का कौशल (Skill of Closure)

समापन कौशल समुच्चय प्रेरण का पूरक है। इसमें छात्र के साथ पाठ को समाप्त करने के विभिन्न तरीकों का प्रशिक्षण शामिल है, यह सुनिश्चित करने के लिए कदम उठाना कि विद्यार्थियों ने समझ लिया है और अन्य घटनाओं के साथ संबंध देखने में सक्षम हैं। यह पढ़ाए गए भागों का एक त्वरित सारांश से कहीं अधिक है और विद्यार्थी नए ज्ञान को पिछले ज्ञान से जोड़ने में सक्षम हैं।

समापन का कौशल छात्रों को परिचित और नए उदाहरणों, मामलों और स्थितियों पर सामग्री की समीक्षा और अनुप्रयोग करके नए और पिछले ज्ञान के बीच संबंध स्थापित करने में सहायता करता है।

सामान्यतः, समापन निम्नलिखित चरणों द्वारा प्राप्त किया जा सकता है:

- समीक्षा करना। इस अनुभाग में मौखिक सारांश और लिखित सारांश दोनों बनाने होंगे।
- कक्षा को मनोवैज्ञानिक/सामाजिक प्रोत्साहन देना
- पाठ के उद्देश्यों की प्राप्ति कितनी अच्छी तरह हुई है, इसकी जांच करना
- प्रतिक्रिया देना
- प्रत्योत्तर

समापन कौशल के प्रमुख घटक हैं:

- शिक्षक या छात्रों द्वारा प्रमुख बिंदुओं का सारांश तैयार करना
- वर्तमान ज्ञान का नई परिस्थिति में अनुप्रयोग
- अतीत के ज्ञान को वर्तमान ज्ञान से जोड़ना
- वर्तमान ज्ञान को भविष्य की शिक्षा से जोड़ना

लिंक अभ्यास (शिक्षण कौशल का एकीकरण) (Link Practice (Integration of Teaching Skills))

किसी एक कौशल में कितनी भी विशेषज्ञता हो, वह अच्छे पाठ की गारंटी नहीं दे सकती। यह दो या अधिक चयनित सूक्ष्म शिक्षण कौशलों का एकीकरण है जो एक वृहद पाठ बनाता है जो पूरे 40 या 45 मिनट की अवधि का होता है। सूक्ष्म शिक्षण सत्र से वृहद शिक्षण सत्र में संक्रमण कुछ चयनित कौशलों को लेकर किया जाता है, जिसमें लिंक अभ्यास के माध्यम से सूक्ष्म पाठ की तुलना में अधिक सामग्री होती है। एक लिंक पाठ एक छात्र प्रशिक्षु को वृहद पाठ से जुड़ी घबराहट और अनिश्चितता के बिना एक वास्तविक कक्षा का आभाष देता है। इस प्रकार, लिंक अभ्यास के लिए एक पूर्ण इकाई चुनी जा सकती है। फिर इकाई को कई छोटे भागों में विभाजित किया जाता है और कुछ चयनित सूक्ष्म कौशलों के साथ, एक लिंक पाठ तैयार किया जा सकता है। यह उन कौशलों का भी उपयोग करने का अवसर देता है जिनका पहले अभ्यास नहीं किया गया हो। इस पाठ को शिक्षक प्रशिक्षुओं के एक समूह को दिखाया जा सकता है जो फिर विषय-वस्तु में कोई रुकावट के बिना लगातार अभ्यास कर सकते हैं।

जब विभिन्न कौशलों में निपुणता प्राप्त हो जाती है, तो शिक्षक प्रशिक्षु को कौशलों को एक साथ सिखाने की अनुमति दी जाती है। विभिन्न पृथक कौशलों को एकीकृत करने के लिए इस अलग-अलग प्रशिक्षण कार्यक्रम को लिंक अभ्यास के रूप में जाना जाता है।

1. लिंक अभ्यास प्रशिक्षु को सूक्ष्म शिक्षण सत्रों में सीखे गए सभी कौशलों को प्रभावी ढंग से स्थानांतरित करने में मदद करता है।
2. यह पृथक शिक्षण कौशल में प्रशिक्षण और विद्यार्थी शिक्षक द्वारा सामना की जाने वाली वास्तविक शिक्षण स्थिति के बीच की खाई को पाटने में मदद करता है।
3. विद्यार्थियों की वांछित संख्या 15 से 20 के बीच है।
4. अधिमान्य अवधि 20 मिनट है।
5. कौशल की वांछनीय संख्या 3–4 कौशल है।

शिक्षण कौशल का एकीकरण निम्नलिखित विशेषताओं से युक्त है:

1. एकीकृत कौशल के उपयोग की उपयुक्तता।
2. अन्य परिस्थितियों के प्रति अनुकूलनशीलता।
3. कौशलों का उचित अनुक्रमण।
4. शिक्षण में प्रत्येक कौशल का इष्टतम अनुपात।
5. शिक्षण में शामिल विभिन्न तत्वों का समन्वय।

कौशलों का लिंक अभ्यास या एकीकरण दो तरीकों से किया जा सकता है:

1. भागों में एकीकरण: तीन या चार शिक्षण कौशल एकीकृत किए जाते हैं और फिर उन्हें 15–20 मिनट की अवधि के पाठ में शामिल किया जाता है। फिर से, 3 या 4 कौशल एकीकृत किए जाते हैं और सभी को एक पाठ में स्थानांतरित कर दिया जाता है।
2. समग्र रूप से एकीकरण: विद्यार्थी शिक्षक सभी व्यक्तिगत शिक्षण कौशलों को समग्र रूप से लेकर उन्हें एकीकृत करता है और उन्हें वास्तविक शिक्षण स्थिति में स्थानांतरित करता है।

अधिकांश शिक्षक प्रशिक्षण महाविद्यालयों में सूक्ष्म शिक्षण का उपयोग निम्नलिखित में से एक या सभी तरीकों से किया जाता है:

1. शिक्षण अभ्यास की तैयारी के रूप में
2. शिक्षक प्रशिक्षुओं के लिए एक उपाय के रूप में जिनकी कक्षा तकनीक में किसी तरह की कमी पाई गई है
3. शैक्षिक सिद्धांत को व्यावहारिक कक्षा विधियों में अनुवाद करने में सहायता के रूप में
4. अनुभवी शिक्षकों को अपने कक्षा कौशल का पुनर्मूल्यांकन करने के लिए प्रेरित करने का एक तरीका।

निष्कर्ष (Conclusion)

सूक्ष्म शिक्षण के उद्देश्य के बारे में पर्याप्त और गहन जागरूकता की कमी के कारण आलोचनाएँ हुई हैं कि सूक्ष्म शिक्षण से एक समान मानक रोबोट तैयार होते हैं, जिसमें मुस्कान और प्रक्रियाएँ तय होती हैं। हालाँकि, सूक्ष्म शिक्षण के उचित उपयोग से आत्मनिर्भर, आत्मविश्वासी शिक्षक बनते हैं।

अध्याय 4

अंतःक्रियात्मक विश्लेषण (Interactional Analysis)

सभी मानवीय अंतःक्रियाएं या तो सीखने या सिखाने के अवसर हैं।

—एम. स्कॉट पेक

परिचय (Introduction)

वालबर्ग (1984) द्वारा किए गए बड़े पैमाने के मेटा-विश्लेषण पर आधारित शिक्षण प्रभावशीलता पर हाल ही में किए गए शोध से पता चलता है कि प्रभावी शिक्षण में योगदान देने वाले सात कारक हैं, जैसे कि व्यस्त शैक्षणिक सीखने का समय और सकारात्मक कक्षा का माहौल। फ़्लैंडर्स की बातचीत की प्रणाली ने इन निष्कर्षों को पुष्ट किया। जैक्सन (1968) ने बताया कि शिक्षकों का अपने छात्रों के साथ प्रतिदिन कम से कम 1000 बार मौखिक आदान-प्रदान होता है।

छात्रों और शिक्षकों को अपने शिक्षण उद्देश्यों को अधिक आत्म-विश्लेषणात्मक और अधिक सटीक रूप से बताने में मदद करने के लिए, कई अध्यापक (शिक्षक) प्रशिक्षण कार्यक्रम और अन्तःसेवा प्रयास बातचीत विश्लेषण जैसी तकनीकों का उपयोग कर रहे हैं। इस तरह की प्रणाली व्यक्तिगत शिक्षक को उस गतिविधि के माध्यम से कक्षा में अपने प्रभाव के स्तर और प्रकार को अधिक स्पष्ट रूप से समझने की अनुमति देती है जिसमें वह सबसे अधिक बार बातचीत से संलग्न होता है।

अंतःक्रिया विश्लेषण शिक्षक-शिष्य मौखिक अंतःक्रियाओं का वर्णन और विश्लेषण करने की एक प्रणाली है। इसने कई अलग-अलग प्रकार के शैक्षिक कार्यक्रमों में अपना रास्ता खोज लिया है—अनुसंधान और विकास दोनों। मूल रूप से, अंतःक्रिया विश्लेषण का उपयोग शिक्षकों के मौखिक व्यवहार को मापने में मदद करने के लिए किया गया है। इसका उपयोग शिक्षण शैली और छात्र उपलब्धि के बीच संबंधों का अध्ययन करने के लिए भी किया जा सकता है।

जांचकर्ताओं ने अंतःक्रिया विश्लेषण पर अपने शोध में निम्नलिखित कारकों का अध्ययन किया है:

- शिक्षक-छात्र अंतःक्रिया
- छात्र-छात्र अंतःक्रिया
- विभिन्न सामग्रियों के साथ अंतःक्रिया, और मुख्य रूप से निम्न पर ध्यान केंद्रित करती है:
  - — भावात्मक तत्व
  - — संज्ञानात्मक तत्व

— मनोप्रेरक तत्व
— गतिविधि
— सामग्री
— भौतिक वातावरण
— समाजशास्त्रीय संरचना

कक्षा अंत:क्रिया विश्लेषण का अर्थ (Meaning of Classroom Interaction Analysis)

कक्षा अंतःक्रिया विश्लेषण एक ऐसी तकनीक है जिसमें शिक्षक के कक्षा व्यवहार और कक्षा के अंदर होने वाली अंतःक्रिया की प्रक्रिया के अध्ययन के लिए कक्षा की घटनाओं का वस्तुनिष्ठ और व्यवस्थित अवलोकन किया जाता है।

सत्य पाल रुहेला ने अपनी पुस्तक एजुकेशनल टेक्नोलॉजी में लिखा है कि कक्षा अंतःक्रिया विश्लेषण को सुविधाजनक रूप से दो भागों में विभाजित किया जा सकता है:

- मौखिक बातचीत
- गैर-मौखिक बातचीत

कक्षा अंतःक्रिया विश्लेषण का उपयोग शिक्षक शिक्षा में किया गया है। यह शिक्षक व्यवहार का विश्लेषण करने के लिए एक उपकरण के रूप में शैक्षिक मनोविज्ञान और शिक्षा पाठ्यक्रमों में उपयोगी साबित हुआ है। शिक्षक-छात्र अंतःक्रिया पैटर्न पर शोध ने कक्षा में शिक्षक की भूमिका और व्यवहार से संबंधित शिक्षा या शैक्षिक मनोविज्ञान पाठ्यक्रमों के लिए भी आधार प्रदान किया है। अंतःक्रिया विश्लेषण अवलोकन कौशल से संबंधित पाठ्यक्रमों में भी एक मूल्यवान उपकरण है। अंतःक्रिया विश्लेषण का सबसे बड़ा उपयोग छात्र शिक्षण में किया गया है। ऐसी गतिविधियों में, उपकरण का उपयोग किया जाता है

- शिक्षण के अवलोकन में कौशल विकसित करना
- शिक्षण के विश्लेषण के लिए एक उपकरण प्रदान करना
- किसी के शिक्षण के बारे में फीडबैक के लिए एक उपकरण प्रदान करना
- विशिष्ट शिक्षण कौशल का अभ्यास करने और सीखने के लिए एक रूपरेखा तैयार करना।

अंत:क्रिया विश्लेषण की परिभाषाएँ (Definitions of Interaction Analysis)

अंतःक्रिया विश्लेषण को इस प्रकार परिभाषित किया गया है:

- कक्षा संचार की जांच करने के लिए इस्तेमाल की जाने वाली एक शोध प्रक्रिया। जिसमें शिक्षकों और छात्रों द्वारा भाषा के उप्योग के विभिन्न तरीकों को रिकॉर्ड करने और उनका विश्लेषण करने के लिए श्रेणियों की एक प्रणाली का उपयोग शामिल है।
- एक मात्रात्मक शोध पद्धति, जो दो या दो से अधिक व्यक्तियों के बीच चल रहे संचार की सामग्री को कोड करती है; संवादात्मक तत्वों के विषय की मौखिक या अशाब्दिक विशेषताओं या कार्यों की पहचान करती है।

अंत:क्रिया विश्लेषण की बुनियादी सैद्धांतिक मान्यताएँ (Basic Theoretical Assumptions of Interaction Analysis)

अंतःक्रिया विश्लेषण की मूल सैद्धांतिक मान्यताएँ इस प्रकार हैं:

1. मौखिक संचार की प्रधानता
2. मौखिक व्यवहार की उच्च विश्वसनीयता
3. मौखिक कथनों की संगति
4. शिक्षक का प्रभाव
5. छात्रों और शिक्षकों के बीच संबंध
6. सामाजिक वातावरण और उत्पादकता के बीच संबंध
7. कक्षा के माहौल और सीखने के बीच संबंध
8. अवलोकन तकनीक का उपयोग
9. प्रतिक्रिया की भूमिका
10. मौखिक कथन के माध्यम से अभिव्यक्ति

फ़्लैंडर्स की अंत:क्रिया विश्लेषण प्रणाली (Flanders' System Of Interaction Analysis)

फ़्लैंडर्स एवं अन्य (1970) ने मूल रूप से एक शोध उपकरण, फ़्लैंडर्स इंटरैक्शन विश्लेषण विकसित किया, जिसमें शिक्षण कौशल का विश्लेषण और सुधार करने के लिए कोडिंग प्रणाली का उपयोग किया गया। कक्षा में शिक्षण-अधिगम स्थितियों में शिक्षक और छात्र के बीच बातचीत शामिल होती है। एक शिक्षक की सफलता का अंदाजा उसके शिक्षण की प्रभावशीलता के स्तर के माध्यम से लगाया जा सकता है, जिसका मूल्यांकन उसके कक्षा व्यवहार या बातचीत के माध्यम से वस्तुनिष्ठ रूप से किया जा सकता है। इस प्रकार, शिक्षक की कक्षा में बातचीत का एक व्यवस्थित या वस्तुनिष्ठ विश्लेषण शिक्षण और सीखने के संदर्भ में कक्षा के अंदर क्या चल रहा है, इसका एक विश्वसनीय मूल्यांकन प्रदान कर सकता है।

फ़्लैंडर्स प्रणाली का वर्गीकरण (Categorization of Flanders' System)

अपने-अपने अध्ययनों के संबंध में पहले बताई गई बातचीत विश्लेषण की सभी तकनीकों में से, नेड ए. फ़्लैंडर्स की प्रणाली (एमिडॉन और फ़्लैंडर्स, 1963) को संभालना आसान माना जाता है और इसे शिक्षक प्रशिक्षण में फीडबैक तकनीक के रूप में इस्तेमाल किया जा सकता है। फ़्लैंडर्स की प्रणाली एक अवलोकन उपकरण है जिसका उपयोग कक्षा में बातचीत करते समय शिक्षकों और विद्यार्थियों के मौखिक व्यवहार को वर्गीकृत करने के लिए किया जाता है। फ़्लैंडर्स के उपकरण को कक्षा में केवल मौखिक संचार का निरीक्षण करने के लिए डिज़ाइन किया गया था और गैर-मौखिक इशारों को ध्यान में नहीं रखा जाता है। प्रणाली की मूल धारणा यह है कि कक्षा में, एक शिक्षक के मौखिक कथन उसके गैर-मौखिक इशारों, या बल्कि उसके कुल व्यवहार के अनुरूप होते हैं।

फ़्लैंडर्स ने कक्षाओं में शिक्षकों और विद्यार्थियों के बीच की बातचीत को वर्गीकृत किया है (तालिका 4.1)। इस प्रणाली में दस श्रेणियाँ हैं। फ़्लैंडर्स द्वारा विकसित प्रणाली की दस श्रेणियों में से,

सात श्रेणियाँ शिक्षक की बातचीत के लिए और दो छात्र की बातचीत के लिए निर्धारित हैं और शेष एक श्रेणी में विराम, मौन की छोटी अवधि और भ्रामक या शोरगुल वाली बातचीत को वर्गीकृत किया गया है। शिक्षक की बातचीत को सौंपी गई सात श्रेणियों को फिर से अप्रत्यक्ष और प्रत्यक्ष प्रभाव में विभाजित किया गया है। श्रेणी 1–4 अप्रत्यक्ष प्रभाव का प्रतिनिधित्व करती हैं और श्रेणी 5–7 प्रत्यक्ष प्रभाव का प्रतिनिधित्व करती हैं। अप्रत्यक्ष प्रभाव छात्र की भागीदारी और कार्रवाई की स्वतंत्रता को प्रोत्साहित करता है। प्रत्यक्ष प्रभाव शिक्षक के सक्रिय नियंत्रण को बढ़ाता है और अक्सर अनुरूपता और अनुपालन पर लक्ष्य रखता है

तालिका 4.1 फ़्लैंडर्स इंटरैक्शन विश्लेषण में श्रेणियाँ

	प्रभाव	*श्रेणियाँ*	*प्रेक्षित व्यवहार*
शिक्षक वार्ता	अप्रत्यक्ष प्रभाव	भावना को स्वीकार करें	• छात्रों की भावनाओं को बिना किसी धमकी के स्वीकार करना और स्पष्ट करना • भावनाएँ सकारात्मक या नकारात्मक हो सकती हैं • भावना का पूर्वानुमान लगाना या याद करना
		प्रशंसा या प्रोत्साहन	• छात्र के कार्य या व्यवहार की प्रशंसा करना या उसे प्रोत्साहित करना • ऐसे चुटकुले जो तनाव कम करते हैं लेकिन किसी अन्य व्यक्ति की कीमत पर नहीं • सिर हिलाना • "चलिए", "अच्छा ", आदि कहना।
		विचारों को स्वीकार करें	किसी छात्र द्वारा सुझाए गए विचारों को स्पष्ट करना, उनका निर्माण करना या उनका विकास करना
		प्रश्न पूछना	विषय-वस्तु या प्रक्रिया के बारे में प्रश्न पूछना इस आशय से कि छात्र उत्तर दें
	प्रत्यक्ष प्रभाव	व्याख्यान	• सामग्री या प्रक्रियाओं के बारे में तथ्य या राय देना • शिक्षक के अपने विचार व्यक्त करना • आलंकारिक प्रश्न पूछना
		दिशा निर्देश देना	निर्देश, आदेश या हुक्म दे देना जिनका पालन विद्यार्थी से अपेक्षित है
		आलोचना	छात्रों के व्यवहार को अस्वीकार्य से स्वीकार्य स्वरूप में बदलने के उद्देश्य से वक्तव्य देना • किसी को डांटना • शिक्षक जो कर रहा है, वह क्यों कर रहा है, यह बताना • अत्यधिक आत्म-संदर्भ देना

	प्रभाव	*श्रेणियाँ*	*प्रेक्षित व्यवहार*
छात्र वार्ता		छात्र की प्रतिक्रिया	• शिक्षक के जवाब में छात्रों द्वारा बातचीत • शिक्षक संपर्क आरंभ करता है या छात्र का कथन प्राप्त करता है
		छात्र वार्ता की शुरुआत	• छात्रों द्वारा की गई बातचीत, जिसकी शुरुआत वे स्वयं करते हैं • यदि छात्रों को बुलाना केवल यह बताने के लिए है कि आगे कौन बात कर सकता है, तो पर्यवेक्षक को यह तय करना होगा कि क्या छात्र बात करना चाहता है
		मौन या भ्रम	• विराम • थोड़े समय का मौन • भ्रम की स्थिति जिसमें पर्यवेक्षक द्वारा संचार को समझा नहीं जा सकता

छात्र बातचीत को 8 और 9 श्रेणियों में विभाजित करने से छात्रों को दी जाने वाली स्वतंत्रता की प्रकृति का संकेत मिलता है। आम तौर पर, लेकिन जरूरी नहीं कि, प्रत्यक्ष शिक्षक प्रभाव का अत्यधिक या औसत से ऊपर का पैटर्न कम छात्र बातचीत से जुड़ा होता है। औसत से ऊपर का अप्रत्यक्ष पैटर्न अधिक छात्र बातचीत से जुड़ा होता है और यह स्व-प्रेरित प्रकार का होगा। सभी प्रकार की छात्र बातचीत को रिकॉर्ड करने के लिए केवल दो श्रेणियों का उपयोग बहुत सारी जानकारी की उपेक्षा करता है, लेकिन इस प्रणाली का मुख्य उद्देश्य शिक्षक प्रभाव का विश्लेषण करना है।

श्रेणी 10 का उद्देश्य विराम, मौन और भ्रम की अवधि को रिकॉर्ड करना है। इसका उद्देश्य दो मिनट से ज़्यादा समय तक मौन या भ्रम की अवधि को रिकॉर्ड करना नहीं है।

इस श्रेणी प्रणाली की प्रमुख विशेषता पहल और प्रतिक्रिया के विश्लेषण में निहित है जो व्यक्तियों के बीच बातचीत की विशेषता है।

फ़्लैंडर्स अंतःक्रिया विश्लेषण की प्रक्रिया (Procedure of Flanders' Interaction Analysis)

1. एनकोडिंग प्रक्रिया
   - कोड संख्या
   - बैठने का स्थान
   - श्रेणी संख्या रिकॉर्ड करना
   - तत्काल रिकॉर्डिंग
   - अनिश्चितता में रिकॉर्डिंग
   - विपरीत वर्गीकरण में न जाना
   - कोई पक्षपात नहीं
   - तीन सेकंड के बाद श्रेणियों की रिकॉर्डिंग
2. डिकोडिंग प्रक्रिया
   - एक अंतःक्रिया मैट्रिक्स का निर्माण

फ़्लैंडर्स के अंतःक्रिया विश्लेषण के उपयोग में मुख्य बिंदु

1. केवल प्रशिक्षित पर्यवेक्षक
2. मूल्य निर्णय से बचना
3. न्यूनतम दो पर्यवेक्षक
4. मैट्रिक्स तालिका का निरीक्षण करना
5. मैट्रिसेस के बीच तुलना
6. कक्षा रिकॉर्डिंग
7. अवलोकनों की संख्या
8. घटनाओं के अनुक्रम का संकेत
9. कोड संख्या रेखांकित करना

फ़्लैंडर्स की अंतःक्रिया विश्लेषण प्रणाली के उपयोग में तीन प्रमुख चरण शामिल हैं:

- कक्षा की घटना का अवलोकन या रिकॉर्डिंग
- अंतःक्रिया मैट्रिक्स का निर्माण
- अंतःक्रिया मैट्रिक्स की व्याख्या।

कक्षा की घटना का अवलोकन या रिकॉर्डिंग (Observation or recording of classroom event)

पर्यवेक्षक कक्षा में प्रतिभागियों को सुनने और देखने के लिए सबसे अच्छी स्थिति में बैठता है। प्रत्येक 3 सेकंड की अवधि के अंत में, पर्यवेक्षक उस श्रेणी का निर्णय लेता है जो अभी-अभी पूरी हुई घटनाओं के संचार का सबसे अच्छा प्रतिनिधित्व करती है। पर्यवेक्षक इस श्रेणी संख्या को लिखता है और साथ ही अगली अवधि में संचार का आकलन करता है। वह प्रति मिनट 20-25 अवलोकनों की दर से जारी रखता है, गति को यथासंभव स्थिर रखता है। पर्यवेक्षक के नोट्स केवल एक कॉलम में ऊपर से नीचे तक लिखे गए संख्याओं का एक क्रम होते हैं, ताकि घटनाओं का मूल क्रम सुरक्षित रहे। कभी-कभी, कक्षा गठन या किसी असामान्य परिस्थितियों को समझाने के लिए सीमांत नोट्स का उपयोग किया जाता है। जब कक्षा गठन, संचार पैटर्न या चर्चा के तहत विषय में कोई बड़ा बदलाव होता है, तो एक डबल लाइन खींची जाती है और समय दर्शाया जाता है। जैसे ही पूरा अवलोकन पूरा हो जाता है, वह एक कमरे में चला जाता है और डबल लाइनों द्वारा इंगित प्रत्येक अलग-अलग गतिविधि अवधि पर एक सामान्य विवरण पूरा करता है।

कक्षा का अवलोकन करने और कोडिंग चार्ट में अवलोकनों को चिह्नित करने से पहले, कुछ आधारभूत नियम स्थापित करना आवश्यक है जो कोडिंग के लिए परंपराएं बन जाते हैं। चूँकि कक्षा में होने वाली बातचीत बहुत जटिल होती है, इसलिए श्रेणी परिभाषाएँ, आधारभूत नियम और उनकी व्याख्याएँ कभी भी उत्पन्न होने वाली सभी वर्गीकरण समस्याओं को पूरी तरह से कवर नहीं कर सकती हैं। हालाँकि, जब पर्यवेक्षक को किसी कठिनाई का सामना करना पड़ता है, तो अंतःक्रिया व्यवहारों के उचित वर्गीकरण को तय करने के लिए निम्नलिखित आधारभूत नियम सहायक होते हैं।

अवलोकन, रिकॉर्डिंग या एनकोडिंग का कार्य काफी जटिल है और इसके लिए पर्यवेक्षक की ओर से पर्याप्त प्रशिक्षण, अभ्यास और देखभाल की आवश्यकता होती है। प्रक्रिया की निष्पक्षता और

विश्वसनीयता बनाए रखने के लिए, कुछ बुनियादी नियम हैं जिन्हें पर्यवेक्षक को ध्यान में रखना चाहिए।

नियम 1 जब यह निश्चित न हो कि कोई कथन किस दो या अधिक श्रेणियों से संबंधित है, तो वह श्रेणी चुनें जो संख्यात्मक रूप से श्रेणी 5 से सबसे दूर हो। उदाहरण के लिए, 3 और 4 के बीच चयन करने के लिए, 3 चुनें और 8 और 9 के लिए, 9 चुनें।

नियम 2 यदि शिक्षक के व्यवहार का प्राथमिक स्वर लगातार प्रत्यक्ष या लगातार अप्रत्यक्ष रहा है, तो विपरीत वर्गीकरण में तब तक बदलाव न करें जब तक कि शिक्षक द्वारा बदलाव का स्पष्ट संकेत न दिया जाए।

नियम 3 पर्यवेक्षक को अपने पूर्वाग्रहों या शिक्षक के इरादे से चिंतित नहीं होना चाहिए।

नियम 4 यदि तीन सेकंड के अंतराल में एक से अधिक श्रेणियां आती हैं, तो उस अंतराल में इस्तेमाल की गई सभी श्रेणियां रिकॉर्ड की जाती हैं; इसलिए, श्रेणी में प्रत्येक परिवर्तन को रिकॉर्ड करें। यदि तीन सेकंड के भीतर कोई परिवर्तन नहीं होता है, तो उस श्रेणी संख्या को दोहराएं।

नियम 5 तीन सेकंड से अधिक समय तक मौन रहने पर, प्रत्येक तीन सेकंड पर 10 रिकॉर्ड करें।

नियम 6 शिक्षक का मजाक, जो बच्चों की कीमत पर किया जाता है, 7 के रूप में दर्ज किया जाता है, लेकिन यदि मजाक बच्चों की कीमत पर नहीं किया जाता है, तो इसे 2 के रूप में दर्ज किया जाता है।

नियम 7 यदि कोई छात्र किसी संकीर्ण प्रश्न का विशिष्ट पूर्वानुमानित उत्तर देता है, तो उसे 8 के रूप में दर्ज किया जाता है और उस स्थिति में जब कई छात्र सामूहिक रूप से उत्तर देते हैं, तो भी उसे 8 के रूप में दर्ज किया जाता है।

नियम 8 जब शिक्षक किसी बच्चे को नाम से पुकारता है, तो पर्यवेक्षक सामान्यतः 4 रिकॉर्ड करता है।

नियम 9 जब शिक्षक किसी छात्र के उत्तर को दोहराता है और यदि उत्तर सही है, तो इसे 2 के रूप में दर्ज किया जाता है।

नियम 10 जब शिक्षक किसी छात्र के विचार को दोहराता है और बताता है कि विचार पर विचार किया जाएगा या चर्चा के लिए स्वीकार किया जाएगा, तो 3 का उपयोग किया जाता है।

नियम 11 यदि कोई छात्र दूसरे छात्र के बाद बात करना शुरू करता है, तो छात्र परिवर्तन को इंगित करने के लिए 9 और 8 के बीच 10 डाला जाता है।

नियम 12 'ठीक है', 'ठीक है' जैसी प्रतिक्रियाएं 2 के रूप में दर्ज की जाती हैं।

अंतःक्रिया मैट्रिक्स का निर्माण (Construction of interaction matrix)

कक्षा की घटनाओं को दस श्रेणियों में रिकॉर्ड या एनकोड करने के बाद, अगला कार्य एक अंतःक्रिया मैट्रिक्स टेबल के निर्माण से संबंधित है। मैट्रिक्स टेबल में 10 पंक्तियाँ और 10 कॉलम होते हैं। रिकॉर्ड शीट की श्रेणी संख्या मैट्रिक्स टेबल में सारणीबद्ध की जाती है। प्रत्येक संख्या को अनुक्रम जोड़े के रूप में दर्ज किया जाता है, जिसका उपयोग दो बार किया जाता है, पहले 1 नंबर के रूप में और दूसरे 2 नंबर के रूप में। मैट्रिक्स की पंक्तियाँ जोड़ी में पहली संख्या और कॉलम दूसरे नंबर का प्रतिनिधित्व करते हैं।

मान लीजिए कि पर्यवेक्षक ने 6, 10, 7, 5, 1, 4, 8 और 4 लिख लिया है। जैसे-जैसे बातचीत आगे बढ़ेगी, पर्यवेक्षक संख्याएँ लिखता रहेगा। इन प्रेक्षणों को 10 × 10 मैट्रिक्स में सारणीबद्ध करने

के लिए, पहला कदम यह सुनिश्चित करना है कि पूरी श्रृंखला एक ही संख्या से शुरू और समाप्त हो। परंपरा यह है कि श्रृंखला की शुरुआत और अंत में 10 जोड़ा जाए, जब तक कि यह पहले से मौजूद न हो। श्रृंखला तालिका 4.2 में दिखाए अनुसार बन जाती है।

तालिका 4.2 अवलोकन की परंपरा

2	4	6	8	
10,6 प्रथम	10,7 तृतीय	5,1 5 वीं	4,8 7 वीं	4,10 9 वीं
जोड़ा	जोड़ा	जोड़ा	जोड़ा	जोड़ा

इन संख्याओं को एक मैट्रिक्स में सारणीबद्ध किया जाता है, एक बार में एक जोड़ी (तालिका 4.3)। स्तंभ को दूसरे नंबर से दर्शाया जाता है, और पंक्ति को पहले नंबर से दर्शाया जाता है। पहली जोड़ी 10-6 है; टैली को पंक्ति दस और स्तंभ छह कक्ष (cell) में रखा जाता है। दूसरी जोड़ी 6–10 है; यह टैली पंक्ति छह, स्तंभ दस कक्ष में रखी जाती है। तीसरी जोड़ी 10–7 है, चौथी 7–5 है, और इसी तरह आगे भी। प्रत्येक जोड़ी अगले के साथ ओवरलैप होती है, और प्रेक्षणों की कुल संख्या, 'n', हमेशा मैट्रिक्स में 'n–1' टैली द्वारा सारणीबद्ध की जाएगी।

यदि यह सही ढंग से सारणीबद्ध मैट्रिक्स है, तो संगत पंक्तियों और स्तंभों का योग बराबर होगा।

तालिका 4.3 नमूना अंत:क्रिया मैट्रिक्स

	1	2	3	4	5	6	7	8	9	10	*Total*
1				1							1
2											0
3											0
4								1		1	2
5	1										1
6										1	1
7					1						1
8				1							1
9											0
10						1	1				2
Total	1	0	0	2	1	1	1	1	0	2	9

अंत:क्रिया मैट्रिक्स की व्याख्या (Interpretation of interaction matrix)

बातचीत या अवलोकन डेटा की व्याख्या की प्रक्रिया को डिकोडिंग कहा जाता है। मैट्रिक्स को डिकोड करने के कई तरीके हैं। पहला और सरल तरीका रिपोर्टिंग को प्रत्येक कक्ष में प्रतिशत में बदलना है। यह मैट्रिक्स में कुल टैली की संख्या से प्रत्येक कॉलम के योग, 1 से 10 को विभाजित करके किया जाता है। यह गणना प्रत्येक श्रेणी में देखी गई कक्षा की स्थिति में कुल बातचीत का अनुपात देती है।

इन सात श्रेणियों के योग से प्रत्येक श्रेणी, 1 से 7 में आने वाली कुल शिक्षक बातचीत का प्रतिशत निर्धारित करने के लिए एक समान प्रक्रिया का उपयोग किया जाता है।

अंतःक्रिया विश्लेषण का उद्देश्य अवलोकन, एनकोडिंग, सारणीयन और फिर डिकोडिंग के माध्यम से अंतःक्रिया के चयनित पहलुओं को संरक्षित करना है।

1. **शिक्षक की बातचीत, छात्र की बातचीत और मौन या भ्रम का अनुपातः** कॉलम 1, 2, 3, 4, 5, 6, 7, 8, 9 और कॉलम 10 में कुल मिलान के अनुपात से पता चलता है कि शिक्षक कितना बोलता है, छात्र कितना बोलता है और मौन या भ्रम में कितना समय व्यतीत होता है। सामान्य तौर पर, औसतन 68 प्रतिशत शिक्षक बातचीत, 20 प्रतिशत छात्र बातचीत और 11 या 12 प्रतिशत मौन या भ्रम की उम्मीद की जाती है।

2. **अप्रत्यक्ष प्रभाव और प्रत्यक्ष प्रभाव के बीच का अनुपातः** कॉलम 1, 2, 3 और 4 के योग को कॉलम 5, 6 और 7 के योग से विभाजित करने पर यह अनुपात प्राप्त होता है। यदि अनुपात 1 या 1 से अधिक है, तो शिक्षक को अपने व्यवहार में अप्रत्यक्ष कहा जाता है। इसलिए, यह अनुपात दर्शाता है कि शिक्षक अपने शिक्षण में अधिक प्रत्यक्ष या अप्रत्यक्ष है।

3. **सकारात्मक सुदृढीकरण और नकारात्मक सुदृढीकरण के बीच का अनुपातः** कॉलम 1, 2 और 3 के योग को कॉलम 6 और 7 के योग से विभाजित किया जाना है। यदि अनुपात 1 से अधिक है, तो शिक्षक को अच्छा कहा जाता है।

4. **विद्यार्थियों की सहभागिता अनुपातः** कॉलम 8 और 9 के योग को कुल योग से भाग देना है। उत्तर से पता चलेगा कि विद्यार्थियों ने शिक्षण अधिगम प्रक्रिया में कितनी सहभागिता की है।

5. **स्थिर अवस्था कक्षः** तालिका 4.4 में ऊपरी बाएँ से निचले दाएँ विकर्ण के साथ स्थिर अवस्था कक्ष दिखाए गए हैं। यदि इन कक्ष पर बहुत अधिक भार है, तो यह दर्शाता है कि शिक्षक किसी विशेष श्रेणी में तीन सेकंड से अधिक समय तक रहता है।

संपूर्ण मैट्रिक्स में सबसे अधिक आवृत्ति वाला कक्ष आमतौर पर 5–5 कक्ष होता है, जो इस विकर्ण पर स्थित होता है, जो यह दर्शाता है कि शिक्षक व्याख्यान के माध्यम से जानकारी प्रदान करते समय अक्सर 3 सेकंड से अधिक समय तक रुकता है।

6. **कंटेंट क्रॉस कक्षः** कॉलम और पंक्ति में संख्या 4 और 5 के अनुरूप कक्ष को कंटेंट क्रॉस कक्ष के रूप में जाना जाता है। यदि इन कक्ष को ओवरलोड किया जाता है तो वे शिक्षक के विषय वस्तु पर जोर को दर्शाते हैं।

7. **रचनात्मक एकीकरण कक्षाएं और विषम कक्षाएंः** दो क्षेत्र जो सामाजिक कौशल और शिक्षक-छात्र संबंध के सकारात्मक और नकारात्मक पहलुओं के प्रति सबसे अधिक संवेदनशील हैं। इसे तालिका 4.5 में मैट्रिक्स में दिखाया गया है।

क्षेत्र ए को रचनात्मक एकीकृत कक्षाएं कहा जा सकता है जबकि क्षेत्र बी को विषम कक्षाएं कहा जा सकता है। संख्या 1, 2 और 3 के अनुरूप कक्षाएं को रचनात्मक एकीकृत कक्षाएं कहा जाता है। संख्या 6 और 7 की कक्षाओं को विषम कक्षाएं कहा जाता है। ये कक्षाएं कक्षा प्रबंधन और नियंत्रण की समस्याओं पर शिक्षक के ध्यान को विषय वस्तु से अलग दिखाती हैं।

फ़्लैंडर्स अंत:क्रिया विश्लेषण के लाभ (Advantages of Flanders' Interaction Analysis)

फ़्लैंडर्स के अंतःक्रिया विश्लेषण के लाभ इस प्रकार हैं:

1. मैट्रिक्स का विश्लेषण इतना भरोसेमंद है कि अवलोकन के समय उपस्थित न रहने वाला व्यक्ति भी मौखिक संचार के बारे में सटीक अनुमान लगा सकता है और कक्षा परिदृश्य की जानकारी प्राप्त कर सकता है।
2. विभिन्न आयु स्तर, लिंग, विषय-वस्तु आदि पर शिक्षकों के व्यवहार की तुलना करने के लिए अलग-अलग मैट्रिक्स बनाए जा सकते हैं और उनका उपयोग किया जा सकता है।
3. यह विश्लेषण शिक्षक या शिक्षक प्रशिक्षु को कक्षा में उनके इरादों और वास्तविक व्यवहार के बारे में एक महत्वपूर्ण फीडबैक के रूप में कार्य करता है।
4. यह कक्षा में सामाजिक-भावनात्मक माहौल को मापने के लिए एक प्रभावी नैदानिक उपकरण है।
5. इसका उपयोग शिक्षण, शिक्षक व्यवहार और शिक्षकों की सेवापूर्व एवं सेवाकालीन शिक्षा के क्षेत्रों में अनुसंधान करने के लिए किया जा सकता है।
6. यह सूक्ष्म शिक्षण और टीम शिक्षण जैसी शिक्षक प्रशिक्षण तकनीकों को जोड़ता और पूरक बनाता है।

फ़्लैंडर्स अंत:क्रिया विश्लेषण की सीमाएँ (Limitations of Flanders' Interaction Analysis)

फ़्लैंडर्स के अंतःक्रिया विश्लेषण की सीमाएँ इस प्रकार हैं:

1. यह प्रणाली मौखिक व्यवहार पर ध्यान केंद्रित करती है। कुछ प्रकार के व्यवहार को अनदेखा किया जा सकता है।
2. यह प्रत्यक्ष/अप्रत्यक्ष शिक्षक प्रभाव या शिक्षक की बातचीत पर बहुत अधिक ध्यान केंद्रित करती है।
3. कक्षा में छात्र-छात्र अंतःक्रिया पर ध्यान केन्द्रित करने वाली अंतःक्रिया पर बिल्कुल भी चर्चा नहीं की जाती।
4. मैट्रिक्स का मिलान, निर्माण और व्याख्या करने की प्रक्रिया समय लेने वाली है।
5. इसके लिए उच्च प्रशिक्षित, विश्वसनीय और सक्षम पर्यवेक्षकों/दुभाषियों की आवश्यकता होती है।
6. यह प्रणाली समय की दृष्टि से किफायती नहीं है।
7. प्रशिक्षित पर्यवेक्षकों की कमी है।

निष्कर्ष (Conclusion)

शैक्षिक प्रक्रिया का मूल शिक्षक और छात्र के बीच की बातचीत में है। इसी बातचीत के ज़रिए स्कूल प्रणाली बच्चे पर अपना मुख्य प्रभाव डालती है। शिक्षक जिस तरह से छात्र के साथ बातचीत करता है, वह बच्चे को मिलने वाली शिक्षा की गुणवत्ता का एक प्रमुख निर्धारक है।

इस प्रकार, कक्षा में वास्तव में क्या होता है, इसकी जानकारी शैक्षिक अवसर की गुणवत्ता का आकलन करने में बहुत महत्वपूर्ण है। शिक्षण अधिगम प्रक्रिया के कुछ सबसे महत्वपूर्ण पहलुओं को केवल वास्तविक कक्षा अंतःक्रिया को देखकर ही पहचाना जा सकता है। छात्रों को निर्देश देने, मार्गदर्शन करने और प्रोत्साहित करने में शिक्षक का कौशल कक्षा में शिक्षक द्वारा किए जाने वाले कार्यों और कथनों से प्रदर्शित होता है। छात्र किस हद तक सीखने की प्रक्रिया में सक्रिय रूप से शामिल हैं, यह कक्षा की गतिविधियों में उनकी भागीदारी से पता चलता है। शिक्षक और छात्र एक-दूसरे के बारे में कैसा महसूस करते हैं, यह शिक्षक और छात्रों द्वारा एक-दूसरे पर की जाने वाली प्रतिक्रिया से स्पष्ट होता है।

अध्याय 5

अभ्यास शिक्षण (Practice Teaching)

प्रशिक्षण (nternship) के अवसर प्रदान करने से पूरा समीकरण बदल जाता है।

—एनसीएफटीई, 2010

परिचय (Introduction)

अभ्यास शिक्षण शिक्षा के समग्र कार्यक्रम को शामिल करने वाली विविध गतिविधियों का केंद्र है। यह सैद्धांतिक अध्ययन, क्षेत्र कार्य और व्यावहारिक कार्य तथा स्कूली छात्रों, शिक्षकों, छात्र अध्यापकों (शिक्षकों) और मार्गदर्शक शिक्षक शिक्षकों को शामिल करने वाले संस्थागत अनुभवों की एक विस्तृत श्रृंखला से जुड़ा हुआ है। एक तरह से, यह प्रभावी शिक्षक शिक्षा के लिए मूल्यांकन उपकरण और इसके महत्वपूर्ण गुणवत्ता संकेतक दोनों के रूप में कार्य करता है।

शिक्षकों को शिक्षण पेशे की चुनौतियों के लिए पर्याप्त रूप से तैयार होने के लिए, यह महत्वपूर्ण है कि छात्र शिक्षकों को व्यापक पूर्व-सेवा प्रशिक्षण प्राप्त हो। वोंक (1993) ने बताया है कि शिक्षण पेशा सेवा-पूर्व शिक्षण प्रेरण और निरंतर सेवाकालीन प्रशिक्षण से शुरू होता है। अभ्यास शिक्षण को बी.एड. कार्यक्रम का मुख्य घटक माना जाता है। प्रैक्टिकम या छात्र शिक्षण वह है जहाँ सिद्धांत अभ्यास से मिलता है। छात्र शिक्षण में प्रदर्शन सेवाकालीन शिक्षकों में सफलता की भविष्यवाणी करने के लिए सबसे महत्वपूर्ण मानदंड है (डे और ब्राइटवेल, 1978)।

शिक्षण अभ्यास की परिभाषा (Definition of Teaching Practice)

शिक्षण अभ्यास एक ऐसा पाठ्यक्रम या कार्यक्रम है जिसमें छात्रों या प्रशिक्षुओं को एक निश्चित अवधि के लिए छात्रों को उनकी विशेषज्ञता के विषय क्षेत्रों को पढ़ाने के लिए, आमतौर पर उनके शिक्षण संस्थानों से निचले स्तर के स्कूलों में नियुक्त किया जाता है। इस अवधि के दौरान, छात्र शिक्षक, जैसा कि उन्हें कहा जाता है, सामान्य विषय शिक्षकों की स्थिति ग्रहण करते हैं और साथ ही सहयोगी स्कूल अधिकारियों द्वारा दिए गए सभी वैध कार्यों में संलग्न होते हैं। चित्र 5.1 शिक्षक-कैरियर मार्ग को दर्शाता है।

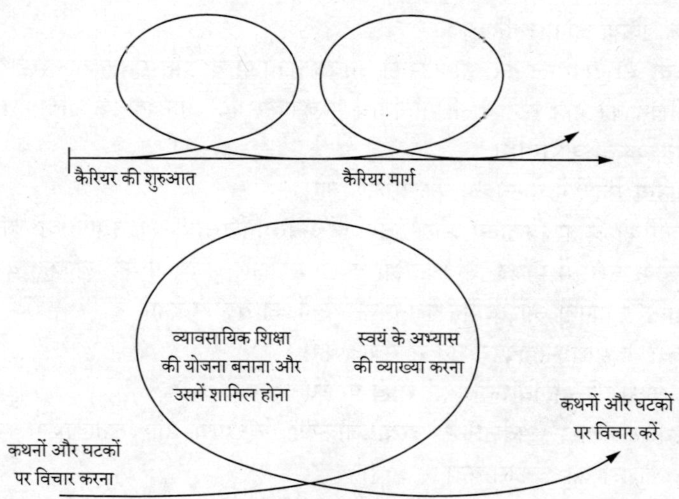

चित्र 5.1 शिक्षण-कैरियर मार्ग।

अभ्यास शिक्षण को एक अनुभवी शिक्षक की देखरेख में एक छात्र द्वारा शिक्षण के रूप में परिभाषित किया जाता है। इसका उद्देश्य विभिन्न आयु और संदर्भों के बच्चों के साथ व्यावहारिक अनुभव प्रदान करना और सिद्धांत और व्यवहार के बीच आगे-पीछे की आवाजाही को सक्षम करना है। छात्र शिक्षकों को विभिन्न संदर्भों जैसे कि पहली पीढ़ी के शिक्षार्थियों और सड़क पर रहने वाले बच्चों के साथ रहने, उनके साथ बातचीत करने, उनके लिए रचनात्मक गतिविधियों का आयोजन करने के अवसर दिए जाने चाहिए ताकि वे उनसे संवाद करना और उनसे संबंध बनाना सीख सकें।

प्रशिक्षण को विस्तारित स्कूल आधारित व्यावसायिक शिक्षा के रूप में परिभाषित किया जाता है, जिसे प्रीसर्विस टीचिंग तैयारी चरण में विभिन्न हितधारकों द्वारा बातचीत करके प्राप्त किया जाता है। प्रशिक्षु (intern) को कक्षा शिक्षक द्वारा सलाह दी जाती है, जिसमें शिक्षक की कार्य गतिविधियों की एक विस्तृत श्रृंखला में शामिल होने के अधिक अवसर होते हैं। कक्षा शिक्षक और प्रशिक्षु के रिश्ते में मूल्यांकन से लेकर कॉलेजिएट तक एक सूक्ष्म बदलाव होता है।

प्रशिक्षण अनुभवों को इस तरह से व्यवस्थित किया जाना चाहिए जो शिक्षक की क्षमता का मूल्यांकन करने में उपयोगी हो, पेशे के भीतर समाजीकरण का समर्थन करे, शिक्षण-अधिगम अवधारणाओं के विकास को प्रोत्साहित करे, प्रयोग का एक संरक्षित क्षेत्र प्रदान करे, नए परिप्रेक्ष्यों में अंतर्दृष्टि प्रदान करे और सीखने और चिंतन जारी रखने के लिए प्रेरणा को बढ़ाए।

अभ्यास शिक्षण के उद्देश्य (Objectives of Practice Teaching)

शिक्षक शिक्षा को जब एक समग्र उद्यम के रूप में देखा जाता है जिसमें विभिन्न प्रकार की गतिविधियाँ शामिल होती हैं और जिसका उद्देश्य संपूर्ण शिक्षक के विकास पर केंद्रित होता है—ज्ञान और समझ, कौशलों का भंडार, सकारात्मक दृष्टिकोण, आदतें, मूल्य और चिंतन करने की क्षमता, तो छात्र शिक्षकों के लिए गहन प्रशिक्षण की आवश्यकता होगी। इसलिए, छात्र शिक्षकों को निम्न की आवश्यकता के

बारे में जागरूक किया जाना चाहिए:

1. बच्चों की देखभाल करें और उनकी आवश्यकताओं के प्रति संवेदनशील रहें।
2. सीखने को मात्र रटने वाली गतिविधि न बनाकर एक आनंददायक गतिविधि बनाने की आवश्यकता को समझें।
3. स्थानीय संदर्भ में पाठ्यक्रम का परीक्षण करें।
4. बच्चों की आवश्यकताओं और रुचियों के अनुरूप शिक्षार्थी-केंद्रित गतिविधियाँ तैयार करें।
5. प्रत्येक कक्षा में मौजूद विविधताओं के साथ शैक्षणिक शिक्षा को एकीकृत करें।
6. शांति, समानता और धर्मनिरपेक्षता के मूल्यों को बढ़ावा देना।
7. बच्चों के साथ सौहार्दपूर्ण ढंग से संवाद करें।
    - कक्षा की गतिविधियों और सीख पर चिंतन करें।
    - शिक्षणशास्त्र, अवलोकन, दस्तावेजीकरण, विश्लेषण और व्याख्या में व्यावसायिक कौशल का विकास करें।
    - विभिन्न सैद्धांतिक और अनुभवात्मक ढाँचों के भीतर वास्तविकता की व्याख्या करें।

स्कूल प्रशिक्षण (School Internship)

एनसीएफटीई 2010 ने शिक्षक की तैयारी के लिए पेशेवर दृढता प्रदान करने, शिक्षण के अभ्यास और संबंधित दृढ सैद्धांतिक अध्ययन के महत्व पर जोर दिया है, जो एक महत्वपूर्ण भूमिका निभाते हैं। अभ्यास शिक्षण शिक्षक तैयारी कार्यक्रम का सबसे कार्यात्मक हिस्सा है। यह वह प्रभावशीलता है जिसके साथ शिक्षण/सीखने के कई घटक—स्कूल को जानना, बच्चों का अवलोकन करना, वास्तविक कक्षा के संदर्भ में शिक्षण और सीखने का अवलोकन करना, छात्रों की ज़रूरतों के हिसाब से पाठ योजनाएँ और निर्देशात्मक सहायक सामग्री तैयार करना, उनके शिक्षण पाठों के आधार पर प्रौद्योगिकी-आधारित शिक्षण सामग्री तैयार करना और उनका उपयोग करना, शिक्षण का अभ्यास करना, शैक्षिक सिद्धांतों के साथ सोचने और ठोस शिक्षण-सीखने की स्थितियों में अवधारणाओं को लागू करने की क्षमता विकसित करना, कक्षा में सीखने का प्रबंधन करना, शिक्षार्थियों का मूल्यांकन करना और प्रतिक्रिया देना, सहकर्मियों के साथ काम करना सीखना, अपने स्वयं के पेशेवर अभ्यास पर विचार करना—छात्र शिक्षक के लिए उपयुक्त सीखने के अनुभव प्रदान करने के लिए उपयोग किए जाते हैं जो शिक्षकों की शिक्षा के लिए महत्वपूर्ण है।

भारत के अधिकांश विश्वविद्यालयों में, अभ्यास शिक्षण में एक वर्षीय बी.एड. कार्यक्रम के लिए प्रत्येक वैकल्पिक विषय में 20 पाठ शामिल होते हैं।

स्कूल प्रशिक्षण कार्यक्रम के घटक (Components of School Internship Programme)

स्कूल प्रशिक्षण कार्यक्रम में निम्नलिखित शामिल हैं:

1. शिक्षण और सीखने के नवीन केंद्रों का दौरा, उदाहरण के लिए, विशेष स्कूल, समावेशी स्कूल, अंतर्राष्ट्रीय स्कूल।
2. कार्यात्मक अनुसंधान परियोजनाएं, छात्रों को चिंतनशील सोच की आदत विकसित करने में मदद करने के लिए।

3. एक वर्षीय बी.एड. कार्यक्रम के लिए सहयोगी स्कूलों में न्यूनतम 40 दिनों का प्रशिक्षण।
4. इकाई और पाठ योजनाओं का विकास—प्रति विषय 4 इकाई योजनाओं से अधिक नहीं। इकाइयों की योजना में स्कूल की पाठ्यपुस्तक, संगठन और विषय-वस्तु की प्रस्तुति सहित कई स्रोतों से सामग्री के साथ आलोचनात्मक जुड़ाव शामिल होता है।
5. चार्ट, मॉडल आदि बनाना और उनका रखरखाव करना तथा रजिस्टरों का रखरखाव करना।
6. स्कोरिंग कुंजी के साथ उपलब्धि परीक्षण की तैयारी; परीक्षणों का संचालन और उनका विश्लेषण। इसमें विशेष रूप से प्रश्न तैयार करना शामिल है: (ए) छात्रों के ज्ञान आधार और समझ का आकलन करना; (बी) कक्षा में ज्ञान निर्माण और अर्थ-निर्माण की प्रक्रिया को आगे बढ़ाना; और (सी) शैक्षणिक अभ्यास में सुधार और सीखने को और बढ़ाने के लिए छात्रों के सीखने का आकलन करना।
7. छात्र-अध्यापक द्वारा संचालित कक्षा के किसी विशेष छात्र का केस अध्ययन करना।
8. शिक्षा में विद्यमान प्रणालीगत मुद्दों पर पकड़ बनाना तथा सीखने के माहौल की अनिश्चितताओं और बदलती हुई शिक्षार्थियों की आवश्यकताओं के अनुरूप कार्य करने की क्षमता विकसित करना तथा बदलाव लाने के लिए सशक्त महसूस करने की क्षमता विकसित करना।
9. संदर्भ में शिक्षार्थियों को समझने की क्षमता विकसित करना; उपयुक्त शिक्षण अनुभव, गतिविधियों को डिजाइन करना और चुनना; अवलोकन करना और दस्तावेजीकरण करना, विश्लेषण करना, संश्लेषण करना, व्याख्या करना और प्रतिबिंबित करना सीखना।

एक नियमित शिक्षक के रूप में लंबे समय तक कार्य करते हुए, प्रशिक्षु को सीखने, पाठ्यचर्या सामग्री और शैक्षणिक अभ्यास के संदर्भ में यथार्थवादी लक्ष्य निर्धारित करने का अवसर मिलेगा।

अभ्यास शिक्षण के वर्तमान मॉडल की प्रमुख कमियाँ:

- शिक्षक शिक्षा में वर्तमान प्रथाएं स्कूल पाठ्यक्रम और पाठ्यपुस्तकों को 'दिया हुआ' मानती हैं और मानकीकृत प्रारूपों में पाठों की सावधानीपूर्वक योजना बनाकर शिक्षकों को मौजूदा स्कूल प्रणाली की आवश्यकताओं के साथ समायोजित करने के लिए प्रशिक्षित करती हैं, जिससे आवश्यक संख्या में पाठ पढ़ाने की रस्म पूरी होती है।
- निर्दिष्ट संख्या में पृथक पाठों के शिक्षण में बार-बार 'अभ्यास' को व्यावसायिक विकास के लिए पर्याप्त शर्त माना जाता है।
- शिक्षकों को कक्षा में वार्तालाप और जांच के दौरान अपने पूर्वाग्रहों और विश्वासों की जांच करने तथा अपने अनुभवों पर विचार करने का कोई अवसर नहीं मिलता।
- सिद्धांतिक पाठ्यक्रमों का व्यावहारिक कार्य और जमीनी हकीकत के साथ कोई स्पष्ट संबंध नहीं है।
- मूल्यांकन प्रोटोकॉल बहुत अधिक सैद्धांतिक, अत्यधिक मात्रात्मक है और इसमें व्यापकता का अभाव है।

—एनसीएफटीई, 2010

ब्लॉक शिक्षण (Block Teaching)

ब्लॉक टीचिंग, जिसका मतलब है कक्षा के समय को कम, लंबी अवधियों में व्यवस्थित करना जो एक स्कूल दिवस बनाते हैं, को विदेशों में कई हाई स्कूलों द्वारा अपनाया गया है। प्रतिदिन कम कक्षाएं लेने से संक्रमणों में खो जाने वाला शिक्षण समय कम हो जाता है। छत्रों को होमवर्क असाइनमेंट पूरा करने के लिए एक अतिरिक्त दिन मिलना पसंद है, और शिक्षकों को हर दिन योजना बनाने के लिए समय मिलता है। कक्षा के समय की विस्तारित अवधि के साथ, शिक्षक उच्च-क्रम की सोच कौशल का निर्माण कर सकते हैं और विषयों के बीच संबंधों का पता लगा सकते हैं। सहयोगात्मक शिक्षण और समूह शिक्षण के अन्य रूप ब्लॉक शिक्षण के लिए आदर्श हैं।

उदाहरण

गतिज सिद्धांत और चरण परिवर्तन का अध्ययन करते समय, छात्रों को समूहों में विभाजित किया जाता है और प्रत्येक समूह पदार्थ की स्थिति पर एक विशेषज्ञ बन जाता है। विस्तारित कक्षा अवधि समूह के छात्रों को दो कक्षा बैठकों के दौरान आवश्यक सामग्री को कवर करने की अनुमति देती है। ब्लॉक शेड्यूल के साथ, एक ही दिन में प्रीलैब प्रश्न, गतिविधि और पोस्टलैब विश्लेषण को पूरा करना संभव है।

ब्लॉक शेड्यूलिंग की परिभाषा (Definition of Block Scheduling)

ब्लॉक शेड्यूलिंग को समय के बड़े ब्लॉकों (60 मिनट से अधिक) में संगठन के रूप में परिभाषित किया गया था ताकि विभिन्न अनुदेशात्मक गतिविधियों के लिए लचीलापन प्रदान किया जा सके।

कैवेल्टी (1994) ने हाई स्कूल स्तर के शिक्षण के पुनर्गठन के लिए पाँच प्रमुख घटकों की पहचान की, अर्थात पाठ्यक्रम और शिक्षण, स्कूल संगठन, सामुदायिक पहुँच, प्रौद्योगिकी और मौद्रिक प्रोत्साहन। इनमें से प्रत्येक श्रेणी के भीतर, पुनर्गठन गतिविधियों के 36 विशिष्ट संकेतकों की पहचान की गई। इन गतिविधियों में से एक है "ब्लॉक शिक्षण"।

ब्लॉक टीचिंग स्कूल वर्ष को 15 सप्ताह के दो सेमेस्टर के बजाय लगभग 4 सप्ताह के 12 'ब्लॉक' में पुनर्गठित करना है। ब्लॉक टीचिंग के दौरान पाठ्यक्रम के समय की कोई हानि नहीं होती है। पाठ्यक्रम में बदलाव न्यूनतम रखे जाते हैं।

ब्लॉक टीचिंग उद्योग में प्रोजेक्ट मैनेजमेंट टाइमलाइन की नकल करती है, जहाँ डिज़ाइनर छोटी समयसीमा के साथ काम करते हैं। ब्लॉक टीचिंग में काम का प्रवाह छात्रों को पेशेवर क्षेत्र में आमतौर पर आवश्यक काम की गति में खुद को सहज बनाने की अनुमति देता है, उन्हें स्वयं तेजी से सोचने और यथार्थवादी समय सीमा में अधिक कुशलता से विचारों की अवधारणा बनाने के लिए प्रशिक्षित करता है।

कार्यभार (Workload)

विषयों को 15 सप्ताह के सेमेस्टर के बजाय 4 सप्ताह के ब्लॉक में पढ़ाया जाता है। जो छात्र प्रति सेमेस्टर 6–7 विषय लेते थे, वे अब प्रति ब्लॉक अधिकतम 2 विषय लेंगे। यह छात्रों को हाथ में मौजूद

1 या 2 विषयों पर ध्यान केंद्रित करने और दिए गए प्रोजेक्ट में अपना सर्वश्रेष्ठ देने का अवसर देता है। सेमेस्टर सिस्टम की तुलना में, छात्र को अब एक बार में 6–7 प्रोजेक्ट संभालने की ज़रूरत नहीं है।

ब्लॉक शिक्षण के लाभ (Advantages of Block Teaching)

यह देखा गया है कि एक बार में 6–7 विषय लेने और एक निश्चित समय सीमा के भीतर 6–7 परियोजनाएं प्रस्तुत करने से प्रस्तुत कार्य की गुणवत्ता पर प्रतिकूल प्रभाव पड़ता है।

ब्लॉक टीचिंग में केवल 1 से 2 प्रोजेक्ट मैनेज करने के साथ, छात्र इन प्रोजेक्ट पर ध्यान केंद्रित करने में सक्षम होंगे। वे इन 2 असाइनमेंट को अधिक समर्पित समय दे पाएंगे और उनकी ऊर्जा उतनी बिखरी नहीं होगी जितनी अन्यथा होती। अच्छे समय प्रबंधन और नियोजन कौशल के साथ, छात्रों के बेहतर गुणवत्ता वाले काम करने और लंबे समय में बेहतर प्रदर्शन करने की संभावना अधिक होती है। चूंकि ब्लॉक टीचिंग को गहनता से पढ़ाया जाता है, इसलिए जानबूझकर कक्षाएं छोड़ना छात्रों के हित में नहीं होगा। अंततः, सीखने की जिम्मेदारी छात्र पर आती है।

सामान्यतः 'ब्लॉक शेड्यूलिंग' के लाभ इस प्रकार हैं:

1. एक शिक्षक दिन भर में कम विद्यार्थियों से मिलता है, जिससे उसे प्रत्येक विद्यार्थी के साथ अधिक समय बिताने की क्षमता मिलती है।
2. शिक्षण समय की अवधि बढ़ने के कारण, एक कक्षा अवधि में लंबी सहकारी शिक्षण गतिविधियाँ पूरी की जा सकती हैं। साथ ही, विज्ञान कक्षाओं में प्रयोगशालाओं के लिए अधिक समय मिलता है।
3. छात्रों के पास स्कूल के दौरान कम जानकारी होती है।
4. कक्षाओं की संख्या कम होने के कारण, छात्रों को सप्ताह के किसी भी दिन कम गृहकार्य मिलता है।
5. शिक्षक कक्षा के दौरान अधिक विविधतापूर्ण निर्देश प्रदान करने में सक्षम है। इस प्रकार, विकलांग और अलग-अलग सीखने की शैलियों वाले छात्रों से निपटना आसान होता है।
6. योजना बनाने की अवधि लंबी होती है। ऐसा लगता है कि लंबे समय के साथ योजना बनाना आसान हो जाता है और अधिक काम हो जाता है।
7. यह नये कार्यक्रमों और प्रथाओं के कार्यान्वयन को सुगम बनाता है।
8. इससे छात्रों के लिए ऐच्छिक विषयों में तेजी लाने या नामांकन के अवसर बढ़ जाते हैं।
9. यह उन विद्यार्थियों की सहायता करता है जो धीमे हैं या अपनी कक्षाएं छोड़ चुके हैं और जिन्हें पढ़ाई पूरी करने के लिए समय चाहिए।
10. यह शिक्षकों की कक्षा की तैयारी, ग्रेडिंग और रिकॉर्ड रखने में सुधार करता है।
11. शिक्षक अपने विद्यार्थियों को बेहतर तरीके से जान पाते हैं, क्योंकि प्रतिदिन देखे जाने वाले विद्यार्थियों की संख्या और प्रतिदिन पढ़ाई जाने वाली कक्षाओं की संख्या कम हो जाती है।
12. शिक्षक एक ही कक्षा में सीखी जाने वाली अवधारणाओं को प्रस्तुत कर सकते हैं तथा उन्हें सुदृढ़ कर सकते हैं।
13. शिक्षक सहयोगात्मक शिक्षण रणनीतियों का उपयोग कर सकते हैं।
14. यह छात्रों को प्रौद्योगिकी का प्रभावी उपयोग करने की अनुमति देता है।
15. यह व्यक्तिगत शिक्षण शैलियों को समायोजित कर सकता है।

ब्लॉक शिक्षण के नुकसान (Disadvantages of Block Teaching)

ब्लॉक शिक्षण के नुकसान इस प्रकार हैं:

1. शिक्षक सप्ताह में चार बार छात्रों से मिलते हैं (उदाहरण के लिए, सोमवार, मंगलवार, गुरुवार, शुक्रवार) जिसका अर्थ है कि छात्र अपने अवकाश के दिनों में निरंतरता खो देते हैं।
2. यदि कोई छात्र मॉड्यूलर शेड्यूल के तहत एक दिन अनुपस्थित रहता है, तो वह छात्र वास्तव में दो, या कभी-कभी इससे भी अधिक दिन अनुपस्थित रहता है।
3. चाहे कितनी भी अच्छी योजना क्यों न बनाई गई हो, कई दिनों में शिक्षक छात्रों को अपना होमवर्क शुरू करने के लिए 10–15 मिनट ही देते हैं। जब सेमेस्टर के अंत में सभी समय को जोड़ा जाता है, तो कम जानकारी और सामग्री को कवर किया जाता है।
4. इस बात का कोई सबूत नहीं है कि ब्लॉक शेड्यूलिंग काम करती है।

ब्लॉक शिक्षण के लिए समय सारणी (Time Table for Block Teaching)

समय सारणी को इस तरह से फिर से तैयार किया गया है कि छात्र 1 या 2 विषयों पर ध्यान केंद्रित कर सकें, कक्षा में उपस्थित हो सकें और इन विषयों के प्रभारी व्याख्याताओं से दैनिक आधार पर मिल सकें। अब स्कूल के दिन में 4 मुख्य सम्य स्लॉट में कक्षाएं संचालित की जाती हैं: 0900–1200 बजे, 1200–1500 बजे, 1500–1800 बजे और 1800–2100 बजे।

पाठ योजना प्रारूप (Lesson Plan Format)

विलियम्स और डन (2008) ने अपने पाट, ब्रेन कम्पेटिबल लर्निंग फॉर द ब्लॉक में, अच्छे पाठ योजनाओं की तुलना व्यंजनों, ब्लूप्रिंट और गेम प्लान से की है जो छात्रों को सफल सीखने की प्रक्रिया में शामिल करते हैं। जबकि पाठ योजना प्रारूपों के लिए अनंत संभावनाएँ हैं, ब्लॉक शेड्यूलिंग के लिए विस्तारित कक्षा अवधि के दौरान कम से कम तीन संक्रमणों की आवश्यकता होगी।

कैनेडी और रेटिग (1996) निम्नलिखित तीन भाग और प्रत्येक के लिए समय-सीमा प्रस्तावित करते हैं:

1. ***स्पष्टीकरण:*** 25 से 30 मिनट का समय, जो लघु व्याख्यान, समीक्षा, मॉडलिंग, प्रदर्शन, वीडियो क्लिप देखने या पाठ्य पढ़ने के माध्यम से छात्रों को जानकारी प्रस्तुत करने के लिए समर्पित है।
2. ***अनुप्रयोग:*** 40 से 60 मिनट का समय जब छात्र सक्रिय शिक्षण रणनीतियों में लगे होते हैं।
3. ***संश्लेषण:*** 15 से 30 मिनट का समय जब छात्र चिंतन करते हैं और उन्होंने जो सीखा है उसका मूल्यांकन किया जाता है।

विलियम्स और डन (2008) ने निम्नालिखित प्रारूप का सुझाव दिया है। प्रारूप में चार चरण हैं, जिनमें से प्रत्येक का समय 10 से 25 मिनट तक भिन्न होता है। ये चरण हैं:

चरण 1: शिक्षार्थी को आकर्षित करना, लगभग 10–15 मिनट की अवधि

चरण 2: शिक्षार्थी को ज्ञान प्रदान करना, लगभग 15–20 मिनट की अवधि

चरण 3: शिक्षार्थी को व्यस्त करें, लगभग 20-30 मिनट की अवधि

चरण 4: शिक्षार्थी को लगभग 20–25 मिनट का और समय दें

इसके अलावा, एक विस्तारित समय सीमा या ब्लॉक अनुसूची में, जब छात्र रणनीतियों में संलग्न होते हैं, तो वे सीखने की प्रक्रिया के प्रत्येक चरण में आसानी से पारगमन कर सकते हैं, कभी-कभी आवश्यकतानुसार एक चरण या दूसरे चरण में वापस आ सकते हैं, जिससे न केवल उनके लिए सीखने का अनुभव तीव्र होता है, बल्कि यह सुनिश्चित होता है कि उनका सीखना सफल हो।

छात्र शिक्षण का संगठन (चित्र 5.2) **(Organisation of Student Teaching)**

जबकि शिक्षण अभ्यास प्रशिक्षु को प्रत्यक्ष अनुभव के माध्यम से व्यावहारिक कौशल प्राप्त करने का अवसर प्रदान करता है, यह प्रशिक्षक को प्रारंभिक और योगात्मक मूल्यांकन दोनों उद्देश्यों के लिए प्रशिक्षु का आकलन और मार्गदर्शन करने का अवसर भी प्रदान करता है। शिक्षण अभ्यास शिक्षक प्रशिक्षकों को छात्र शिक्षकों और उनकी तकनीकों और शिक्षण की प्रक्रिया को समझने में अनुभव का एक स्तर विकसित करने में सक्षम बनाता है जिसे वे शिक्षक प्रशिक्षु के पेशेवर मार्गदर्शन और पर्यवेक्षण के तहत व्यवहार में लाते हैं। सहयोगी स्कूल छात्र शिक्षकों को स्कूलों में प्रशिक्षित करने के लिए सभी भौतिकवादी और नैतिक समर्थन प्रदान करते हैं। इसलिए, यह आवश्यक है कि छात्र शिक्षकों के लिए एक अनुकूल शैक्षिक वातावरण स्थापित किया जाए ताकि वे उनमें आत्मविश्वास पैदा कर सकें और साथी छात्रों और स्कूल के कर्मचारियों के साथ प्रभावी ढंग से काम कर सकें। ऐसे वातावरण में, छात्र शिक्षकों को छात्र पर्यवेक्षकों या ट्यूटर्स के मार्गदर्शन और पर्यवेक्षण के साथ अवलोकन साझा करने और शिक्षण में लाभदायक अनुभवों को शामिल करने का अवसर मिलेगा।

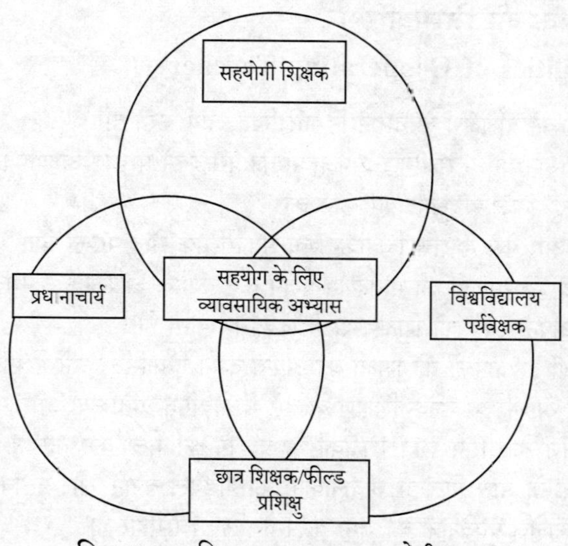

चित्र 5.2 शिक्षण अभ्यास—सहयोगी।

शिक्षण अभ्यास एक सहकारी उपक्रम है जिसमें एक ओर छात्र शिक्षक और उनके पर्यवेक्षक तथा दूसरी ओर कर्मचारी और विद्यार्थी शामिल होते हैं। इस कार्यक्रम में शिक्षण, प्रदर्शन, सह-पाठ्यचर्या गतिविधियों में भागीदारी और मूल्यांकन शामिल है, जो छात्र शिक्षकों का अंतिम मूल्यांकन है।

चूंकि यह शिक्षक प्रशिक्षण संस्थानों के पाठ्यक्रम में महत्वपूर्ण है, इसलिए इसमें कुछ ऐसी बातें हैं जिन पर छात्र-अध्यापकों को शिक्षण अभ्यास की तैयारी करते समय ध्यान देना चाहिए।

सहयोगात्मक शिक्षक चयन (Cooperating Teacher Selection)

प्रशिक्षण महाविद्यालय के प्राचार्य और शिक्षण स्टाफ की समिति प्रशिक्षण असाइनमेंट देने से पहले प्रत्येक छात्र का साक्षात्कार लेती है। समिति के संकाय की सिफारिशों के आधार पर, सफल अनुभव के लिए छात्र की आवश्यकताओं का आकलन किया जाता है। इसमें व्यक्तित्व लक्षणों और विशेष कौशल के साथ-साथ सहयोगी शिक्षक के चयन के संबंध में छात्र शिक्षक की प्राथमिकताओं (पाठ्यक्रम, स्कूल का स्थान, आदि) पर ध्यान देना शामिल है, जब संभव और उचित हो। सहयोगी शिक्षकों का चयन निम्नलिखित मानदंडों के आधार पर किया जाता है:

1. सहयोगी शिक्षक को उस विशेष क्षेत्र में प्रमाणित होना चाहिए जिसके लिए वह पर्यवेक्षण करेगा।
2. सहयोगी शिक्षक के पास कम से कम तीन वर्ष का सफल शिक्षण अनुभव होना चाहिए।
3. सहयोगी शिक्षक की अनुशंसा वर्तमान प्रधानाचार्य या सहायक प्रधानाचार्य द्वारा दृढ़तापूर्वक की जानी चाहिए।
4. सहयोगी शिक्षक को अभिमुखीकरण और अवलोकनोत्तर सम्मेलनों के साथ-साथ मूल्यांकन प्रक्रिया में भी भाग लेने के लिए तैयार रहना चाहिए।

सहयोगी शिक्षक की जिम्मेदारियाँ (Responsibilities of Cooperating Teacher)

सहयोगी शिक्षकों को प्रशिक्षण के दौरान निम्नलिखित कार्य करने होंगे:

1. अगले अनुभाग में सूचीबद्ध अपेक्षाओं को पूरा करने में छात्र-अध्यापकों की सहायता करने के लिए उनके साथ मिलकर काम करें।
2. छात्रों और पेशे में रुचि दिखाकर एक सकारात्मक रोल मॉडल बनें।
3. विद्यार्थी अध्यापकों को मार्गदर्शन प्रदान करें, क्योंकि वे प्रत्येक अनुभव पर चिंतन करते हैं तथा अपनी स्वयं की शिक्षण शैली विकसित करते हैं।
4. विद्यार्थी अध्यापकों को शिक्षा का अपना दर्शन विकसित करने में मार्गदर्शन प्रदान करें।
5. दैनिक आधार पर उनके शिक्षण के बारे में नियमित प्रतिक्रिया और सलाह प्रदान करें।
6. प्रशिक्षण के दौरान छात्र शिक्षकों के प्रदर्शन का मूल्यांकन करें। छात्र शिक्षक सहयोगी शिक्षक के साथ मिलकर अवलोकनों का शेड्यूल बनाने और प्रत्येक मूल्यांकन की एक प्रति कॉलेज पर्यवेक्षक को जमा करने के लिए जिम्मेदार है।
7. अन्य शिक्षण अनुभव सुझाएँ जो विद्यार्थी-अध्यापक के लिए लाभदायक हो सकते हैं।

प्रशिक्षण के दौरान छात्र अध्यापकों के कार्य (Tasks of Student Teachers during the Training)

छात्र-अध्यापक को शिक्षण अभ्यास कार्यक्रम में उल्लिखित दिनों के आधार पर अपने निर्धारित विद्यालय में उपस्थित रहना होगा।

1. छात्र शिक्षक को अभ्यास शिक्षण के दौरान सहयोगी शिक्षक के स्कूल कैलेंडर और दैनिक दिनचर्या का पालन करना चाहिए। उन्हें सहयोगी शिक्षक के आने और जाने के समय ही आना चाहिए और दिन भर की सभी गतिविधियों में भाग लेना चाहिए (जिसमें लंच ड्यूटी, क्लब प्रायोजन आदि शामिल हैं)।
2. छात्र अध्यापकों को प्रगतिशील कार्य सौंपे जाते हैं, जिसके फलस्वरूप अंततः छात्र अध्यापक कक्षा में पूर्ण पाठ पढ़ाते हैं; छात्र अध्यापक को सहयोगी शिक्षक, कॉलेज पर्यवेक्षक और स्कूल प्रधानाचार्य की देखरेख में कक्षा के अंदर और बाहर भी कार्य सौंपे जाते हैं।
3. छात्रों को एक शिक्षण फाइल बनाने की जिम्मेदारी दी जाती है (प्रत्येक शैक्षणिक वर्ष का एक विशिष्ट रंग होता है) जिसमें स्कूलों में सौंपे गए सभी कार्य शामिल होते हैं।
4. छात्रों को कॉलेज में आयोजित सेमिनारों में भाग लेना चाहिए और साथ ही कॉलेज के शिक्षकों के साथ दैनिक पत्रिका में कार्य भी करना चाहिए।
5. छात्र-अध्यापकों को शिक्षण अभ्यास के दौरान पर्यवेक्षण टीम (सहयोगी शिक्षक–कॉलेज पर्यवेक्षक-स्कूल प्रिंसिपल) के साथ सहयोग करना चाहिए, और एक पेशेवर और सक्षम शिक्षक बनने के लिए अपना सर्वोत्तम प्रयास करना चाहिए।
6. छात्र शिक्षक को कम से कम तीन दिन पहले की योजनाओं के साथ एक पाठ योजना पुस्तिका रखनी चाहिए। छात्रों को हर दिन पूरी पाठ योजना लिखने की ज़रूरत होती है। प्रारूप अलग-अलग हो सकता है, लेकिन प्रत्येक पाठ में उद्देश्य, गतिविधियाँ और मूल्यांकन प्रक्रियाएँ शामिल होनी चाहिए।
7. छात्र-अध्यापक को आपके साथ सभी उचित बैठकों में उपस्थित होना होगा।
8. छात्र-अध्यापक को कम से कम चार सप्ताह तक दिन का एक भाग तथा कम से कम लगातार चार सप्ताह तक पूरे दिन पढ़ाना होगा।

अवलोकन और मूल्यांकन (Observations and Evaluations)

छात्र शिक्षकों का औपचारिक रूप से कम से कम 2 बार और अनौपचारिक आधार पर सहयोगी शिक्षक द्वारा प्रतिदिन निरीक्षण किया जाएगा। ये निरीक्षण निम्नानुसार किए जाते हैं:

1. विद्यालय में सहयोगी शिक्षक, जो अपने आवंटित विद्यार्थी अध्यापकों की सभी गतिविधियों का मूल्यांकन करेगा।
2. प्रशिक्षण महाविद्यालय संकाय पर्यवेक्षक, जो:
   (क) प्रशिक्षण के लिए समग्र परामर्श नेतृत्व प्रदान करना।
   (ख) टीम के सदस्यों और छात्र अध्यापकों को जागरूक रखें तथा राज्य के दिशा-निर्देशों, लाइसेंस प्रक्रिया और प्रदर्शन के मानकों के कार्यान्वयन की निगरानी करें।

(ग) प्रत्येक छात्र-अध्यापक का अवलोकन करें।

(घ) प्रगति पर नियमित रूप से फीडबैक प्रदान करें।

3. विषय-वस्तु प्रोफेसर/संकाय (1 अवलोकन) करेंगे:

(क) EDU 400 का विषय-विशिष्ट भाग उपलब्ध कराना तथा व्यापक अनुदेशात्मक इकाई विकसित करने में छात्र-शिक्षक को सहयोग प्रदान करना।

(ख) विशेषता क्षेत्र में प्रत्येक छात्र-शिक्षक का कम से कन एक बार अवलोकन करें।

(ग) छात्र की प्रगति और प्रदर्शन का मूल्यांकन करें।

(घ) पूरे प्रशिक्षण के दौरान संसाधन के रूप में काम करना।

4. प्रशिक्षण महाविद्यालय के प्राचार्य, सहायक प्राचार्य या अन्य संकाय (1 वैकल्पिक अवलोकन)।

सहयोगी शिक्षक, छात्र शिक्षक और पर्यवेक्षक सामान्यतः प्रत्येक अवलोकन के बाद एक सम्मेलन में भाग लेंगे, तथा विशिष्ट फीडबैक प्रदान किया जाएगा।

छात्र शिक्षक, सहयोगी शिक्षक और कॉलेज संकाय पर्यवेक्षक छात्र शिक्षक की प्रगति निर्धारित करने के लिए अंतिम मूल्यांकन सम्मेलनों में भाग लेंगे।

छात्र-अध्यापकों को कक्षा के आरंभ में प्रत्येक पर्यवेक्षक के लिए लिखित पाठ योजना उपलब्ध रखनी चाहिए।

मूल्यांकन उपकरण (Evaluation Tools)

शिक्षक शिक्षा कार्यक्रम छात्र शिक्षक प्रभावशीलता निर्धारित करने के लिए अपने स्वयं के मूल्यांकन स्वरूप विकसित करते हैं। किसी विशेष संदर्भ में शिक्षण प्रभावशीलता का मूल्यांकन करते समय तीन तत्वों पर विचार किया जाना चाहिए:

1. मानदंड-प्रभावी शिक्षण के गुण।
2. साक्ष्य-समीक्षा प्रक्रिया में विचारित शिक्षण का दस्तावेजीकरण।
3. मानक-गुणवत्ता और मात्रा की अपेक्षाएँ।

शोध से पता चलता है कि छात्र शिक्षण ग्रेड आमतौर पर उच्च होते हैं, चाहे मूल्यांकन उपकरण का उपयोग कुछ भी हो। उच्च ग्रेड प्रदर्शित कौशल के माप के बजाय छात्र शिक्षकों की क्षमता के मूल्यांकन को दर्शा सकते हैं। परिशिष्ट 1 चयनित प्रशिक्षण कॉलेजों में उपयोग किए जाने वाले छात्र शिक्षण प्रोफ़ाइल का एक नमूना है। कोविड महामारी के कारण शिक्षा का चेहरा बदलने के साथ, प्रत्येक शिक्षक प्रशिक्षु को प्रौद्योगिकी को संभालने में बुनियादी योग्यता होनी चाहिए। 21वीं सदी में प्रत्येक शिक्षक के लिए उपयोग में आने वाले विभिन्न उपकरणों और तकनीकों की अच्छी समझ निश्चित रूप से आवश्यक है।

एनसीटीई दस्तावेज़ स्कूल प्रशिक्षण के संचालन के लिए एक विस्तृत रूपरेखा और दिशा-निर्देश प्रदान करता है। एनसीटीई ने 2 वर्षीय एकीकृत बी.एड. के साथ-साथ डिप्लोमा इन एलीमेंट्री एजुकेशन और 4 वर्षीय बी.ए.बी.एड. और बी.एससी.बी.एड. के पाठ्यक्रम को कवर करने वाले एक व्यापक प्रशिक्षण कार्यक्रम की परिकल्पना की है। भावी शिक्षक अभ्यास और व्यावहारिक अनुभव के

माध्यम से वास्तविक स्कूल सेटिंग में शैक्षिक सिद्धांत और शैक्षणिक अवधारणाओं को जोड़ सकते हैं। (एनसीटीई दस्तावेज़, 2016)।

निष्कर्ष (Conclusion)

अभ्यास शिक्षण, अध्यापक शिक्षा पाठ्यक्रम का हृदय है, क्योंकि यह अध्यापक प्रशिक्षु को 'शिक्षण' पेशे के बारे में प्रत्यक्ष अनुभव प्रदान करता है तथा उसे शिक्षण को पेशे के रूप में अपनाने के लिए तैयार करता है।

परिशिष्ट 1
छात्र शिक्षण प्रोफ़ाइल
(APPENDIX 1
STUDENT TEACHING PROFILE)

छात्र शिक्षक का नाम:
कक्षा एवं अनुभाग:
तारीख:
अवधि और समय:
विषय: टापिक:
सहकारी विद्यालय महाविद्यालय के पर्यवेक्षक:

मानदंड	*विशेषताएँ*	*अधिकतम अंक*	*पर्यवेक्षक द्वारा दिए गए अंक*
सामग्री ज्ञान और कवरेज	• प्रभुत्व • मुद्रा • अन्य क्षेत्रों के साथ सहसंबंध • भिन्न विचारों के प्रति सहिष्णुता • सामग्री की पर्याप्तता	10	
सीखने के मकसद	• स्पष्टता • पर्याप्तता • शुद्धता • सामग्री से प्रासंगिकता • उच्चतर क्रम क्षमताएं सम्मिलित	5	
पाठ विकास	• सीखने के परिणामों का स्पष्ट विवरण • छात्र जनसंख्या की आयु और स्तर के अनुरूप • छात्र सीखने का आकलन करने के लिए उपयोग की जाने वाली उपयुक्त विधियाँ • पाठ्यक्रम के उद्देश्यों के साथ संरेखण • नई स्थितियों के लिए अनुप्रयोग	15	

मानदंड	विशेषताएँ	अधिकतम अंक	पर्यवेक्षक द्वारा दिए गए अंक
शिक्षण अधिगम प्रक्रिया	• रुचि जगाने के लिए उचित प्रेरणा का उपयोग किया गया • पूर्व ज्ञान से जुड़ाव • दृष्टिकोण की विविधता • अच्छी तरह से योजनाबद्ध कक्षा गतिविधियाँ • गलतफहमियों का स्पष्टीकरण • मचान कौशल • छात्रों के साथ प्रभावी संचार और अच्छा तालमेल • विविध छात्र जनसंख्या की आवश्यकताओं की पूर्ति	25	
शिक्षण सहायक सामग्री/ प्रौद्योगिकी का उपयोग	• सीखने के परिणामों के अनुरूप माध्यम, प्रौद्योगिकी का उचित उपयोग • प्रौद्योगिकी का उपयोग करने में कुशल	10	
समीक्षा और असाइनमेंट	• प्रासंगिक प्रश्नों और गतिविधियों सहित पुनरावलोकन • सीखने के उद्देश्यों की प्राप्ति • क्विज़ और ग्रेडेड टेस्ट जैसे विविध प्रश्नों का उपयोग • जैम बोर्ड जैसे रोचक पुनरावलोकन सत्र के निर्माण के लिए प्रौद्योगिकी का उपयोग • असाइनमेंट की प्रकृति	20	
कक्षा प्रबंधन	• छात्रों के लिए पहुंच • जवाबदेही • छात्रों को समूहबद्ध करते समय छात्र जनसंख्या की विविधता के प्रति संवेदनशील • छात्र संसाधनों के बारे में जागरूकता • छात्रों के साथ तालमेल	15	
कुल		100	

सुपरवाइज़र का नाम:

हस्ताक्षर:

तारीख:

भाग 3

चरण और अवस्थाएँ (STAGES AND PHASES)

अध्याय 6

सेवा-पूर्व अध्यापक शिक्षा (Pre-Service Teacher Education)

महत्वपूर्ण यह नहीं है कि आप क्या करते हैं, बल्कि महत्वपूर्ण यह है कि आप उसे कैसे करते हैं।

— जॉन वुडन

परिचय (Introduction)

शिक्षक शिक्षा (अध्यापक शिक्षा) कार्यक्रमों से न केवल शिक्षण में बल्कि व्यवहारिक विशेषताओं जैसे दृष्टिकोण, प्रेरणा, धारणा, प्राथमिकताएं, प्रशंसा और मूल्य अभिविन्यास में भी कुछ 'प्रशिक्षण' प्रदान करने की अपेक्षा की जाती है। इस उद्देश्य के लिए तैयार किए गए अध्ययन के पाठ्यक्रमों को पिछले कुछ वर्षों में कक्षाओं के भीतर शैक्षणिक विचारों पर उनके मौलिक प्रभाव से व्यापक बनाया गया है, ताकि शिक्षकों के लिए उपयोगी कई समझ और अभ्यास शामिल किए जा सकें। इन्हें लगातार उचित पाठ्यक्रम रूपों में परिवर्तित किया जाना चाहिए। इनके माध्यम से, इच्छुक शिक्षकों को, उनके बीच मतभेदों के बावजूद, कम से कम कुछ तुलनीय मानकों तक अपने कार्यों में प्रभावी होने में सक्षम बनना होगा। यह आज भी एक चुनौती बनी हुई है और आने वाले वर्षों में भी बनी रहने की संभावना है।

शिक्षक शिक्षा के सेवा-पूर्व कार्यक्रमों के लिए विभिन्न आयोगों और समितियों की सिफारिशें (Recommendations of Different Commissions and Committees for Pre-Service Programmes of Teacher Education)

शिक्षक शिक्षा के पूर्व-सेवा कार्यक्रमों के लिए विभिन्न आयोगों और समितियों की सिफारिशें तालिका 6.1 में दी गई हैं।

विशेष रूप से, एनसीएफटीई (NCFTE) 2009–2010 ने सेवा-पूर्व शिक्षक शिक्षा के संबंध में निम्नलिखित सुझाव दिए हैं:

1. प्रारंभिक चरण में चुनिंदा राज्य विश्वविद्यालयों और सभी केंद्रीय विश्वविद्यालयों में, विशेष रूप से आईएएसई और चुनिंदा डीआईईटी (DIET) के माध्यम से, प्रारंभिक शिक्षक शिक्षा का चार वर्षीय एकीकृत कार्यक्रम शुरू किया जा सकता है।

2. नवीन शिक्षा योजनाओं के अंतर्गत ग्यारहवीं योजना के वित्तपोषण को यूजीसी द्वारा प्राथमिकता के आधार पर विश्वविद्यालयों और चुनिंदा डीआईईटी को चार वर्षीय एकीकृत प्रारंभिक शिक्षक शिक्षा कार्यक्रम शुरू करने के लिए निर्देशित किया जाना चाहिए।
3. एक अंतरिम उपाय के रूप में, डीआईईटी (DIETs) द्वारा प्रस्तुत प्रारंभिक शिक्षक शिक्षा के वर्तमान मॉडल जैसे कि DT.Ed. को अपने पाठ्यक्रमों के साथ-साथ कार्यक्रम संरचना को भी पुनः डिजाइन करने की आवश्यकता है, ताकि पाठ्यचर्या क्षेत्रों और लेनदेन प्रक्रियाओं के संदर्भ में नए ढांचे में प्रस्तावित विशिष्ट विशेषताओं और संरचनात्मक तंत्रों को शामिल किया जा सके।
4. मौजूदा डी.एड. कार्यक्रमों की समीक्षा की जाएगी तथा प्रस्तावित प्रक्रिया मॉडल के आलोक में पाठ्यक्रम को पुनः डिजाइन करने की प्रक्रिया अगले एक-दो वर्षों में पूरी कर ली जाएगी।

तालिका 6.1 शिक्षक शिक्षा के लिए पूर्व-सेवा कार्यक्रमों हेतु सिफारिशें

समिति/बोर्ड/आयोग का नाम	*वर्ष*	*शिक्षक शिक्षा के संदर्भ में प्रमुख सिफारिशें*
हारटोग समिति	1929	• प्राथमिक शिक्षक प्रशिक्षण • प्रशिक्षण पाठ्यक्रमों की अवधि बढ़ाना • प्रशिक्षण संस्थानों के लिए पर्याप्त स्टाफ का प्रावधान
केंद्रीय शिक्षा सलाहकार बोर्ड	1943	• शिक्षकों के लिए प्रशिक्षण कार्यक्रमों की अवधि • प्री-प्राइमरी और जूनियर बेसिक के लिए दो वर्ष • मिडिल स्कूल के लिए तीन वर्ष • हाई स्कूल में गैर-स्नातकों के लिए दो वर्ष • हाई स्कूल से स्नातक करने वालों के लिए एक वर्ष
सार्जेंट समिति	1944	• अभ्यास शिक्षण को मजबूत करने की आवश्यकता
युद्धोत्तर शैक्षिक विकास रिपोर्ट पर प्रांतीय सरकारों द्वारा की गई आगे की कार्रवाई पर ज्ञापन	1946–47	• आपूर्ति और मांग के बीच अंतर को पाटने के लिए एक वर्ष का आपातकालीन माध्यमिक ग्रेड प्रशिक्षण पाठ्यक्रम
प्रथम पंचवर्षीय योजना	1950 के दशक	• व्यक्तिगत व्यक्तित्व के सम्पूर्ण विकास की प्रक्रिया के रूप में शिक्षक शिक्षा में आमूलचूल परिवर्तन
अखिल भारतीय प्रशिक्षण महाविद्यालयों का दूसरा सम्मेलन	1951	• यह अहसास कि शिक्षक शिक्षा का दायरा कल्पना से कहीं अधिक व्यापक है • पाठ्यक्रम को पुनः डिजाइन करने की आवश्यकता
माध्यमिक शिक्षा आयोग की रिपोर्ट	1953	• शिक्षक शिक्षा में व्यावसायिकता • पाठ्यक्रम और मूल्यांकन तकनीकों का पुनरभिविन्यास • विषय सामग्री और लेन-देन संबंधी रणनीतियों को एकीकृत करने की आवश्यकता
शिक्षा पर समीक्षा समिति की विश्वविद्यालय अनुदान आयोग की रिपोर्ट	1960 के दशक	• माध्यमिक से प्राथमिक शिक्षक शिक्षा की ओर जोर • किसी भी अप्रशिक्षित शिक्षक की भर्ती नहीं की जाएगी • क्षेत्रीय शिक्षा महाविद्यालयों में बी.एड. के लिए पत्राचार पाठ्यक्रम की स्थापना (1964–65)

समिति/बोर्ड/आयोग का नाम	*वर्ष*	*शिक्षक शिक्षा के संदर्भ में प्रमुख सिफारिशें*
शिक्षा आयोग की रिपोर्ट	1964–66	• जिन लोगों ने स्कूल छोड़ने का प्रमाण पत्र या उच्चतर माध्यमिक छोड़ने का प्रमाण पत्र पास कर लिया है, उनके लिए प्रशिक्षण की अवधि दो वर्ष होगी • स्नातकों के लिए प्रशिक्षण एक शैक्षणिक वर्ष का होगा
		• शिक्षाशास्त्र में अनुसंधान करने के लिए कॉलेजों को प्रशिक्षण देना • केवल तीन वर्ष के अनुभव वाले प्रशिक्षित स्नातकों को ही एम.एड. पाठ्यक्रमों में प्रवेश दिया जाएगा
एनसीईआरटी (NCERT)	1975	• स्कूली शिक्षा के लिए पाठ्यक्रम ढांचे का प्रकाशन
एनसीईआरटी (NCERT)	1978	• शिक्षक शिक्षा के लिए पाठ्यक्रम ढांचे का प्रकाशन
चट्टोपाध्याय समिति	1983–85	• माध्यमिक शिक्षक के लिए प्रशिक्षण की न्यूनतम अवधि कक्षा XII उत्तीर्ण करने के बाद पांच वर्ष होनी चाहिए। • "सामान्य और व्यावसायिक शिक्षा को एक साथ जारी रखने की आवश्यकता" को दोहराया गया। • एक एकीकृत चार वर्षीय कार्यक्रम की आवश्यकता।
राष्ट्रीय शिक्षा नीति	1986	• जोर दिया गया कि शिक्षक शिक्षा एक सतत प्रक्रिया है और सेवा-पूर्व तथा सेवाकालीन घटक अविभाज्य हैं
आचार्य राममूर्ति समिति—एनपीई (NPE) 1986 की समीक्षा	1990	• प्रशिक्षण मॉडल की आत्रश्यकता है क्योंकि यह यथार्थवादी स्थिति में वास्तविक क्षेत्र के अनुभव के प्राथमिक मूल्य पर आधारित है, जो सनय के साथ अभ्यास द्वारा शिक्षण कौशल के विकास पर आधारित है।
यशपाल समिति की रिपोर्ट—बिना बोझ के सीखना	1993	• कार्यक्रम की विषय-वस्तु को पुनर्गठित किया जाना चाहिए ताकि स्कूली शिक्षा की बदलती जरूरतों के अनुरूप इसकी प्रासंगिकता सुनिश्चित की जा सके। • प्रशिक्षुओं को स्व-शिक्षण और स्वतंत्र चिंतन की क्षमता प्राप्त करने में सक्षम बनाने पर जोर दिया जाना चाहिए।
एनसीटीई (NCTE)	1995	• पूर्व-विद्यालय, प्राथमिक और माध्यमिक स्तर पर शिक्षक प्रशिक्षण संस्थानों के लिए स्वीकृत मानदंड और मानक
एनसीएफटीई (NCFTE)	2009–10	• मानवीय शिक्षकों को तैयार करने पर ध्यान केंद्रित करते हुए शिक्षक शिक्षा के सभी पहलुओं के लिए दिशानिर्देश
न्यायमूर्ति वर्मा समिति	2012	सिफारिशों में निम्नलिखित शामिल हैं: • उम्मीदवारों का प्रवेश-पूर्व परीक्षण • शिक्षक शिक्षा पाठ्यक्रमों की अवधि में वृद्धि • एनसीएफटीई 2009 के आलोक में प्रचलित शिक्षक शिक्षा कार्यक्रम की पुनर्रचना

समिति/बोर्ड/आयोग का नाम	वर्ष	शिक्षक शिक्षा के संदर्भ में प्रमुख सिफारिशें
		• प्रत्येक शिक्षक प्रशिक्षण संस्थान में एक प्रयोगशाला स्कूल होना • आमने-सामने आयोजित शिक्षक शिक्षा में पहली व्यावसायिक डिग्री/डिप्लोमा प्रदान करना • शिक्षा में अनुसंधान में निवेश बढ़ाना।
एनसीटीई (NCTE) विनियम 2014 (न्यायमूर्ति वर्मा आयोग की सिफारिशों के अनुसरण में)	2014	इनमें से मुख्य बातें इस प्रकार हैं: • 4-वर्षीय सहित विभिन्न कार्यक्रम • बी.ए/बी.एससी.बी.एड., 3 वर्षीय बी.एड. (अंशकालिक), और 3 वर्षीय बी.एड.-एम.एड. कार्यक्रम • अंतर्राष्ट्रीय मानकों को ध्यान में रखते हुए बी.एड., बी.पी.एड., एम.एड. पाठ्यक्रमों की अवधि दो वर्ष कर दी गई है। • प्रत्येक कार्यक्रम पाठ्यक्रम में तीन घटक शामिल हैं—सिद्धांत, प्रायोगिक, प्रशिक्षण; • कार्यक्रम का 25% स्कूल-आधारित गतिविधियों और प्रशिक्षण पर केंद्रित होगा। • योग शिक्षा, आईसीटी (ICT), समावेशी शिक्षा का परिचय पाठ्यक्रम का एक महत्वपूर्ण पहलू है। • मुक्त एवं दूरस्थ शिक्षा (ODL) को और अधिक गहन बनाया जाएगा तथा गुणवत्ता आश्वासन तंत्र स्थापित कियाजाएगा। • प्रत्येक अध्यापक शिक्षा संस्थान को प्रत्येक 5 वर्ष में एनसीटीई (NCTE) द्वारा मान्यता प्राप्त मान्यता एजेंसी से अनिवार्य रूप से मान्यता प्राप्त करनी होगी। (इस संबंध में एनएएसी (NAC) के साथ एक समझौता ज्ञापन पर पहले ही हस्ताक्षर हो चुके हैं)।

वर्तमान शिक्षक शिक्षा कार्यक्रमों की पुनर्रचना (Redesigning Current Teacher Education Programmes)

अध्यापक शिक्षा के लिए राष्ट्रीय पाठ्यचर्या रूपरेखा 2009 ने सुझाव दिया है कि अध्यापक शिक्षा पाठ्यक्रम की पुनर्रचना की जानी चाहिए। इस प्रकार +2, स्नातक और एक वर्षीय बी.एड. के बाद डी.एड (D.Ed) 2 वर्षीय वर्षीय डिप्लोमा होगा। यह स्व-अध्ययन, चिंतन और भागीदारी, शिक्षकों के साथ जुड़ाव, स्कूल, कक्षा और शैक्षणिक गतिविधि और कठोर सैद्धांतिक अध्ययन के लिए पर्याप्त समय और अवसर प्रदान करेगा। शिक्षकों की प्रारंभिक शिक्षा की अवधि से कोई भी समझौता, किसी

भी कारण से, स्कूलों में शिक्षक और पढ़ाने की गुणवत्ता पर प्रतिकूल प्रभाव डालता है। एनसीएफटीई (NCFTE) 2009 की सिफारिश है कि स्कूली शिक्षा के सभी स्तरों पर शिक्षक शिक्षा के मौजूदा मॉडल को धीरे-धीरे शिक्षक शिक्षा के ऐसे मॉडल से बदल दिया जाए जो सामान्य शिक्षा को स्कूलों के साथ गहन प्रशिक्षण के साथ पेशेवर विकास के साथ एकीकृत करते हैं पाठ्यक्रम क्षेत्रों और लेनदेन प्रक्रियाओं के संदर्भ में नए ढांचे में प्रस्तावित विशिष्ट विशेषताओं और संरचनात्मक तंत्रों को शामिल करने के लिए अपने पाठ्यक्रमों के साथ-साथ कार्यक्रम संरचना को भी फिर से डिजाइन करने की आवश्यकता है। शिक्षक शिक्षा कार्यक्रमों के लेन-देन को फ्लो चार्ट 6.1 में प्रस्तुत व्यापक रणनीतियों का पालन करना चाहिए।

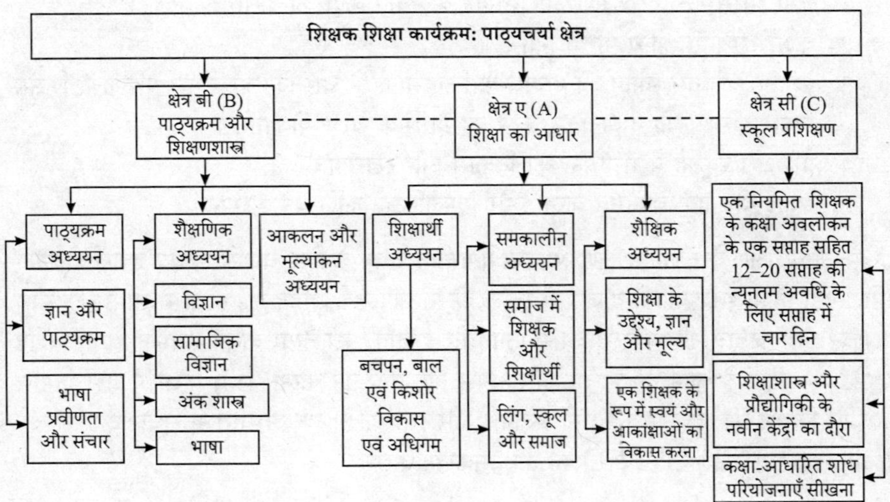

फ्लो चार्ट 6.1 शिक्षक शिक्षा–पाठ्यक्रम क्षेत्र।

इस फ्लो चार्ट में तीन क्षेत्र- क्षेत्र ए (A) क्षेत्र बी (B) और क्षेत्र सी (C) की पहचान की गई है। प्रत्येक क्षेत्र सिद्धांत और व्यवहार दोनों को कवर करता है।

क्षेत्र ए (A) शिक्षा की नींव (Area A Foundations of education)

शिक्षा की नींव शिक्षक प्रशिक्षुओं को शैक्षणिक वर्ष के दौरान अध्ययन और स्कूली शिक्षा का अनुभव करने के लिए कई अवसर प्रदान करती है। अभ्यर्थी अवलोकन और व्यक्तिगत अनुभव के माध्यम से गहन ज्ञान आधार का निर्माण करके कक्षा के लिए तैयारी करते हैं।

क्षेत्र बी (B) पाठ्यक्रम और शिक्षणशास्त्र (Area B Curriculum and pedagogy)

पाठ्यचर्या अध्ययन पाठ्यक्रमों में आवश्यक रूप से अध्ययन की ऐसी इकाइयां शामिल होंगी जो सैद्धांतिक रूपरेखाओं और अनुभवजन्य अनुसंधान के प्रकाश में स्कूल पाठ्यक्रम सामग्री, पाठ्यक्रम, पाठ्यपुस्तकों का आलोचनात्मक अध्ययन उपलब्ध कराएंगी।

शैक्षणिक अध्ययन पाठ्यक्रमों में आवश्यक रूप से अध्ययन की ऐसी इकाइयाँ शामिल होंगी जो विषय-वस्तु का आलोचनात्मक अध्ययन, शिक्षार्थियों की सोच और सीखने तथा सैद्धांतिक रूपरेखाओं और अनुभवजन्य अनुसंधान के प्रकाश में शैक्षणिक प्रक्रियाओं की जांच उपलब्ध कराएंगी। उपरोक्त प्रत्येक सिद्धांत पाठ्यक्रम को व्यावहारिक पाठ्यक्रम के साथ पूरक किया जाना है।

क्षेत्र सी (C) स्कूल प्रशिक्षण (Area C School internship)

स्कूल प्रशिक्षण में निम्नलिखित शामिल होना चाहिए:

1. जहां भी संभव हो, शिक्षण और सीखने के नवीन केंद्रों का दौरा।
2. कक्षा-आधारित शोध परियोजना।
3. न्यूनतम छह-दस सप्ताह की अवधि के लिए सप्ताह में चार दिन का स्कूल प्रशिक्षण, जिसमें नियमित कक्षा का अवलोकन करने का प्रारंभिक चरण भी शामिल होगा।
4. प्रशिक्षण स्कूलों में संसाधनों का विकास और रखरखाव।
5. इकाई योजनाएँ विकसित करना और रिफलेक्टिव जर्नल बनाए रखना।

स्कूल प्रशिक्षण के दौरान शिक्षण अभ्यास में प्रत्येक विषय के लिए चार से अधिक इकाई योजनाएँ शामिल नहीं होंगी। इकाइयों की योजना में स्कूल की पाठ्यपुस्तक सहित कई स्रोतों से सामग्री के साथ आलोचनात्मक जुड़ाव, विषय-वस्तु का संगठन और प्रस्तुति, प्रश्न तैयार करना शामिल होगा, विशेष रूप से: (ए) छात्रों के ज्ञान के आधार और समझ का आकलन करना; (बी) कक्षा में ज्ञान निर्माण और अर्थ-निर्माण की प्रक्रिया को आगे बढ़ाना; और (सी) शैक्षणिक अभ्यास में सुधार और सीखने को और बढ़ाने के लिए छात्रों के सीखने का आकलन करना।

राष्ट्रीय शिक्षा नीति 2020 (National Education Policy 2020)

राष्ट्रीय शिक्षा नीति एनईपी (NEP) 2020, राष्ट्रीय शिक्षा नीति (एनपीई) 1986 की जगह लेती है। एनईपी 2020 का व्यापक लक्ष्य मानव संसाधनों (शिक्षक और पढ़ाए जाने वाले) का उपयोग मूल्य प्रस्ताव (जीवन कौशल, डिजिटल साक्षरता और रोजगार फिटनेस) बनाने के लिए करना है, जबकि पहले की एनपीई 1986 ने मूल्य श्रृंखला को सुविधाजनक बनाने के लिए मानव संसाधनों के एक पूल को प्रशिक्षित करने का आधार तैयार किया था। एनईपी 2020 का लक्ष्य 2030 तक सकल नामांकन अनुपात में कई गुना वृद्धि हासिल करना है, जिसमें प्री-स्कूल से माध्यमिक स्तर तक स्कूली शिक्षा का पुनर्गठन और ओपन स्कूलिंग के साथ समानता और समावेश सुनिश्चित करना शामिल है।

एनईपी 2020 में न केवल संरचनात्मक परिवर्तन और महत्वाकांक्षी लक्ष्य निर्धारित किए गए हैं, बल्कि प्राचीन ज्ञान के प्रासंगिक पहलुओं के साथ आधुनिक ज्ञान को मिश्रित करने का लक्ष्य भी रखा गया है। शिक्षकों के लिए इसका मतलब है जीवन कौशल, मूल्य शिक्षा और डिजिटल साक्षरता, जिससे सामाजिक और रोजगार के लिए उपयुक्तता सुनिश्चित हो। सेवारत शिक्षक और भावी शिक्षक के लिए इसका मतलब है फिर से सीखना, युवा पीढ़ी के मार्गदर्शक गुरु बनने की चुनौती का सामना करना। तभी भारत अपने जनसांख्यिकीय लाभांश का एहसास कर सकता है।

तालिका 6.2 शिक्षक शिक्षा पर एनईपी 2020 (NEP 2020) के निहितार्थ

<table>
<tr><th>क्र. सं.</th><th>पहलू</th><th colspan="4">एनईपी (NEP) 2020 की परिकल्पना</th><th>एनपीई (NPE) 1986</th><th>शिक्षक शिक्षा पर प्रभाव</th></tr>
<tr><td>1</td><td>सकल नामांकन अनुपात</td><td colspan="4">50% (2035)</td><td>26.3% (2018)</td><td>अधिक गुणवत्ता वाले शिक्षकों की आवश्यकता</td></tr>
<tr><td>2</td><td>स्कूल पाठ्यक्रम संरचना प्रारूप (वर्षों में)</td><td>5</td><td>3</td><td>3</td><td>4</td><td>10 + 2</td><td rowspan="2">सेवा-पूर्व और सेवाकालीन शिक्षक प्रशिक्षण के बहुस्तरीय स्तर की आवश्यकता</td></tr>
<tr><td>3</td><td>आयु का ब्यौरा: वर्षों में</td><td>3 – 8, वर्ष</td><td>8 – 11, वर्ष</td><td>11 – 14, वर्ष</td><td>14 – 18, वर्ष</td><td>16 – 18</td></tr>
<tr><td>4.</td><td>शिक्षक शिक्षा के लिए राष्ट्रीय पाठ्यचर्या की रूपरेखा (एनसीटीएफई (NCTFE) 2021)</td><td colspan="4">अधिक अभ्यास और उन्नत कौशल विकास के साथ व्यापक</td><td>कम अभ्यास के साथ सैद्धांतिक</td><td rowspan="2">सेवा-पूर्व और सेवाकालीन प्रशिक्षण में कौशल, संचार और अन्य व्यावहारिक पहलुओं पर ध्यान केंद्रित किया जाएगा</td></tr>
<tr><td>5</td><td>पाठ्यक्रम</td><td colspan="4">पाठ्यक्रम की विषय-वस्तु को उसके मूल तत्वों तक सीमित कर दिया जाएगा</td><td>व्यापक सैद्धांतिक पाठ्यक्रम</td></tr>
<tr><td>6</td><td>स्कूलों में समावेशन</td><td colspan="4">विविध शिक्षण वातावरण वाले विद्यालयों में अधिक सफल समावेशन के लिए कार्यप्रणालियों का विकास</td><td>सीमित शोध किया गया</td><td>समावेशन के बेहतर कार्यान्वयन के लिए सेवा-पूर्व और सेवाकालीन दोनों स्तरों पर प्रशिक्षण</td></tr>
<tr><td>7</td><td>मूल्यांकन सुधार-परीक्षाएं आयोजित की गईं</td><td colspan="4">कक्षा 3, 5, 8, 10, 12 में - वस्तुनिष्ठ एवं वर्णनात्मक। वर्ष में दो बार।</td><td>कक्षा 12 तक प्रत्येक वर्ष - वर्णनात्मक। वर्ष में एक बार।</td><td>ऑनलाइन मूल्यांकन सहित मूल्यांकन में अपनाई जाने वाली नवीनतम तकनीकों से परिचित होना आवश्यक है</td></tr>
<tr><td>8</td><td>मूल्यांकन</td><td colspan="4">कौशल सहित छात्रों के लिए 360 डिग्री समग्र रिपोर्ट कार्ड</td><td>अंकों के स्थान पर ग्रेड, सी.सी.ई. (CCE), रेटिंग स्केल</td><td></td></tr>
<tr><td>9</td><td>शिक्षण के लिए योग्यताएं</td><td colspan="4">शिक्षण के लिए न्यूनतम योग्यता – 2030 तक 4 वर्षीय एकीकृत बी.एड. डिग्री</td><td>बी.एड. के साथ स्नातक- या तो 1 वर्षीय बी.एड. या 2 वर्षीय एकीकृत बी.एड.</td><td>कॉलेजों और विश्वविद्यालयों में 4-वर्षीय एकीकृत बी.एड. पाठ्यक्रमों की स्थापना</td></tr>
<tr><td>10</td><td>त्रिभाषा सूत्र</td><td colspan="4">3 भाषा – कोई भी तीन भाषाएँ</td><td>राज्य, क्षेत्र और छात्र की पसंद के अनुसार</td><td>प्रशिक्षित भाषा शिक्षकों की आवश्यकता</td></tr>
</table>

क्र. सं.	पहलू	एनईपी (NEP) 2020 की परिकल्पना	एनपीई (NPE) 1986	शिक्षक शिक्षा पर प्रभाव
11	गुणवत्तापूर्ण शिक्षण सुनिश्चित करने के लिए एनसीईआरटी, एससीईआरटी, शिक्षकों और सभी स्तरों और क्षेत्रों के विशेषज्ञ संगठनों के परामर्श से राष्ट्रीय अध्यापक शिक्षा परिषद द्वारा 2022 तक शिक्षकों के लिए राष्ट्रीय व्यावसायिक मानकों (एनपीएसटी) का विकास किया जाएगा।	पूरे देश में एकल व्यावसायिक राष्ट्रीय परीक्षण एकरूपता	राज्य, क्षेत्र के अनुसार भिन्न-भिन्न मानक	गुणवत्तापूर्ण शिक्षण को बढ़ाने के लिए पेशेवर दृष्टिकोण और कौशल के साथ पूर्व-सेवा शिक्षकों को प्रशिक्षित करना
12	ई-सामग्री	कम से कम 8 भाषाओं में ई-सामग्री	क्षेत्रीय भाषा को ई-सामग्री का अभाव	क्षेत्रीय भाषाओं में उपयोग के लिए अधिक ई-सामग्री विकसित की जाएगी
13	निर्देश माध्यम	मातृभाषा	मातृभाषा	शिक्षकों को मातृभाषा में पढ़ाने का प्रशिक्षण दिया गया
14	संस्कृत	संस्कृत सीखने पर जोर	पर्याप्त महत्व नहीं दिया गया	विश्वविद्यालयों और महाविद्यालयों में 4 वर्षीय एकीकृत बी.एड.संस्कृत पाठ्यक्रम शुरू करने की आवश्यकता
15	सांस्कृतिक लोकाचार और विरासत को बढ़ावा देने पर जोर	स्कूली शिक्षा के सभी स्तरों पर भारतीय ज्ञान प्रणालियों का शिक्षण	पर्याप्त महत्व नहीं दिया गया	उपयुक्त पद्धति का उपयोग करके आईकेएस (IKS) को संभालने के लिए सेवा-पूर्व और सेवारत शिक्षकों को प्रशिक्षित करने की आवश्यकता

*(स्रोत: मोहन, राधा. (2022) "21वीं नदी के लिए शिक्षक शिक्षा को नया रूप देना-एक भारतीय परिप्रेक्ष्य" शिक्षक शिक्षा पर शोध की पुस्तिका में: **एशिया में नवाचार और अभ्यास, स्प्रिंगर प्रथम संस्करण। म्यिंट स्वे खाइन** (संपादक), यांग लियू (संपादक))।*

एकीकृत अध्यापक शिक्षा (शिक्षक शिक्षा) (Integrated Teacher Education)

एकीकृत शिक्षक शिक्षा कार्यक्रमों का परिदृश्य मिश्रित पाया गया है। क्षेत्रीय शिक्षा संस्थानों द्वारा कई वर्षों से चलाए जा रहे एकी कृत शिक्षक शिक्षा कार्यक्रमों को स्व-मान्यता और मान्यता प्राप्त है। विभिन्न संस्थानों द्वारा चलाए जा रहे इन एकीकृत कार्यक्रमों पर शोध किए जाने की आवश्यकता है। सभी क्षेत्रों में अभिनव शिक्षक शिक्षा कार्यक्रमों का मार्गदर्शन और निगरानी करने की भी आवश्यकता है।

प्रारंभिक शिक्षक शिक्षा का चार वर्षीय एकीकृत कार्यक्रम बॉक्स 6.1 में दिया गया है।

बॉक्स 6.1 प्राथमिक शिक्षक शिक्षा का चार वर्षीय एकीकृत कार्यक्रम

बी.एल.एड., मौलाना आज़ाद प्राथमिक और सामाजिक शिक्षा केंद्र एमएसीईएसई (MACESE), शिक्षा संकाय, दिल्ली विश्वविद्यालय (1994)।

बैचलर ऑफ एलीमेंट्री एजुकेशन (बी.एल.एड.) प्राथमिक शिक्षक शिक्षा का चार वर्षीय एकीकृत व्यावसायिक डिग्री कार्यक्रम है, जो स्कूल के वरिष्ठ माध्यमिक (कक्षा XII या समकक्ष) चरण के बाद प्रदान किया जाता है। यह वर्तमान में दिल्ली विश्वविद्यालय के छह कॉलेजों में प्रदान किया जाता है। सात सौ से अधिक छात्र इस कार्यक्रम से स्नातक हैं और सरकारी और निजी दोनों स्कूल प्रणालियों में व्यापक रूप से मांगे जाते हैं। उनमें से कुछ अब उदार कला, मानविकी और सामाजिक विज्ञान में स्नातकोत्तर पूरा करने के बाद शिक्षक शिक्षक हैं।

बी.एल.एड. कार्यक्रम को विषय ज्ञान, मानव विकास, शैक्षणिक ज्ञान और आत्म-ज्ञान के अध्ययन को एकीकृत करने के लिए डिज़ाइन किया गया है। बी.एल.एड. का मुख्य उद्देश्य चिंतनशील व्यवसायी तैयार करना है जो सामाजिक रूप से संवेदनशील हैं। यह एक निर्विवाद और विनम्र शिक्षक को एक ऐसे शिक्षक से बदलने का प्रयास है जो 'प्राप्त' पाठ्यक्रम और 'निर्धारित' ज्ञान पर गंभीरता से चिंतन कर सकता है। यह छात्रों को केवल पाठ्यपुस्तक के ज्ञान से आगे बढ़ने के लिए तैयार करता है। बी.एल.एड. छात्र अपनी स्वयं की जांच शुरू करने, स्कूली शिक्षा की प्रक्रिया में सभी लैंगिक असमानताओं में विचारों की जांच करने और हस्तक्षेप विकसित करने का प्रयास करते हैं और उनकी जटिलता को समझते और अस्पष्टता से निपटते हैं। इसका उद्देश्य छात्रों में विभिन्न स्रोतों से ज्ञान की आलोचनात्मक जांच और संश्लेषण करने तथा कक्षा शिक्षण की जटिल चुनौतियों से निपटने के लिए आवश्यक मानसिक लचीलापन विकसित करना है। छात्र विषय सामग्री के मुद्दों से जुड़ना, मूल्यांकन के उपयुक्त तरीकों पर विचार करना और शिक्षार्थी की आवश्यकताओं के अनुरूप शिक्षण पद्धति विकसित करने का प्रयास करना सीखते हैं।

बी.एल.एड. पाठ्यक्रम इस मान्यता के आधार पर छात्र की वैयक्तिकता को विकसित करने का प्रयास करता है कि यह व्यक्तिगत परिवर्तन ही है जो सामाजिक परिवर्तन की ओर ले जाता है। पाठ्यक्रम की संरचना छात्रों को खुद को और दूसरों को समझने के मुद्दों पर गहन रूप से संलग्न होने का अवसर देती है। कक्षा के भीतर बच्चे की प्रकृति, वयस्क-बच्चे के रिश्ते और इसकी गतिशीलता को समझने पर विशेष जोर दिया जाता है। छात्र कक्षा के भीतर शिक्षा की राजनीति के मुद्दों से जुड़ते हैं क्योंकि वे बच्चों की शिक्षा को सुविधाजनक बनाने के सर्वोत्तम तरीके पर विचार करते हैं। यह पाठ्यक्रम प्रमुख ऐतिहासिक, राजनीतिक, सामाजिक सांस्कृतिक और आर्थिक मुद्दों के अध्ययन के माध्यम से समकालीन भारतीय वास्तविकताओं की समझ विकसित करने के लिए भी डिज़ाइन किया गया है। छात्र रणनीतियों का अवलोकन और विश्लेषण करते हैं। बी.एल.एड. पाठ्यक्रम प्रकृति में चक्रीय है, जिसके तहत चार वर्षों में एक ही मुद्दे को जटिलता के विभिन्न स्तरों और विभिन्न संदर्भों में निपटाया जाता है।

कार्यक्रम की लंबी अवधि छात्रों को शैक्षिक मुद्दों के प्रति अपने स्वयं के दृष्टिकोणों का पता लगाने और परिभाषित करने के लिए महत्वपूर्ण मनोवैज्ञानिक स्थान प्रदान करती है क्योंकि वे चार वर्षों के दौरान स्कूल सेटिंग के साथ नियमित संपर्क में रहते हैं। चौथे वर्ष में 17 सप्ताह का एक निरंतर स्कूल प्रशिक्षण कार्यक्रम होता है जहाँ छात्र अपने विचारों को कार्रवाई में बदलने का प्रयास करते हैं और इस प्रक्रिया पर गंभीरता से विचार करते हैं। छात्र अपने क्षितिज को व्यापक बनाने

के लिए प्राथमिक शिक्षा में अभिनव अभ्यास में लगे संस्थानों का भी दौरा करते हैं। छात्र कक्षा-आधारित शोध के माध्यम से चिंतनशील जांच की प्रक्रिया को और विकसित करने के उद्देश्य से शोध परियोजनाएं करते हैं।

विशेष रूप से डिजाइन किए गए संगोष्ठी के माध्यम से छात्र विशिष्ट व्यावसायिक कौशल सीखते हैं, जैसे शिक्षा में रंगमंच, कला, शिल्प, कहानी सुनाना और संगीत का उपयोग करना तथा स्कूलों में संसाधन केंद्र बनाना।

दिल्ली विश्वविद्यालय का बी.एल.एड. कार्यक्रम मुख्य रूप से पिछले 10 वर्षों से कुछ व्याख्यानों और निर्देशात्मक अभ्यासों के साथ-साथ सहभागिता प्रक्रियाओं पर जोर देता है। यह चार वर्षीय एकीकृत पाठ्यक्रम है।

बॉक्स 6.2 में माध्यमिक शिक्षकों के लिए चार वर्षीय एकीकृत बी.एड. कार्यक्रम का विवरण दिया गया है।

बॉक्स 6.2 माध्यमिक अध्यापक शिक्षा का चार वर्षीय एकीकृत कार्यक्रम क्षेत्रीय शिक्षा महाविद्यालय, एनसीईआरटी (NCERT) (1960)

चार वर्षीय एकीकृत कार्यक्रम 1960 के दशक में एनसीईआरटी के अजमेर, भुवनेश्वर, मैसूर और भोपाल में चार क्षेत्रीय शिक्षा महाविद्यालयों में शुरू किया गया था। यह कार्यक्रम विज्ञान और मानविकी में माध्यमिक विद्यालय के शिक्षकों को तैयार करने के लिए डिज़ाइन किया गया था।

अपने अस्तित्व के पैंतीस वर्षों में, कार्यक्रम की अध्ययन योजना को कई बार संशोधित किया गया है, जो इसका सबसे महत्वपूर्ण नवाचार है। पाठ्यक्रम को शुरू में शिक्षण की पद्धति से संबंधित पेशेवर दक्षताओं के साथ-साथ स्नातक स्तर की विषय-आधारित योग्यता विकसित करने के लिए डिज़ाइन किया गया था। आरंभ में, पाठ्यक्रम के सफल समापन पर उम्मीदवारों को बी/एससी बी.एड. की एक समग्र डिग्री प्रदान की गई थी। इसके बाद, छात्रों को विभिन्न विज्ञान विषयों में अध्ययन के स्नातकोत्तर कार्यक्रमों में शामिल होने में सक्षम बनाने के लिए तीन साल पूरे होने पर बी.एससी. की डिग्री प्रदान करने के लिए एक संशोधन पेश किया गया था। हालांकि, इस प्रावधान के कारण तीन साल के अंत में कई छात्रों का पलायन हुआ। परिणामस्वरूप, पूरे चार साल के कार्यक्रम के अंत में एक समग्र डिग्री प्रदान करने की मूल प्रणाली को फिर से शुरू किया गया। इसके बाद 1996 में, एनसीईआरटी की संक्षिप्त समीक्षा की सिफारिशों पर बीए बी.एड. कला कार्यक्रम को वापस ले लिया गया

इस कार्यक्रम में प्रवेश के लिए न्यूनतम योग्यता सीनियर सेकेंडरी (यानी 12 साल की स्कूली शिक्षा) है। इस एकीकृत कार्यक्रम की सामग्री में विषय ज्ञान (60%), व्यावसायिक शिक्षा (20%) और सामान्य शिक्षा (20%) पर पाठ्यक्रम शामिल हैं, जो बी.एससी बी.एड डिग्री की ओर ले जाते हैं।

इन चार वर्षीय एकीकृत कार्यक्रमों की प्रभावशीलता की जांच करने के लिए कई अध्ययन किए गए। मुख्य निष्कर्ष यह है कि इस कार्यक्रम से निकलने वाले शिक्षक पारंपरिक एक वर्षीय बी.एड.

कार्यक्रम के उत्पादों की तुलना में बहुत बेहतर हैं। प्रभावशीलता में अंतर का श्रेय 'मेधावी छात्रों के चयन, अधिक लंबाई, एकीकृत पाठ्यक्रम के साथ-साथ विषय-वस्तु और शिक्षण विधियों के एक साथ शिक्षण' को दिया जाता है। एक ठोस वैचारिक आधार, इसकी प्रभावशीलता के संबंध में साक्ष्य की उपलब्धता और विकसित देशों के अनुभव और कई विशेषज्ञ निकायों की सिफारिश के बावजूद, नवाचार को चार एनसीईआरटी क्षेत्रीय शिक्षा महाविद्यालयों की सीमाओं से परे मुख्यधारा में नहीं लाया जा सका है। हालाँकि, शिक्षा आयोग ने 1963 से एनसीईआरटी के आरसीई (RCE) में पेश किए जा रहे चार वर्षीय 'एकीकृत' शिक्षक शिक्षा कार्यक्रमों पर टिप्पणी की। इसने महसूस किया कि यह दिखाने के लिए कोई सबूत नहीं है कि इन एकीकृत पाठ्यक्रमों के उत्पाद उन शिक्षकों की तुलना में किसी भी तरह से बेहतर हैं जिन्होंने पहले अपनी डिग्री ली है और फिर अपनी व्यावसायिक शिक्षा पूरी की है। इसके अलावा, ये एकीकृत पाठ्यक्रम, अपनी पूरी क्षमता तक विकसित होने पर भी, देश को आवश्यक कुल शिक्षकों की संख्या का बहुत छोटा हिस्सा ही प्रदान कर सकते हैं। आयोग ने महसूस किया कि शिक्षक शिक्षा में एकीकृत पाठ्यक्रमों के लिए माध्यमिक शिक्षक के लिए प्रशिक्षण की न्यूनतम अवधि 10+2 के बाद पांच वर्ष होनी चाहिए। प्रत्येक राज्य एनसीईआरटी के आरसीई की तर्ज पर कम से कम एक चार वर्षीय एकीकृत शिक्षा महाविद्यालय शुरू करके इसकी शुरुआत कर सकता है।

चिकित्सा, इंजीनियरिंग और कानून के व्यावसायिक पाठ्यक्रमों के अनुरूप चार वर्षीय कार्यक्रम को पांच वर्षीय कार्यक्रम में बदला जा सकता है।

चार वर्षीय एकीकृत बी.एड. कार्यक्रम की विशेषताएं (Characteristics of a Four-year Integrated B.Ed. Programme)

सामान्य शिक्षा को व्यावसायिक प्रशिक्षण के साथ एकीकृत करने के लिए डिज़ाइन किए गए चार वर्षीय एकीकृत बी.एड. कार्यक्रम का दृष्टिकोण और विशेषताएं इस प्रकार हैं:

1. शिक्षा की मजबूत नींव शिक्षा की समाजशास्त्रीय समझ और शिक्षा पर दार्शनिक चिंतन पर आधारित है।
2. विषय सामग्री के साथ जुड़ने के लिए अंतर्निहित पाठ्यक्रम, जिसका उद्देश्य अवधारणाओं और परिप्रेक्ष्यों पर पुनर्विचार और पुनर्निर्माण करना है।
3. विषय-सामग्री से जुड़ने के लिए मुख्य पाठ्यक्रम, जिसका उद्देश्य अवधारणाओं और परिप्रेक्ष्यों पर पुनर्विचार और पुनर्निर्माण करना है।
4. प्रासंगिक और उपयुक्त शैक्षणिक रणनीतियों को विकसित करने के लिए आधार के रूप में शिक्षार्थी, उसके संदर्भ और सोच और सीखने की प्रक्रिया को समझने में शिक्षणशास्त्र के सिद्धांत और व्यावहारिक अनुभव के साथ जुड़ाव।
5. सिद्धांत पाठ्यक्रम अंतर-अनुशासनात्मक जुड़ाव को सक्षम करने के साथ-साथ व्यक्तिगत अनुभवों और सामाजिक वास्तविकताओं के प्रकाश में सिद्धांत पर विचार करने के लिए डिज़ाइन किए गए हैं।
6. नाटक, शिल्प, संगीत, आत्म-विकास कार्यशालाओं के माध्यम से स्वयं को विकसित करने के अवसर, साथ ही पहचान विकास और व्यक्तिगत-सामाजिक इंटरफेस की सैद्धांतिक संरचनाओं के साथ आलोचनात्मक जुड़ाव।

7. व्यापक और गहन प्रायोगिक पाठ्यक्रम, जिससे शिक्षकों को शिक्षा में विद्यमान प्रणालीगत मुद्दों पर पकड़ बनाने, सीखने के माहौल की अनिश्चितताओं और बदलती हुई शिक्षार्थियों की आवश्यकताओं के अनुरूप ढलने की क्षमता विकसित करने और बदलाव लाने के लिए सशक्त महसूस करने की क्षमता विकसित करने में मदद मिलेगी।
8. अन्य व्यावसायिक क्षमताओं को विकसित करने के लिए व्यावहारिक पाठ्यक्रम, जैसे कि विकासात्मक और प्रासंगिक शिक्षण विधियों को विकसित करने की क्षमता, शिक्षार्थियों के साथ प्रभावी ढंग से संवाद करने के लिए विषय-वस्तु को पुनः व्यवस्थित करना और बच्चों से संबंध बनाने के कौशलों का संग्रह, उपयुक्त शिक्षण अनुभवों को डिजाइन करना और चुनना, अवलोकन और दस्तावेजीकरण, विश्लेषण, संश्लेषण और व्याख्या करना।
9. किसी प्रणाली की दी गई बाधाओं को समझने और अलग सोच के लिए रणनीति बनाने के लिए स्कूलों के साथ निरंतर जुड़ाव। संघर्ष, प्रतिस्पर्धा और सामाजिक परिवर्तन के स्थलों के रूप में औपचारिक शिक्षण स्थानों को समझना और उनसे निपटना सीखना।
10. शैक्षणिक पाठ्यक्रम व्यक्तिगत स्कूल विषयों के बजाय विज्ञान, सामाजिक विज्ञान, भाषा और गणित जैसे व्यापक अनुशासनात्मक क्षेत्रों के ढांचे में डिज़ाइन किए गए हैं।
11. सिद्धांत पाठ्यक्रमों में अध्ययन की अंतर्निहित क्षेत्र-आधारित इकाइयां शामिल की जाएंगी ताकि सिद्धांत और व्यवहार के बीच स्पष्ट सीमाएं बनाई जा सकें।
12. भाषा, गणित, विज्ञान और सामाजिक विज्ञान के पाठ्यक्रमों में से चुने गए उदार पाठ्यक्रम का कठोर अध्ययन।

बॉक्स 6.3 में मुंबई विश्वविद्यालय के व्यापक शिक्षक शिक्षा कार्यक्रम का उदाहरण दिया गया है।

बॉक्स 6.3 व्यापक शिक्षक शिक्षा कार्यक्रम: गांधी शिक्षण भवन, शिक्षा महाविद्यालय, मुंबई विश्वविद्यालय मुंबई (2000)

बॉम्बे विश्वविद्यालय का एक संबद्ध शिक्षा महाविद्यालय, गांधी शिक्षण भवन, वर्ष 2000 से माध्यमिक विद्यालय के शिक्षकों के लिए एकीकृत बी.एड. डिग्री कार्यक्रम प्रदान कर रहा है। यह झुग्गी-झोपड़ी समुदाय के प्रत्यक्ष अनुभव प्रदान करता है। इसका उद्देश्य छात्र शिक्षकों को गरीब और पिछड़े लोगों की सामाजिक-आर्थिक और सांस्कृतिक परंपराओं और बच्चों की शिक्षा और विकास पर इसके प्रभाव से अवगत कराना है। शिक्षकों को बच्चों को ऐसी प्रतिकूल परिस्थितियों से बाहर निकालने में मदद करने के लिए दृढ़ विश्वास और पेशेवर कौशल विकसित करने के लिए शिक्षित किया जाता है। ऐसा दृष्टिकोण अब बॉम्बे विश्वविद्यालय के सभी शिक्षा महाविद्यालयों के बी.एड. डिग्री कार्यक्रमों का हिस्सा बन गया है।

इसी तर्ज पर जामिया मिलिया के शिक्षा विभाग ने शिक्षक प्रशिक्षण कार्यक्रम में सामाजिक संदर्भ तत्वों को शामिल करने का प्रस्ताव दिया है।

ये सभी नवाचार हमें यह विश्वास दिलाते हैं कि क्रांतिकारी परिवर्तन संभव हैं और बॉम्बे का गांधी शिक्षण भवन तथा जामिया मिलिया के शिक्षा विभाग का प्रस्तावित कार्यक्रम शिक्षक शिक्षा कार्यक्रम में बदलाव की तत्परता को दर्शाता है। लेकिन केवल पूर्ण सहभागितापूर्ण, प्रक्रिया-उन्मुख कार्यक्रमों को ही अपनाया जाना चाहिए, जो समय की मांग है। इससे ही भारतीय शिक्षा के शिक्षा परिदृश्य में बदलाव आ सकता है।

माध्यमिक स्तर पर सेवा-पूर्व कार्यक्रम
(Pre-service Programmes at Secondary Stage)

1. मौजूदा बी.एड. कार्यक्रमों की समीक्षा की जा रही है, ताकि राज्य की आवश्यकताओं और उपलब्ध संस्थागत क्षमता के आधार पर +2 के बाद चार-वर्षीय एकीकृत मॉडल या स्नातक के बाद दो-वर्षीय मॉडल के बीच चयन की सुविधा प्रदान की जा सके।
2. अंतरिम उपाय के रूप में, बी.एड. जैसे अध्यापक शिक्षा के वर्तमान मॉडलों को अपने पाठ्यक्रमों के साथ-साथ कार्यक्रम संरचना को भी पुनः डिजाइन करने की आवश्यकता है, ताकि पाठ्यचर्या क्षेत्रों और लेनदेन प्रक्रियाओं के संदर्भ में नए ढांचे में प्रस्तावित विशिष्ट विशेषताओं और संरचनात्मक तंत्रों को शामिल किया जा सके।
3. मौजूदा बी.एड. कार्यक्रमों की समीक्षा की जानी है और शिक्षक शिक्षा के लिए एनईपी (NEP) 2020 के सुझावों के आलोक में पाठ्यक्रम को फिर से डिजाइन करने की प्रक्रिया संबंधित हितधारकों द्वारा की जा रही है।

निष्कर्ष (Conclusion)

ब्रिट्ज़मैन (1991) ने कहा है कि एक पूर्व-सेवा शिक्षक "दो दुनियाओं में सीमांत रूप से स्थित होता है: एक तो वह अपूर्ण शिक्षक जो यह समझ रहा होता है कि शिक्षक क्या है और क्या करता है, और दूसरी वह जो अभी भी शिक्षित है।" पूर्व-सेवा शिक्षा पर चिंतन करने से भविष्य के शिक्षक शिक्षा कार्यक्रमों को सर्वोत्तम शिक्षाशास्त्र के लिए तैयार करने में मदद मिल सकती है।

अध्याय 7

प्रेरण (Induction)

सभी प्रेरण कार्यक्रमों का उद्देश्य छात्र-शिक्षक स्नातक को एक सक्षम करियर शिक्षक में बदलना है।

—एरिक डाइजेस्ट–4, अच्छे शिक्षक प्रेरण कार्यक्रम के घटक

परिचय (Introduction)

कैसियो (1995) ने प्रेरण को नए कर्मचारियों को निम्नलिखित के बारे में सूचित करने की प्रक्रिया के रूप में परिभाषित किया है:

- मानक, अपेक्षाएं, मानदंड, परंपराएं और नीतियां।
- सामाजिक व्यवहार, कार्य वातावरण, दूसरों को जानना।
- नौकरी के तकनीकी पहलू।

डेलहाये (2000) ने प्रेरण को नए संगठन के लिए एक परिचय के रूप में वर्णित किया है, जिसमें प्रक्रियात्मक प्रशिक्षण और संगठनात्मक वातावरण में नए आने वाले व्यक्ति का सामाजीकरण जैसे पहलू शामिल हैं।

प्रेरण के महत्व का समर्थन बेकर एवं अन्य (2001) द्वारा किया गया है, जिन्होंने उच्च प्रदर्शन करने वाले संगठनों में मानव संसाधन प्रथाओं की जांच की। सफल और अत्यधिक उत्पादक संगठनों ने नए कर्मचारियों को शामिल करने में कम प्रदर्शन करने वाले संगठनों (35.02 घंटे) की तुलना में तीन गुना अधिक घंटे (पहले वर्ष में 116.87 घंटे) खर्च किए।

प्रेरण का उद्देश्य नए कर्मचारियों को कार्य संस्कृति से परिचित कराना है, जिसमें संगठनात्मक मूल्यों को स्पष्ट करना भी शामिल है। प्रेरण नए कर्मचारियों के लिए इन मूल्यों की पहचान करने और कार्यकारी द्वारा समर्थन के माध्यम से उनके महत्व को प्रदर्शित करने की प्रक्रिया शुरू करता है और उम्मीद है कि कर्मचारियों के कामकाजी समुदाय के अन्य सदस्यों द्वारा भी इसका प्रदर्शन किया जाएगा।

शिक्षण और सीखने से संबंधित प्रक्रियाओं और नीतियों के बारे में सीखना प्रेरण का एक और पहलू है। जोखिम प्रबंधन के दृष्टिकोण से, एक विश्वविद्यालय का यह दायित्व है कि वह यह सुनिश्चित करे कि शिक्षण कर्मचारियों के पास वह सभी आवश्यक जानकारी हो जो उन्हें यह सुनिश्चित करने के लिए आवश्यक है कि छात्रों को वह शिक्षा मिले जिसकी वे अपेक्षा कर रहे हैं। जहां कर्मचारी ठीक से सुसज्जित नहीं हैं, वहां मुकदमेबाजी का जोखिम है।

इसलिए, प्रेरण, अपेक्षाओं और मूल्यों को स्पष्ट करने, जोखिम प्रबंधन मुद्दों पर ध्यान देने, नए कार्य वातावरण में समायोजन में सहायता करने और आवश्यक तकनीकी और पेशेवर जानकारी प्रदान करने में महत्वपूर्ण भूमिका निभाता है ताकि नया स्टाफ सदस्य विश्वविद्यालय समुदाय का एक उत्पादक और प्रतिबद्ध हिस्सा बन सके। प्रेरण की भूमिका को चित्र 7.1 में संक्षेप में प्रस्तुत किया गया है।

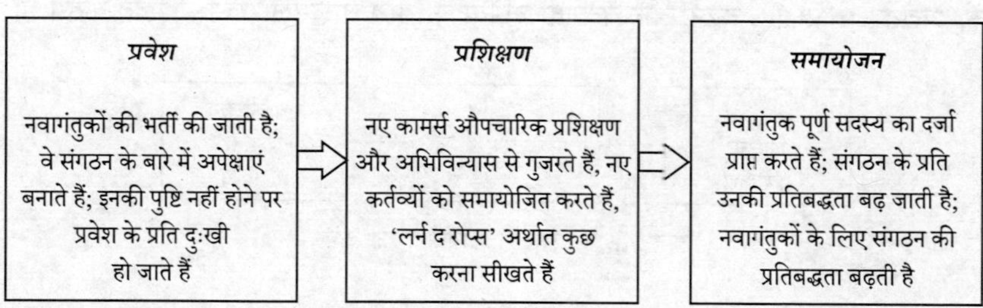

चित्र 7.1 संगठनात्मक समाजीकरण: इसके प्रमुख चरण। (स्रोत: बैरन और ग्रीनबर्ग, 1990, पृष्ठ 306)।

वर्तमान प्रेरण रणनीतियाँ (Current Induction Strategies)

कई स्कूल अपने नए अध्यापकों (शिक्षकों) के नवीनतम कौशल, ऊर्जा और उत्साह का पूरा लाभ नहीं उठा पा रहे हैं। ऐसा इसलिए है क्योंकि जब नए-योग्य शिक्षक अपना पहला वेतनभोगी शिक्षण पद ग्रहण करते हैं, तो उन्हें अक्सर 'प्रैक्सिस-शॉक' का अनुभव होता है क्योंकि उन्हें स्कूल की दैनिक वास्तविकता का सामना करना पड़ता है। वे तनाव महसूस कर सकते हैं, खासकर उन स्कूलों में जहाँ उनसे इस जटिल नई स्थिति से खुद ही निपटने की उम्मीद की जाती है।

इसमें कोई आश्चर्य की बात नहीं है कि कई नए शिक्षक कुछ ही वर्षों के बाद इस पेशे को छोड़ देते हैं, जो कि उन देशों में एक समस्या बनती जा रही है जहां शिक्षकों की कमी है या जहां कई शिक्षक सेवानिवृत्ति के करीब हैं।

प्रभावी प्रेरण कार्यक्रम सभी नए शिक्षकों को उनके करियर के शुरुआती वर्षों में व्यवस्थित व्यक्तिगत, सामाजिक और पेशेवर सहायता प्रदान करके इनमें से कुछ समस्याओं से बच सकते हैं। इसलिए, वे स्कूल और शिक्षक के प्रदर्शन को बेहतर बनाने में भी मदद कर सकते हैं।

प्रेरण, शिक्षक शिक्षा की निरन्तरता में एक महत्वपूर्ण कड़ी प्रदान करता है, जो प्राथमिक शिक्षक शिक्षा से लेकर प्रेरण के माध्यम से करियर-पर्यन्त सतत व्यावसायिक विकास तक चलता है।

एक प्रेरण कार्यक्रम वह कार्यक्रम है जो किसी व्यक्ति को उससे अपेक्षित कुछ कार्य करने के लिए आवश्यक इनपुट प्रदान करता है। इसमें जागरूकता इनपुट, मनोवृत्ति इनपुट और योग्यता विकास इनपुट हो सकते हैं। इसलिए, डीआईईटी (DIET) संकाय के लिए प्रेरण कार्यक्रम, किसी व्यक्ति को डीआईईटी में उससे अपेक्षित कार्य करने के लिए आवश्यक इनपुट प्रदान करेगा।

प्रेरण कार्यक्रमों का औचित्य (Rationale for Induction Programmes)

चित्र 7.2 शिक्षक प्रशिक्षण का क्रम दर्शाता है।

सेवा-पूर्व शिक्षक प्रशिक्षण वास्तविक दुनिया के अनुभव और स्कूल संस्कृति और माहौल के साथ घुलने-मिलने की आवश्यकता के बारे में जागरूकता पर केंद्रित है। शिक्षक प्रेरण कार्यक्रम

शुरुआती शिक्षकों को सहायता, संस्कृति-संवर्धन, अंतर-सांस्कृतिक प्रशिक्षण और कौशल मूल्यांकन प्रदान करके शिक्षक प्रतिधारण को बढ़ाने के लिए डिज़ाइन किया गया है। शहरी और ग्रामीण शिक्षकों के विभिन्न अनुभवों को समायोजित करने के लिए, शहरी और ग्रामीण क्षेत्रों में सेवारत शिक्षकों को विशेष गतिविधियाँ और सहायता प्रदान की जाती है। सेवाकालीन प्रशिक्षण का उद्देश्य शिक्षकों को खुद को अद्यतन (update) करने और बदलती दुनिया के साथ तालमेल रखने में मदद करना है।

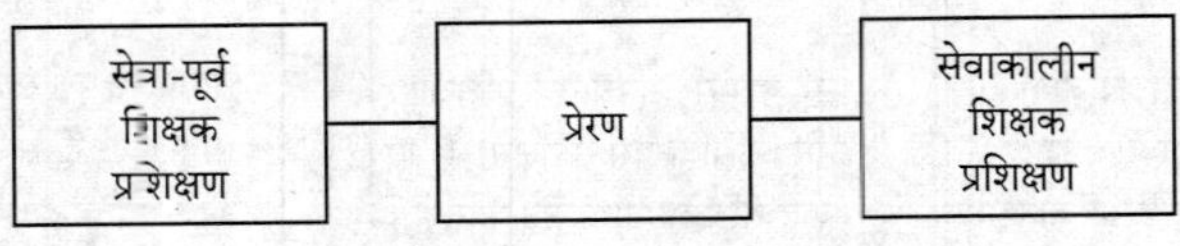

चित्र 7.2 प्रशिक्षण कार्यक्रमों का क्रम.

जिला शिक्षा एवं प्रशिक्षण संस्थान डीआईईटी जिला स्तरीय संस्थाएं हैं, जिनके चार मुख्य कार्य हैं, अर्थात् सेवा-पूर्व शिक्षक शिक्षा, सेवाकालीन शिक्षक शिक्षा, शोध एवं मूल्यांकन, तथा दस्तावेज़ीकरण। डीआईईटी में नवनियुक्त शिक्षक शिक्षक तथा स्थानांतरण एवं प्रतिनियुक्ति से आने वाले संकाय सदस्यों को इन कार्यों में शामिल किया जाना चाहिए, जो शिक्षक शिक्षा पाठ्यक्रम का हिस्सा नहीं हैं। भारत के प्रत्येक राज्य को नवनियुक्त शिक्षक शिक्षकों को प्रदान किए जाने वाले इनपुट/अनुभवों के साथ प्रशिक्षण डिजाइन की आवश्यकता है। राज्य स्तरीय पदाधिकारियों/वरिष्ठ डीआईईटी संकाय का एक परियोजना समूह बनाना संभव है, जो प्रेरण के कार्यक्रम को स्पष्ट करेगा तथा विषय-वस्तु तैयार करेगा, जो फिर कार्यक्रम के लिए विभिन्न मॉड्यूल बनाएगा।

प्रेरण की आवश्यकता किसे है? (Who Needs Induction?)

किसी व्यक्ति के लिए प्रेरण कार्यक्रम की जरूरत होती है जो किसी काम की प्रकृति से परिचित न हो। उदाहरण के लिए, डीआईईटी के किसी लेक्चरर को प्रेरण ट्रेनिंग की जरूरत होती है अगर उसने कभी डीआईईटी में काम न किया हो, नया नियुक्त हुआ हो और उसे डीआईईटी के फैकल्टी मेंबर से अपेक्षित काम करने का पहले से अनुभव न हो। एक तरह से यह दीक्षा है।

भले ही डीआईईटी में नए आने वाले संकाय को प्रेरण कार्यक्रम प्रदान किया जाता है, लेकिन किसी अन्य स्तर या क्षेत्र से स्थानांतरित या पदोन्नति पर आने वाले संकाय सदस्य को भी प्रेरण ट्रेनिंग से लाभ मिल सकता है। दूसरे शब्दों में, यह केवल उम्र या भर्ती की नवीनता नहीं है जो यह तय करती है कि किसे प्रेरण कार्यक्रम की आवश्यकता है।

अच्छे शिक्षक प्रेरण प्रोग्राम के घटक (Components of Good Teacher Induction Programmes)

किसी भी प्रेरण कार्यक्रम में निम्नलिखित तत्व शामिल होते हैं:

1. स्कूल और स्कूल बोर्ड के सभी नए शिक्षकों के लिए अभिमुखीकरण
2. अनुभवी शिक्षकों द्वारा नए शिक्षकों का मार्गदर्शन
3. निम्नलिखित क्षेत्रों में व्यावसायिक विकास और प्रशिक्षण:
    - साक्षरता और संख्यात्मकता रणनीतियाँ, छात्र सफलता, सुरक्षित स्कूल।

- कक्षा प्रबंधन, प्रभावी अभिभावक संचार कौशल, और अनुदेशात्मक रणनीतियाँ जो विशेष आवश्यकताओं वाले छात्रों और अन्य विविध शिक्षार्थियों की शिक्षा और संस्कृति को संबोधित करती हैं।

चित्र 7.3 उस तरीके को दर्शाता है जिसमें कार्यक्रम डेवलपर्स शिक्षक प्रेरण कार्यक्रम के घटकों के माध्यम से कवर किए गए विषयों के एकीकरण की अवधारणा बनाते हैं।

चित्र 7.3 शिक्षक प्रेरण कार्यक्रमों में विषयों का एकीकरण।

पिछले बीस वर्षों के दौरान, कई स्कूलों ने उच्च गुणवत्ता वाले शिक्षकों को शुरू करने और बनाए रखने के प्रयास में शिक्षक प्रेरण कार्यक्रम स्थापित किए हैं (गैलवेज-ह्योर्नेविक, 1985)। ये कार्यक्रम कई रूप लेते हैं, सबसे हाल ही में गैर-शिक्षण व्यवसायों की प्रेरण तकनीकों से उधार लिया गया है। नए और पुराने दोनों कार्यक्रमों को खंडों में व्यवस्थित किया जाता है—परिचय, निर्देश, मूल्यांकन और समायोजन। जैसे-जैसे नई प्रेरण तकनीकें शुरू की जाती हैं, मौजूदा कार्यक्रमों में और अधिक खंड एकीकृत होते जाते हैं।

नये शिक्षक कौन हैं? (Who are New Teachers?)

नये शिक्षकों को उन सभी नये शिक्षकों (जिनमें अन्य राज्यों में प्रशिक्षित शिक्षक भी शामिल हैं) के रूप में परिभाषित किया जाता है, जो बी.एड. डिग्री से प्रमाणित होते हैं और जिन्हें किसी स्कूल बोर्ड,

स्कूल प्राधिकरण या जिला स्कूल द्वारा पहली बार अध्यापन कार्य शुरू करने के लिए पूर्णकालिक या अंशकालिक स्थायी पदों पर नियुक्त किया गया हो।

एक अच्छा प्रेरण कार्यक्रम क्या होता है? (What Makes a Good Induction Programme?)

सभी प्रेरण कार्यक्रमों का उद्देश्य एक छात्र शिक्षक स्नातक को एक सक्षम करियर शिक्षक में बदलना है। श्लेच्टी (1985) सुझाव देते हैं कि प्रभावी प्रेरण कार्यक्रमों के संकेत संकाय और प्रशासन के दृष्टिकोण और व्यवहार में देखे जा सकते हैं: स्कूल के मानदंडों का समर्थन और उन मानदंडों के लिए शिक्षक के प्रदर्शन की सामान्य अनुरूपता। वह प्रेरण कार्यक्रमों के मूल्यांकन के लिए एक रूपरेखा प्रस्तुत करता है जिसे आठ कार्यक्रम गुणों की एक चेकलिस्ट में अनुवादित किया जा सकता है। उनका ढांचा बहुत अलग सामग्री और वितरण संरचनाओं के प्रेरण कार्यक्रमों पर लागू करने का इरादा रखता है। चार कार्यक्रम विशेषताएँ अन्य व्यवसायों के प्रभाव को दर्शाती हैं:

1. कार्यक्रम में शामिल होने वाले लोगों को बताया जाता है कि उनके चयन की प्रक्रिया विशेष आवश्यकताओं पर आधारित है और उनके भविष्य की सफलता के लिए प्रेरण प्रशिक्षण महत्वपूर्ण है।
2. प्रेरण प्रक्रिया को उपलब्धि के प्रगतिशील चरणों में विभाजित किया गया है।
3. कार्यक्रम सहकर्मी समूहों के बीच आपसी सहयोग को बढ़ावा देता है
4. प्रशिक्षण दीर्घकालिक करियर लक्ष्यों की ओर उन्मुख है। शेष विशेषताएँ सीधे शुरुआती शिक्षकों की ज़रूरतों पर लागू होती हैं।
5. शिक्षक आचरण के बारे में प्रशासनिक स्तर पर निर्धारित अपेक्षाएं और मानदंड स्पष्ट रूप से व्यक्त और प्रसारित किए जाएं।
6. शिक्षकों को व्यावसायिक शब्दावली आत्मसात करनी चाहिए।
7. नए शिक्षकों को पर्यवेक्षण, प्रशिक्षण, प्रदर्शन और मूल्यांकन प्राप्त होता है।
8. पर्यवेक्षण की जिम्मेदारी एक सुव्यवस्थित, सुसंगत और सतत कार्यक्रम के तहत पूरे संकाय में वितरित की जानी चाहिए।

फोस्टर (1982) और ग्रिफिन (1985) व्यवहारिक शब्दावली में कार्यक्रम के उद्देश्यों को निर्दिष्ट करने के महत्व और कार्यक्रम प्रतिभागियों के बीच निरंतर प्रतिक्रिया की आवश्यकता पर जोर देते हैं। ग्रिफिन कार्यक्रम डेवलपर्स को अपेक्षित शिक्षक व्यवहार की परिभाषाओं के रूप में अनुसंधान परिणामों के अनुचित उपयोग के बारे में भी आगाह करते हैं।

कई संदर्भ बताते हैं कि प्रेरण कार्यक्रमों में तीन सूचना स्रोत होने चाहिए: समुदाय, विद्यालय और शिक्षण पेशा। सभी को शुरुआती शिक्षक से परिचित कराया जाना चाहिए, जिसमें जीवन भर सीखने के क्षेत्र के रूप में शिक्षण पर जोर दिया जाना चाहिए (हॉल 1982)। विशेष आवश्यकता वाले कार्यक्रम (जैसे कि वे जो नए शिक्षक को ग्रामीण या शहरी वातावरण से परिचित कराते हैं, जिसके साथ शिक्षक को पहले कोई अनुभव नहीं रहा है) अक्सर इस दृष्टिकोण का उपयोग करते हैं (डेफिनो और हॉफमैन, 1984)।

प्रेरण कार्यक्रमों में किन क्षेत्रों को शामिल किया जाना चाहिए? (What Areas Should Induction Programmes Cover?)

महत्व के विषय आमतौर पर वरिष्ठ शिक्षकों और प्रशासकों के सर्वेक्षणों से लिए जाते हैं, जिन्हें प्रथम वर्ष के शिक्षकों की कमियों के मूल्यांकन में अनुभव होता है। बहुत अलग-अलग स्तर तक, सभी कार्यक्रमों में संकाय और सुविधा परिचय, कक्षा प्रबंधन, छात्र अनुशासन, पेशेवर आचरण, स्कूल और स्कूल जिले की अपेक्षाएँ और पेशेवर दायित्व शामिल होते हैं। एक नए शिक्षक को विभिन्न प्रकार की शिक्षण तकनीकों और मूल्यांकन प्रक्रियाओं से अवगत होना चाहिए। कुछ कार्यक्रम समान रूप से शुरुआती शिक्षक को निर्देश और मूल्यांकन देते हैं; अन्य कार्यक्रम को शुरुआती की योग्यता के संकेतक के रूप में उपयोग करने के बजाय शिक्षक की सहायता पर जोर देते हैं। महत्वपूर्ण समस्याएँ तब उत्पन्न होती हैं जब मूल्यांकन को आकलन के रूप में गलत समझा जाता है और प्रेरण कार्यक्रम को वॉश-आउट कार्यक्रम के रूप में उपयोग किया जाता है। श्लेच्टी (1985) इस बात पर जोर देते हैं कि किसी भी क्षेत्र में नए कर्मचारियों को इस उम्मीद के साथ काम पर रखा जाता है कि वे प्रेरण प्रक्रिया से "बच" जाएँगे और पूर्णकालिक करियर की ओर अपना रास्ता शुरू करेंगे।

प्रेरण कार्यक्रम कैसे काम करते हैं? (How do Induction Programmes Work?)

"प्रेरण" और "प्रशिक्षण" शब्दों की तरह, शिक्षक प्रेरण कार्यक्रमों के कई तत्व और उद्देश्य अन्य व्यवसायों से उधार लिए गए हैं। व्यवसाय और चिकित्सा सबसे आम हैं (गैल्वेज़-ह्योर्नेविक 1985; श्लेच्टी (1985)। कुछ अकादमिक प्रेरण पर आधारित हैं, जैसे कि सिस्टम पर औपचारिक सेमिनार और अनौपचारिक कार्यशालाएँ और शुरुआती शिक्षक से क्या अपेक्षा की जाती है। शिक्षक प्रेरण परिचयात्मक व्याख्यान से शुरू हुआ और, कुछ स्कूल प्रणालियों में, परिष्कृत बहुउद्देशीय कार्यक्रमों में विकसित हुआ है।

प्रशिक्षण की स्थिति—शुरुआती शिक्षक अक्सर कम वेतन पर शिक्षण प्रशिक्षु के रूप में प्रवेश करते हैं। प्रशिक्षु को पूर्ण शिक्षण जिम्मेदारी मिलती है (हालांकि कक्षा का भार कम होता है)।

मार्गदर्शक—शुरुआती शिक्षकों को उनके क्षेत्र के एक वरिष्ठ शिक्षक को सौंपा जाता है। वरिष्ठ शिक्षक जानकारी प्रदान करते हैं, और शुरुआती के शिक्षण और कक्षा प्रबंधन कौशल की परिपक्वता की दैनिक देखरेख करते हैं।

समिति—शुरुआती शिक्षकों को प्रत्येक को एक प्रेरण समिति में नियुक्त किया जाता है। समिति एक पेशेवर विकास दल है जिसे स्कूल द्वारा अनुमोदित कक्षा तकनीकों और प्रक्रियाओं में शुरुआती शिक्षक की देखरेख, जानकारी प्रदान करने और प्रशिक्षित करने के लिए डिज़ाइन किया गया है। समिति में आमतौर पर स्कूल के प्रिंसिपल, पाठ्यक्रम और निर्देश पर एक सलाहकार और एक सहकर्मी शिक्षक शामिल होते हैं, जो अक्सर एक संरक्षक के रूप में होता है।

अभिविन्यास सेमिनार—सेमिनार का उपयोग उन विषयों पर प्रशिक्षुओं को निर्देश देने के लिए किया जाता है जिन्हें प्रशासन महत्वपूर्ण मानता है, उन मुद्दों पर जिन्हें सहकर्मी शिक्षकों ने आवश्यक या उपयोगी पाया है और भाग लेने वाले प्रशिक्षुओं द्वारा चिंताएं व्यक्त की गई है।

उपरोक्त घटक संभावित प्रेरण दृष्टिकोणों की पूरी सूची नहीं हैं। नए शिक्षकों को उनके कार्य वातावरण में शामिल करने के लिए बीस वर्षों की व्यावसायिक चिंता के बावजूद, अच्छे कार्यक्रम विकसित करने में अभी और काम किए जाने की आवश्यकता है।

निष्कर्ष (Conclusion)

यह ध्यान रखना महत्वपूर्ण है कि शिक्षक प्रेरण कार्यक्रम शून्य में संचालित नहीं होते हैं। प्रभावी शिक्षक प्रेरण कई कारकों पर निर्भर करता है जिसमें शिक्षक तैयारी कार्यक्रम की गुणवत्ता, शिक्षक उम्मीदवारों से वास्तविक दुनिया का अभ्यास और शिक्षक उम्मीदवारों से उचित शिक्षक स्वभाव और विश्वास जैसे पूर्वाभास चर शामिल हैं। वैचारिक ढांचा शिक्षक तैयारी कार्यक्रमों से शिक्षक उम्मीदवारों का एक रेखीय प्रक्षेपवक्र प्रस्तुत करता है, जो उन्हें अपने करियर में सफलता के लिए तैयार करने, एवं प्रभावी शिक्षक बनने के लिए बुनियादी ज्ञान, कौशल और स्वभाव प्रदान करता है। शिक्षक प्रेरण कार्यक्रमों का अंतिम लक्ष्य सक्षम शिक्षकों को बनाए रखना है जो चिंतनशील, अनुकूलनशील, विशेषज्ञ और प्रभावी शिक्षक हैं।

अध्याय 8

सेवाकालीन अध्यापक शिक्षा (In-Service Teacher Education)

जो कोई सिखाता है, वह सिखाने के कार्य में सीखता है और जो कोई सीखता है, वह सीखने के कार्य में सिखाता है।

— पीडोगोजी ऑफ फ्रीडम (1996)

परिचय (Introduction)

शैक्षिक प्रणाली के प्रदर्शन से जुड़े सभी लोग इस बात से सहमत हैं कि शिक्षण गुणवत्ता में सुधार किसी भी शैक्षिक प्रयास में एक उच्च्च प्राथमिकता है। अध्यापकों (शिक्षकों) को परिवर्तन एजेंटों की भूमिका सौंपी जाती है और उन्हें नई चुनौतियों का सामना करना पड़ता है, जैसे कि शिक्षा को वैश्विक और स्थायी बनाना, जीवन भर किसी भी वातावरण (कक्षा के अंदर या बाहर) में सेवा करने के लिए पर्याप्त लचीला और समुदाय को प्रतिबिंबित करना। शिक्षकों को विज्ञान और प्रौद्योगिकी में बदलावों के लिए रचनात्मक रूप से अनुकूलन करना सीखना होगा और ऐसी पीढ़ियों को तैयार करना होगा जो सार्वभौमिक, आलोचनात्मक और रचनात्मक हों और जिनकी अपनी सामाजिक-सांस्कृतिक पृष्ठभूमि के साथ दृढ़ पहचान हो। हालाँकि, सेवाकालीन शिक्षक प्रशिक्षण के लिए एक यथार्थवादी दृष्टिकोण को यह विचार करना चाहिए कि शिक्षक अपने गुणों, दोषों, कर्तव्यों और अधिकारों के साथ सामान्य मनुष्य हैं।

सेवाकालीन प्रशिक्षण' शब्द का तात्पर्य उन शिक्षकों के प्रशिक्षण से है जो पहले से ही सेवा में हैं। इसलिए, यह एक पूरक, अतिरिक्त प्रशिक्षण है। इसे ज़्यादातर शिक्षक के खाली समय में या स्कूल अधिकारियों द्वारा खाली किए गए समय में दिया जाना चाहिए।

सेवाकालीन प्रशिक्षण की परिभाषाएँ (Definitions of In-service Training)

अच्छे शिक्षक के लिए, उसके ज्ञान, कौशल, व्यक्तित्व और रुचियों का हर पहलू संभावित मूल्य का होता है। इसलिए, अपने करियर के दौरान उसके द्वारा प्राप्त हर अनुभव, चाहे वह कितना भी अप्रासंगिक क्यों न लगे, उसे सेवाकालीन प्रशिक्षण के रूप में वर्णित किया जा सकता है। इसलिए, सेवाकालीन प्रशिक्षण में वह सब कुछ शामिल किया जा सकता है जो एक शिक्षक के साथ उसके पहले पदभार

ग्रहण करने से लेकर उसके सेवानिवृत्त होने तक होता है, जो प्रत्यक्ष या अप्रत्यक्ष रूप से उसके पेशेवर कर्तव्यों के निष्पादन के तरीके में योगदान देता है (चित्र 8.1)।

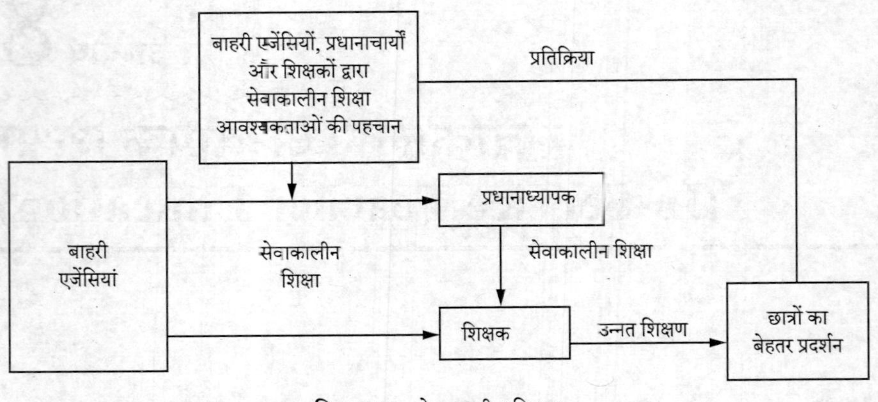

चित्र 8.1 सेवाकालीन शिक्षा।

इसलिए, सेवाकालीन प्रशिक्षण *"कोई भी गतिविधि है जिसे एक शिक्षक, पढ़ाना शुरू करने के बाद करता है, जो उसके पेशेवर काम से संबंधित है।"*

—शिक्षा और विज्ञान विभाग (1970) यू.के.

प्रशासनिक सुविधा के लिए, *सेवाकालीन प्रशिक्षण को इस प्रकार परिभाषित किया गया है: "विद्यालय प्रणाली द्वारा प्रोत्साहित या निर्देशित, या विद्यालय प्रणाली द्वारा अनुमोदित व्यवस्थित गतिविधियों का एक कार्यक्रम, जो विद्यालय प्रणाली में उनकी सेवा के दौरान स्टाफ सदस्यों के पेशेवर या व्यावसायिक विकास और क्षमता में योगदान देता है।"*

सामान्य तौर पर, सेवाकालीन शिक्षक प्रशिक्षण को *"विशेष रूप से या मुख्य रूप से व्यावसायिक प्रदर्शन में सुधार के लिए तैयार की गई संरचित गतिविधियों"* के रूप में परिभाषित किया जा सकता है।

सेवाकालीन प्रशिक्षण से तात्पर्य है *"विशेष पाठ्यक्रमों, कार्यशालाओं आदि के माध्यम से कर्मचारियों को उनके कार्य के संबंध में कौशल आदि विकसित करने में सहायता के लिए दिया जाने वाला प्रशिक्षण।"*

—वेबस्टर का न्यू वर्ल्ड कॉलेज डिक्शनरी (2010), जॉन विले एंड संस, इंक. यू.के.

इसके अलावा, डिक्शनरी ऑफ पीडोगोजी (प्रूचा, वाल्तेरोवा, मारेस, 1995, पृ. 41) सेवाकालीन प्रशिक्षण की धारणा को मुख्य रूप से संभावित **रूपों और लक्ष्यों** से जोड़ता है, और इसे "अपने पेशेवर करियर के दौरान शिक्षकों की शिक्षा... संगठनात्मक रूपों की एक विस्तृत श्रृंखला में मूर्त रूप देने के रूप में परिभाषित करता है (अभ्यास में नए शिक्षकों का मार्गदर्शन, सत्यापन के लिए सीखना, शैक्षिक नवाचारों और सुधारों की तैयारी, विशेष परियोजनाओं के लिए तैयारी, शिक्षकों का कार्यात्मक अध्ययन, पुनः योग्यता अध्ययन, विशेषज्ञ पाठ्यक्रम... आदि)।"

सेवाकालीन प्रशिक्षण को नियोजित पेशेवरों, अर्ध-पेशेवरों और अन्य चिकित्सकों के लिए एक कार्यशाला के रूप में परिभाषित किया जाता है, ताकि वे विभिन्न क्षेत्रों में और लोगों के विविध समूहों को अधिक प्रभावी, कुशल और सक्षम सेवा प्रदान करने की दिशा में अपने कौशल में सुधार के लिए

नया ज्ञान, बेहतर तरीके आदि प्राप्त कर सकें। इसके अलावा, यह ऐसी कार्यशाला एक प्रशिक्षण है जिसे किसी विशेष स्कूल में बच्चों के एक विशिष्ट समूह को लाभ पहुंचाने के लिए डिज़ाइन किया गया है। एक अच्छा सेवाकालीन प्रशिक्षण, कार्यशाला के माध्यम से, विषम कक्षाओं के लिए प्रोग्रामिंग की गुणवत्ता में सुधार करना चाहिए।

सेवाकालीन प्रशिक्षण का औचित्य (Rationale of In-service Training)

सेवाकालीन शिक्षक प्रशिक्षण को पेशेवर विकास या कभी-कभी व्यापक पेशेवर विकास या वृद्धि के हिस्से के रूप में समझा जा सकता है। करियर विकास को शिक्षक के पेशेवर करियर के एक चरण से दूसरे चरण तक प्राकृतिक पदोन्नति के माध्यम से विकास के रूप में समझा जाता है। अनुभवात्मक विकास की धारणा आमतौर पर कुछ स्पष्ट रूप से सीमांकित चरणों के अनुक्रम में निहित होती है। यह श्रेणी सीधे शिक्षक की पेशेवर और व्यक्तिगत परिपक्वता से संबंधित है। सेवाकालीन शिक्षक प्रशिक्षण को आमतौर पर अभ्यासरत शिक्षकों के लिए संगठित कार्यक्रमों के प्रावधान के रूप में परिभाषित किया जाता है, जिसका उद्देश्य उनके विकास का समर्थन करने के लिए संभावित व्यवस्थित चरणों में से एक के रूप में उनकी मदद करना है। शिक्षकों के पेशेवर विकास का समर्थन करने वाले ये व्यवस्थित कदम या नियोजित स्थितियाँ, प्रस्ताव, संभावनाएँ और कार्यक्रम पिछले दो दशकों में अधिक से अधिक विविध होते जा रहे हैं।

नई सूचना प्रौद्योगिकियां, आधुनिक शिक्षण सिद्धांत, शिक्षकों की बेहतर गतिशीलता और कई अन्य कारक, वे हैं जो सेवाकालीन शिक्षक प्रशिक्षण के विभिन्न स्वरूपों का विस्तार कर रहे हैं: इंटरनेट पर पाठ्य-पुस्तकों और अन्य दस्तावेजों का अध्ययन, ई-लर्निंग चर्चा मंच, अंतर्राष्ट्रीय दौरे, छात्र आदान-प्रदान और मुख्य रूप से स्कूल के अंदर की गतिविधियां, जैसे कि कार्रवाई संबंधी शोध, परियोजना कार्य, पर्यवेक्षण, दौरे, चर्चा समूह आदि।

सेवाकालीन प्रशिक्षण की आवश्यकता (Need for In-service Training)

एनसीईआरटी (NCERT) राज्य स्तरीय निकायों—राज्य शैक्षिक अनुसंधान और प्रशिक्षण परिषद (एससीईआरटी), जिला शिक्षा और प्रशिक्षण संस्थान डीआईईटी (DIET) के साथ सर्वोच्च केंद्रीय शैक्षिक निकाय है। सर्व शिक्षा अभियान (जिसे अब समग्र शिक्षा के रूप में जाना जाता है) की मदद से शिक्षक-प्रशिक्षण आयोजित किया गया है, जिसमें प्री-स्कूल से उच्चतर माध्यमिक तक स्कूली शिक्षा क्षेत्र शामिल है। सर्व शिक्षा अभियान फ्रेमवर्क 2001 (2008 और 2011 में संशोधित) ने शिक्षकों के लिए सेवाकालीन शिक्षा आईएनएसईटी (INSET) पहल के तहत 20 दिवसीय शिक्षक प्रशिक्षण विकसित किया। इस फ्रेमवर्क में सेवाकालीन प्रशिक्षण का एक 'विभाजित' मॉडल है। शिक्षकों को पहले एक या दो दिन के लिए जिला या ब्लॉक स्तर पर विशिष्ट विषयों पर प्रशिक्षित किया जाता है, उसके बाद कक्षा अवलोकन और अनुप्रेरित अभ्यास के माध्यम से दो दिनों का व्यावहारिक प्रशिक्षण दिया जाता है। प्रशिक्षित शिक्षक अगले दो महीनों के लिए अपनी कक्षाओं में अनुशंसित विधियों को लागू करते हैं

राज्य स्तरीय प्रशिक्षकों के साथ प्रशिक्षण के लिए 'कैस्केड मॉडल' का पालन किया जाता है, जिसमें जिला स्तर पर संसाधन व्यक्तियों को प्रशिक्षण मॉड्यूल संचालित करने के तरीके के बारे में निर्देश दिए जाते हैं। यह मॉडल समय और पैसे के मामले में किफायती है और इसे उत्तर प्रदेश, मध्य प्रदेश, तमिलनाडु और उत्तराखंड जैसे कई राज्यों द्वारा अपनाया गया है।

> शिक्षकों का प्रशिक्षण वर्तमान में चिंता का एक प्रमुख क्षेत्र है क्योंकि अधिकांश राज्यों में स्कूल शिक्षकों का सेवा-पूर्व और सेवाकालीन प्रशिक्षण दोनों ही बेहद अपर्याप्त और खराब तरीके से प्रबंधित है। सेवा-पूर्व प्रशिक्षण में सुधार की आवश्यकता है और सार्वजनिक और निजी दोनों संस्थानों में अलग-अलग तरीके से विनियमित किया जाना चाहिए, जबकि सेवाकालीन प्रशिक्षण की प्रणालियों में विस्तार और बड़े सुधार की आवश्यकता है जो अधिक लचीलेपन की अनुमति देते हैं।—एनसीएफटीई (NCFIT) 2009, पृष्ठ 6

सेवाकालीन प्रशिक्षण शिक्षकों को विशिष्ट कौशल, तकनीक और नए अनुदेशात्मक दृष्टिकोण सीखने के अवसर प्रदान करता है, जिनका उपयोग वे अपने शिक्षण में कर सकते हैं।

भारत में सेवाकालीन शिक्षक शिक्षा का इतिहास (History of In-service Teacher Education in India)

इस सदी की शुरुआत में माध्यमिक विद्यालय के शिक्षकों की सेवाकालीन शिक्षा में मुख्य रूप से पुनश्चर्या पाठ्यक्रम, व्याख्यान और सम्मेलन शामिल थे। ये आम तौर पर छुट्टियों के दौरान किसी केंद्रीय स्थान या शिक्षक प्रशिक्षण संस्थान में आयोजित किए जाते थे और ये शायद ही कभी स्कूल कार्यक्रम की नियमित विशेषता होती थी। इनमें से अधिकांश गतिविधियाँ मौजूदा शैक्षिक प्रणाली की समस्याओं का अध्ययन करने के लिए समय-समय पर नियुक्त किए गए विभिन्न आयोगों की सिफारिशों के प्रति अनियमित प्रतिक्रियाएँ थीं।

शैक्षिक नीति पर प्रस्ताव (1904) (Resolution on Educational Policy (1904))

सेवाकालीन शिक्षा की आवश्यकताओं और प्रशिक्षण महाविद्यालयों की भूमिका का प्रारंभिक उल्लेख लॉर्ड कर्जन के शैक्षिक नीति पर प्रस्ताव में किया गया था।

प्रशिक्षण महाविद्यालय और विद्यालय के बीच संबंध बनाए रखने के लिए हर संभव सावधानी बरती जानी चाहिए, ताकि विद्यार्थी, महाविद्यालय से निकलकर शिक्षक के रूप में अपना करियर शुरू करने पर, उन विधियों का अभ्यास करने में लापरवाही न बरतें जो उसे सिखाई गई हैं, और (जैसा कि कभी-कभी होता है) उसे ऐसा करने से रोका न जाए और अपने अप्रशिक्षित सहकर्मियों के अधिक यांत्रिक तरीकों के अनुरूप ढलने के लिए मजबूर न किया जाए। महाविद्यालय द्वारा भेजे गए प्रशिक्षित विद्यार्थियों को कभी-कभी फिर से एक साथ लाया जाना चाहिए और निरीक्षण करने वाले कर्मचारियों को प्रशिक्षण महाविद्यालय के अधिकारियों के साथ सहयोग करना चाहिए ताकि यह सुनिश्चित किया जा सके कि महाविद्यालय का प्रभाव विद्यालयों में महसूस हो।

शैक्षिक नीति पर प्रस्ताव (1913)
(Resolution on Educational Policy (1913))

1913 के शैक्षिक नीति पर प्रस्ताव में प्राथमिक शिक्षा के विस्तार और सुधार के लिए प्रमुख सिद्धांत निर्धारित किए गए थे और साथ ही ग्रामीण शिक्षकों के लिए सेवाकालीन शिक्षा की भी सिफारिश की गई थी। प्रस्ताव में कहा गया था: चूंकि गांवों में शिक्षकों को खुद पर छोड़ दिया जाता है, इसलिए स्कूल की छुट्टियों के दौरान प्राथमिक विद्यालय के शिक्षकों के लिए समय-समय पर दोहराव और सुधार पाठ्यक्रम आयोजित करने से बहुत लाभ होता है। उस समय प्राथमिक स्तर पर शिक्षकों की संख्या के बजाय गुणवत्ता में वृद्धि की प्रवृत्ति थी।

हार्टोग समिति की रिपोर्ट (1929) (The Hartog Committee Report (1929))

1929 की हार्टोग समिति ने प्राथमिक शिक्षकों के प्रशिक्षण के साथ-साथ सेवाकालीन शिक्षा के बारे में और सिफारिशें कीं। समिति ने टिप्पणी की: आदर्श परिस्थितियों में भी, जब सही प्रकार के शिक्षक का चयन किया गया हो और उसे अच्छी तरह से प्रशिक्षित किया गया हो, प्राथमिक विद्यालय के शिक्षक, विशेष रूप से गाँव के शिक्षक, बहुत अलग-थलग होते हैं और उन्हें अक्सर मार्गदर्शन और प्रोत्साहन की आवश्यकता होती है। क्षेत्रीय भाषाओं में शिक्षकों के लिए पत्रिकाएँ, पुनश्चर्या पाठ्यक्रम, शिक्षक संघों के सम्मेलन और बैठकें शिक्षकों के जीवन को उज्ज्वल बनाने और उनके काम को बेहतर बनाने में बहुत कुछ कर सकती हैं। हालाँकि, सेवाकालीन शिक्षा के सुधार के लिए कोई सक्रिय कदम नहीं उठाए गए, क्योंकि समिति की रिपोर्ट में विवादास्पद मुद्दे उठाए गए थे।

रिपोर्ट को सरकारी हलकों में गर्मजोशी से प्राप्त किया गया, क्योंकि इसने यह दिखाने का प्रयास किया कि भारत में शिक्षा के विस्तार की नीति अप्रभावी और बेकार साबित हुई है और केवल समेकन की नीति ही भारतीय परिस्थितियों के अनुकूल है। गैर-सरकारी दृष्टिकोण ने समिति की इस राय को स्वीकार नहीं किया कि गुणवत्ता को मात्रा से अधिक प्राथमिकता दी जानी चाहिए। नतीजतन, समिति की रिपोर्ट ने अगले बीस वर्षों या उससे भी अधिक समय तक प्राथमिक शिक्षा की प्रगति में बहुत कम मदद की, और समिति के कुछ मूल्यवान सुझाव जैसे कि शिक्षकों के लिए बेहतर वेतन, पाठ्यक्रम में सुधार, सेवाकालीन शिक्षा में प्रगति और कॉलेजों में ट्यूटोरियल कार्य की उपेक्षा की गई। हालाँकि, माध्यमिक और विश्वविद्यालय शिक्षा में प्रगति हुई। कुछ विश्वविद्यालयों में शिक्षा विभाग स्थापित किए गए और शिक्षकों के लिए पुनश्चर्या पाठ्यक्रम आयोजित किए जाने लगे। यह इस अवधि के दौरान था कि शिक्षक प्रशिक्षण संस्थानों का तेजी से विकास हुआ।

विश्वविद्यालय शिक्षा आयोग की रिपोर्ट (1949)
(University Education Commission Report (1949))

भारत सरकार ने 1948 में डॉ. एस. राधाकृष्णन की अध्यक्षता में एक विश्वविद्यालय शिक्षा आयोग की नियुक्ति की, जिसका मुख्य उद्देश्य भारत में विश्वविद्यालय शिक्षा पर रिपोर्ट देना था। ऐसा करने के लिए, आयोग को माध्यमिक शिक्षा की स्थिति की भी समीक्षा करनी थी और इसने कुछ मूल्यवान सुझाव दिए। सेवाकालीन कार्यक्रम के लिए अवकाश अवधि के उपयोग के बारे में टिप्पणी करते हुए, आयोग

ने कहा: "वर्तमान में न तो छात्र और न ही शिक्षक अवकाश का उपयोग करते हैं; उनमें से अधिकांश के लिए अवकाश का समय काम की कमी का होता है"। सेवाकालीन शिक्षा की आवश्यकता पर जोर देते हुए, इसने सिफारिश की कि पुनश्चर्या पाठ्यक्रमों की योजना को वास्तविक सफलता बनाने के लिए, स्कूलों और इंटरमीडिएट कॉलेजों के अधिकारियों और सरकारी शिक्षा विभागों को हर चार या पांच साल में एक बार विश्वविद्यालय पुनश्चर्या पाठ्यक्रम में प्रमाणित उपस्थिति या पदोन्नति के लिए योग्यता की आवश्यकता होनी चाहिए। जब तक इस तरह के पुनश्चर्या पाठ्यक्रमों में उपस्थिति एक परंपरा नहीं बन जाती, तब तक कुछ इस तरह के प्रोत्साहन की आवश्यकता होगी... वैकल्पिक रूप से, शिक्षकों को प्रत्येक पांच वर्ष की सेवा के बाद छह महीने की छुट्टी दी जा सकती है और उन्हें अपने या किसी अन्य विश्वविद्यालय में उन्नत पाठ्यक्रमों में भाग लेने तथा विश्वविद्यालय के विभागाध्यक्ष से उपस्थिति और अच्छे कार्य का प्रमाण-पत्र प्राप्त करने के लिए कहा जा सकता है।

माध्यमिक शिक्षा आयोग की रिपोर्ट (1953) (Secondary Education Commission Report (1953))

1952–53 के दौरान, शिक्षा मंत्रालय के प्रायोजन के तहत माध्यमिक शिक्षा आयोग ने शिक्षा प्रणाली को पुनर्गठित करने और सुधारने के उद्देश्य से माध्यमिक शिक्षा का एक राष्ट्रीय सर्वेक्षण किया। अध्ययन विभिन्न राज्यों के दौरे और साक्षात्कारों और प्रश्नावली के माध्यम से किया गया था। इस अध्ययन के परिणामस्वरूप, आयोग इस बात पर जोर देने में सक्षम था कि प्रस्तावित शैक्षिक पुनर्निर्माण में सबसे महत्वपूर्ण कारक शिक्षक है—उसके व्यक्तिगत गुण, उसकी शैक्षिक योग्यता, उसका पेशेवर प्रशिक्षण और स्कूल में और साथ ही समुदाय में उसका स्थान। सेवाकालीन शिक्षा के बारे में, समिति की राय थी कि: शिक्षक-प्रशिक्षण का कार्यक्रम चाहे कितना भी उत्कृष्ट क्यों न हो, यह अपने आप में एक उत्कृष्ट शिक्षक का निर्माण नहीं करता है। यह केवल ज्ञान, कौशल और दृष्टिकोण को जन्म दे सकता है जो शिक्षक को उचित मात्रा में आत्मविश्वास और न्यूनतम अनुभव के साथ अपना कार्य शुरू करने में सक्षम बनाएगा। बढ़ी हुई दक्षता अनुभव के गंभीर विश्लेषण और सुधार के लिए व्यक्तिगत और सामूहिक प्रयासों के माध्यम से आएगी। शिक्षक-प्रशिक्षण संस्थान को शिक्षक-प्रशिक्षण के इस सेवाकालीन चरण में सहायता करने के लिए अपनी जिम्मेदारी स्वीकार करनी चाहिए।

अंतर्राष्ट्रीय माध्यमिक शिक्षा परियोजना टीम रिपोर्ट (1954) (International Secondary Education Project Team Report (1954))

माध्यमिक शिक्षा आयोग की प्रमुख सिफारिशों को लागू करने के लिए आवश्यक विभिन्न चरणों और प्रक्रियाओं का अध्ययन करने के लिए भारत सरकार द्वारा 1954 में एक अंतर्राष्ट्रीय माध्यमिक शिक्षा परियोजना दल नियुक्त किया गया था। इसके अध्ययन के बिंदुओं में से एक माध्यमिक विद्यालय के शिक्षकों की सेवाकालीन शिक्षा थी। रिपोर्ट में कहा गया है कि शिक्षा विभाग शिक्षकों को सेवाकालीन प्रशिक्षण प्राप्त करने में मदद करने और उपयुक्त वेतन वृद्धि द्वारा उनकी व्यावसायिक और शैक्षणिक योग्यता में सुधार को मान्यता देने के तरीकों और साधनों पर विचार करते हैं।

अंतर्राष्ट्रीय टीम ने तकनीकी, व्यावसायिक और अन्य विशेष विषयों के शिक्षकों के लिए तत्काल विशेष सेवाकालीन प्रशिक्षण पाठ्यक्रम सुझाए, जो पहले से ही सेवारत हैं, लेकिन जिन्हें प्रशिक्षित

नहीं किया गया है, उनके लिए हम शिक्षा के सिद्धांत और व्यवहार में लघु गहन पाठ्यक्रम सुझाते हैं। टीम ने क्षेत्रीय प्रशिक्षण संगठनों के गठन की भी सिफारिश की, जो शिक्षकों की सेवाकालीन शिक्षा का काम संभालेंगे। टीम ने शिक्षा विभाग, स्कूलों, शिक्षक संगठनों और शिक्षक प्रशिक्षण संस्थानों के सहयोग से सेवाकालीन कार्यक्रमों की व्यवस्था करने की आवश्यकता पर बल दिया। इस प्रकार, यह स्पष्ट है कि बीसवीं सदी की शुरुआत से ही शिक्षकों ने कक्षा शिक्षण की गुणवत्ता में सुधार के साथ-साथ शिक्षकों के पेशेवर विकास के लिए सेवाकालीन शिक्षा के महत्व को महसूस किया है। उन्होंने राष्ट्रव्यापी आधार पर सेवाकालीन शिक्षा के कार्यक्रमों के आयोजन की आवश्यकता को भी महसूस किया है।

शिक्षा आयोग (1964-66) ने दृढ़ता से सिफारिश की कि: (क) विश्वविद्यालयों और शिक्षक संगठनों द्वारा सभी स्तरों पर शिक्षकों की सेवाकालीन शिक्षा के बड़े पैमाने पर कार्यक्रम आयोजित किए जाने चाहिए ताकि प्रत्येक शिक्षक को प्रत्येक पाँच वर्ष की सेवा में कम से कम दो या तीन महीने की सेवाकालीन शिक्षा प्राप्त करने में सक्षम बनाया जा सके, (ख) सेवाकालीन शिक्षा जारी रखना अनुसंधान इनपुट पर आधारित होना चाहिए, और (ग) प्रशिक्षण संस्थानों को 12 महीने के आधार पर काम करना चाहिए और पुनश्चर्या पाठ्यक्रम, सेमिनार, कार्यशालाएं और ग्रीष्मकालीन संस्थानों जैसे सेवाकालीन प्रशिक्षण कार्यक्रम आयोजित करना चाहिए।

राष्ट्रीय शिक्षा नीति (1968) (National Policy on Education (1968))

भारत सरकार का मानना था कि शिक्षा आयोग द्वारा सुझाए गए व्यापक आधार पर शिक्षा का आमूलचूल पुनर्निर्माण देश के आर्थिक और सांस्कृतिक विकास, राष्ट्रीय एकीकरण और समाज के समाजवादी स्वरूप के आदर्श को साकार करने के लिए आवश्यक है। इसके लिए व्यवस्था में परिवर्तन करना होगा ताकि इसे लोगों के जीवन से और अधिक निकटता से जोड़ा जा सके; शिक्षा के अवसरों का विस्तार करने के लिए निरंतर प्रयास; सभी स्तरों पर शिक्षा की गुणवत्ता बढ़ाने के लिए निरंतर और गहन प्रयास; विज्ञान और प्रौद्योगिकी के विकास पर जोर; और नैतिक और सामाजिक मूल्यों का विकास। राष्ट्रीय शिक्षा नीति (एनपीई 1968) ने एक ऐसी शिक्षा प्रणाली की आवश्यकता पर बल दिया जो राष्ट्रीय सेवा और विकास के लिए प्रतिबद्ध चरित्र और क्षमता वाले युवा पुरुषों और महिलाओं को तैयार करे। इससे राष्ट्रीय प्रगति को बढ़ावा देने, समान नागरिकता और संस्कृति की भावना पैदा करने और राष्ट्रीय एकीकरण को मजबूत करने में मदद मिलेगी।

एनपीई 1968 (NPE 1968) द्वारा प्रतिपादित सिद्धांत हैं:

1. **निःशुल्क और अनिवार्य शिक्षा:** अनुच्छेद 45 (भारतीय संविधान) के अनुसार, 14 वर्ष की आयु तक शिक्षा निःशुल्क और अनिवार्य होनी चाहिए। यह सुनिश्चित करने के लिए कदम उठाए जाने चाहिए कि स्कूलों में नामांकित बच्चा सफलतापूर्वक पाठ्यक्रम पूरा करे।
2. **शिक्षकों की शिक्षा:** इसमें शिक्षकों के वेतन, सेवा मानक में वृद्धि के अलावा राष्ट्रीय और अंतर्राष्ट्रीय मुद्दों पर लिखने, अध्ययन करने और बोलने की अकादमिक स्वतंत्रता पर ध्यान दिया गया।
3. **भाषा विकास:** इस नीति में देश में भारतीय और विदेशी भाषाओं के विकास पर जोर दिया गया है। त्रिभाषा फार्मूला लागू किया जाना चाहिए, जिसमें माध्यमिक स्तर पर छात्र

को हिंदी, अंग्रेजी और अपने राज्य की क्षेत्रीय भाषा का ज्ञान होना चाहिए। माध्यमिक स्तर पर संस्कृत भाषा को वैकल्पिक विषय के रूप में शामिल किया जाना चाहिए।

4. **सभी के लिए शिक्षा का अवसर:** इस नीति के तहत देश के हर बच्चे को शिक्षा दी जानी है, चाहे वह किसी भी जाति, धर्म, क्षेत्र या किसी भी स्थिति का हो। पिछड़े वर्गों, अल्पसंख्यक बच्चों, लड़कियों और शारीरिक रूप से विकलांग बच्चों को शिक्षा की सुविधा का लाभ उठाने पर विशेष जोर दिया जाना चाहिए।
5. **समान शिक्षा संरचना:** पूरे देश में शिक्षा की संरचना एक समान होनी चाहिए। उच्चतर माध्यमिक से लेकर कॉलेज स्तर तक 10+2+3 पैटर्न होना चाहिए।
6. सभी स्कूलों में खेलकूद, कार्य अनुभव के अवसर उपलब्ध होने चाहिए।

राष्ट्रीय शिक्षक आयोग की रिपोर्ट (1983-85) ने सेवाकालीन शिक्षा के लिए स्पष्ट नीतियों और प्राथमिकताओं की अनुपस्थिति और आवश्यकताओं की व्यवस्थित पहचान की कमी को उजागर किया। इसने शिक्षकों की सेवाकालीन शिक्षा के लिए 'समय से पहले योजना बनाने' और अपनाई गई 'पद्धतियों की गहन जांच' की सिफारिश की। रिपोर्ट ने यह भी सिफारिश की कि सेवाकालीन शिक्षा के लिए इस्तेमाल की जाने वाली रणनीतियाँ 'कल्पनाशील, साहसिक और विविधतापूर्ण' होनी चाहिए। इसने आगे कहा कि "उनमें से सबसे प्रभावी स्कूल परिसर के माध्यम से आयोजित की जाने वाली सेवाएँ हैं। कोठारी आयोग द्वारा प्रस्तुत स्कूल परिसर का विचार... प्राथमिक और माध्यमिक विद्यालयों को संसाधनों को आकर्षित करने और शैक्षिक प्रक्रिया को शामिल करने के उद्देश्य से जोड़ने का इरादा रखता है।" आयोग ने शिक्षक केंद्रों के विचार को आगे बढ़ाया जो "... शिक्षकों के लिए एक बैठक स्थल के रूप में कार्य कर सकते हैं जो ऐसे स्कूल में स्थित हैं जिनके पास ऐसे संसाधन हैं जिन्हें वह दूसरों के साथ साझा करना चाहता है... यह एक ऐसा मंच है जहाँ सभी संकायों और सभी स्तरों के शिक्षकों के लिए बहुत ही व्यावहारिक प्रकृति की कार्यशालाएँ आयोजित की जाती हैं; यह विभिन्न स्कूलों के सभी शिक्षकों की प्रतिभा को एक साथ लाता है जो केंद्रों की कार्यशालाओं के लिए संसाधन कर्मियों के रूप में कार्य करते हैं और यह पुस्तक मेलों का आयोजन करता है।" शिक्षकों को जिस चीज की सबसे ज्यादा जरूरत है, वह है स्कूलों के माहौल में बदलाव, शैक्षिक शोध और जांच के लिए अनुकूल माहौल... (चुनिंदा) शिक्षकों को अध्ययन अवकाश दिया जा सकता है और विजिटिंग फेलोशिप के माध्यम से उनकी पेशेवर क्षमता को आगे बढ़ाने के लिए उन्नत शिक्षण केंद्रों में भेजा जा सकता है।"

ऐतिहासिक **राष्ट्रीय शिक्षा नीति (1986)** ने सेवाकालीन शिक्षक शिक्षा को सेवा-पूर्व शिक्षा के साथ एक निरंतरता के रूप में जोड़ा। शिक्षक शिक्षा के पुनर्गठन और सुदृढ़ीकरण की एक केंद्र प्रायोजित योजना विकसित की गई और उसे लागू किया गया। इस योजना में प्रत्येक जिले में डीआईईटी की स्थापना, 250 शिक्षा महाविद्यालयों को शिक्षक-शिक्षा महाविद्यालयों के रूप में उन्नत करना, 50 शिक्षा में उन्नत अध्ययन के संस्थानों आईएएसई (IASE) की स्थापना और राज्य शैक्षिक अनुसंधान और प्रशिक्षण परिषदों (SCERT) को मजबूत करना शामिल था।

राष्ट्रीय शिक्षा नीति (1986) (National Policy on Education (1986))

शिक्षक शिक्षा एक सतत प्रक्रिया है, तथा इसके सेवा-पूर्व और सेवाकालीन घटक अविभाज्य हैं। पहले कदम के रूप में, शिक्षक शिक्षा की प्रणाली में सुधार किया जाएगा। शिक्षक शिक्षा के नए कार्यक्रम

सतत शिक्षा पर जोर देंगे तथा इस नीति में परिकल्पित लक्ष्यों को पूरा करने के लिए शिक्षकों की आवश्यकता पर जोर देंगे।

जिला शिक्षा एवं प्रशिक्षण संस्थान डीआईईटी (DIET) स्थापित किए जाएंगे, जिनमें प्राथमिक विद्यालय के शिक्षकों तथा अनौपचारिक एवं वयस्क शिक्षा में कार्यरत कर्मियों के लिए सेवा-पूर्व एवं सेवाकालीन पाठ्यक्रम आयोजित करने की क्षमता होगी। जैसे-जैसे डीआईईटी स्थापित होंगे, घटिया स्तर के संस्थान समाप्त किए जाएंगे। चयनित माध्यमिक शिक्षक प्रशिक्षण महाविद्यालयों को राज्य शैक्षिक अनुसंधान एवं प्रशिक्षण परिषदों के कार्यों के पूरक के रूप में उन्नत किया जाएगा। राष्ट्रीय अध्यापक शिक्षा परिषद को शिक्षक-शिक्षा संस्थानों को मान्यता प्रदान करने तथा पाठ्यक्रम एवं विधियों के संबंध में मार्गदर्शन प्रदान करने के लिए आवश्यक संसाधन एवं क्षमता प्रदान की जाएगी। शिक्षक शिक्षा संस्थानों और विश्वविद्यालय शिक्षा विभागों के बीच नेटवर्किंग व्यवस्था बनाई जाएगी।

आचार्य राममूर्ति समीक्षा समिति (1990) ने स्पष्ट रूप से कहा कि "सेवाकालीन और पुनश्चर्या पाठ्यक्रम शिक्षकों की विशिष्ट आवश्यकताओं से संबंधित होने चाहिए। सेवाकालीन शिक्षा में शिक्षकों के विकास की भविष्य की आवश्यकताओं का उचित ध्यान रखा जाना चाहिए; मूल्यांकन और अनुवर्ती कार्रवाई योजना का हिस्सा होनी चाहिए।"

एनपीई 1986 जिसे 1992 में संशोधित किया गया था, में कहा गया है कि शिक्षकों को कई भूमिकाएँ निभानी होंगी। संकाय सदस्यों के लिए प्रारंभिक और सेवाकालीन प्रशिक्षण अनिवार्य बनाया जाएगा और पर्याप्त प्रशिक्षण रिजर्व प्रदान किए जाएंगे। कर्मचारी विकास कार्यक्रमों को राज्य स्तर पर एकीकृत किया जाएगा, और क्षेत्रीय और राष्ट्रीय स्तर पर समन्वयित किया जाएगा।

यह ध्यान देने योग्य है कि सेवाकालीन कार्यक्रमों ने समय-समय पर शिक्षा की उभरती जरूरतों और चिंताओं से अपने विषय लिए हैं। नतीजतन, ये कार्यक्रम, सबसे अच्छे रूप में, विशिष्ट चिंताओं के संबंध में जागरूकता कार्यक्रम रहे हैं, न कि शिक्षक विकास कार्यक्रम, जैसा कि कल्पना की गई थी। राष्ट्रीय शिक्षा नीति (1986) के परिणामस्वरूप, स्कूली शिक्षकों के उन्मुखीकरण ने बड़े पैमाने पर गति पकड़ी। पिछले कुछ वर्षों में क्रमशः प्राथमिक और माध्यमिक विद्यालय के शिक्षकों को सेवाकालीन शिक्षा प्रदान करने के अधिदेश के साथ डीआईईटीएस, आईएएसईएस (IASEs) और सीटीईएस (CTEs) जैसे संस्थानों का एक नेटवर्क विकसित करने के प्रयास शुरू किए गए हैं। अब तक, देश में शिक्षक शिक्षा संसाधन संस्थानों के रूप में 500 डीआईईटीएस, 87 सीटीईएस, 38 आईएएसईएस और 30 SCERTs स्थापित किए गए हैं। आईएएसईएस और सीटीईएस के मामले में, केवल मुट्ठी भर संस्थानों ने माध्यमिक विद्यालय के शिक्षकों के लिए सेवाकालीन शिक्षा कार्यक्रम शुरू किया है। पिछले दशक के दौरान, एसओपीटी (SOPT) और डीपीईपी (DPEP) परियोजनाओं के हिस्से के रूप में शिक्षक उन्नयन के लिए उपग्रह इंटरैक्टिव टेलीविजन-आधारित गतिविधियाँ प्रदान की गई हैं। हालाँकि, उनमें से अधिकांश अपने विरासती कार्यों को जारी रखते हैं (एनसीईआरटी, 2004)।

राष्ट्रीय ज्ञान आयोग (2008) ने शिक्षण समुदाय को गुणात्मक रूप से मजबूत करने की आवश्यकता पर बल दिया है [बॉक्स 8.1]। इसमें निम्नलिखित बातें कही गई हैं:

1. योग्य एवं प्रतिबद्ध शिक्षकों को अधिक प्रोत्साहन प्रदान करें।
2. चुनावी गतिविधियों जैसे गैर-शिक्षण आधिकारिक कर्तव्यों को शिक्षण प्रक्रिया में हस्तक्षेप करने की अनुमति नहीं दी जानी चाहिए।

3. वेब-आधारित पोर्टल सहित ऐसे मंच विकसित किए जाने चाहिए जो शिक्षकों को विचारों, सूचनाओं और अनुभवों का आदान-प्रदान करने के लिए प्रोत्साहित करें।
4. सार्वजनिक और निजी दोनों संस्थानों में सेवा-पूर्व प्रशिक्षण में सुधार और अलग-अलग विनियमन की आवश्यकता है।
5. सेवाकालीन प्रशिक्षण प्रणालियों में विस्तार और बड़े सुधार की आवश्यकता है जिससे अधिक लचीलापन संभव हो सके।

बॉक्स 8.1 राष्ट्रीय ज्ञान आयोग—शिक्षण पेशा

गुणवत्तापूर्ण शिक्षकों को आकर्षित करने और बनाए रखने के लिए शिक्षण पेशे को पुनर्जीवित करें: शिक्षकों की कार्य स्थिति में भारी सुधार की आवश्यकता है। पुरस्कार और मान्यता का प्रचार-प्रसार किया जाना चाहिए और सभी स्तरों पर दिया जाना चाहिए। स्कूल और कॉलेज स्तर पर शिक्षकों को नवीन शिक्षण पद्धतियों को विकसित करने के लिए प्रोत्साहित किया जाना चाहिए। कॉलेजों और शोध संस्थानों के बीच संबंध बनाकर कॉलेजों में शोध को बढ़ावा दिया जाना चाहिए। शैक्षणिक स्वायत्तता और लचीलेपन को प्रोत्साहित किया जाना चाहिए। इसके अलावा, विश्वविद्यालयों और कॉलेजों में युवा संकाय सदस्यों के लिए एक मार्गदर्शन कार्यक्रम शुरू किया जाना चाहिए। इन पदों को भरने के लिए नवीन या लचीली नियुक्ति विधियों के अभाव में कई आरक्षित संकाय पद खाली रह जाते हैं।

पदों पर नियुक्तियाँ नहीं हो पा रही हैं, जिससे शिक्षण में भारी व्यावहारिक कठिनाइयाँ पैदा हो रही हैं। इस स्थिति को सुधारने के लिए एक व्यवस्थित सकारात्मक अभियान 2 शुरू करने की आवश्यकता है। युवा छात्रों को जो अंततः इन पदों को भर सकते हैं, उन्हें कम उम्र से ही चुना जा सकता है और उन्हें शिक्षण के क्षेत्र में करियर बनाने के लिए सावधानीपूर्वक प्रशिक्षित किया जा सकता है।

राष्ट्रीय ज्ञान आयोग (2 मई 2008)
भारत सरकार
http://www.knowledgecommission.gov.in/recommendations/math&science.asp

शिक्षक शिक्षा के लिए राष्ट्रीय पाठ्यचर्या की रूपरेखा (एनसीएफटीई 2009–10) (National Curriculum Framework for Teacher Education (NCFTE 2009–10))

राष्ट्रीय ज्ञान आयोग ने शिक्षक को स्कूल प्रणाली में एक महत्वपूर्ण व्यक्ति के रूप में मान्यता दी और सेवाकालीन पाठ्यक्रमों के माध्यम से शिक्षकों की क्षमता का निर्माण करने की आवश्यकता पर बल दिया। शिक्षकों की व्यावसायिक क्षमताओं को बढ़ाकर गुणवत्तापूर्ण शिक्षा को बढ़ावा देने की इन आवश्यकताओं को पूरा करने के लिए एनसीटीई (NCTE) ने एनसीएफटीई (NCFTE) (2009–10) तैयार किया। शिक्षक शिक्षा के लिए यह राष्ट्रीय पाठ्यचर्या रूपरेखा शिक्षक शिक्षा और स्कूली शिक्षा के अंतर्निहित संदर्भ, चिंताओं और दृष्टिकोण का विवरण देती है। शिक्षा के गुणात्मक सुधार के लिए दोनों क्षेत्रों में विकास की आवश्यकता है।

प्रशिक्षण की गुणवत्ता का प्रमुख संकेतक शिक्षकों की आवश्यकताओं के लिए इसकी प्रासंगिकता है। प्रभावी सेवाकालीन शिक्षा कार्यक्रमों के माध्यम से स्कूल प्रथाओं और कार्यक्रमों में आमूलचूल परिवर्तन की संभावना को अधिकांश शिक्षा समितियों और आयोगों द्वारा स्वीकार किया गया है। उन्होंने वर्तमान सेवाकालीन शिक्षा अभ्यास की उपेक्षा और अपर्याप्तता के बारे में अपनी चिंता व्यक्त की है।

अन्य संगठनों द्वारा निभाई गई भूमिका (Part Played by Other Organisations)

सेवाकालीन शिक्षा की आवश्यकता पर बल देने वाली विभिन्न अखिल भारतीय समितियों की सिफारिशों और कार्यक्रमों के अलावा, कई संगठनों जैसे शैक्षणिक संस्थानों, शिक्षक संगठनों, राज्य के शिक्षा विभाग और निजी संगठनों ने समय-समय पर एक या दूसरे प्रकार की सेवाकालीन शिक्षा की व्यवस्था की है। भारत के विभिन्न राज्यों में ये गतिविधियाँ प्रकृति में भिन्न रही हैं।

व्यावसायिक विकास (Professional Development)

शैक्षिक संसाधन सूचना केंद्र ईआरआईसी (ERIC) डेटाबेस के शव्दकोष (thesaurus) के अनुसार, व्यावसायिक विकास का अर्थ है "पेशेवर करियरर विकास को बढ़ाने वाली गतिविधियाँ।" ऐसी गतिविधियों में व्यक्तिगत विकास, सतत शिक्षा और सेवाकालीन शिक्षा के साथ-साथ पाठ्यक्रम लेखन, सहकर्मी सहयोग, अध्ययन समूह और सहकर्मी कोचिंग या सलाह शामिल हो सकते हैं।

फुलन (1991) ने इस परिभाषा को विस्तारित करते हुए इसमें "सेवा-पूर्व शिक्षक शिक्षा से लेकर सेवानिवृत्ति तक के पूरे करियर में औपचारिक और अनौपचारिक शिक्षण अनुभवों का कुल योग" शामिल किया है।

तकनीकी युग में व्यावसायिक विकास के अर्थ पर विचार करते हुए, ग्रांट व्यावसायिक विकास की एक व्यापक परिभाषा का सुझाव देते हैं जिसमें शिक्षक विकास को बढ़ावा देने के लिए प्रौद्योगिकी का उपयोग शामिल है:

"पेशेवर विकास ... सीखने के कौशल के निहितार्थों के साथ 'प्रशिक्षण' शब्द से परे जाता है, और एक ऐसी परिभाषा को शामिल करता है जिसमें शिक्षकों को न केवल नए कौशल सीखने में मदद करने के औपचारिक और अनौपचारिक साधन शामिल हैं, बल्कि शिक्षण और उनके अपने अभ्यास में नई अंतर्दृष्टि विकसित करने और सामग्री और संसाधनों की नई या उन्नत समझ का पता लगाने में भी मदद मिलती है। [इस] व्यावसायिक विकास की परिभाषा में शिक्षकों के लिए समर्थन शामिल है क्योंकि वे पूछताछ-आधारित सीखने का समर्थन करने के लिए प्रौद्योगिकी के उपयोग के बारे में अपनी विकसित समझ को व्यवहार में लाने के साथ आने वाली चुनौतियों का सामना करते हैं .... वर्तमान प्रौद्योगिकियां इन चुनौतियों का सामना करने के लिए संसाधन प्रदान करती हैं और शिक्षकों को समर्थन का एक समूह प्रदान करती हैं जो उन्हें अपने पेशेवर कौशल, समझ और रुचियों में बढ़ने में मदद करती हैं।"

जब कोई शिक्षक अपना करियर शुरू करता है, तो कॉलेज में उसके द्वारा अर्जित ज्ञान और कौशल उसके काम को शुरू करने के लिए केवल बुनियादी आवश्यकताओं या न्यूनतम आवश्यकताओं के रूप में काम करते हैं। शिक्षण के पहले कुछ वर्षों में नए शिक्षक को विषय शिक्षण, विधियों, विषय-वस्तु की प्रकृति और अपनी व्यक्तिगत आकांक्षाओं के अपने लक्ष्यों की पहचान, पुनः जांच और मूल्यांकन करने के लिए प्रेरित किया जाता है। विषय शिक्षण के लिए एक उत्कृष्ट शिक्षा रचनात्मक

शिक्षक को स्कूल की कक्षा में युवा लोगों की रोजमर्रा की चुनौतियों का सामना करने के लिए ज्ञान को लागू करने, पूरक करने और संशोधित करने के लिए केवल बुनियादी उपकरण प्रदान कर सकती है।

किसी भी अन्य पेशेवर की तरह, विषय शिक्षक अपने करियर की शुरुआत छात्रों को अपने विशेष विषय को पढ़ाने की पद्धति की पूरी समझ के साथ नहीं करता है। यह आवश्यक है कि वह न केवल दिन-प्रतिदिन के शिक्षण अनुभव से बल्कि उपलब्ध कई अवसरों से भी सीखता रहे। क्षेत्र और आसपास की दुनिया में नवीनतम विकास के संपर्क में रहने के लिए, शिक्षक निम्नलिखित उपाय कर सकता है:

1. सेमिनार, कार्यशालाओं, सम्मेलनों में भाग लें।
2. एम.एस.सी., एम.एड. जैसी उच्च योग्यता प्राप्त करें।
3. शिक्षण पद का आदान-प्रदान, या तो एक ही स्कूल में या विनिमय कार्यक्रमों के माध्यम से।
4. विभिन्न शिक्षण पद्धतियों, सुविधाओं आदि का अध्ययन करने के लिए अन्य स्कूलों का दौरा करें।
5. स्कूल साइंस जैसी व्यावसायिक पत्रिकाओं के लिए लेख लिखें।
6. विभिन्न विज्ञान क्लबों और अखिल भारतीय विज्ञान शिक्षक संघ जैसे व्यावसायिक संगठनों में अन्य विज्ञान शिक्षकों के साथ सक्रिय भागीदारी।
7. क्षेत्र में नवीनतम विकास से परिचित होने के लिए पुनश्चर्या पाठ्यक्रमों में भाग लें।
8. देश के विभिन्न भागों में प्राथमिक विद्यालय के शिक्षकों के लिए आयोजित किए जा रहे राष्ट्रीय एकता शिविरों में भाग लें। प्रत्येक शिविर में विभिन्न राज्यों और क्षेत्रों से आए प्राथमिक विद्यालय के शिक्षक भाग लेते हैं।

विज्ञान शिक्षकों के लिए ग्रीष्मकालीन संस्थान (Summer Institutes for Science Teachers)

भारत में ग्रीष्मकालीन संस्थानों को निम्नलिखित श्रेणियों में वर्गीकृत किया जा सकता है:

1. **एकात्मक संस्थान:** इन संस्थानों में विज्ञान के विभिन्न क्षेत्रों में विकास के साथ-साथ शिक्षण की नई तकनीकों पर शिक्षकों को अद्यतन करने के लिए वर्ष में एक बार विज्ञान पर पाठ्यक्रम आयोजित किए जाते हैं।

2. **अनुक्रमिक संस्थान:** एकल संस्थानों के अनुवर्ती, अनुक्रमिक संस्थान का उद्देश्य राज्य स्तरीय ग्रीष्मकालीन संस्थानों के लिए संसाधन व्यक्तियों की एक टीम तैयार करना है। इसलिए, एकल संस्थानों में सर्वश्रेष्ठ पाँच शिक्षकों को गहन कार्यक्रम द्वारा विषय-वस्तु और विधियों दोनों में शिक्षा प्रदान करने के लिए प्रशिक्षित किया जाता है।

3. **विशेष संस्थान:** ये संस्थान विज्ञान में प्रशिक्षण महाविद्यालयों के उपयोग के लिए पाठ्य सामग्री में सुधार और शिक्षण और शैक्षिक प्रौद्योगिकी की बेहतर तकनीकों के विकास पर जोर देते हैं।

4. **परियोजना प्रौद्योगिकी संस्थान:** ये संस्थान प्रयोगशाला कार्य और कार्यशाला कौशल में गहन प्रशिक्षण प्रदान करते हैं। शिक्षकों को स्वदेशी संसाधन सामग्री और दृश्य-श्रव्य सामग्री का उपयोग करके तात्कालिक सहायता विकसित करने के लिए प्रोत्साहित किया जाता है।

भारत की वर्तमान स्थिति (Current State of Affairs in India)

सेवा-पूर्व और सेवाकालीन शिक्षक शिक्षा के बीच सार्थक संबंध स्थापित करने की आवश्यकता (Need to Establish Meaningful Links between Pre-service and In-service Teacher Education)

1990 के दशक की अधिकांश पहलों का ध्यान प्राथमिक स्तर पर शिक्षकों के 'सेवाकालीन' प्रशिक्षण पर केंद्रित रहा है। उदाहरण के लिए, डीपीईपी (DPEP) में शिक्षकों का सेवाकालीन प्रशिक्षण तीन से लेकर अधिकतम बीस दिनों तक होता था और इसमें कई विषय शामिल होते थे, जिसमें शिक्षण-अधिगम प्रक्रिया पर बहुत कम ध्यान दिया जाता था। ग्यारह डीपीईपी I और II राज्यों में शिक्षक प्रशिक्षण की शिक्षा के बारे में जानकारी खंडित और अस्पष्ट है। इन प्रशिक्षणों के प्रभाव को अभी भी समझा जाना बाकी है, भले ही उन्हें बनाने में बहुत बड़ा बुनियादी ढांचा और निवेश किया गया हो।

सेवाकालीन शिक्षकों के छिटपुट, अल्पकालिक प्रशिक्षण पर अनुचित जोर देने का एक प्रमुख परिणाम सेवा-पूर्व और सेवाकालीन शिक्षक शिक्षा के बीच पहले से मौजूद विभाजन का बढ़ना रहा है। ये एकाकी तंत्र के रूप में कार्य करना जारी रखते हैं, इस तथ्य के बावजूद कि दोनों माध्यमिक शिक्षा के लिए विश्वविद्यालय विभागों आईएएसई (IASE) में सह-अस्तित्व में हैं और देश में डीआईईटी (DIET) की संयुक्त जिम्मेदारी भी हैं। माध्यमिक विद्यालय के शिक्षकों के सेवाकालीन प्रशिक्षण की शुरुआत करने के लिए एनपीई (NEP) 1986 के बाद शिक्षा में उन्नत अध्ययन संस्थान (आईएएसई) स्थापित करने और शिक्षा के विश्वविद्यालय विभागों (बीएड और एमएड कार्यक्रम प्रदान करने वाले) को अपग्रेड करने के लिए एक केंद्र प्रायोजित योजना शुरू की गई थी। आईएएसई को प्रारंभिक शिक्षा पर भी ठोस रूप से काम करने का आदेश दिया गया था। हालांकि, यह उद्देश्य अभी तक साकार नहीं हुआ है, जैसा कि शिक्षक शिक्षा के लिए दसवीं पंचवर्षीय योजना में दोहराया गया है। इस संबंध में एक अग्रणी प्रयास दिल्ली विश्वविद्यालय के शिक्षा विभाग में संशोधित IASE के रूप में मौलाना आज़ाद सेंटर फॉर एलीमेंट्री एंड सोशल एजुकेशन एमएसीईएसई (MACESE) की स्थापना के साथ प्रभावी हुआ। एमएसीईएसई एकमात्र आईएएसई है जिसने प्रारंभिक शिक्षा में ठोस काम शुरू किया, जिसके परिणामस्वरूप 1994 में बैचलर ऑफ एलीमेंट्री एजुकेशन (B.El.Ed.) कार्यक्रम का निर्माण हुआ। केंद्र प्रायोजित योजना के तहत, प्रारंभिक शिक्षा में काम करने के लिए प्रमुख संस्थानों के रूप में डीआईईटी (DIET) की स्थापना की गई।

सेवापूर्व और सेवाकालीन शिक्षक शिक्षा को जोड़ना आज की वास्तविक आवश्यकता है।

2001 में भारत ने एक और प्रतिष्ठित कार्यक्रम शुरू किया, जिसे **सर्व शिक्षा अभियान एसएसए (SSA)** के नाम से जाना जाता है। इसके लक्ष्य निम्नलिखित हैं:

- 2003 तक सभी बच्चों को स्कूल भेजना।
- सभी बच्चे 2007 तक पांच वर्ष की प्राथमिक स्कूली शिक्षा पूरी कर लेंगे।
- संतोषजनक गुणवत्ता वाली प्राथमिक शिक्षा पर ध्यान केंद्रित करना।
- सभी लिंग और सामाजिक श्रेणी के अंतर को पाटना।
- 2010 तक सार्वभौमिक प्रतिधारण।

सेवारत शिक्षकों के विकास के लिए सभी शिक्षकों के लिए 20 दिन का सेवाकालीन प्रशिक्षण तथा प्रारंभिक स्तर पर कार्यरत नवनियुक्त शिक्षकों के लिए 30 दिन का प्रवेश प्रशिक्षण का प्रावधान

है। उक्त लक्ष्य को प्राप्त करने के लिए प्रारंभिक शिक्षा में प्रचुर मात्र में मानव एवं भौतिक संसाधनों का निवेश किया जा रहा है।

"इस बात पर व्यापक सहमति है कि सफल स्कूली शिक्षा की उपलब्धि शिक्षण कार्यबल की गुणवत्ता पर महत्वपूर्ण रूप से निर्भर है" (हुसेन एवं अन्य 2003)। शिक्षक शिक्षा—सेवा-पूर्व और सेवाकालीन दोनों—गुणवत्तापूर्ण शिक्षण कार्यबल विकसित करने के लिए जिम्मेदार है। आमतौर पर यह देखा गया है कि सेवा-पूर्व शिक्षक शिक्षा की गुणवत्ता कम है। यह भावी शिक्षकों को उनके कार्य-स्थिति में प्रभावी ढंग से प्रदर्शन करने के लिए आवश्यक ज्ञान, कौशल और दृष्टिकोण से लैस नहीं करता है। शिक्षकों की सेवाकालीन शिक्षा को स्कूल सुधार प्रयासों का मुख्य पहलू माना जाता है (स्पार्क्स और लूक्स-हॉर्सले 1990)। शिक्षकों की गुणवत्ता के विकास में आवश्यक कारकों के रूप में कार्यरत शिक्षकों के प्रशिक्षण, पुनर्प्रशिक्षण और अद्यतन को व्यापक रूप से मान्यता प्राप्त है। शिक्षक की गुणवत्ता एक प्रमुख कारक है, जो छात्रों के सीखने के परिणामों में सुधार में योगदान देता है (हुसेन एवं अन्य 2003)।

1986 से पहले शिक्षकों की सेवाकालीन शिक्षा एक छिटपुट मामला था। राष्ट्रीय शिक्षा नीति (1986) ने स्कूल की गुणवत्ता में सुधार लाने और इस तरह सार्वभौमिक प्राथमिक शिक्षा यूपीई (UPI) और सार्वभौमिक प्राथमिक शिक्षा यूईई (UEE) को प्राप्त करने के लिए निरंतर आधार पर शिक्षकों की सेवाकालीन शिक्षा पर बहुत अधिक जोर दिया। शिक्षकों की सेवाकालीन शिक्षा में भारी मात्रा में मानव और भौतिक संसाधनों का निवेश किया जा रहा है। वर्तमान में भारत सरकार के प्रमुख कार्यक्रम सर्व शिक्षा अभियान के तहत प्रत्येक शिक्षक को वर्ष में 20 दिन सेवाकालीन शिक्षा दी जा रही है।

यद्यपि शिक्षकों के लिए सेवाकालीन शिक्षा कार्यक्रम लगातार आयोजित किए जा रहे हैं, लेकिन इन कार्यक्रमों की प्रभावशीलता के बारे में बहुत कम जानकारी है। साथ ही, इस बारे में भी बहुत कम जानकारी उपलब्ध है कि प्रशिक्षण अनुभवों ने शिक्षकों की कक्षा प्रक्रियाओं में सुधार किया है या नहीं। ऐसे अध्ययन हैं जो बताते हैं कि विद्यार्थियों की उपलब्धि तभी बढ़ती है जब शिक्षक कक्षा में प्रभावी तरीके से उचित विषय-वस्तु प्रस्तुत करते हैं। सेवाकालीन पाठ्यक्रमों में भाग लेने वाले शिक्षक अक्सर शिकायत करते हैं कि सेवाकालीन पाठ्यक्रम बहुत सैद्धांतिक होते हैं, और उनके दैनिक कार्य अनुभवों से बहुत दूर होते हैं।

तमिलनाडु राज्य विज्ञान एवं प्रौद्योगिकी परिषद भौतिकी, रसायन विज्ञान, जीव विज्ञान और गणित जैसे विषयों में शिक्षकों के लिए सेवाकालीन प्रशिक्षण आयोजित करती है, ताकि स्कूली पाठ्यक्रम में अद्यतन पाठ्यक्रम को छात्रों को प्रभावी ढंग से पढ़ाया जा सके।

स्कूल शिक्षकों का सामूहिक अभिमुखीकरण (एमओएसटी) (Mass Orientation of School Teachers (MOST))

एनपीई के अंतर्गत नए परिप्रेक्ष्यों के संबंध में एक सामूहिक कार्यक्रम के तहत स्कूल शिक्षकों को उन्मुखीकरण दिया जा रहा है। 1985–87 के दौरान, लगभग दस लाख शिक्षकों को उन्मुखीकरण दिया गया है। यह कार्यक्रम ग्यारहवीं पंचवर्षीय योजना के अंत तक जारी रहेगा। स्कूल शिक्षकों के सामूहिक उन्मुखीकरण कार्यक्रम पीएमओएसटी (PMOST) के रूप में जानी जाने वाली इस योजना का उद्देश्य

शिक्षा, यूईई, शिक्षार्थी-केंद्रित दृष्टिकोण के उपयोग, कार्रवाई अनुसंधान, शिक्षकों की उभरती भूमिका और जिम्मेदारियों, पाठ्यचर्या क्षेत्रों में उनके ज्ञान के संवर्धन और एनपीईं में सूचीबद्ध अन्य महत्वपूर्ण क्षेत्रों में उभरती चिंताओं के प्रति शिक्षकों को संवेदनशील बनाना है। प्रशिक्षण की अवधि 10 दिन है। 1986–90 के दौरान कार्यक्रम में लगभग 1.8 मिलियन शिक्षकों को शामिल किया गया। मीडिया के समर्थन से प्रशिक्षण कार्यक्रम को मजबूत किया गया। देश के विभिन्न हिस्सों में शिक्षकों के लाभ के लिए प्रशिक्षण प्रिंट पैकेज का गठन करने वाले विभिन्न मॉड्यूल से संबंधित फिल्में राष्ट्रीय नेटवर्क पर प्रसारित की गई। प्रत्येक दृश्य सत्र से पहले और बाद में चर्चा की गई। प्रशिक्षण में एक सहभागी, संवादात्मक दृष्टिकोण का पालन किया गया। यह कार्यक्रम एनसीईआरटी (NCERT) द्वारा विभिन्न राज्यों में एससीईआरटी (SCERT) के सहयोग से कार्यान्वित किया जाता है।

प्राथमिक विद्यालय के शिक्षकों के लिए विशेष अभिविन्यास कार्यक्रम (Special Orientation Programme for Primary School Teachers)

प्राथमिक विद्यालय के शिक्षकों के लिए विशेष अभिविन्यास कार्यक्रम एसओपीटी (SOPT) वर्ष 1993–94 में यूईई को प्राप्त करने की रणनीति के हिस्से के रूप में प्राथमिक/प्राथमिक शिक्षा की गुणवत्ता में सुधार करने के लिए शुरू किया गया था। इस कार्यक्रम का मुख्य फोकस प्राथमिक स्तर के लिए पहचाने गए एमएलएल (MLL) को लागू करना, प्राथमिक विद्यालय के शिक्षकों को प्रदान की गई ऑपरेशन ब्लैकबोर्ड सामग्री के उपयोग में प्रशिक्षण देना और शिक्षकों को शिक्षण के लिए बाल-केंद्रित दृष्टिकोण अपनाने के लिए प्रोत्साहित करना है। इसमें हर साल 0.45 मिलियन शिक्षकों को शामिल करने की परिकल्पना की गई है। पिछले कुछ वर्षों के दौरान, जन अभिविन्यास की इन दो योजनाओं ने 2 मिलियन से अधिक शिक्षकों को कवर किया है। पीएमओएसटी की तरह, इस कार्यक्रम को भी मीडिया समर्थन से मजबूती मिली है। प्रशिक्षण कार्यक्रमों के दौरान शिक्षकों को पाठ्यक्रम डिजाइन को कवर करने वाली विभिन्न थीमों पर फिल्में दिखाई जाती हैं।

जिला शिक्षा एवं प्रशिक्षण संस्थान (डीआईईटी) (District Institutes of Education and Training (DIETs))

डीआईईटी (DIET) की स्थापना करके शिक्षक शिक्षा कार्यक्रमों को नया रूप दिया जा रहा है। ये संस्थान प्राथमिक विद्यालय के शिक्षकों को प्रशिक्षण और संसाधन सहायता प्रदान करते हैं। व्यावसायिकता सुनिश्चित करने के लिए उचित रूप से योग्य कर्मचारियों के प्रावधान द्वारा मौजूदा संस्थानों को उन्नत किया जा रहा है। उन्हें इमारतों और उपकरणों के संदर्भ में बुनियादी ढाँचा सहायता भी प्रदान की जा रही है। जहाँ भी ज़रूरत है, वहाँ नए संस्थान भी स्थापित किए जा रहे हैं।

इंटेल (Intel)

इंटेल® टीच सेवाकालीन प्रोग्राम K-12 कक्षा के शिक्षकों को उनकी ज़रूरतों के हिसाब से खास तौर पर डिज़ाइन किया गया पाठ्यक्रम प्रदान करता है। शिक्षक सीखते हैं कि कैसे, कब और कहाँ अपने शिक्षण में प्रौद्योगिकी उपकरण और संसाधनों को शामिल करना है। वे यह भी सीखते हैं कि मूल्यांकन

उपकरण कैसे बनाएँ और प्रांतीय शिक्षण परिणामों के साथ पाठ योजनाओं को कैसे संरेखित करें। इसका लक्ष्य आज के शिक्षकों और छात्रों को कल की माँगों के लिए तैयार करना है।

कार्यक्रम के अंतर्गत, केंद्रीय माध्यमिक शिक्षा बोर्ड सीबीएसई (CBSE), भारतीय विद्यालय परीक्षा प्रमाण पत्र आईसीएसई (ICSE), राज्य शिक्षा बोर्डों और केंद्रीय शिक्षा विभाग के प्रशासनिक नियंत्रण के तहत परियोजनाओं और सहायता संगठनों के स्कूलों के शिक्षकों के लिए प्रशिक्षण आयोजित किया गया है।

इंटेल टीच कार्यक्रम शिक्षकों को अपनी कक्षाओं में प्रौद्योगिकी को एकीकृत करने में मदद करने के लिए आमने-सामने और ऑनलाइन दोनों तरह की शिक्षा प्रदान करता है। इंटेल टीच प्रशिक्षण कक्षा में प्रौद्योगिकी के प्रभावी उपयोग, शोध, संचार, उत्पादकता, रणनीतियों और समस्याओं को हल करने के लिए टीमों में काम करने पर जोर देता है। शिक्षक सीखते हैं कि छात्रों के उच्च-क्रम के सोच कौशल को विकसित करने पर ध्यान केंद्रित करते हुए, अपनी पाठ योजनाओं में प्रौद्योगिकी को कैसे, कब और कहाँ शामिल किया जाए। वे मूल्यांकन उपकरण बनाने और शैक्षिक सीखने के लक्ष्यों और राज्य पाठ्यक्रम परिणामों के साथ पाठों को संरेखित करने के लिए नए तरीकों का अनुभव करते हैं। शिक्षकों को सभी आवश्यक पाठ्यक्रम सामग्री प्रदान की जाती है।

इग्नू इंस्टीट्यूट ऑफ प्रोफेशनल कॉम्पिटेंसी-एडवांसमेंट ऑफ टीचर्स (आईआईपीसीएटी, 2009), इग्नू (IGNOU Institute of Professional Competency—Advancement of Teachers (IIPCAT, 2009), IGNOU)

आईआईपीसीएटी (IIPCAT) का उद्देश्य शिक्षा के सभी चरणों, यानी प्री-स्कूल, प्राथमिक, उच्च प्राथमिक, माध्यमिक, वरिष्ठ माध्यमिक और शिक्षा के तृतीयक चरणों में विभिन्न विषयों के शिक्षकों की योग्यता में निरंतर वृद्धि के लिए प्रयास करके शिक्षा की गुणवत्ता में सुधार करना है। यह शैक्षणिक संस्थानों में पाठ्यक्रम लेन-देन के तौर-तरीकों को बदलने के लिए खुद को एक प्रभावी माध्यम के रूप में विकसित करने का प्रयास करेगा ताकि विशेष रूप से शिक्षा की गुणवत्ता और सामान्य रूप से मानव जीवन की गुणवत्ता में सुधार हो सके।

आईआईपीसीएटी के मिशन में सभी स्तरों के शिक्षकों की योग्यता में वृद्धि और शिक्षकों के कार्यों और जिम्मेदारियों के सभी पहलुओं को शामिल किया जाएगा। इस मिशन को पूरा करने के लिए, IIPCAT कई रणनीतियों का उपयोग करेगा, जैसे कि सेवाकालीन शिक्षा का संगठन, गुणवत्तापूर्ण संदर्भ सामग्री तैयार करना, व्यावहारिक प्रशिक्षण की व्यवस्था करना। उम्मीद है कि IPCAT के हस्तक्षेप के परिणामस्वरूप, शिक्षक अपेक्षाकृत अधिक प्रबुद्ध, पेशेवर रूप से सक्षम और सामाजिक रूप से उत्तरदायी होंगे।

भारतीय अध्यापक शिक्षा संस्थान, गुजरात (विधेयक, 2010) (The Indian Institute of Teacher Education, Gujarat (Bill, 2010))

भारतीय अध्यापक शिक्षा संस्थान, अध्यापक शिक्षा संस्थान की स्थापना करने के लिए एक विधेयक है, ताकि अध्यापकों के समग्र व्यक्तित्व का विकास हो, राष्ट्रवाद और अंतर्राष्ट्रीयता की व्यापक दृष्टि विकसित हो और वे एक आदर्श व्यक्ति, मित्र, दार्शनिक और मार्गदर्शक, वैज्ञानिक, मनोवैज्ञानिक,

कलाकार और प्रौद्योगिकीविद् के रूप में अपनी भूमिका निभा सकें और सबसे बढ़कर एक आदर्श संचारक के रूप में कार्य कर सकें, जो जागृति, प्रेरणा और उत्साह की प्रक्रियाओं के माध्यम से उत्थानकारी प्रभाव फैला सकें, साथ ही पूर्व और पश्चिम के संश्लेषण की नई प्रवृत्तियों और पुराने से नए में परिवर्तन के कारक बन सकें और उन्हें दर्जा प्रदान कर सकें।

महामारी से पहले सेवाकालीन कार्यक्रमों की सीमाएँ (Limitations of In-service Programmes before pandemic)

शोध बताते हैं कि प्रशिक्षण गतिविधियों से शिक्षकों के शिक्षण व्यवहार में सुधार नहीं होता (वैन टुल्डर, 1992)। बोलम (1987) ने भी बताया कि शिक्षकों को दी जाने वाली जानकारी प्रतिभागियों की विशिष्ट आवश्यकताओं और चिंताओं से अपर्याप्त रूप से संबंधित है। वे सिद्धांत प्रस्तुत करते हैं जो व्यवहार से संबंधित नहीं होते। वे व्याख्यान और चर्चा के तरीकों का अत्यधिक उपयोग करते हैं। परिणामस्वरूप, वे शिक्षक के प्रदर्शन और स्कूल सुधार को प्रभावित करने में अप्रभावी होते हैं। यह तभी प्रभावी हो सकता है जब यह शिक्षकों के अधिगम स्तर की क्षमताओं पर आधारित हो। समकालीन स्टाफ विकास साहित्य की प्रभावशीलता पर एक नज़र डालने से पता चलता है कि शिक्षक पारंपरिक सेवाकालीन प्रशिक्षण कार्यशालाओं से बहुत कम सीखते हैं (स्माइली, मार्क और मिरेट्ज़की, डेबरा (संपादक) (2004)।

1. प्रतिभागियों को ग्रीष्मकालीन संस्थानों में भाग लेने के लिए राजी करना होगा क्योंकि ऐसे कार्यक्रमों में भाग लेने की प्रेरणा कम होती है।
2. सेवाकालीन कार्यक्रमों में प्राप्त ज्ञान और कौशल को जीवित रखने के लिए कोई अनुवर्ती कार्यक्रम नहीं है।
3. समन्वयकों द्वारा अपर्याप्त योजना के कारण सभी संबंधितों के समय की भारी बर्बादी होती है।
4. पुस्तकों की कमी के कारण शिक्षकों के पास अपने स्कूल ले जाने के लिए कुछ भी नहीं होता, जहां वे सीखी हुई चीजों का उपयोग कर सकते थे।
5. परीक्षा-ग्रस्त प्रणाली के कारण शिक्षकों को ग्रीष्मकालीन संस्थानों में सीखी गई बातों का अभ्यास करने के लिए बहुत कम समय मिलता है।
6. ग्रीष्मकालीन संस्थानों और एनसीईआरटी द्वारा संचालित अन्य कार्यक्रमों में जो पढ़ाया जाता है, उसके बीच विरोधाभास है।
7. अपर्याप्त और अनुभवहीन संसाधन व्यक्तियों द्वारा आयोजित प्रशिक्षण कार्यक्रम संसाधनों की बर्बादी का कारण बनते हैं—मानवीय और भौतिक दोनों। इसलिए, केवल अनुभवी और अच्छी तरह से सुसज्जित शिक्षकों को ही संसाधन व्यक्तियों के रूप में चुना जाना चाहिए।
8. कभी-कभी शिक्षकों को प्रशिक्षण कार्यक्रम शुरू होने से एक दिन पहले मोबाइल फोन के माध्यम से भाग लेने के लिए कहा जाता है। ऐसी स्थिति में शिक्षक प्रशिक्षण कार्यक्रम में बिना तैयारी के आ जाते हैं ताकि प्रशिक्षण की स्थिति से अनुभव प्राप्त कर सकें। उन्हें प्रशिक्षण कार्यक्रम में भाग लेने के बारे में पहले से ही सूचित किया जाना चाहिए।
9. प्रशिक्षण कार्यक्रमों के कारण स्कूल के कार्य दिवस और विद्यार्थियों के अध्ययन के घंटे खराब हो जाते हैं। इसलिए प्रशिक्षण की अवधि की समीक्षा करने की तत्काल आवश्यकता है ताकि इसे उचित रूप से कम किया जा सके।

10. सेवाकालीन शिक्षा और प्रशिक्षण महत्वपूर्ण है। लेकिन किसी भी चीज़ की अधिकता से वांछित लाभ नहीं मिलता। इसी तरह, बहुत अधिक प्रशिक्षण से शिक्षकों की कक्षा प्रक्रियाओं में सुधार नहीं होता।
11. प्रशिक्षण सत्र सहभागी और संवादात्मक होने चाहिए। संसाधन व्यक्तियों (Resource persons) को ऐसे व्यवहारिक दृष्टिकोण का उपयोग करना चाहिए जो प्रशिक्षण सत्र में सीखने के लिए अनुकूल वातावरण तैयार करें। प्रशिक्षकों द्वारा वर्तमान में उपयोग किए जा रहे प्रशिक्षण दृष्टिकोण उपयुक्त नहीं हैं।
12. सर्व शिक्षा अभियान के तहत प्रशिक्षण अत्यधिक अनुभवी शिक्षकों के लिए उपयोगी नहीं है, क्योंकि वे जानते हैं कि कैसे पढ़ाना है।

शिक्षकों के लिए प्रासंगिक सेवाकालीन प्रशिक्षण कार्यक्रम तैयार करना (Designing Relevant Inservice Training Programmes for Teachers)

कोविड-19 महामारी के कारण दुनियाभर में लंबे समय तक स्कूल बंद रहे। स्कूल बंद होने का असर व्यापक था, जिसका असर न केवल बच्चों की स्कूली शिक्षा और सीखने पर पड़ा, बल्कि स्कूली शिक्षा के सभी हितधारकों पर भी पड़ा। शिक्षण-अधिगम के पारंपरिक मॉडल से दूरस्थ शिक्षा के माहौल में बदलाव के लिए शैक्षणिक अनुकूलन महत्वपूर्ण थे। इसके अलावा, शिक्षकों को रचनात्मक होने के साथ-साथ तकनीकी रूप से भी दक्ष होने की आवश्यकता थी, ताकि वे छात्रों को उनके घरों में व्यस्त रख सकें, चाहे वे शहरी हों या ग्रामीण। शिक्षकों को अपने छात्रों में सीखने की निरंतरता सुनिश्चित करने के साथ-साथ खराब संबद्धता (connectivity) के कारण सीखने के अंतराल को कम करने के लिए तेज़ी से तकनीक का उपयोग करना सीखना पड़ा। महामारी के कारण शिक्षकों को अपना समय पढ़ाने, छात्रों के साथ जुड़ने और प्रशासनिक कार्यों के बीच बांटना पड़ा है। शिक्षकों को ज़मीनी हकीकत से अवगत होने की ज़रूरत थी, खासकर तकनीक का उपयोग करते समय, क्योंकि कई छात्रों के पास ऑनलाइन कक्षाओं में लॉग इन करने के लिए स्मार्ट फ़ोन और अन्य उपकरण (gadgets) नहीं हो सकते हैं।

इस अवधि में निम्नलिखित देखा गया:

- शिक्षकों को विभिन्न शिक्षण प्लेटफार्मों और प्रौद्योगिकी का उपयोग करके आत्मविश्वास के साथ प्रभावी ढंग से पढ़ाने में सुविधा प्रदान करने के लिए ऑनलाइन प्रशिक्षण कार्यशालाएं आयोजित की गईं।
- प्रशिक्षण प्राप्त शिक्षकों ने बहु-ग्रेड के विद्यार्थियों को संभाला, जैसे कि आदिवासी क्षेत्रों में, जहां एक ही शिक्षक को विभिन्न ग्रेड के विद्यार्थियों को संभालने में सक्षम होना चाहिए, क्योंकि दूरदराज के क्षेत्रों में नामांकन कम है।
- विविध प्रकृति के छात्र समुदाय की सामाजिक-सांस्कृतिक पृष्ठभूमि के लिए उपयुक्त पूरक सामग्रियों की एक विस्तृत श्रृंखला के साथ भाषा विकास कार्यशालाएँ। राज्य अपने बुनियादी ढाँचे के आधार पर प्रभावी लेन-देन को सुविधाजनक बनाने के लिए सामग्री विकसित कर रहे थे और प्रौद्योगिकी का उपयोग कर रहे थे।
  - तमिलनाडु में कक्षा 1 से 12 तक के लिए कालवी टीवी शैक्षिक कार्यक्रम हैं, जहाँ सभी विषय विशेषज्ञों द्वारा पढ़ाए जाते हैं। यह शिक्षकों को कक्षा में सहायता प्रदान करने के

लिए तमिलनाडु वागुप्पराई नोक्किन नामक एक मोबाइल एप्लिकेशन पर भी काम कर रहा है। हिमाचल प्रदेश, दिल्ली और चंडीगढ़ जैसे राज्यों और केंद्र शासित प्रदेशों ने भी इसी तरह के कार्यक्रम को अपनाया है।

- सेवाकालीन कार्यक्रमों में उच्च-तकनीकी और निम्न-तकनीकी दृष्टिकोणों को सम्मिलित किया गया, ताकि शिक्षकों को छात्रों की शिक्षा में बेहतर सहायता मिल सके।

निष्कर्ष (Conclusion)

सेवाकालीन शिक्षक शिक्षा, शिक्षकों को नवीनतम शैक्षिक नीतियों और तकनीकी प्रगति के साथ प्रभावी रूप से तालमेल बिठाने के लिए अपेक्षित ज्ञान, कौशल और सहायता प्रदान करके परिवर्तनों के अनुकूल ढलने में मदद करती है।

भाग 4

विधियाँ और तकनीकें—सामान्य और आधुनिक
(METHODS AND TECHNIQUES—General and Modern)

अध्याय 9

शिक्षण की सामान्य विधियाँ (General Methods of Teaching)

शिक्षक वे व्यक्ति होते हैं जो स्वयं को पुल के रूप में उपयोग करते हैं, जिससे वे अपने छात्रों को पार करने के लिए आमंत्रित करते हैं; फिर उन्हें पार करने में सहायता करने के बाद, खुशी से गिर पड़ते हैं, तथा उन्हें स्वयं पुल बनाने के लिए प्रोत्साहित करते हैं।

—निकोस कज़ांत्ज़ाकिस

परिचय (Introduction)

एक अध्यापक (शिक्षक) दैनिक शिक्षण के लिए विभिन्न तरीकों और तकनीकों का उपयोग कर सकता है। एक विधि का चयन करते समय, उसे अन्य विधियों के संबंध में इसके फायदे और नुकसान का आकलन करना चाहिए और शिक्षा के उद्देश्यों और अधिगम की विशिष्ट स्थितियों के साथ सही विधि को सहसंबंधित करना चाहिए। सामान्य तौर पर, शिक्षक और शिक्षार्थी के बीच एक अंतःक्रिया होती है। इस अंतःक्रिया को बढ़ाने के लिए, शिक्षक नई शिक्षण सामग्री का उपयोग करते हैं।

परिभाषा (Definition)

लैटिन में 'विधि' शब्द का अर्थ 'मोड' होता है। इसलिए शिक्षण की विधियों को इस तरह से परिभाषित किया जा सकता है कि शिक्षक पढ़ाते समय ज्ञान और कौशल प्रदान करते हैं और छात्र अधिगम की प्रक्रिया में इस ज्ञान और कौशल को प्राप्त करते हैं। इस प्रकार, शिक्षण की विधि का तात्पर्य शिक्षण-अधिगम प्रक्रिया से है जिसमें शिक्षण और अधिगम गतिविधि दोनों शामिल हैं।

गेज शिक्षण विधियों को इस प्रकार परिभाषित करते हैं:

शिक्षक व्यवहार के पैटर्न जो आवर्ती हैं, विभिन्न विषयों पर लागू होते हैं, एक से अधिक शिक्षकों की विशेषता रखते हैं, तथा अधिगम के लिए प्रासंगिक हैं।

चित्र 9.1(क) शिक्षक-केंद्रित विधियों को दर्शाता है जबकि चित्र 9.1(ख) छात्र-केंद्रित विधियों को दर्शाता है।

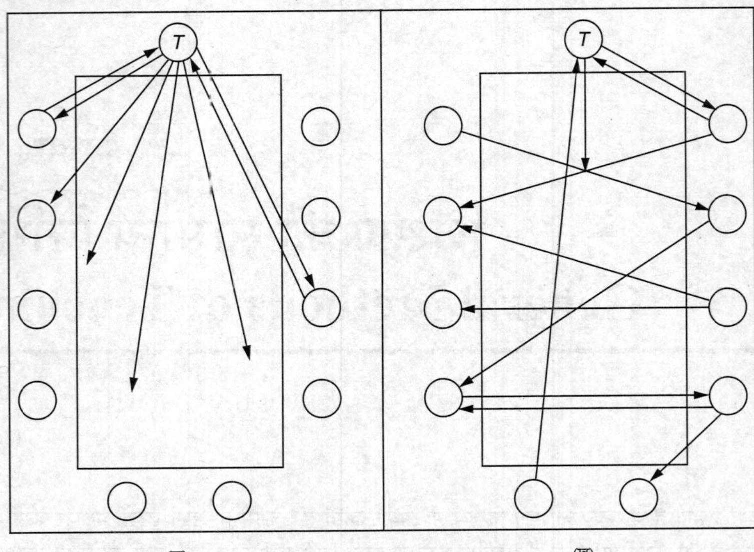

चित्र 9.1 भागीदारी गतिशीलता।

अधिगम चक्र (Learning Cycle)

अधिगम चक्र विज्ञान शिक्षा में एक स्थापित नियोजन पद्धति है और यह समकालीन सिद्धांतों के साथ संगत है कि व्यक्ति कैसे सीखते हैं। इसे सीखना आसान है और विज्ञान अधिगम के अवसर पैदा करने में उपयोगी है। अधिगम चक्र मॉडल को पाँच भागों वाला माना जाता है, हालाँकि ये भाग असतत या रैखिक नहीं हैं। पाठ योजनाओं में उपयोग किया जाने वाला अधिगम चक्र (चित्र 9.2) बायबी (1997) के पाँच चरणों का अनुसरण करता है—संलग्नता, अन्वेषण, स्पष्टीकरण, विस्तार और मूल्यांकन। किसी भी चक्र की तरह, इस प्रक्रिया का वास्तव में कोई अंत नहीं है। विस्तार समाप्त होने के बाद, अगले अधिगम चक्र की भागीदारी शुरू होती है। मूल्यांकन अंतिम चरण नहीं है। मूल्यांकन अधिगम के चक्र के सभी चार भागों में होता है।

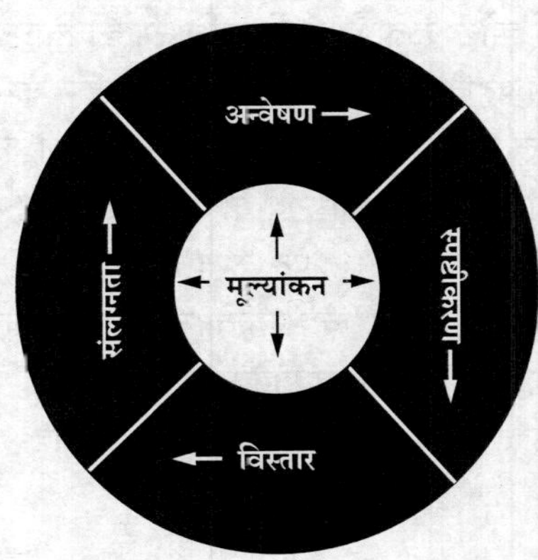

चित्र 9.2 अधिगम चक्र।

संलग्नता (Engagement)

संलग्नता (engagement) वह समय है जब शिक्षक केंद्र में होता है। शिक्षक समस्या प्रस्तुत करता है, छात्रों का पूर्व-मूल्यांकन करता है, छात्रों को संबंध बनाने में मदद करता है, और छात्रों को बताता है कि वे किस दिशा में जा रहे हैं।

संलग्नता का उद्देश्य है:

1. छात्रों का ध्यान विषय पर केन्द्रित करें।
2. छात्रों के पूर्व ज्ञान का पूर्व-मूल्यांकन करें।
3. छात्रों को पाठ के उद्देश्य के बारे में बताएं।
4. विद्यार्थियों को याद दिलाएं कि वे पहले से क्या जानते हैं और उन्हें विषय अधिगम में इसका प्रयोग करना होगा।
5. अधिगम चक्र के अगले चरण में विद्यार्थियों के लिए एक समस्या प्रस्तुत करें।

संलग्नता का मूल्यांकन: *संलग्नता में मूल्यांकन की भूमिका पूर्व-मूल्यांकन के इर्द-गिर्द घूमती है, जो यह पता लगाना है कि छात्र पहले से ही विषय के बारे में क्या जानते हैं। शिक्षक प्रश्न पूछ सकते हैं और छात्रों से मौखिक और/या लिखित रूप से उत्तर मांग सकते हैं।*

अन्वेषण (Exploration)

अब विद्यार्थी इस कार्य के केंद्र में हैं क्योंकि वे समस्या को हल करने के लिए डेटा एकत्र करते हैं। शिक्षक यह सुनिश्चित करता है कि विद्यार्थी समस्या को हल करने के लिए अपने डेटा को एकत्र करें और व्यवस्थित करें। विद्यार्थियों को सक्रिय होने की आवश्यकता है। अन्वेषण का उद्देश्य विद्यार्थियों से डेटा एकत्र करवाना है जिसका उपयोग वे प्रस्तुत समस्या को हल करने के लिए कर सकते हैं।

अन्वेषण का मूल्यांकन: अधिगम के चक्र के इस हिस्से में, मूल्यांकन मुख्य रूप से प्रक्रिया पर केंद्रित होना चाहिए, यानी छात्रों के डेटा संग्रह पर, न कि छात्रों के डेटा संग्रह के उत्पाद पर। शिक्षक खुद से निम्नलिखित जैसे प्रश्न पूछते हैं:

1. छात्र डेटा एकत्र करने में कितने कुशल हैं?
2. क्या वे प्रक्रियाएं सही ढंग से निभा रहे हैं?
3. वे डेटा कैसे रिकॉर्ड करते हैं?
4. क्या यह तार्किक रूप में है या फिर अव्यवस्थित है?

स्पष्टीकरण (Explanation)

प्रक्रिया के स्पष्टीकरण चरण में, छात्र समस्या को हल करने के लिए एकत्र किए गए डेटा का उपयोग करते हैं और रिपोर्ट करते हैं कि उन्होंने क्या किया और प्रस्तुत समस्या का उत्तर जानने का प्रयास करते हैं। शिक्षक छात्रों द्वारा पहले से ही समझी गई बातों को लेबल करने के लिए नई शब्दावली, वाक्यांश या वाक्य भी पेश करता है।

स्पष्टीकरण का मूल्यांकन: यहाँ मूल्यांकन छात्रों द्वारा उपयोग की जा रही प्रक्रिया पर केंद्रित है—छात्र अपने द्वारा एकत्रित की गई जानकारी का कितना अच्छा उपयोग कर सकते हैं, साथ ही नए विचारों

के साथ आने के लिए वे पहले से क्या जानते थे? प्रश्नों का उपयोग करके, शिक्षक छात्रों की नई शब्दावली और नई अवधारणाओं की समझ का आकलन कर सकते हैं।

विस्तार (Elaboration)

शिक्षक छात्रों को नई जानकारी देता है जो अधिगम के चक्र के पहले के हिस्सों में उनके द्वारा सीखी गई बातों को आगे बढ़ाती है। इस स्तर पर, शिक्षक समस्याएँ भी प्रस्तुत करता है जिन्हें छात्र सीखी गई बातों को लागू करके हल करते हैं। समस्याओं में उदाहरण और गैर-उदाहरण दोनों शामिल हैं।

विस्तारण का मूल्यांकन: विस्तारण के दौरान जो मूल्यांकन होता है, उसे शिक्षक आमतौर पर मूल्यांकन के रूप में समझते हैं। कभी-कभी, शिक्षक मूल्यांकन को "अध्याय के अंत में होने वाली परीक्षा" के बराबर मानते हैं। जब शिक्षक विस्तारण के हिस्से के रूप में छात्रों से अनुप्रयोग संबंधी समस्याएँ हल करवाते हैं, तो ये अनुप्रयोग संबंधी समस्याएँ "परीक्षा" होती हैं।

शिक्षकों को अधिगम के चक्र को समर्थन देने के लिए निम्नलिखित तरीकों का उपयोग करना चाहिए:

1. रुचि पैदा करें।
2. जिज्ञासा उत्पन्न करें।
3. प्रश्न उठाएँ और उत्तर प्राप्त करें।
4. सहकारी शिक्षण को सुगम बनाना।
5. पिछले शिक्षण अनुभवों का संदर्भ लें और उन्हें शामिल करें क्योंकि वे नई सीख से संबंधित हैं।
6. वैकल्पिक मूल्यांकन शामिल करें।

शिक्षण विधियों से छात्रों को यह सुविधा मिलनी चाहिए:

1. प्रश्न पूछकर रुचि दिखाएं।
2. नई अवधारणाओं की खोज या जांच करने के लिए पूछताछ का प्रयोग करें।
3. भविष्यवाणियां और परिकल्पनाएं बनाएं।
4. विकल्पों के साथ प्रयोग तैयार करें।
5. विचारों और टिप्पणियों को रिकॉर्ड करें।
6. स्पष्टीकरण प्राप्त करने के लिए विभिन्न संसाधनों का उपयोग करें।
7. पूर्व ज्ञान और नई अवधारणाओं के बीच संबंध बनाएं।
8. स्व-मूल्यांकन करें.

विधियों के चयन के लिए मानदंड (Criteria for the Selection of Methods)

शिक्षण विधियों के चयन के मानदंड कई हैं। हालाँकि, सबसे महत्वपूर्ण निम्न कारक हैं:

1. मानवीय कारक
2. शिक्षण के उद्देश्य

3. विषय क्षेत्र
4. समय और सामग्री कारक

मानव कारक (Human Factors)

शिक्षण विधियों के चयन को प्रभावित करने वाले मानवीय कारक हैं: (क) शिक्षक, (ख) छात्र, और (ग) वह वातावरण जहां से वे आते हैं।

शिक्षक (Teachers)

शिक्षक का ज्ञान, शिक्षण अनुभव और व्यक्तित्व प्राथमिक महत्व के कारक हैं। शिक्षक के पास संदेश देने के लिए स्पष्ट और सार्थक संदेश होना चाहिए और प्रभावी संचार लिंक स्थापित करने के लिए छात्रों को स्वीकार्य व्यक्तित्व होना चाहिए। यदि ये शर्तें पूरी होती हैं, तो एक अच्छी तरह से चुनी गई और ठीक से इस्तेमाल की गई विधि अधिगम की प्रक्रिया को उत्तेजित करने की संभावना है; अन्यथा, विधि विफल हो सकती है और अपने आप में सफल बन सकती है।

छात्र (Students)

अपनाई गई शिक्षण पद्धति में निम्नलिखित कारकों को ध्यान में रखा जाना चाहिए:

1. छात्रों का बौद्धिक स्तर
2. छात्रों की आयु और व्यावहारिक अनुभव
3. सामाजिक एवं सांस्कृतिक वातावरण।

उदाहरण के लिए, ग्रामीण पृष्ठभूमि के छात्रों को पढ़ाते समय, दैनिक जीवन में अनुप्रयोगों के ठोस उदाहरणों की सराहना की जाएगी और उन्हें अच्छी तरह से स्वीकार किया जाएगा। इसी तरह, जिन स्कूलों में प्रयोगशाला की सुविधाएँ खराब हैं, वहाँ दृश्य सहायता द्वारा समर्थित व्याख्यान प्रयोगों को जीवंत बनाने में मदद करेंगे।

पर्यावरण (Environment)

सामान्य तौर पर, किसी भी सहभागी पद्धति का उपयोग किसी भी वातावरण में किया जा सकता है, बशर्ते कि इसे धीरे-धीरे, वातावरण के पूर्व ज्ञान के साथ विकसित किया जाए और तदनुसार संशोधित किया जाए। यह शिक्षक की विषय को पढ़ाने के उद्देश्यों पर विचार करके और उसके लिए उपयुक्त कक्षा वातावरण बनाकर अपना स्वयं का शिक्षण-अधिगम वातावरण बनाने की क्षमता को दर्शाता है। यह विषय से संबंधित चार्ट लटकाकर या सरल और प्रेरक प्रश्न पूछकर या सामान्य वास्तविक जीवन की स्थिति का वर्णन करके या प्रासंगिक उदाहरण प्रदान करके किया जा सकता है।

शिक्षण के उद्देश्य (Objectives of Teaching)

उद्देश्यों को ज्ञान, कौशल और दृष्टिकोण में किए जाने वाले परिवर्तनों के संदर्भ में परिभाषित किया गया है। नए ज्ञान प्रदान करने, दृष्टिकोण को प्रभावित करने और व्यावहारिक कौशल विकसित करने की उनकी क्षमता के संबंध में तरीकों का चयन करना होगा।

विषय क्षेत्र (Subject Area)

प्रत्येक विषय क्षेत्र (भौतिकी, रसायन विज्ञान, इतिहास, गणित, आदि) की अपनी विशिष्ट विशेषताएँ होती हैं। उदाहरण के लिए, भौतिक रसायन विज्ञान में, गणित का व्यापक उपयोग किया जाता है। इसे व्याख्यानों (दृव्य-श्रव्य सहायता का उपयोग करके) और संख्यात्मक अभ्यासों के संयोजन के माध्यम से पढ़ाया जा सकता है, जिसके दौरान अवधारगाओं में महारत हासिल की जा सकती है। इसलिए, शिक्षक को पता होना चाहिए कि किस पद्धति का उपयोग कब और कैसे करना है। यह ध्यान दिया जाना चाहिए कि अक्सर कई विधियों में से चुनना संभव होता है। इस प्रकार, एक विशेष विषय को विभिन्न शिक्षकों द्वारा विभिन्न विधियों का उपयोग करके अलग-अलग तरीकों से पढ़ाया जा सकता है।

समय और भौतिक कारक (Time and Material Factors)

शिक्षण विधियों के चयन का निर्णय समय, वित्तीय संसाधनों और अधिगम के संसाधनों की उपलब्धता जैसे कारकों पर निर्भर करता है। विभिन्न शिक्षण विधियों के लिए तैयारी का समय अलग-अलग होता है और यह शिक्षकों की क्षमताओं पर भी निर्भर करता है।

छोटे शहरों के कुछ स्कूलों में शिक्षण सुविधाएँ सीमित कारक हो सकती हैं। उपलब्ध कमरों की संख्या, आईसीटी (ICT) उपकरणों की पहुँच, दृश्य-श्रव्य सहायता और प्रयोगशाला सुविधाओं जैसे कारकों का अनुमान लगाया जाना चाहिए और चुने गए तरीके विशिष्ट आवश्यकताओं के अनुरूप होने चाहिए।

प्रभावी शिक्षण के सिद्धांत (Principles of Effective Learning)

कोई भी शैक्षणिक प्रक्रिया केवल उन परिस्थितियों का निर्माण करके अपनी भूमिका पूरी करती है जो अधिगम के लिए अनुकूल हों और जिनमें वास्तव में सीखना हो। बेशक, अधिगम के सिद्धांतों को केवल शिक्षण पद्धति के माध्यम से लागू नहीं किया जाता है।

अधिगम के सिद्धांतों और शिक्षण विधियों के बीच संबंध के कुछ चयनित पहलुओं पर नीचे चर्चा की गई है:

1. **प्रेरणा:** यदि शिक्षण सामग्री की प्रस्तुति दिलचस्प है और विशेष रूप से लागू मूल्य पर जोर दिया जाता है, तो अधिगम की प्रेरणा बढ़ जाती है। शिक्षार्थी को प्रेरित करने का मुख्य उद्देश्य अधिगम के लिए उनकी तत्परता को बढ़ाना, अधिगम के प्रति उनकी रुचि जगाना और पूरी अवधि के लिए इसे बनाए रखना है। यह विभिन्न तकनीकों जैसे- कथन, कहानी सुनाना, कविता सुनाना, प्रदर्शन और प्रश्न पूछकर किया जा सकता है। कुछ हद तक, यह किसी भी विधि से प्राप्त किया जा सकता है, जिसमें एक अच्छा व्याख्यान भी शामिल है। हालाँकि, कई सहभागी विधियाँ सीधे तौर पर सैद्धांतिक ज्ञान को वास्तविक जीवन की स्थितियों में लागू करने से संबंधित हैं। जिस तरह से उन्हें जोड़ा और अनुक्रमित किया जा सकता है, उससे अधिगम का आनंद बढ़ सकता है और थकान कम हो सकती है।

2. **सक्रिय भागीदारी:** सक्रिय भागीदारी का सिद्धांत यह दर्शाता है कि भागीदारी जितनी गहरी होगी, प्रेरणा उतनी ही अधिक होगी, छात्र उतना ही अधिक याद रखेंगे और इसे लागू करने के लिए उतने ही बेहतर ढंग से सुसज्जित होंगे।

3. **व्यक्तिगत दृष्टिकोण:** व्यक्तियों में अधिगम की अलग-अलग क्षमताएँ होती हैं, और अध्ययन और अनुप्रयोग की उनकी व्यक्तिगत शैलियाँ होती हैं। उन्हें प्रदर्शन के व्यक्तिगत नियंत्रण के अधीन होना चाहिए। शिक्षण के समग्र तरीकों को न केवल 'समूहों में काम' शुरू करना चाहिए, बल्कि व्यक्तिगत रूप से पढ़ने, सोचने और प्राप्त ज्ञान को लागू करने का अवसर भी प्रदान करना चाहिए। यह निम्नलिखित के माध्यम से किया जा सकता है:

(क) अनिवार्य व्यक्तिगत कार्य (जैसे, पढ़ना, अभ्यास, परियोजनाएं)।

(ख) व्यक्तिगत शिक्षण के लिए शिक्षण सहायक सामग्री का उपयोग, जैसे ऑडियो और वीडियो टेप, शिक्षण मशीनें, व्यक्तिगत छात्रों के लिए सुलभ कंप्यूटर टर्मिनल।

(ग) प्रत्येक व्यक्ति के लिए परियोजनाओं को असाइनमेंट के मॉड्यूल में विभाजित करना।

(घ) अधिक प्रतिभाशाली छात्रों द्वारा स्वैच्छिक अतिरिक्त कार्य।

कुछ विधियाँ दूसरों की तुलना में बेहतर होती हैं, क्योंकि उनमें नए विषयों और विचारों को पेश करने और उन्हें सही ढंग से क्रमबद्ध करने या किसी विशाल और जटिल विषय की तार्किक संरचना को समझाने की अधिक गुंजाइश होती है। उदाहरण के लिए, कक्षा दस में ऑप्टिकल उपकरण पढ़ाने के लिए, शिक्षक को यह जाँच करनी चाहिए कि क्या छात्र लेंस, दर्पण, छवि निर्माण आदि से परिचित हैं। यही कारण है कि कुछ स्थितियों में, शिक्षक व्याख्यान और पढ़ने के असाइनमेंट के बिना नहीं रह सकता।

(ड.) अधिगम में विभिन्न प्रकार की प्रतिक्रिया की आवश्यकता होती है और उन्हें प्रदान किया जाना चाहिए। वे हैं:

(क) छात्र की योग्यता और व्यवहार पर प्रतिक्रिया

(ख) उल्लिखित उद्देश्यों को प्राप्त करने में शिक्षण पद्धति की प्रभावशीलता पर प्रतिक्रिया।

(च) स्थानांतरण के सिद्धांत के अनुसार शिक्षा को विद्यार्थी को, जो उसने सीखा है, उसे जीवन की परिस्थितियों में स्थानांतरित करने में सहायता करनी चाहिए।

अधिगम के सिद्धांतों को ध्यान में रखते हुए, अधिगम पर अधिकतम प्रभाव सुनिश्चित करने के लिए विभिन्न शिक्षण विधियों को उचित रूप से संयोजित और क्रमबद्ध करना आवश्यक है।

शिक्षण विधियों का समूहन (Grouping of Teaching Methods)

शिक्षण विधियों को (क) मौखिक, (ख) अवलोकन, और (ग) व्यावहारिक में वर्गीकृत किया जा सकता है।

मौखिक विधियों में बातचीत, कथन, चर्चा, व्याख्यान और पुस्तक पर काम करना शामिल है। अवलोकन विधियों में प्राकृतिक वस्तुओं, चार्ट, मॉडल, स्लाइड और फिल्मों का प्रदर्शन शामिल है। व्यावहारिक विधियों में प्रयोग करना और प्रासंगिक प्रयोगशाला कार्य करना शामिल है। गतिविधि के आधार पर अन्य ज्ञात वर्गीकृत विधियाँ हैं। यदि छात्र सक्रिय है, तो विधि को छात्र-केंद्रित कहा जाता है, जबकि यदि छात्र अधिगम की प्रक्रिया में केवल निष्क्रिय भागीदार हैं और शिक्षक सक्रिय है, तो विधि शिक्षक-केंद्रित हो जाती है।

पेसन ने शिक्षण विधियों को तीन सामान्य वर्गीकरणों में वर्गीकृत किया है, अर्थात व्यक्तिगत संपर्क, समूह संपर्क और सामूहिक संपर्क। पहले दो एक से एक संपर्क और एक से बहुत अधिक संपर्क हैं।

तीसरा वर्गीकरण—सामूहिक संपर्क—दूरस्थ शिक्षा और पत्राचार पाठ्यक्रमों में उपयोग किया जाता है।

विधि का चयन करते समय विचार किये जाने वाले प्रमुख क्षेत्र निम्नलिखित हैं:

1. मानवीय कारक लक्ष्यित दर्शक
2. विषय-वस्तु का वर्गीकरण—विशिष्ट विषय और उसकी प्रकृति
3. वांछित परिवर्तन—प्राप्त किए जाने वाले उद्देश्य, ज्ञान, कौशल और दृष्टिकोण
4. अधिगम के सिद्धांत—प्रेरणा, तत्परता, इत्यादि।
5. चुनी गई विधि का मुख्य कार्य—समय, लागत और उपलब्धता के संदर्भ में विधियों की व्यवहार्यता।
6. आवश्यकता और समय कारक—सही समय पर सही तकनीक
7. विधि की उपलब्धता—बिजली कनेक्शन, प्रयोगशाला सुविधाओं आदि के मामले में।

चित्र 9.3 शिक्षण विधियों के चयन में शामिल विभिन्न कारकों को दर्शाता है।

1. **मानवीय कारक** • शिक्षक (प्रशिक्षक) • लक्षित दर्शक • पर्यावरण **2. विषय क्षेत्र** • विशिष्ट विषय • अंतःअनुशासनात्मक समस्या **3. उद्देश्य** • ज्ञान • कौशल • अभिवृत्ति	**4. अधिगम के सिद्धांत** • प्रेरणा • सक्रिय भागीदारी • व्यक्तिगत दृष्टिकोण • अनुक्रमण और संरचना • प्रतिक्रिया • स्थानांतरण **5., 6. और 7. समय और भौतिक कारक** • समय • वित्त • शिक्षण सुविधाएं

चित्र 9.3 उपयुक्त शिक्षण विधियों के चयन के लिए कारक।

शिक्षण की सामान्य विधियाँ (General Methods of Teaching)

शिक्षण के लिए उपयुक्त विधियाँ हैं:

1. व्याख्यान और चर्चा
2. प्रदर्शन
3. सेमिनार
4. संगोष्ठी
5. पर्यवेक्षित अध्ययन
6. कार्यशालाएं
7. पैनल चर्चा
8. क्रमादेशित अनुदेश
9. कंप्यूटर सहायता प्राप्त अनुदेशन
10. ई-लर्निंग.

व्याख्यान विधि (Lecture Method)

व्याख्यान विधि एक शैक्षिक प्रस्तुति है जिसे आमतौर पर एक प्रशिक्षक द्वारा छात्रों के एक समूह को निर्देशात्मक सहायता और प्रशिक्षण उपकरणों के उपयोग के साथ दिया जाता है। व्याख्यान नई सामग्री की प्रस्तुति, विचारों को सारांशित करने और सिद्धांत और व्यवहार के बीच संबंधों को दिखाने के लिए उपयोगी होते हैं। व्याख्यान विधि में, शिक्षक मौखिक रूप से पाठ्यक्रम की सामग्री को छात्रों के सामने व्यवस्थित तरीके से प्रस्तुत करता है, सिद्धांत से उदाहरणों तक और फिर से वापस जाता है। व्याख्यान में छात्रों की भागीदारी का स्तर अलग-अलग हो सकता है, और आम तौर पर नोट्स लिए जाते हैं।

व्याख्यान सबसे पुराने और सबसे बुनियादी शैक्षणिक उपकरणों में से एक है। हालाँकि अनुभव और शैक्षिक शोध से पता चलता है कि स्कूल स्तर पर गतिविधि विधियों की तुलना में व्याख्यान कम प्रभावी है, फिर भी कई शिक्षक अपने शिक्षण समय का कम से कम 30–50 प्रतिशत व्याख्यान देने में बिताते हैं।

व्याख्यान पद्धति में विषय-वस्तु के गहन अध्ययन पर जोर दिया जाता है। शिक्षक अधिक सक्रिय होता है और छात्र निष्क्रिय होते हैं, लेकिन वह कक्षा में छात्रों को एकाग्र रखने के लिए प्रश्न-उत्तर का भी उपयोग करता है। इसका उपयोग जानकारी को प्रेरित करने, स्पष्ट करने, विस्तार करने और समीक्षा करने के लिए किया जाता है।

व्याख्यान, शिक्षण की एक विधि के रूप में, शिक्षक पर बहुत अधिक भार और सर्तकता डालता है। अन्य विधियों के विपरीत, शिक्षक के लिए कोई छिपने की जगह नहीं है। स्पॉटलाइट शिक्षक पर है। वह ध्यान का केंद्र है, और कई छात्रों के लिए व्याख्यान सामग्री के बजाय व्याख्याता सबसे अधिक रुचि का विषय है। यदि व्याख्यान विधि सफल होनी है, तो शिक्षक को पता होना चाहिए कि व्याख्यान के लिए कलाकार की ओर से बहुत अधिक ध्यान, कड़ी मेहनत, रचनात्मकता और एक निश्चित प्रकार के व्यक्तित्व की आवश्यकता होती है।

व्याख्यान का उपयोग विषय-वस्तु, शिक्षक के शिक्षण दर्शन और समग्र शिक्षण स्थिति पर निर्भर करता है। औपचारिक व्याख्यान का उपयोग मुख्य रूप से बुनियादी सैद्धांतिक ज्ञान के निर्माण के लिए किया जाता है, जिसे कौशल के अभ्यास से पहले हासिल किया जाना चाहिए। यदि कक्षा में छात्रों की संख्या अधिक है, शिक्षण संसाधन कम हैं या समय सारिणी पर सीमित संख्या में अवधि उपलब्ध हैं, तो व्याख्यान देना एकमात्र विकल्प हो सकता है।

व्याख्यान विधि का अर्थ (Meaning of lecture method)

कार्टर गुड के शब्दकोष में व्याख्यान विधि को इस प्रकार परिभाषित किया गया है:

एक अनुदेशात्मक प्रक्रिया जिसके द्वारा व्याख्याता न्यूनतम कक्षा सहभागिता के साथ, मुख्यतः मौखिक संदेश के प्रयोग द्वारा रुचि उत्पन्न करने, प्रभावित करने, प्रेरित करने या राय बनाने, गतिविधि को बढ़ावा देने, जानकारी प्रदान करने या आलोचनात्मक सोच विकसित करने का प्रयास करता है; मौखिक तकनीक के पूरक के रूप में चित्र, मानचित्र, चार्ट या अन्य दृश्य सहायता का प्रयोग किया जा सकता है।

वास्ले और ब्रोन्स्की (1958) ने सुझाव दिया कि व्याख्यान विधि चार बुनियादी उद्देश्यों को पूरा करती है (क) प्रेरित करना, (ख) स्पष्ट करना, (ग) समीक्षा करना, और (घ) विस्तार करना। सामान्य

तौर पर, व्याख्यान सीधे समझ पैदा करने और रुचि को उत्तेजित करने के लिए जानकारी देता है। साथ ही, यह उठाए गए सवालों के मौके पर समाधान के अलावा छात्र से तत्काल प्रतिक्रिया प्राप्त करने में मदद करता है।

व्याख्यान ज्ञान, तथ्य, सिद्धांत या अन्य जानकारी का प्रदर्शन है जिसे एक शिक्षक अपने छात्रों को प्रस्तुत करना चाहता है। संक्षेप में, व्याख्यान का अर्थ है एक व्यक्ति द्वारा कई छात्रों को संबोधित करना।

व्याख्यान की योजना बनाना (Planning the lecture)

व्याख्यान तैयार करने से पहले, शिक्षक को चार बुनियादी प्रश्नों के उत्तर देने में सक्षम होना चाहिए:

आपके श्रोतागण कौन हैं?—कौन (शिक्षार्थी)

आपके व्याख्यान का उद्देश्य क्या है?—क्यों (उद्देश्य)

कितना समय उपलब्ध है?—कितना समय (समय अवधि)

विषय-वस्तु क्या है?—क्या (विषय-वस्तु ज्ञान)

1. **श्रोतागण:** लक्षित श्रोतागण कौन हैं, उनकी पृष्ठभूमि, पसंद और नापसंद-सांस्कृतिक विशेषताएँ, शिक्षा का स्तर, विषय का पूर्व ज्ञान? अपना व्याख्यान शुरू करने से पहले आप उनकी समझ के स्तर के बारे में क्या अनुमान लगा सकते हैं? सामान्य चर्चा या प्रश्न-उत्तर सत्र से शुरू करना मददगार हो सकता है।

2. **व्याख्यान का उद्देश्य:** व्याख्यान देने के बाद एक व्याख्याता छात्रों से क्या अपेक्षा करता है? उसके मन में जो उद्देश्य हैं, उसके आधार पर दृष्टिकोण अलग-अलग होता है।

इसके उद्देश्य निम्नलिखित हो सकते हैं:

(क) किसी विषय पर सामान्य जानकारी दीजिए।
(ख) नए दृष्टिकोण के लिए स्वीकृति प्राप्त करें।
(ग) मूल रवैया बदलें।
(घ) विस्तृत जानकारी दें।
(ड·) कोई विशेष कौशल सिखाएं।

स्पष्ट रूप से परिभाषित उद्देश्य को ध्यान में रखते हुए, उपयुक्त सामग्री का चयन करना और उसे प्रस्तुत करने का सबसे प्रभावी तरीका तय करना आसान हो जाएगा।

3. उपलब्ध समय: शिक्षक को यह समझना चाहिए कि कुछ समय बाद छात्रों की रुचि कम होने लगेगी। व्याख्यान की योजना इस तरह से बनाई जानी चाहिए कि पूरे समय रुचि बनी रहे, तदनुसार रोचक उदाहरण, प्रश्न, चर्चा आदि शामिल किए जाने चाहिए।

4. विषय-वस्तु: विषय-वस्तु के बारे में पर्याप्त ज्ञान की कमी वस्तुतः 'व्याख्यान की मृत्यु' की ओर ले जाती है। एक समय में कुछ विचारों की प्रस्तुति शिक्षक को विषय के भीतर सार्थक और तार्किक संबंध विकसित करने का अवसर देगी, जिसे छात्र अच्छी तरह से समझ पाएंगे।

सभी नोट्स को तार्किक क्रम में पुनर्गठित किया जाना चाहिए और एक विस्तृत रूपरेखा तैयार की जानी चाहिए। संगठन का एक योजनाबद्ध चित्रण चित्र 9.4 में दिया गया है।

परिचय में छात्रों को व्याख्यान के उद्देश्य और विषय-वस्तु की संक्षिप्त रूपरेखा इस तरह से दी जानी चाहिए कि शुरू से ही कक्षा की रुचि बनी रहे और जिज्ञासा जागृत हो। व्याख्यान के मुख्य भाग में, महत्वपूर्ण बिंदुओं को तार्किक क्रम में हाइलाइट किया जाना चाहिए, यानी प्रत्येक चरण स्वाभाविक रूप से पिछले चरण से निकलना चाहिए।

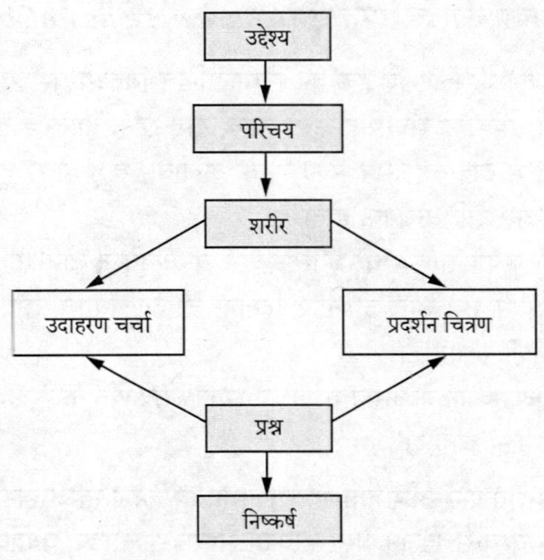

चित्र 9.4 व्याख्यान का प्रारूप।

जहाँ भी संभव हो, छात्र के अनुभव से संबंधित उदाहरण जोड़े जाते हैं। प्रदर्शन चर्चा किए गए बिंदुओं को स्पष्ट करने में मदद करते हैं। दृश्य-श्रव्य सहायता छात्रों को महत्वपूर्ण बिंदुओं को और अधिक समझने और उनके दिमाग में बनाए रखने में मदद करेगी। शिक्षक को प्रत्येक नए बिंदु को उठाते समय इन्हें तार्किक क्रम में रखना चाहिए। भावार्थ को स्पष्ट करने के लिए प्रश्नों और चर्चा के लिए उचित समय की आवश्यकता होती है।

निष्कर्ष का प्रकार काफी हद तक व्याख्यान के उद्देश्यों पर निर्भर करेगा, लेकिन मुख्य बिंदुओं का संक्षिप्त पुनरावलोकन आवश्यक है। अंतिम सारांश यह निर्धारित करता है कि समग्र उद्देश्य कितनी अच्छी तरह प्राप्त किया गया है।

एक अच्छे व्याख्यान का उद्देश्य (Purpose of a good lecture)

व्याख्यान पद्धति का उपयोग करते समय शिक्षक को कुछ बिंदुओं पर ध्यान देने की आवश्यकता होती है। यदि उद्देश्य स्पष्ट रूप से समझ में आ जाए तो व्याख्यान प्रभावी हो जाता है। सामान्य तौर पर, व्याख्यान का उपयोग निम्नलिखित के लिए किया जाता है:

1. **नए विषय का परिचय:** यह न केवल छात्रों को प्रेरित करता है बल्कि छात्रों को आगे क्या करना है इस पर दिशानिर्देश भी देता है।
2. **विषय का सारांश बनाना:** व्याख्यान विधि पाठ को सारांशित करने में प्रभावी है, क्योंकि इसमें बताए गए बिंदु छात्रों का ध्यान केंद्रित करने में मदद करेंगे।
3. **पूरक जानकारी:** यह विधि पाठ्यपुस्तक की जानकारी को पूरक करने, अनुवर्ती कार्य के

रूप में या प्रयोगशाला कार्य से पहले और क्षेत्र सर्वेक्षण और परियोजना कार्य के निष्कर्षों को प्रस्तुत करने में अमूल्य है।

कक्षा की सफलता या असफलता व्याख्यान की प्रस्तुति पर निर्भर करती है।

एक अच्छे व्याख्यान की विशेषताएँ (Characteristics of a good lecture)

एक अच्छा व्याख्यान देने के लिए शिक्षक को निम्नलिखित बिंदुओं पर ध्यान देना आवश्यक है।

1. **मुद्रा:** किसी समूह को संबोधित करते समय, खड़े रहना बेहतर होता है ताकि श्रोता आपको अच्छी तरह से देख और सुन सकें। इसके अलावा, खड़े होकर दृश्य सहायता का उपयोग करना भी सबसे सुविधाजनक होता है।
2. **दिखावट:** कपड़े साफ-सुथरे और अवसर के अनुकूल होने चाहिए। व्याख्यान देते समय आत्मविश्वास से भरा और दोस्ताना दिखना चाहिए क्योंकि छात्र पहले प्रभाव को लेकर बहुत संवेदनशील होते हैं।
3. **व्यवहार:** व्याख्यान के दौरान समूह का ध्यान आकर्षित करने के लिए शिक्षक को संयमित और विनम्र होना चाहिए।
4. **हाव-भाव:** क्रियाएँ और हाव-भाव स्वाभाविक और सहज होने चाहिए। चाक या किसी अन्य समान वस्तु से खेलने जैसी हरकतों से बचना चाहिए, क्योंकि वे ध्यान भटकाने वाले और कभी-कभी बेहद परेशान करने वाले होते हैं।
5. **आवाज़:** आत्मविश्वास, भावना, ज़ोर और आक्रोश व्यक्त करने के लिए आवाज़ के लहज़े को तदनुसार बदला जा सकता है। एकरसता से बचने के लिए आवाज़ की गति और पिच में भी कभी-कभी बदलाव किया जाना चाहिए।
6. **शब्दावली:** सरल भाषा का प्रयोग करना सबसे अच्छा है, शब्दजाल, रूपक और अपशब्दों से बचें, क्योंकि इनका गलत अर्थ निकाला जा सकता है। वाक्यों को यथासंभव सरल और छोटा रखना चाहिए।
7. **दृश्य-श्रव्य सामग्री और ब्लैकबोर्ड का उपयोग:** एक अच्छी तरह से योजनाबद्ध व्याख्यान, जिसे भागों में विभाजित किया गया है, मुख्य बिंदुओं पर प्रकाश डालता है और व्याख्यान के निर्देशात्मक मूल्य में सुधार कर सकता है। दृश्य सामग्री का उपयोग योजनाबद्ध और अच्छी तरह से तैयार किया जाना चाहिए।
8. **समय:** उपलब्ध समय का प्रभावी ढंग से उपयोग किया जाना चाहिए, छात्रों की सुनने की क्षमता को ध्यान में रखते हुए। इसलिए, व्याख्यान के अंतिम दस मिनट में पुनरावृत्ति को शामिल किया जाना चाहिए। कक्षा को अधिक संवादात्मक बनाने के लिए प्रश्नों को प्रोत्साहित किया जाना चाहिए और चर्चाएँ आयोजित की जानी चाहिए।

विद्यार्थियों से लेक्चरर के प्रदर्शन का मूल्यांकन करने के लिए कहा जा सकता है, इसके लिए उन्हें तालिका 9.1 में दिए गए लेक्चर रेटिंग फॉर्म का उपयोग करना चाहिए। इससे शिक्षक को अपनी शिक्षण क्षमताओं को बेहतर बनाने में मदद मिलेगी।

तालिका 9.1 व्याख्यान मूल्यांकन प्रपत्र

शिक्षक का नाम: . . . . दिनांक: . . . .

विषय: . . . .

बहुत अच्छा *संतोषजनक* *कमज़ोर*

संगठन और सामग्री

1. स्पष्ट उद्देश्य
2. उचित परिचय
3. स्पष्ट मुख्य बिंदु—सिद्धांत
4. बिंदुओं/विषयों का विकास/
   (उदाहरणों का उपयोग)
5. उपसंहार
6. समूह की आवश्यकताओं और रुचियों के प्रति अनुकूलन
7. विषय या दृष्टिकोण की रुचि या नवीनता।

प्रस्तुति

8. एनीमेशन और प्रत्यक्षता
9. आवाज़ का उपयोग (स्वर, अभिव्यक्ति)
10. शरीर और हाव-भाव
11. नोट्स का उपयोग
12. कुल बोलने की क्षमता

अन्य विधियाँ (जहाँ लागू हो)

13. दृश्य स्लाइड का उपयोग
    (टिप्पणी, यदि आवश्यक हो)
14. प्रश्न/निर्देश/चर्चा को संभालना
15. सत्र का समय
    सत्र का कुल संचालन
    टिप्पणी:

व्याख्यान विधि तब उपयुक्त है जब:

- इसका उद्देश्य जानकारी प्रस्तुत करना है।
- जानकारी सुलभ स्रोतों में उपलब्ध नहीं है।
- एक विशेष संगठन की आवश्यकता है।
- जानकारी मौलिक होनी चाहिए अथवा विभिन्न स्रोतों से एकत्रित की जानी चाहिए।
- परिचय अवश्य दिया जाना चाहिए।
- सारांश या संश्लेषण आवश्यक है।
- वैकल्पिक बिंदु या स्पष्टीकरण आवश्यक हैं।
- अतिरिक्त स्पष्टीकरण की आवश्यकता है।

(गुड और ब्रॉफी, 1999; गेज और बर्लिनर, 1992; हेन्सन, 1988 के बाद)

व्याख्यान विधि के लाभ (Advantages of lecture method)

व्याख्यान विधि के लाभ इस प्रकार हैं:

1. व्याख्यान पद्धति बड़ी कक्षा तक बड़ी मात्रा में जानकारी पहुँचाने का सबसे किफायती तरीका है। एक शिक्षक कम से कम समय में जानकारी दे सकता है, जिससे पाठ्यक्रम को निर्धारित समय के भीतर पूरा किया जा सकता है। यह पैसे और समय दोनों के लिहाज से किफायती है।
2. यह व्याख्यान उन विद्यार्थियों को तथ्यात्मक जानकारी प्रभावी तरीके से प्रदान करने में उपयोगी है, जिन्हें अपनी पाठ्य सामग्री पढ़ने में कठिनाई होती है।
3. व्याख्यान छात्रों की सोच को एक निश्चित दिशा में मोड़ने में मदद करता है।
4. विज्ञान में कुछ अमूर्त विषयों को व्याख्यान पद्धति से सबसे बेहतर तरीके से पढ़ाया जाता है। शिक्षक, चातुर्य, शैली और प्रस्तुति के माध्यम से अपना संदेश पहुंचा सकता है।

व्याख्यान विधि के नुकसान (Disadvantages of lecture method)

व्याख्यान विधि के नुकसान इस प्रकार हैं:

1. व्याख्यान पद्धति का दुरुपयोग होने की संभावना है। जानकारी को 'उछालना' मनोवैज्ञानिक रूप से तब तक गलत है जब तक कि इसे सार्थक तरीके से न किया जाए।
2. विज्ञान को करके सीखना सबसे अच्छा है। इस पद्धति में गतिविधियों का कोई प्रावधान नहीं है क्योंकि छात्र निष्क्रिय (श्रोता) होते हैं।
3. शिक्षक द्वारा जानकारी प्रदान करने की गति उन विद्यार्थियों के लिए बहुत तेज लग सकती है, जो स्वभाव से बेचैन होते हैं, अपनी तात्कालिक समस्याओं में उलझे रहते हैं तथा अक्सर शब्दावली और अनुभव की पृष्ठभूमि की सीमाओं के कारण अक्षम होते हैं।
4. खराब तरीके से योजनाबद्ध, खराब तरीके से प्रस्तुत व्याख्यान छात्रों को प्रेरित करने में विफल रहता है।
5. व्याख्यान विधि अभिवृत्ति और कौशल प्रदान करने में बहुत सफल नहीं है, क्योंकि यह शिक्षार्थी की भावात्मक और मनोक्रियात्मक क्षमताओं को प्रभावित नहीं करती है।
6. चूंकि छात्रों के बीच परस्पर संपर्क न्यूनतम है, इसलिए सामाजिक दृष्टिकोण और मूल्यों को बढ़ावा नहीं मिल पाता।
7. व्याख्यान पद्धति छात्रों की व्यक्तिगत ग्रहण क्षमता को पूरा नहीं कर सकती।

व्याख्यान-सह-प्रदर्शन विधि (Lecture-cum-demonstration Method)

व्याख्यान-सह-प्रदर्शन विधि में व्याख्यान के साथ-साथ प्रदर्शन विधि की खूबियाँ भी शामिल हैं। यह दोनों की कमियों को दूर करने का प्रयास करता है। शिक्षक छात्रों की सक्रिय भागीदारी के साथ कक्षा में प्रयोग करता है। इस प्रकार, छात्र प्रयोग का अवलोकन करते हैं, रीडिंग लेने में मदद करते हैं और साथ ही उपकरण स्थापित करने में सहायता करते हैं। शिक्षक छात्रों को निष्कर्ष निकालने में मदद करता है।

यह विधि निम्नलिखित दो उद्देश्यों की पूर्ति करती है:

1. विषय-वस्तु के कुछ भागों को वस्तुपरक बनाकर स्पष्ट करने का साधन उपलब्ध कराना।
2. समय और वित्तीय दृष्टि से यथासंभव किफायती होना।

यदि प्रदर्शन की योजना कुशल शिक्षक द्वारा अच्छी तरह बनाई जाए तो व्याख्यान प्रदर्शन विधि सर्वोत्तम विधियों में से एक साबित हो सकती है।

अब यह परिभाषित करना आसान हो जाएगा कि व्याख्यान-सह-प्रदर्शन पद्धति क्या है।

इस विधि में व्याख्यान विधि और प्रदर्शन विधि के गुण शामिल हैं। शिक्षक कक्षा में प्रयोग करता है और बताता है कि वह क्या करता है। इसमें छात्र की सक्रिय भागीदारी को ध्यान में रखा जाता है और इस प्रकार यह व्याख्यान विधि की तरह एकतरफा प्रक्रिया नहीं है। छात्र वास्तविक उपकरण और संचालन देखते हैं और शिक्षक को प्रयोगों का प्रदर्शन करने में मदद करते हैं और इस तरह वे अधिगम में रुचि महसूस करते हैं। इसलिए, यह विधि भी ठोस से अमूर्त की ओर बढ़ने के सिद्धांत का पालन करती है, जिसमें छात्र प्रदर्शन को आलोचनात्मक रूप से देखते हैं और निष्कर्ष निकालने की कोशिश करते हैं। व्याख्यान-सह-प्रदर्शन विधि की मदद से, उनकी अवलोकन और तर्क की शक्ति का भी उपयोग किया जाता है। इसलिए, जिस महत्वपूर्ण सिद्धांत पर यह विधि काम करती है वह है "सत्य वह है जो काम करता है।"

व्याख्यान-सह-प्रदर्शन पाठ आयोजित करने के लिए आवश्यक कदम (Steps needed to conduct a lecture-cum-demonstration lesson)

1. **योजना और तैयारी:** शिक्षक को अपने प्रदर्शन की योजना बनाते और तैयारी करते समय बहुत सावधानी बरतनी चाहिए। उसे अपना पाठ तैयार करते समय निम्नलिखित बातों को ध्यान में रखना चाहिए।

(क) विषय वस्तु
(ख) पूछे जाने वाले प्रश्न
(ग) प्रयोग के लिए आवश्यक उपकरण।

उपर्युक्त उद्देश्यों को प्राप्त करने के लिए, शिक्षक को पाठ से संबंधित पाठ्यपुस्तक के पृष्ठों को अच्छी तरह से पढ़ना चाहिए। इसके बाद, शिक्षक को पाठ योजना तैयार करनी चाहिए जिसमें अनिवार्य रूप से समझाए जाने वाले सिद्धांत, प्रदर्शित किए जाने वाले प्रयोग और छात्रों से पूछे जाने वाले प्रश्नों के प्रकार शामिल होने चाहिए। इन प्रश्नों को कक्षा में पालन किए जाने के लिए व्यवस्थित क्रम में व्यवस्थित किया जाना चाहिए। कक्षा में प्रयोग को वास्तव में प्रदर्शित करने से पहले, कक्षा में प्रचलित परिस्थितियों के तहत प्रयोग का पूर्वाभ्यास किया जाना चाहिए। इसके बावजूद, वास्तविक पाठ में कुछ गलत हो सकता है, इसलिए आरक्षित उपकरण अक्सर उपयोगी होते हैं। प्रदर्शन तालिका पर उपकरणों को व्यवस्थित तरीके से व्यवस्थित करना होता है। इस प्रकार, प्रदर्शन विधि की सफलता के लिए, एक शिक्षक को यथासंभव खुद को पूरी तरह से तैयार करना होता है।

2. **पाठ का परिचय:** हर विषय की तरह, विज्ञान के मामले में भी पाठ की शुरुआत छात्रों की उचित प्रेरणा से होनी चाहिए। पाठ को हमेशा समस्यामूलक तरीके से शुरू करना अधिक उपयोगी माना जाता

है, जिससे छात्रों को विषय के महत्व का एहसास हो। शिक्षक द्वारा पाठ का परिचय देने का सामान्य तरीका कुछ व्यक्तिगत अनुभव या किसी सरल और रोचक प्रयोग की घटना बताना है। ध्यानपूर्वक प्रदर्शित किया गया एक अच्छा प्रयोग युवा छात्रों के मन पर एक स्थायी छाप छोड़ सकता है और छात्रों को स्कूल में इसके बारे में बात करने के लिए प्रेरित करेगा।

3. **प्रस्तुति:** विषय-वस्तु को प्रस्तुत करने का तरीका बहुत महत्वपूर्ण है। एक अच्छे शिक्षक को अपने पाठ को रोचक तरीके से प्रस्तुत करना चाहिए, न कि उबाऊ तरीके से। पाठ को रोचक बनाने के लिए, शिक्षक को निर्धारित पाठ्यक्रम के भीतर रहने के लिए बहुत कठोर नहीं होना चाहिए, बल्कि उसे पाठ को यथासंभव व्यापक बनाना चाहिए। पाठ को व्यापक बनाने के लिए, शिक्षक पढ़ाए गए विभिन्न उपयोगी अनुप्रयोगों के बारे में सोच सकता है। शिक्षक को इतिहास और भूगोल जैसी विज्ञान की संबद्ध शाखाओं से उदाहरण और चित्रण लेने की भी स्वतंत्रता है। निरंतर प्रश्न और उत्तर हर प्रदर्शन पाठ का हिस्सा होने चाहिए।

चर्चा किए गए सिद्धांतों को ठीक से समझाने के लिए प्रश्न और प्रति-प्रश्न आवश्यक हैं। प्रश्नों को इस तरह से व्यवस्थित किया जाना चाहिए कि उनके उत्तर एक पूर्ण शिक्षण इकाई बन सकें।

4. **प्रयोग का प्रदर्शन:** एक अच्छे पर्यवेक्षक को एक ऐसे व्यक्ति के रूप में वर्णित किया गया है जिसने स्पर्श, दृष्टि और गंध की इंद्रियों का उपयोग बुद्धिमानी से सीखा है। इस पद्धति के माध्यम से, शिक्षक चाहते हैं कि छात्र प्रयोग में क्या होता है इसका अवलोकन करें और इसे सावधानीपूर्वक बताएं। वे यह भी चाहते हैं कि वे (छात्र) वैज्ञानिक भावना का उल्लंघन किए बिना सामान्यीकरण करें, यानी शिक्षकों को छात्रों को एक प्रयोग या अवलोकन से अधिगम की अनुमति देनी चाहिए। आम तौर पर विज्ञान प्रयोग करने में निम्नलिखित चरणों को मूल्यवान माना जाता है:

(क) हल की जाने वाली समस्या को सरल शब्दों में लिखें।
(ख) समस्या को हल करने के लिए अपनाई जाने वाली गतिविधियों की एक सूची बनाएं।
(ग) प्रयोग करने के लिए सामग्री एकत्र करें।
(घ) प्रक्रिया के क्रम में चरणों का एक प्रारूप तैयार करें ताकि हर किसी को पता हो कि क्या किया जाना है।
(ड.) शिक्षक को संचालन से पहले प्रयोग का प्रयास करना चाहिए।
(च) निष्कर्षों को रिकार्ड करें।
(छ) छात्रों को सामान्यीकरण करने में सहायता करें।

5. **ब्लैकबोर्ड सारांश:** महत्वपूर्ण परिणामों और सिद्धांतों का सारांश ब्लैकबोर्ड पर लिखा जाना चाहिए। ब्लैकबोर्ड का उपयोग अक्सर रेखाचित्र और आरेख बनाने के लिए भी किया जाना चाहिए। प्रदर्शन के बाद पूरी प्रक्रिया छात्रों को दिखाई जानी चाहिए।

6. **पर्यवेक्षण:** छात्रों को ब्लैकबोर्ड सारांश के पूरे नोट्स लेने के लिए कहा जाता है, जिसमें बनाए गए रेखाचित्र और आरेख भी शामिल हैं। ऐसा रिकॉर्ड छात्र को उसके पाठ अधिगम के दौरान काफी मददगार साबित होगा। ऐसा सारांश तभी फायदेमंद साबित होगा जब इसे ब्लैकबोर्ड से सही तरीके से कॉपी किया गया हो, और यह सुनिश्चित करने के लिए कि यह किया गया है, शिक्षक को इस चरण के दौरान इसे बार-बार जांचना चाहिए।

प्रदर्शन पाठ में सामान्य त्रुटियाँ (Common errors in demonstration lesson)

उपकरण उपयोग के लिए तैयार नहीं हो सकता है, यदि

1. प्रदर्शन प्रयोग और चर्चा के विषय के बीच कोई स्पष्ट संबंध नहीं है।
2. ब्लैकबोर्ड सारांश शायद सही न हो।
3. शिक्षक विद्यार्थियों को तथ्यों से सामान्यीकरण पर पहुंचने का मौका दिए बिना ही सामान्यीकरण पर पहुंचने की जल्दी में हो।
4. शिक्षक बहुत अधिक बातें करता हो, जिससे विद्यार्थियों का उत्साह कम हो जाएगा।
5. हो सकता है कि शिक्षक ने डेटा रिकॉर्ड करने के लिए पर्याप्त समय नहीं दिया हो।
6. शिक्षक सही प्रकार के प्रश्न पूछने में असफल हो।

व्याख्यान-सह-प्रदर्शन पद्धति के लाभ (Merits of lecture-cum-demonstration method)

1. यह विशुद्धतः छात्र-केंद्रित विधि की तुलना में किफायती विधि है।
2. यह एक मनोवैज्ञानिक पद्धति है और छात्र शिक्षण-अधिगम प्रक्रिया में सक्रिय रुचि लेते हैं।
3. यह छात्रों को ठोस परिस्थितियों से अमूर्त परिस्थितियों की ओर ले जाता है।
4. हेयुरिस्टिक, प्रोजेक्ट विधि की तुलना में यह समय बचाने वाली है लेकिन विशुद्ध व्याख्यान विधि बहुत लंबी है।
5. इसका उपयोग सभी प्रकार के छात्रों के लिए सफलतापूर्वक किया जा सकता है।
6. यह छात्रों के अवलोकन और तर्क कौशल में सुधार करता है।

व्याख्यान-सह-प्रदर्शन विधि की सीमाएँ (Limitations of lecture-cum-demonstration method)

1. यह विद्यार्थियों को "करके अधिगम" की कोई गुंजाइश नहीं देता क्योंकि विद्यार्थी केवल कक्षा में शिक्षक के प्रदर्शन का अवलोकन करते हैं।
2. चूंकि शिक्षक अपनी गति से प्रयोग करता है, इसलिए कई छात्र पढ़ाए जा रहे अवधारणा को समझने में सक्षम नहीं हो पाते हैं।
3. चूंकि यह पद्धति छात्र-केंद्रित नहीं है, इसलिए इसमें व्यक्तिगत मतभेदों के लिए कोई प्रावधान नहीं है; धीमी गति से अधिगम वाले और प्रतिभाशाली सहित सभी प्रकार के छात्रों को समान गति से आगे बढ़ना होगा।
4. यह छात्रों में प्रयोगशाला कौशल विकसित करने में विफल रहता है।
5. यह छात्रों में वैज्ञानिक जांच का प्रशिक्षण देने और वैज्ञानिक दृष्टिकोण के विकास को बढ़ावा देने में विफल रहता है।

परियोजना विधि (Project Method)

शिक्षण की परियोजना पद्धति जॉन डेवी के व्यावहारिक दर्शन का व्यावहारिक परिणाम है। डेवी के अनुयायी किलपैट्रिक द्वारा प्रतिपादित परियोजना पद्धति को आकार देने में व्यावहारिकता ने एक अद्वितीय योगदान दिया है। परियोजना पद्धति में कार्यशाला और स्रोत विधियों के माध्यम से अध्ययन

भी किया जाता है। परियोजना पद्धति में शैक्षणिक कार्य के बजाय ठोस गतिविधि प्रमुख स्थान लेती है। परियोजना पद्धति में, शिक्षक व्याख्यान पद्धति का पालन करने के वजाय, "विषय" को कुछ लंबित समस्याओं से प्रतिस्थापित करता है और छात्रों के सक्रिय सहयोग से प्रयोग विधि द्वारा उन्हें हल करने के लिए आगे बढ़ता है। इस पद्धति का उद्देश्य छात्रों को प्रशिक्षित अन्वेषक बनाना और उन्हें करके अधिगम के लिए तैयार करना है।

परिभाषाएं (Definitions)

बैलार्ड: परियोजना वास्तविक जीवन का एक हिस्सा है जिसे स्कूल में प्रदान किया गया है।

बर्टन: समस्या एक परियोजना है जिसका परिणाम कार्य करना है। प्रेरक तत्व (motor element) वह नहीं है जो गतिविधि को परियोजना बनाता है, बल्कि गतिविधि के साथ व्यावहारिक प्रकृति की समस्या-समाधान है।

स्टीवेन्सन: एक परियोजना एक समस्यामूलक कार्य है जिसे उसके प्राकृतिक परिवेश में पूरा किया जाता है।

स्नेडेन: परियोजना शैक्षिक कार्य की एक इकाई है जिसमें सबसे प्रमुख विशेषता कुछ प्रकार की सकारात्मक और ठोस उपलब्धियां हैं।

चार्टर: सामयिक संगठन में सिद्धांतों को पहले सीखा जाता है, जबकि परियोजनाओं में, समस्याओं का प्रस्ताव किया जाता है, जिनके समाधान में आवश्यकतानुसार शिक्षार्थी द्वारा सिद्धांतों के विकास की मांग होती है।

इस प्रकार, एक परियोजना है:

- एक समस्याजनक कार्य।
- एक उद्देश्यपूर्ण गतिविधि।
- एक पूरे दिल से की गई गतिविधि
- प्राकृतिक परिवेश में एक गतिविधि।
- सामाजिक परिवेश में कोई गतिविधि।
- स्कूल में वास्तविक जीवन का कुछ परिचय।
- व्यावहारिक प्रकृति का समस्या समाधान।
- एक सकारात्मक और ठोस उपलब्धि.
- एक गतिविधि जिसके माध्यम से विभिन्न समस्याओं का समाधान ढूंढा जाता है।

परियोजना विधि के मुख्य सिद्धांत (Main principles of the project method)

परियोजना विधि के मुख्य सिद्धांत इस प्रकार हैं:

1. **उद्देश्य का सिद्धांत:** उद्देश्य का ज्ञान एक महान प्रेरणा है, जो छात्र को अपने लक्ष्य को प्राप्त करने के लिए प्रेरित करता है। छात्र के पास एक आदर्श होना चाहिए। उद्देश्य अधिगम को प्रेरित करता है। लक्ष्यहीन और निरर्थक गतिविधियों से रुचि नहीं जगाई जा सकती।

2. **गतिविधि का सिद्धांत:** छात्रों को ऐसे अवसर प्रदान किए जाने चाहिए जो उन्हें सक्रिय बनाएं और काम करके सीखें। उन्हें शारीरिक और मानसिक दोनों तरह की गतिविधियाँ प्रदान की जानी चाहिए। उन्हें 'करने' और 'करके जीने' की अनुमति दी जानी चाहिए।
3. **अनुभव का सिद्धांत:** अनुभव सबसे अच्छा शिक्षक है। जो सीखा जाता है उसे अनुभव करना चाहिए। छात्र अनुभव के माध्यम से नए तथ्य और जानकारी सीखते हैं।
4. **सामाजिक अनुभव का सिद्धांत:** विद्यार्थी एक सामाजिक प्राणी है और उसे सामाजिक जीवन के लिए तैयार रहना चाहिए। प्रोजेक्ट विधि में विद्यार्थी समूह में काम करते हैं।
5. **वास्तविकता का सिद्धांत:** जीवन वास्तविक है और शिक्षा, सार्थक होने के लिए, वास्तविक होनी चाहिए। प्रोजेक्ट विधि छात्र को शिक्षा देने की एक विधि है और इसलिए, यह भी वास्तविक होनी चाहिए। स्कूल के जीवन में वस्तविक जीवन की स्थितियों को प्रस्तुत किया जाना चाहिए।
6. **स्वतंत्रता का सिद्धांत:** किसी गतिविधि की इच्छा स्वतःस्फूर्त होनी चाहिए और शिक्षक द्वारा उस पर थोपी नहीं जानी चाहिए। छात्र को किसी भी तरह के दबाव, प्रतिबंध या बाधा से मुक्त होना चाहिए ताकि वह खुद को पूरी तरह से और स्वतंत्र रूप से व्यक्त कर सके। उसे अपनी रुचि, ज़रूरतों और क्षमताओं के अनुसार गतिविधि चुनने, गतिविधि करने की स्वतंत्रता दी जानी चाहिए।
7. **उपयोगिता का सिद्धांत:** ज्ञान तभी सार्थक होगा जब वह उपयोगी और व्यावहारिक हो। यह विधि विभिन्न दृष्टिकोणों और मूल्यों को विकसित करती है जो व्यावहारिक दृष्टिकोण से बहुत महत्वपूर्ण हैं।
8. **सहसंबंध का सिद्धांत:** परियोजना पद्धति में विषय का सहसंबंध संभव है, जहां विभिन्न विषयों के ज्ञान को समग्र रूप से देखा जा सकता है।

परियोजनाओं के प्रकार (Types of projects)

1. **निर्माता प्रकार:** इसमें किसी भौतिक वस्तु या लेख के वास्तविक निर्माण पर जोर दिया जाता है।
2. **उपभोक्ता प्रकार:** इस प्रकार की परियोजना में प्रत्यक्ष या परोक्ष अनुभव प्राप्त होता है, जैसे कहानियां पढ़ना और सीखना तथा संगीत सुनना।
3. **समस्या प्रकार:** इस प्रकार में, मुख्य उद्देश्य बौद्धिक प्रक्रिया से जुड़ी समस्या को हल करना है जैसे कि किसी निश्चित तरल का घनत्व निर्धारित करना आदि।
4. **अभ्यास प्रकार:** इस प्रकार में, उद्देश्य शब्दावली अधिगम के रूप में प्रतिक्रिया में कौशल की एक निश्चित स्तर प्राप्त करना है।

परियोजना संचालन में विभिन्न चरण (Various steps in conducting project)

1. **परिस्थिति का निर्माण:** छात्रों को स्वयं अपनी समस्याओं को परिभाषित, बताना और चुनना चाहिए। चर्चा के माध्यम से, शिक्षक छात्रों द्वारा प्रस्ताव बनाने में मदद करता है। शिक्षक को छात्रों की ज़रूरतों, रुचियों और क्षमताओं को ध्यान में रखना चाहिए।

2. **प्रोजेक्ट का चयन:** सभी प्रोजेक्ट स्कूल स्तर पर संभव नहीं हैं। शिक्षक को भाग लेने और छात्रों के लिए प्रोजेक्ट को स्पष्ट बनाने की आवश्यकता है।
3. **योजना बनाना:** परियोजना तय होने और स्वीकृत होने के बाद, शिक्षक एक रूपरेखा तैयार कर सकता है और छात्रों से घर पर इसका गहन अध्ययन करने के लिए कह सकता है। इस कार्य के लिए एक कक्षा अवधि दी जा सकती है। शिक्षक को गतिविधि शुरू करने से पहले छात्रों का ध्यान योजना बनाने की आवश्यकता की ओर आकर्षित करना चाहिए। विभिन्न प्रस्तावों पर चर्चा की जानी चाहिए और विकल्पों पर विचार किया जाना चाहिए। अच्छी चर्चा, सुझाव, प्रति सुझाव और अस्वीकृति के बाद सबसे अच्छी योजना पर सहमति बनती है। शिक्षक को छात्रों के बीच उनकी रुचि और क्षमता के अनुसार काम को विभाजित करना चाहिए और देखना चाहिए कि वे कार्य को पूरा करने की दिशा में आगे बढ़ते हैं।
4. **योजना का क्रियान्वयन:** इसमें विद्यार्थी तथ्य एकत्रित करना शुरू करते हैं और शिक्षक यह सुनिश्चित करता है कि विद्यार्थी सही रास्ते पर हैं। यह वह चरण है जिसमें विद्यार्थी कई गतिविधियाँ करते हैं और विभिन्न उपयोगी अनुभव सीखते हैं।
5. **परियोजना का मूल्यांकन:** काम पूरा होने पर उसकी समीक्षा की जानी चाहिए। छात्र अपने द्वारा बनाए गए उद्देश्यों के आधार पर अपनी परियोजना का मूल्यांकन करते हैं और यह आकलन करते हैं कि वे उद्देश्यों तक कितनी अच्छी तरह पहुँचे हैं। यह एक महत्वपूर्ण चरण है और यहाँ शिक्षक की महत्वपूर्ण भूमिका होती है।
6. **रिकॉर्डिंग:** इस चरण में, परियोजना से जुड़ी सभी गतिविधियों का पूरा रिकॉर्ड बनाए रखना चाहिए। छात्र परियोजना के सभी पाँच चरणों के बारे में विस्तार से लिखते हैं, जिसमें संदर्भ पुस्तकों, सहायक सामग्री, कार्य का विवरण आदि का विवरण दिया जाता है। स्थिति प्रदान करने और परियोजना चुनने की प्रक्रिया, सौंपे गए कर्तव्य, महसूस की गई कठिनाइयाँ और प्राप्त अनुभव को विस्तार से दर्ज किया जाना चाहिए।

परियोजना विधि के गुण (Merits of the project method)

1. परियोजना रणनीति अधिगम के निम्नलिखित नियमों पर आधारित है:

   (क) **तत्परता का नियम:** इस नियम के अनुसार, हम सबसे अधिक तब सीखते हैं जब हमारा मन ग्रहण करने के लिए तैयार होता है। प्रोजेक्ट विधि छात्रों को उपयुक्त परिस्थिति प्रदान करके उनके मन को तैयार करती है।

   (ख) **अभ्यास का नियम:** अधिगम को प्रभावी बनाने के लिए अभ्यास करना ज़रूरी है। प्रोजेक्ट विधि छात्रों को करके अधिगम के कई अवसर प्रदान करती है।

   (ग) **प्रभाव का नियम:** यह नियम कहता है कि यदि सीखना प्रभावी और फलदायी होना है, तो इसके साथ संतुष्टि और खुशी भी होनी चाहिए जब वे अपनी गतिविधियों में हेरफेर करते हैं।

2. यह विधि अधिगम को व्यावहारिक और अनुप्रयोगोन्मुख बनाती है। जब छात्रों को सार्थक और उद्देश्यपूर्ण गतिविधियाँ प्रदान की जाती हैं, तो उन्हें वास्तविक जीवन की समस्याओं से परिचित होने का अवसर मिलता है।
3. परियोजना विधि पाठ्यक्रम को एकता प्रदान करती है। परियोजना के क्रियान्वयन में विभिन्न विषय आपस में जुड़ जाते हैं। विद्यार्थी अधिगम की अंतःविषय प्रकृति को समझने में सक्षम होते हैं।
4. यह विधि अधिगम में सहयोग और सहकारिता की रणनीति अपनाने को प्रोत्साहित करती है।
5. यह पद्धति टीम भावना के साथ-साथ सहिष्णुता, स्वतंत्रता और खुले दिमाग जैसे गुणों को विकसित करने में मदद करती है।
6. यह छात्रों के सर्वांगीण विकास में मदद करती है।
7. परियोजना विधि के माध्यम से श्रम की गरिमा को प्रोत्साहित किया जाता है। वे टँकाई (soldering), चार्ट बनाना, मॉडल प्रदर्शित करना, संचार और ऐसे अन्य कौशल सीखते हैं।
8. छात्र अपने द्वारा चुने गए परियोजना की प्रतियोगिता के लिए बड़े उत्साह के साथ काम करते हैं।
9. छात्रों को नागरिकता का प्रशिक्षण दिया जाता है।

परियोजना विधि की सीमाएँ (Limitations of the project method)

1. इस पद्धति के लिए प्रतिभाशाली शिक्षकों की आवश्यकता होती है जो कक्षा में चल रही कई परियोजनाओं का मार्गदर्शन, सुविधा और उन पर नज़र रख सकें।
2. छात्र किसी विषय के विशेष पहलुओं को सीख सकते हैं। इस प्रक्रिया में कई महत्वपूर्ण अवधारणाएँ छूट सकती हैं।
3. इस पद्धति से सम्पूर्ण पाठ्यक्रम को कवर नहीं किया जा सकता।
4. यह विधि समय लेने वाली है और इसके लिए स्कूल की समय-सारणी को पुनः तैयार करने की आवश्यकता हो सकती है।
5. परियोजना कार्य के लिए उपयुक्त पुस्तकों की तैयारी कोई आसान काम नहीं है।
6. परियोजनाओं के कारण आलसी छात्र और भी आलसी बन सकते हैं, तथा प्रतिभाशाली छात्र कम प्रतिभाशाली छात्रों पर हावी हो सकते हैं।
7. स्कूल में शिक्षण अव्यवस्थित और अनियमित हो सकता है क्योंकि इस पद्धति में स्वतंत्रता और लचीलेपन की आवश्यकता होती है।
8. पुस्तकालय सुविधाएं छात्रों की मांगों को पूरा करने के लिए अपर्याप्त हो सकती हैं।

एक अच्छी परियोजना के लिए आवश्यक बातें

- समयोचित
- उपयोगिता
- दिलचस्प
- चुनौतीपूर्ण
- किफायती
- अनुभवों से भरपूर
- सहकारिता

शिक्षक की भूमिका (Role of a teacher)

1. परियोजना के सफल होने के लिए एक निश्चित प्रक्रिया पर आधारित होना आवश्यक है।
2. शिक्षक को विद्यार्थियों के समक्ष ऐसी परिस्थितियाँ प्रस्तुत करनी होंगी, जिनमें उन्हें अपनी कुछ व्यावहारिक समस्याओं को हल करने की सहज इच्छा महसूस हो।
3. शिक्षक को छात्रों की रुचियों, रुचियों, योग्यताओं और आवश्यकताओं को जानने का प्रयास करना चाहिए। जहाँ तक संभव हो, छात्रों को जो समस्याएँ या परिस्थितियाँ दी जाती हैं, वे सामाजिक होनी चाहिए। इससे बेहतर सामाजिक प्रशिक्षण मिलता है और अधिक संतुष्टि मिलती है।
4. शिक्षक कक्षा के साथ उनकी रुचि के विभिन्न विषयों पर बातचीत कर सकते हैं।
5. शिक्षक को सार्थक परिस्थितियां प्रदान करने के लिए सभी संसाधनों का उपयोग करना है।
6. शिक्षक को अपने विद्यार्थियों का प्रभावी मार्गदर्शन करने के लिए अच्छी तरह पढ़ा-लिखा होना चाहिए तथा सूचना के स्रोतों से अवगत होना चाहिए।

ह्यूरिस्टिक विधि (Heuristic Method)

'ह्यूरिस्टिक' शब्द ग्रीक शब्द हेयुरिस्किन से लिया गया है, जिसका अर्थ है खोज। हेयुरिस्टिक पद्धति की वकालत प्रोफेसर आर्मस्ट्रांग ने की थी, जिन्होंने महसूस किया कि एक छात्र को खोजकर्ता की स्थिति में रखकर, वह केवल चीजों के बारे में बताए जाने से कहीं अधिक सीखेगा। यह करके अधिगम के सिद्धांत पर आधारित है। हेयुरिस्किन पद्धति मूल रूप से वैज्ञानिक पद्धति में प्रशिक्षण है। ज्ञान एक द्वितीयक विचार है। छात्र डेटा एकत्र करना, डेटा की व्याख्या करना और अनावश्यक कथनों को अस्वीकार करके समाधान तक पहुंचना सीखते हैं।

ह्यूरिस्टिक अनुभव-आधारित तकनीकों के लिए एक विशेषण है जो समस्या समाधान, अधिगम और खोज में मदद करता है। एक ह्यूरिस्टिक विधि का उपयोग विशेष रूप से एक समाधान को तेज़ी से खोजने के लिए किया जाता है जो कि सबसे अच्छे संभावित उत्तर, या 'इष्टतम समाधान' के करीब होने की उम्मीद है। ह्यूरिस्टिक्स "अंगूठे के नियम", शिक्षित अनुमान, सहज निर्णय या बस सामान्य ज्ञान हैं।

"ह्यूरिस्टिक विधियाँ" शब्द का उपयोग किसी भी समस्या समाधान या रचनात्मकता तकनीक का वर्णन करने के लिए किया जा सकता है जिसमें आगे के प्रयोग या परिशोधन के लिए एक प्रारंभिक बिंदु के रूप में एक बुनियादी मॉडल बनाना शामिल है। ह्यूरिस्टिक विधियाँ परीक्षण और त्रुटि (trial-and-error) दृष्टिकोण हैं।

रायबर्न (1963) कहते हैं: "जैसा कि नाम से ही स्पष्ट है, यह विधि एक ऐसी विधि है जिसके द्वारा छात्र स्वयं चीज़ों की खोज करता है। छात्र को एक अग्रणी की स्थिति में रखा जाता है और वह ज्ञान के मार्ग पर अपना रास्ता खोजता है, जैसा कि उन लोगों ने किया जिन्होंने सबसे पहले उन तथ्यों, सिद्धांतों और नियमों की खोज की थी जो अब सभी को ज्ञात हैं।"

ह्यूरिस्टिक विधि के उद्देश्य (Objectives of heuristic method)

इसके उद्देश्य इस प्रकार हैं:

1. छात्रों में अन्वेषण और अनुसंधान की आदत विकसित करना।
2. छात्रों में सुनने, अवलोकन करने, पूछने और खोज करने की आदत डालना।
3. छात्रों को अधिक चिंतनशील बनाना।
4. भविष्य में अधिगम की नींव रखना।
5. वैज्ञानिक अन्वेषण की भावना विकसित करना।

ह्यूरिस्टिक पद्धति भी विद्यार्थी को ज्ञान अर्जित करने के ये सभी अवसर प्रदान करती है जो पूर्णतः स्व-प्रयोग द्वारा अधिगम पर आधारित है।

ह्यूरिस्टिक शिक्षण के लिए आवश्यक शर्तें हैं:

- छात्र को कार्रवाई की स्वतंत्रता
- उत्तरदायी वातावरण प्रदान करना
- आवश्यकता पड़ने पर शिक्षक का मार्गदर्शन प्राप्त करें
- ह्यूरिस्टिक विधि के माध्यम से सीखना जारी रखने के लिए प्रोत्साहन।

ह्यूरिस्टिक विधि के लाभ (Advantages of heuristic method)

1. यह विधि व्यक्तिगत व्यावहारिक कार्य, सावधानीपूर्वक अवलोकन और स्वतंत्र सोच पर जोर देती है जो छात्र को आत्मनिर्भर बनाती है।
2. यह वैज्ञानिक सोच की पद्धति का ज्ञान प्रदान करता है और छात्रों में वैज्ञानिक दृष्टिकोण विकसित करती है।
3. यह करके अधिगम के महत्वपूर्ण मनोवैज्ञानिक सिद्धांत पर आधारित है।
4. व्यक्तिगत भिन्नताओं को ध्यान में रखा जा सकता है, क्योंकि प्रत्येक छात्र अपनी गति से काम कर सकता है।
5. छात्रों में अनुसंधान कौशल का विकास होता है, जिसमें उपकरणों की स्थापना और उन्हें फिट करना, प्रयोग करना आदि शामिल है; साफ-सफाई और धैर्यपूर्वक विवरणों पर ध्यान देने की आदतें विकसित होती हैं।

ह्यूरिस्टिक विधि के नुकसान (Disadvantages of heuristic method)

1. यह विधि केवल एक प्रतिभाशाली शिक्षक और छोटी कक्षा के साथ ही संभव है। इन दोनों बुनियादी आवश्यकताओं को व्यावहारिक रूप से प्राप्त करना कठिन है।
2. उपयुक्त पाठ्यपुस्तकें उपलब्ध नहीं हैं।
3. समय की दृष्टि से यह बहुत ही अलाभकारी है। दबाव में शिक्षक दिए गए समय में पाठ्यक्रम पूरा नहीं कर पाएंगे।
4. ज्ञान की तुलना में कौशल पर अधिक जोर दिया जाता है। इसलिए, ह्यूरिस्टिक पद्धति अधिगम में असंतुलन पैदा कर सकती है, क्योंकि ज्ञान गौण महत्व का है।

5. चूंकि इसमें बहुत सारे प्रयोग किए जाते हैं, इसलिए इसका मतलब है कि इस पद्धति को अपनाने के लिए उपयुक्त बुनियादी ढांचे की आवश्यकता है। इसलिए, यह महंगा साबित हो सकता है।
6. यह हमारे छात्रों से बहुत ज़्यादा की मांग करता है। सभी छात्र इस तरह की शिक्षा का सामना नहीं कर सकते।
7. इस विधि का उपयोग सभी वर्गों के लिए नहीं किया जा सकता।
8. समय-सारणी जैसी व्यावहारिक समस्याएं उत्पन्न हो सकती हैं, जिससे यह पद्धति विद्यालय के लिए उपयुक्त नहीं है।

शिक्षक की भूमिका (Role of the teacher)

ह्यूरिस्टिक पद्धति की सफलता शिक्षक पर निर्भर करती है।

1. उपयुक्त समस्या ढूँढना विधि की सफलता की कुंजी है। शिक्षक को छात्र की आयु, योग्यता और स्तर के साथ-साथ उपलब्ध सुविधाओं को भी ध्यान में रखना चाहिए।
2. शिक्षक को विद्यार्थियों के लिए मार्गदर्शक और प्रशिक्षक के रूप में कार्य करना चाहिए, तथा उन्हें पर्याप्त पृष्ठभूमि जानकारी प्रदान करनी चाहिए तथा विद्यार्थियों को आगे बढ़ने में सहायता करनी चाहिए।
3. छात्रों को विस्तृत अनुदेश पत्र दिए जाने चाहिए।
4. शिक्षक को विचार और कार्य की स्वतंत्रता देकर विज्ञान के अनुरूप मूल्यों और दृष्टिकोणों को विकसित करने में मदद करनी चाहिए।
5. छात्रों के ज्ञान को बढ़ाने की व्यवस्था शिक्षक द्वारा की जानी चाहिए—चाहे वह पुस्तकालय की सुविधा हो या क्षेत्र भ्रमण।
6. एक प्रतिभाशाली शिक्षक को विद्यार्थियों को उनके प्रयोगों और अवलोकनों से निष्कर्ष निकालने में मदद करनी चाहिए।

निष्कर्ष (Conclusion)

शिक्षण विधियों के उचित संयोजन से स्कूल के वातावरण में अधिगम की क्षमता में वृद्धि होगी।

डेवी के अनुसार:

> मन कोई ब्लॉटिंग पेपर नहीं है जो अपने आप अवशोषित हो जाता है और अपने आप ही उसे बनाए रखता है। यह एक सजीव है जिसे अपने भोजन की तलाश करनी होती है, जो अपनी वर्तमान परिस्थितियों के अनुसार भोजन का चयन और अस्वीकृति करता है और अपनी ऊर्जा के अंशों को अपने अस्तित्व में परिवर्तित करता है।

अध्याय **10**

अध्यापक शिक्षा में आधुनिक तकनीकों का प्रयोग (Modern Techniques in Use in Teacher Education)

पाठ्यक्रम से भी अधिक महत्वपूर्ण प्रश्न शिक्षण की पद्धति और शिक्षण की भावना का है।

—**बर्ट्रेंड रसेल**

परिचय (Introduction)

शिक्षण विधियों को छात्रों में सर्वांगीण विकास के लिए आवश्यक ज्ञान, कौशल और दृष्टिकोण के अर्जन को सुनिश्चित करने के लिए शिक्षार्थी की संज्ञानात्मक गतिविधि को व्यवस्थित करने के तरीकों के रूप में परिभाषित किया जा सकता है। शिक्षा में आधुनिक तकनीकों का उचित उपयोग शिक्षण की प्रक्रिया को और अधिक प्रभावी बना सकता है। यह छात्र में उच्च स्तर की रुचि जगाकर, उसके द्वारा सीखी गई घटनाओं की बेहतर समझ हासिल करने में मदद करता है; यह अध्यापक (शिक्षक) को हर समय विशुद्ध रूप से यांत्रिक व्याख्यान देने से भी मुक्त करता है। आधुनिक तकनीकों के उपयोग के माध्यम से शिक्षण विधियों में सुधार की समस्या पाठ्यक्रम विकास और शिक्षक प्रशिक्षण के साथ निकटता से जुड़ी हुई है। आज कई तकनीकें और रणनीतियाँ हैं जिनका उपयोग एक शिक्षक छात्र के विकास के अन्य पहलुओं के विकास को सुविधाजनक बनाने के अलावा संदेश को प्रभावी ढंग से प्राप्त करने के लिए कर सकता है।

चर्चा (Discussion)

चर्चा पद्धति को एक सीखने के अनुभव के रूप में परिभाषित किया जाता है जिसमें छात्र एक शिक्षक-नियंत्रित, एक अनुदेशात्मक उद्देश्य को प्राप्त करने से संबंधित जानकारी और अनुभवों को साझा करने की अंतःक्रिया में भाग लेते हैं। —**बेबीलोन ऑनलाइन शब्दकोश**

चर्चा विधि में, जैसा कि किसी भी समूह शिक्षण प्रयास के साथ होता है, शिक्षक आमतौर पर छात्रों से विचार, अनुभव, राय और जानकारी प्रदान करने पर निर्भर करता है। शिक्षक इस विधि का

उपयोग कक्षा अवधि के दौरान और छात्रों द्वारा कुछ ज्ञान और अनुभव प्राप्त करने के बाद कर सकता है। मौलिक रूप से, चर्चा विधि व्याख्यान विधि के लगभग विपरीत है। शिक्षक का लक्ष्य छात्रों को यह बताना है कि वे क्या जानते हैं, न कि कक्षा अवधि उन्हें बताने में बिताना। शिक्षक को यह याद रखना चाहिए कि चर्चा जितनी अधिक गहन होगी और भागीदारी जितनी अधिक होगी, सीखना उतना ही अधिक प्रभावी होगा। समूह के सभी सदस्यों को चर्चा का अनुसरण करना चाहिए। शिक्षक को सभी के साथ निष्पक्ष व्यवहार करना चाहिए; प्रश्नों को प्रोत्साहित करना चाहिए, धैर्य और चतुराई का प्रयोग करना चाहिए और सभी प्रतिक्रियाओं पर टिप्पणी करनी चाहिए। व्यंग्य या उपहास का उपयोग कभी नहीं किया जाना चाहिए, क्योंकि यह प्रतिभागियों की सहजता को बाधित करता है। निर्देशित चर्चा में, शिक्षक छात्रों के बीच चर्चा को प्रोत्साहित करने के लिए एक सूत्रधार के रूप में कार्य करता है।

निर्देशित चर्चा की योजना बनाना (Planning a Guided Discussion)

चर्चा की योजना बनाना मूलतः व्याख्यान की योजना बनाने जैसा ही है। शिक्षक को चर्चा पाठ की योजना बनाने में निम्नलिखित सुझाव मददगार लगेंगे।

1. **एक ऐसा विषय चुनें जिस पर छात्र लाभप्रद रूप से चर्चा कर सकें:** जब तक छात्रों के पास एक-दूसरे के साथ आदान-प्रदान करने के लिए कुछ ज्ञान न हो, तब तक वे चर्चा पद्धति से वांछित सीखने के परिणामों तक नहीं पहुँच सकते। यदि आवश्यक हो, तो ऐसे असाइनमेंट बनाएं जो छात्रों को पाठ के विषय पर चर्चा करने के लिए पर्याप्त पृष्ठभूमि प्रदान करें।
2. **वांछित शिक्षण परिणामों के साथ एक विशिष्ट पाठ उद्देश्य स्थापित करें:** चर्चा के माध्यम से, छात्र ज्ञान, अनुभव और पृष्ठभूमि साझा करके विषय की समझ विकसित करते हैं। नतीजतन, उद्देश्य आमतौर पर सीखने के समझ के स्तर पर बताया जाता है।
3. **विषय से परिचित होने के लिए पर्याप्त शोध करें:** शोध करते समय, शिक्षक को हमेशा छात्रों के किसी विशेष समूह के लिए पाठ को तैयार करने के सर्वोत्तम तरीके के बारे में विचारों के लिए सतर्क रहना चाहिए। शिक्षक को ऐसी पठन सामग्री भी निर्धारित करनी चाहिए जो छात्रों के लिए पृष्ठभूमि सामग्री के रूप में विशेष रूप से उपयुक्त प्रतीत होती है। ऐसी सामग्री अच्छी तरह से व्यवस्थित और बुनियादी बातों पर आधारित होनी चाहिए।
4. **पाठ के मुख्य और अधीनस्थ बिंदुओं को तार्किक क्रम में व्यवस्थित करें:** निर्देशित चर्चा के तीन मुख्य भाग होते हैं—परिचय, चर्चा और निष्कर्ष। परिचय में तीन तत्व होते हैं: ध्यान, प्रेरणा और अवलोकन। चर्चा में, शिक्षक को यह सुनिश्चित करना चाहिए कि चर्चा किए गए मुख्य बिंदु उद्देश्य के साथ तार्किक रूप से जुड़े हुए हों। निष्कर्ष में सारांश, पुनः सक्रियण और समापन शामिल हैं। इस तरीके से व्यवस्थित करके, शिक्षक छात्रों को विषय-वस्तु की अच्छी समझ प्राप्त करने और चर्चा में भटकाव की संभावना को कम करने में मदद करने के लिए प्रश्नों को वाक्यांशबद्ध करता है।
5. **प्रत्येक वांछित शिक्षण परिणाम के लिए कम से कम एक नेतृत्व (lead-off) प्रश्न की योजना बनाएं:** प्रश्न तैयार करते समय, शिक्षक को यह याद रखना चाहिए कि इसका उद्देश्य चर्चा को प्रोत्साहित करना है, न कि केवल उत्तर प्राप्त करना। शिक्षक को ऐसे प्रश्नों

से बचना चाहिए जिनके लिए केवल संक्षिप्त स्पष्ट उत्तर की आवश्यकता होती है, जैसे कि हाँ या नहीं। नेत्तृव प्रश्न आमतौर पर कैसे या क्यों से शुरू होने चाहिए।

निर्देशित चर्चा में प्रश्नों का उपयोग (Use of Questions in a Guided Discussion)

निर्देशित चर्चा में प्रश्नों के कुशल उपयोग के माध्यम से अधिगम प्राप्त किया जाता है। प्रश्नों को कार्य और विशेषताओं के आधार पर वर्गीकृत किया जा सकता है। इन अंतरों को समझने से शिक्षक को प्रश्नों का अधिक कुशल उपयोगकर्ता बनने में मदद मिलती है।

शिक्षक अक्सर चर्चा के लिए शुरु करने प्रश्न का उपयोग करता है। यह नेत्तृव प्रश्न है और इसका कार्य इसके नाम से ही संकेतित होता है। इसका उद्देश्य चर्चा शुरू करना है। चर्चा विकसित होने के बाद, शिक्षक चर्चा को निर्देशित करने के लिए अनुवर्ती प्रश्न पूछ सकता है। अनुवर्ती प्रश्न का उपयोग करने के कारण अलग-अलग हो सकते हैं। शिक्षक चाह सकता है कि छात्र कुछ और विस्तार से समझाए, या चर्चा को उस बिंदु पर वापस लाने की आवश्यकता हो सकती है जहाँ से वह भटक गई है।

विशेषताओं के संदर्भ में, प्रश्नों को ओवरहेड, आलंकारिक, प्रत्यक्ष, उलटा और रिले के रूप में पहचाना जा सकता है। ओवरहेड प्रश्न पूरे समूह को निर्देशित किया जाता है ताकि प्रत्येक समूह के सदस्य से विचार और प्रतिक्रिया को उत्तेजित किया जा सके। शिक्षक नेत्तृव प्रश्न पूछने के लिए ओवरहेड प्रश्न का उपयोग कर सकता है। आलंकारिक प्रश्न प्रकृति में समान है, क्योंकि यह समूह के विचार को भी प्रेरित करता है। हालाँकि, शिक्षक आलंकारिक प्रश्न का उत्तर प्रदान करता है। नतीजतन, यह निर्देशित चर्चा की तुलना में व्याख्यान में अधिक सामान्यतः उपयोग किया जाता है।

प्रकार

- **ओवरहेड**—कैसे/क्यों—पूरे समूह को निर्देशित
- **बयानबाजी**—स्पर्स समूह विचार
- **प्रत्यक्ष**—किसी विशिष्ट छात्र से पूछा गया
- **उलटा**—एक प्रश्न के जवाब में, दूसरा प्रश्न पूछें
- **रिले**—यदि कोई छात्र पूछे तो प्रश्न को समूह में पुनः बताएं

प्रभावी प्रश्न

- उपयुक्त विषय का चयन करें।
- उद्देश्य स्थापित करें।
- विषय पर शोध करें।
- मुख्य और गौण बिंदुओं को तार्किक रूप से व्यवस्थित करें।
- प्रत्येक वांछित परिणाम के लिए एक प्रारंभिक प्रश्न की योजना बनाएं।
- छात्रों को उनकी तैयारी में मार्गदर्शन करें।

निर्देशित चर्चा की संरचना (Structure of Guided Discussion)

शिक्षक के पास लक्ष्यों और/या विचारों का एक समूह होना चाहिए जिसे वह विद्यार्थियों तक पहुंचाना चाहता है।

1. **परिचय:** यह कुछ ऐसा होना चाहिए जो प्रश्न उठाए या किसी वर्तमान घटना का वर्णन करे ताकि चर्चा को आगे बढ़ाने में मदद मिल सके।
2. **चर्चा:** शिक्षक को चर्चा को विषय तक ही सीमित रखना चाहिए। उसे ध्यानपूर्वक सुनना चाहिए और छात्र के ज्ञान का निरंतर मूल्यांकन करने का प्रयास करना चाहिए।
3. **सारांश:** शिक्षक को आगे बढ़ने से पहले प्रत्येक अनुभाग का सारांश देना चाहिए।
4. **निष्कर्ष:** शिक्षक को चर्चा में शामिल की गई बातों की समीक्षा करने और उन्हें फिर से दोहराने के लिए कुछ मिनट का समय लेना चाहिए। इससे छात्र को "बड़ा परिदृश्य" समझने में मदद मिलेगी। शिक्षक को किसी भी प्रश्न को स्पष्ट करना चाहिए।

चर्चा पद्धति के उद्देश्य (Objectives of Discussion Method)

विज्ञान शिक्षण की एक विधि के रूप में चर्चा का उपयोग करने के उद्देश्य हैं:

1. जानकारी साझा करें।
2. विचारों को स्पष्ट करें।
3. रुचि प्रेरित करें।
4. प्रगति का मूल्यांकन करें।
5. विचार व्यक्त करने में आत्मविश्वास विकसित करें।
6. अपने से भिन्न विचारों के प्रति सहिष्णुता विकसित करें।

निर्देशित चर्चा के लिए छात्र की तैयारी (Student Preparation for a Guided Discussion)

चर्चा के लिए छात्रों को खुद को तैयार करने में मदद करना शिक्षक की जिम्मेदारी है। प्रत्येक छात्र को चर्चा में योगदान देने और उससे लाभ उठाने की जिम्मेदारी स्वीकार करने के लिए प्रोत्साहित किया जाना चाहिए। शिक्षक द्वारा छात्रों को चर्चा के लिए तैयार करने के दौरान, उन्हें पाठ के उद्देश्य से अवगत कराया जाना चाहिए। कुछ मामलों में, शिक्षक के पास प्रारंभिक कार्य सौंपने का कोई अवसर नहीं होता है और उसे पहली बार छात्रों का सामना करना पड़ता है। ऐसे मामलों में, परिचय के दौरान छात्रों को विषय का एक संक्षिप्त सामान्य सर्वेक्षण देना व्यावहारिक और उचित है। आम तौर पर, छात्रों को उस विषय में कुछ पृष्ठभूमि के बिना किसी विषय पर चर्चा करने के लिए नहीं कहा जाना चाहिए।

चर्चा का मार्गदर्शन करना—शिक्षक तकनीक (Guiding a Discussion—Teacher Technique)

चर्चा को निर्देशित करने के लिए इस्तेमाल की जाने वाली तकनीकों के लिए अभ्यास और अनुभव की आवश्यकता होती है। शिक्षक को चर्चा के साथ बने रहना चाहिए और यह जानना चाहिए कि

प्रश्नों के साथ हस्तक्षेप कहाँ करना है या समूह का ध्यान पुनर्निर्देशित करना है। निम्नलिखित जानकारी निर्देशित चर्चा को सफलतापूर्वक संचालित करने के लिए एक रूपरेखा प्रदान करती है।

परिचय *(Introduction)*

एक निर्देशित चर्चा पाठ की शुरुआत व्याख्यान की तरह ही की जाती है। परिचय में ध्यान देने वाला तत्व, प्रेरणा तत्व और मुख्य बिंदुओं का अवलोकन शामिल होना चाहिए। उत्साह को प्रोत्साहित करने और चर्चा को प्रोत्साहित करने के लिए, शिक्षक को एक सहज, अनौपचारिक माहौल बनाना चाहिए। प्रत्येक छात्र को विषय के विभिन्न पहलुओं पर चर्चा करने का अवसर दिया जाना चाहिए, और ऐसा करने के लिए स्वतंत्र महसूस करना चाहिए। इसके अलावा, छात्र को योगदान देने की व्यक्तिगत जिम्मेदारी महसूस करनी चाहिए। शिक्षक को छात्रों को यह महसूस कराने की कोशिश करनी चाहिए कि उनके विचार और सक्रिय भागीदारी वांछित और आवश्यक है।

चर्चा *(Discussion)*

शिक्षक चर्चा की शुरुआत पहले से तैयार किए गए प्रश्नों में से एक पूछकर करता है। प्रश्न पूछने के बाद शिक्षक को धैर्य रखना चाहिए। छात्रों को प्रतिक्रिया देने का मौका दिया जाना चाहिए। प्रश्न पूछने से पहले शिक्षक के दिमाग में उत्तर होना चाहिए, लेकिन छात्रों को उत्तर देने से पहले प्रश्न के बारे में सोचना चाहिए।

प्रश्न जितना कठिन होगा, छात्रों को उत्तर देने में उतना ही अधिक समय लगेगा। कभी-कभी, छात्र प्रश्न को समझ नहीं पाते हैं। जब भी शिक्षक को उलझन भरे भाव दिखाई दें, तो प्रश्न को थोड़े अलग रूप में फिर से लिखना चाहिए। प्रश्नों की प्रकृति पाठ के उद्देश्य और वांछित सीखने के परिणामों द्वारा निर्धारित की जानी चाहिए।

चर्चा शुरू होने के बाद, शिक्षक को चर्चा के दौरान छात्रों द्वारा दिए गए विचारों, अनुभवों और उदाहरणों को ध्यान से सुनना चाहिए। जैसे-जैसे चर्चा आगे बढ़ती है, शिक्षक को दिशा निर्देशित करना, छात्रों को विषय को अधिक गहराई से जानने के लिए प्रोत्साहित करना या उन्हें विषय पर अधिक विस्तार से चर्चा करने के लिए प्रोत्साहित करना आवश्यक लग सकता है। कैसे और क्यों अनुवर्ती प्रश्नों का उपयोग करके, शिक्षक को छात्रों को विषय को समझने में मदद करने के उद्देश्य से चर्चा को निर्देशित करने में सक्षम होना चाहिए।

जब ऐसा लगता है कि छात्रों ने पाठ के इस विशेष भाग का समर्थन करने वाले विचारों पर चर्चा की है, तो शिक्षक को छात्रों द्वारा हासिल की गई उपलब्धियों का सारांश देना चाहिए। यह समूह द्वारा विकसित विचारों का सारांश देगा और दिखाएगा कि वे चर्चा किए गए विचार से कैसे संबंधित हैं और उनका समर्थन करते हैं। एक अंतरिम सारांश एक विशिष्ट शिक्षण परिणाम के संबंध में सीखने को सुदृढ़ करता है। सारांश और संक्रमणकालीन उपकरण के रूप में इसके उपयोग के अलावा, अंतरिम सारांश का उपयोग समूह को विषय पर बनाए रखने या चर्चा को किसी अन्य सदस्य की ओर मोड़ने के लिए भी किया जा सकता है।

चर्चा पद्धति के लाभ (Advantages of Discussion Method)

निर्देशित चर्चा एक उद्देश्य के साथ किसी निर्दिष्ट विषय पर व्यक्तियों के समूह के बीच एक गैर-पदानुक्रमित मौखिक बातचीत है। इस पाठ्यक्रम में एक तकनीक के रूप में चर्चा पद्धति के कई लाभ हैं।

1. सक्रिय शिक्षण भूमिका प्रदान करता है। शोध से पता चलता है कि जब सीखने की प्रक्रिया में उनकी भूमिका सक्रिय होती है तो छात्र अधिक सीखते हैं और सीखी गई जानकारी को लंबे समय तक याद रखते हैं।
2. यह छात्रों को एक दूसरे की बात सुनने और सीखने के लिए प्रोत्साहित करता है। चर्चा प्रतिस्पर्धी सीखने के बजाय सहकारी सीखने को प्रोत्साहित करती है।
3. उच्च स्तरीय सोच, आलोचनात्मक सोच कौशल शामिल है
4. छात्रों को उनके अपने दृष्टिकोण के अलावा अन्य दृष्टिकोणों से भी परिचित कराती है।
5. मौखिक वकालत और अन्य कौशल विकसित करने में मदद करती है।
6. छात्रों को विज्ञान विषय के अध्ययन में अपनी राय और भावनाएं व्यक्त करने का अवसर प्रदान करती है।

निर्देशित चर्चा को समाहित सामग्री का सारांश देकर समाप्त किया जाता है। निष्कर्ष में, शिक्षक को चर्चा किए गए विभिन्न बिंदुओं या विषयों को एक साथ जोड़ना चाहिए, और सामने लाए गए तथ्यों और इन तथ्यों के व्यावहारिक अनुप्रयोग के बीच संबंधों को दिखाना चाहिए।

पैनल चर्चा (Panel Discussion)

पैनल चर्चा तकनीक की शुरुआत 1927 में हैरी ए. ओवरस्ट्रीट ने की थी। यह एक ऐसी चर्चा है जिसमें कुछ लोग (पैनल) दर्शकों के सामने बातचीत करते हैं। चर्चा के अंत में, दर्शक विशेषज्ञों से महत्वपूर्ण प्रश्न पूछते हैं जो उनका उत्तर देते हैं।

पैनल चर्चा को एक समूह को एक अवसर प्रदान करने के लिए डिज़ाइन किया गया है, जिसमें किसी विशिष्ट मुद्दे या विषय के बारे में जानकार कई लोग जानकारी प्रस्तुत करते हैं और व्यक्तिगत विचारों पर चर्चा करते हैं। पैनल चर्चा दर्शकों को चर्चा किए जा रहे विशिष्ट मुद्दों या विषयों के बारे में अपनी स्थिति को और अधिक स्पष्ट करने और उसका मूल्यांकन करने में मदद कर सकती है और दूसरों की स्थिति के बारे में उनकी समझ को बढ़ा सकती है।

वेब (web) पर पैनल चर्चा की परिभाषाएँ

- सार्वजनिक हित के विषय पर व्यक्तियों के एक समूह द्वारा आम तौर पर दर्शकों के समक्ष एक पैनल बनाकर चर्चा करना।
  wordnetweb.princeton.edu/perl/webwn
- दर्शकों की उपस्थिति में किसी विषय पर चर्चा करने के लिए चुने गए लोगों के समूह का उपयोग करने की निर्देशात्मक तकनीक।
- दर्शकों के सामने कई लोगों के बीच किसी दिए गए विषय पर संरचित बातचीत।

पैनल चर्चा के उद्देश्य (Objectives of Panel Discussion)

पैनल चर्चा के उद्देश्य हैं:

1. जानकारी और नये तथ्य प्रदान करना।
2. किसी समस्या का विभिन्न कोणों से विश्लेषण करना।
3. शामिल मूल्यों की पहचान करें।
4. क्षेत्र के विशेषज्ञों के साथ बातचीत करने का अवसर प्रदान करें।

पैनल चर्चा आयोजित करने के लिए दिशानिर्देश (Guidelines for Conducting a Panel Discussion)

पैनल चर्चा आयोजित करने के दिशानिर्देश इस प्रकार हैं:

1. किसी ऐसे मुद्दे या विषय की पहचान करें या प्रतिभागियों को पहचानने में मदद करें जिसमें मूल्यों और/या हितों में महत्वपूर्ण संघर्ष शामिल हो। मुद्दा या विषय किसी सामयिक प्रश्न, किसी काल्पनिक घटना, किसी छात्र के अनुभव या किसी वास्तविक मामले के रूप में प्रस्तुत किया जा सकता है।
2. ऐसे पैनलिस्ट चुनें जो मुद्दे या विषय के बारे में अच्छी तरह से जानते हों और उनके पास विशिष्ट दृष्टिकोण हों। एक पैनल चर्चा जिसमें तीन से पांच पैनलिस्ट शामिल हों, आमतौर पर सबसे अधिक कारगर होती है। एक नेता या संचालक चुनें।
3. पैनल के पैनलिस्टों को उद्देश्य बताएं। चर्चा को बढ़ावा देने और पैनल के सदस्यों को चर्चा के लिए तैयारी करने का समय देने के लिए डिज़ाइन किया गया है। कुछ स्थितियों में, तैयारी के लिए दस या पंद्रह मिनट का समय पर्याप्त हो सकता है जबकि अन्य स्थितियों में, पैनल के सदस्यों को निर्धारित चर्चा से कई सप्ताह पहले तैयारी करने की आवश्यकता हो सकती है।
4. पैनल चर्चा के प्रारूप का निर्णय लें:
   (क) नेता या संचालक विषय का परिचय देता है और पैनलिस्ट एक निश्चित समयावधि के लिए मुद्दे या विषय के संबंध में अपने विचार और राय प्रस्तुत करते हैं।
   (ख) पैनलिस्ट प्रश्न पूछकर या अन्य पैनल सदस्यों के विचारों और राय पर प्रतिक्रिया देकर एक दूसरे के साथ मुद्दे या विषय पर चर्चा करते हैं। एक विशिष्ट समय सीमा स्थापित की जानी चाहिए।
   (ग) नेता या संचालक चर्चा को समाप्त करता है तथा पैनल प्रस्तुतियों और चर्चा का सारांश प्रस्तुत करता है।
   (घ) नेता या संचालक एक फोरम अवधि का आह्वान करता है जिसके दौरान कक्षा के सदस्य विभिन्न पैनल सदस्यों से प्रश्न पूछकर या अपने विचार और राय व्यक्त करके भाग ले सकते हैं। फोरम अवधि का संचालन पैनल नेता या संचालक द्वारा किया जाना चाहिए।

शिक्षक की प्रमुख जिम्मेदारियाँ (Principal Responsibilities of the Teacher)

1. पैनल चर्चा के लिए जिन मुद्दों या विषयों पर चर्चा की जानी है, उनकी पहचान करें या प्रतिभागियों को उनकी पहचान करने में मदद करें।

2. सुनिश्चित करें कि सभी पैनेलिस्ट और मॉडरेटर चर्चा से पहले ही पैनल चर्चा की प्रक्रियाओं से परिचित हों ताकि वे अपनी भूमिकाओं की जिम्मेदारियों को पूरा करने में सक्षम हों।
3. पैनलिस्टों और प्रतिभागियों को (जब आवश्यक हो) चर्चा की तैयारी में सहायता प्रदान करें, उन्हें विभिन्न स्रोत सामग्रियों, क्षेत्र के अधिकारियों आदि के बारे में बताएं।
4. प्रतिभागियों को किसी मुद्दे या विषय पर चर्चा में निष्पक्ष प्रक्रियाओं की आवश्यकता को समझने में सहायता करें।

पैनल चर्चा के लाभ (Advantages of Panel Discussion)

पैनल चर्चा के लाभ इस प्रकार हैं:

1. सामाजिक शिक्षा को प्रोत्साहित करता है।
2. उच्च संज्ञानात्मक और भावात्मक उद्देश्यों का विकास करता है।
3. समस्या समाधान और तार्किक सोच की क्षमता विकसित होती है।
4. अपने विचारों के अलावा अन्य लोगों के विचारों के प्रति सहिष्णुता विकसित होती है।
5. चर्चा के विषय और विषयवस्तु को आत्मसात करने के अवसर प्रदान करता है।
6. चर्चा की प्रकृति, समस्या या विषय को समझने में सहायता करता है।
7. विषय की प्रस्तुति और तार्किक स्पष्टीकरण देने की क्षमता विकसित होती है।
8. रचनात्मक सोच विकसित होती है।
9. प्रश्न पूछने और उनका उत्तर देने में शिष्टाचार प्राप्त करने में सहायता करता है।

पैनल चर्चा की सीमाएँ (Limitations of Panel Discussion)

पैनल चर्चा की सीमाएँ इस प्रकार हैं:

1. चर्चा के विषय से भटकाव की संभावना है।
2. कुछ सदस्य हावी हो सकते हैं।
3. पैनलिस्ट दर्शकों को पक्ष और विपक्ष में विभाजित कर सकते हैं, जब तक कि संचालक निर्णय न ले।

सेमिनार (Seminar)

सेमिनार सामान्यतः शैक्षणिक निर्देश का एक रूप है, जो या तो विश्वविद्यालय में या किसी वाणिज्यिक या पेशेवर संगठन द्वारा प्रदान किया जाता है।

सेमिनार का कार्य आवर्ती बैठकों के लिए छोटे समूहों को एक साथ लाना है, हर बार किसी विशेष विषय पर ध्यान केंद्रित करना, जिसमें उपस्थित सभी लोगों से सक्रिय रूप से भाग लेने का अनुरोध किया जाता है। यह अक्सर शिक्षक के साथ चल रहे सुकराती संवाद के माध्यम से या शोध की अधिक औपचारिक प्रस्तुति के माध्यम से पूरा किया जाता है। सेमिनार प्रणाली के पीछे का विचार छात्रों को उनके चुने हुए विषय की कार्यप्रणाली से अधिक व्यापक रूप से परिचित कराना और उन्हें समस्याओं के व्यावहारिक पहलुओं के उदाहरणों के साथ बातचीत करने की अनुमति देना है। यह अनिवार्य रूप से एक ऐसा स्थान है जहाँ निर्धारित पाठों पर चर्चा की जाती है, प्रश्न उठाए जा सकते हैं और चर्चा आयोजित की जा सकती है।

"विशेष विषयों" पर सेमिनार वास्तव में दशकों से होते आ रहे हैं, तथा यह सूचना के आदान-प्रदान का पुराना तरीका है, जिसमें पिछले दस वर्षों में काफी रुचि देखी गई है।

सेमिनार बस लोगों का एक समूह है जो विशिष्ट तकनीकों और विषयों पर चर्चा और सीखने के लिए एक साथ आते हैं। आम तौर पर, प्रत्येक सेमिनार में कई मुख्य वक्ता होते हैं, और ये वक्ता आमतौर पर अपने-अपने क्षेत्रों या विषयों के विशेषज्ञ होते हैं।

सेमिनार के लाभ (Advantages of Seminar)

सेमिनार के लाभ इस प्रकार हैं:

1. ज्ञान का खजाना, आमतौर पर एक ही स्थान पर एक ही समय में कई वक्ताओं द्वारा प्रस्तुत किया जाता है। यह शिक्षकों के लिए समय बचाने वाला है। पाठ्यक्रम को समय पर पूरा किया जा सकता है।
2. सौहार्द की भावना, जहाँ छात्र अपने चुने हुए क्षेत्र में समान रुचियों/समस्याओं/चिंताओं वाले अन्य लोगों से मिल सकते हैं। यह सामाजिक शिक्षा को प्रोत्साहित करता है। उन छात्रों के लिए एक बढ़िया तरीका है जो पढ़ना या कक्षाओं में जाना पसंद नहीं करते हैं, किसी विशिष्ट विषय के बारे में अपने ज्ञान को बेहतर बनाने के लिए।
3. सेमिनार से अपने विचारों के अलावा अन्य विचारों के प्रति सहिष्णुता विकसित करने में मदद मिलती है।
4. यह उच्च संज्ञानात्मक और भावात्मक उद्देश्यों को विकसित करने में मदद करता है।
5. सेमिनार से समस्या समाधान और तार्किक सोच की क्षमता विकसित होती है।

सेमिनार के नुकसान (Disadvantages of Seminar)

सेमिनार के नुकसान इस प्रकार हैं:

1. ऐसा भी हो सकता है कि वक्ता गलत जानकारी दे रहे हों या फिर उन्हें खुद भी कोई जानकारी न हो। इस पर सावधानीपूर्वक विचार करने की आवश्यकता है।
2. ऐसी संभावना है कि विषयवस्तु को समझने में सक्रिय रूप से मदद न मिले और सेमिनार समय की बर्बादी होगी, जहां सीखी गई कोई भी बात छात्रों के लिए उपयोगी नहीं होगी।
3. ऐसा भी हो सकता है कि विद्यार्थी किसी सेमिनार से बहुत अधिक अपेक्षाएं कर लें और इस प्रकार निराश हो जाएं।

कुल मिलाकर, यदि सेमिनार का चयन सावधानी से किया जाए तो यह एक अच्छा अनुभव हो सकता है।

संगोष्ठी (Symposium)

शब्द "संगोष्ठी" मूल रूप से शराब पीने वाली पार्टी के लिए प्रयोग किया जाता था (यूनानी क्रिया सिम्पोटिन का अर्थ है "एक साथ पीना"), लेकिन बाद में इसका प्रयोग किसी भी अकादमिक सम्मेलन या विश्वविद्यालय कक्षा की शैली के लिए किया जाने लगा।

संगोष्ठी किसी विषय पर चर्चा के लिए एक बैठक या सम्मेलन है, विशेष रूप से वह जिसमें प्रतिभागी एक दर्शक के रूप में प्रस्तुतीकरण देते हैं। *—फ्री ऑनलाइन शब्दकोश*

"हम संगोष्ठी को मौखिक या लिखित टिप्पणियों के एक समूह के रूप में देखते हैं, जो विपरीत या कम से कम अलग दृष्टिकोण को चित्रित करता है।" —स्ट्रक

हाई स्कूल शिक्षण में नई तकनीकों में से एक संगोष्ठी, विज्ञान शिक्षण में एक स्थान पाने की हकदार है। अतीत में, यह वयस्क शिक्षा क्षेत्र और विभिन्न प्रकार की बैठकों और सम्मेलनों के साथ निकटता से जुड़ा हुआ है। हालाँकि, संगोष्ठी पद्धति में हाई-स्कूल कक्षा, स्कूल असेंबली, स्कूल क्लब और संगठन और अन्य अतिरिक्त कक्षा गतिविधियों के लिए भी कई दिलचस्प संभावनाएँ हैं।

हालांकि, कई कक्षाओं में, नियमित शिक्षण प्रक्रियाओं में अधिकांश छात्र निष्क्रिय होते हैं। छात्र आमतौर पर मानसिक कार्य की जिम्मेदारी शिक्षक पर छोड़ देने से संतुष्ट रहते हैं।

संगोष्ठी विधि के लाभ (Advantages of Symposium Method)

संगोष्ठी पद्धति के लाभ इस प्रकार हैं:

1. संगोष्ठी छात्रों को आत्म-अभिव्यक्ति के लिए अधिक अवसर प्रदान करती है।
2. यह रचनात्मक सोच विकसित करती है।
3. यह अधिक आत्मविश्वास और अच्छे संचार कौशल विकसित करने में मदद करती है।
4. यह ध्यान को "निष्क्रिय" सीखने से "सक्रिय" सीखने की ओर स्थानांतरित करती है।

संगोष्ठी में, प्रतिभागी किसी चयनित समस्या या विषय के विभिन्न पहलुओं के बारे में अपने विचार भाषणों या शोधपत्र के माध्यम से श्रोताओं के समक्ष प्रस्तुत करते हैं।

संगोष्ठी विधि के नुकसान (Disadvantages of the Symposium Method)

1. छात्र "निष्क्रिय" सीखने के इतने आदी हो सकते हैं कि यह विधि उनकी क्षमताओं से परे साबित हो सकती है। उस स्थिति में, संगोष्ठी विधि समय की बर्बादी हो सकती है।
2. चुने गए विषय, विषय को समझने में सक्रिय रूप से मदद नहीं कर सकते।
3. ऐसा भी हो सकता है कि विद्यार्थी संगोष्ठी से बहुत अधिक अपेक्षाएं रखने लगें और इस प्रकार निराश हो जाएं।

टीम शिक्षण (Team Teaching)

टीम शिक्षण एक ऐसी व्यवस्था है जिसके तहत दो या दो से अधिक शिक्षक मिलकर एक या एक से अधिक कक्षा समूहों की योजना बनाते हैं, उन्हें उचित और सहमत शिक्षण योजना के अनुसार तथा निश्चित समयावधि में पढ़ाते हैं और उनका मूल्यांकन करते हैं, ताकि टीम के सदस्यों की विशिष्ट क्षमताओं का लाभ उठाया जा सके। —*सिंगर, इरा जे.* (1964)

वेब पर टीम शिक्षण की परिभाषा:

- समन्वित कक्षा शिक्षण की एक विधि जिसमें शिक्षकों की एक टीम छात्रों के एक समूह के साथ मिलकर काम करती है।

wordnetweb.princeton.edu/perl/webwn

- एक शिक्षण पद्धति जिसमें दो या दो से अधिक शिक्षक एक ही विषय या थीम पढ़ाते हैं। शिक्षक पूरे समूह को बारी-बारी से पढ़ा सकते हैं या समूह को विभाजित कर सकते हैं।...

पारंपरिक रूप से टीम शिक्षण को तब माना जाता है जब एक कक्षा में एक से अधिक शिक्षक शिक्षण में शामिल होते हैं। टीम शिक्षण के कुछ अलग-अलग मॉडल हैं, और एक कक्षा अवधि के भीतर एक से अधिक मॉडल चलाए जा सकते हैं।

टीम शिक्षण का महत्व (Significance of Team Teaching)

21वीं सदी के छात्रों और शिक्षकों से पहले से कहीं ज़्यादा उम्मीदें की जा रही हैं। छात्रों को इन उम्मीदों को पूरा करने में मदद करने के लिए अलग-अलग शिक्षण विधियों को संबोधित करने वाले विभिन्न अध्ययन किए गए हैं। टीम शिक्षण उन विधियों में से एक है जिसकी खोज की गई है।

टीम शिक्षण के प्रकार (Types of Team Teaching)

पारंपरिक टीम शिक्षण एक ऐसा मॉडल है जिसमें कक्षा में दो शिक्षक छात्रों को पढ़ाने की समान जिम्मेदारी लेते हैं और हर समय सक्रिय रूप से शामिल होते हैं। एक पढ़ा रहा हो सकता है जबकि दूसरा बोर्ड पर नोट्स लिख रहा हो सकता है।

सहायक अनुदेशन टीम शिक्षण का दूसरा मॉडल है जिसमें एक शिक्षक विषय-वस्तु पढ़ाता है और दूसरा अनुवर्ती गतिविधियां प्रदान करता है।

समानांतर शिक्षण टीम शिक्षण का एक रूप है जिसमें छात्रों को दो समूहों में विभाजित किया जाता है और प्रत्येक शिक्षक अपने समूह को पढ़ाने के लिए जिम्मेदार होता है।

विभेदित विभाजित कक्षा टीम शिक्षण में उपलब्धि के आधार पर छात्रों को दो समूहों में विभाजित किया जाता है। एक शिक्षक उन छात्रों को सुधारात्मक निर्देश प्रदान करता है जो किसी कौशल पर संघर्ष कर रहे हैं जबकि दूसरा उन छात्रों को संवर्धन प्रदान करता है जिन्होंने कौशल को समझ लिया है।

निगरानी शिक्षक टीम शिक्षण का दूसरा रूप है। इस मॉडल में, एक शिक्षक निर्देश की भूमिका निभाता है जबकि दूसरा कक्षा में घूमता है और छात्रों के व्यवहार और प्रगति की निगरानी करता है। एक कक्षा अवधि के भीतर विभिन्न प्रकार के टीम शिक्षण का उपयोग किया जा सकता है।

टीम शिक्षण के प्रभाव (Effects of Team Teaching)

जब टीम शिक्षण को प्रभावी ढंग से व्यवस्थित और कार्यान्वित किया जाता है, तो छात्रों, अभिभावकों और स्कूल के शिक्षकों द्वारा सकारात्मक प्रभाव महसूस किए जाते हैं। शोध से पता चलता है कि टीम शिक्षण दृष्टिकोण का उपयोग करके पढ़ाए गए छात्रों की उपलब्धि का स्तर अधिक होता है। टीम शिक्षण की स्थिति में शिक्षकों का अभिभावकों के साथ अधिक संपर्क भी होता है। इसके अतिरिक्त, टीम शिक्षण को नियोजित करने वाले स्कूलों में शिक्षक अपने काम से अधिक संतुष्ट होते हैं, जिसके परिणामस्वरूप काम का माहौल बेहतर होता है।

टीम शिक्षण को लागू करते समय ध्यान रखने योग्य बातें (Points to Consider When Implementing Team Teaching)

टीम शिक्षण को क्रियान्वित करते समय निम्नलिखित बिंदुओं पर विचार किया जाना चाहिए:

1. क्या इसमें शामिल शिक्षक शिक्षण के नए तरीकों को आजमाने के लिए तैयार हैं?

2. क्या शामिल शिक्षक खुले विचारों वाले, आशावादी लोग हैं?
3. क्या इसमें शामिल शिक्षक साधन संपन्न, लचीले तथा प्रभावी ढंग से संवाद करने में सक्षम और इच्छुक हैं?
4. क्या टीम के सदस्य ईमानदार, भरोसेमंद, सम्मानीय लोग हैं जो रचनात्मक आलोचना से नाराज नहीं होंगे?

टीम शिक्षण में शामिल शिक्षकों को यह करना होगा:

1. शिक्षण के इस मॉडल को लागू करने से पहले यह परिभाषित करें कि उनकी कक्षा में टीम शिक्षण कैसा होगा।
2. लक्ष्यों और जिम्मेदारियों से लेकर समय की योजना तक सब कुछ इसमें शामिल करें।

टीम शिक्षण के नुकसान (Disadvantages of Team Teaching)

टीम शिक्षण के नुकसान इस प्रकार हैं:

1. टीम शिक्षण के लिए एकीकृत परिभाषा या दृष्टिकोण का अभाव छात्रों सहित सभी के लिए भ्रम की स्थिति पैदा कर सकता है।
2. असंगत कक्षा वातावरण जिसमें छात्र एक शिक्षक को दूसरे शिक्षक के विरुद्ध खड़ा करते हैं।

शिक्षकों के लिए लाभ

- शिक्षण और सीखने में सुधार
- कम सुधार
- भागों के बंटवारे से तनाव कम होता है
- टीम के सदस्यों से अधिक समर्थन
- उपलब्धि की अधिक भावना
- नई पद्धतियाँ सीखने का अवसर
- अनुशासन बनाए रखने में कम समय व्यतीत होता है

छात्रों के लिए लाभ

- बेहतर शिक्षण और सीखना
- बेहतर भागीदारी, आत्मसम्मान, समूह गतिशीलता, लिखित कार्य
- बेहतर अनुशासन के कारण कम विकर्षण
- उपस्थिति में सुधार
- बेहतर शिक्षक/छात्र संबंध

टीम शिक्षण के सफल उपयोग के लिए मानदंड (Criteria for Successful Use of Team Teaching)

1. छात्रों को टीम शिक्षक के साथ नियमित और ईमानदारी से संवाद करना चाहिए।

2. छात्रों और टीम शिक्षकों को उपस्थिति, समय सीमा, मेक-अप आदि से संबंधित पाठ्यक्रम के सभी नियमों का पालन करना चाहिए।
3. छात्रों को टीम शिक्षकों द्वारा बुलाई गई सभी बैठकों में उपस्थित होना चाहिए।
4. छात्रों को पाठ्यक्रम बैठक की चर्चाओं में सक्रिय रूप से भाग लेना चाहिए और योगदान देना चाहिए।
5. छात्रों को परीक्षा और प्रश्नोत्तरी के लिए मांगी गई सभी सामग्री समय पर जमा करानी चाहिए।
6. सभी संशोधन समय पर किए जाने चाहिए और छात्रों को समय पर लौटाए जाने चाहिए।
7. टीम शिक्षकों के बीच अच्छा तालमेल विकसित किया जाना चाहिए।

वैयक्तिक अनुदेशन (Individualised Instruction)

स्कूलों का उद्देश्य विद्यार्थियों के दिमाग में तथ्य ठूसना नहीं, बल्कि उन्हें स्वयं सीखने में मदद करना है...

—नाइल्स

निर्देश को व्यक्तिगत माने जाने के लिए, निर्देश आमतौर पर विशिष्ट शिक्षार्थी विशेषताओं को ध्यान में रखते हुए बनाया जाता है। इसमें विभिन्न पृष्ठभूमियों और सीखने की शैलियों वाले छात्रों के लिए वैकल्पिक शिक्षण विधियां शामिल हो सकती हैं। उपयोग की जाने वाली शिक्षण विधि को चरम सीमाओं के संदर्भ में माना जा सकता है। पहली चरम सीमा में, सभी के लिए एक शिक्षण विधि का उपयोग किया जाता है। जब निर्देश की गति, सामग्री और विधि पर विचार किया जाता है तो दो बुनियादी चरम सीमाएं होती हैं। पहली तब होती है जब छात्र के अलावा कोई अन्य व्यक्ति, आमतौर पर एक शिक्षक या प्रशिक्षक, गति, सामग्री और विधि को नियंत्रित करता है। इस मामले में, निर्देश शुरू होने से पहले विशिष्ट नियत तिथियां परिभाषित की जाती हैं। वर्तमान में अधिकांश शैक्षिक प्रणालियों में यह प्रमुख मॉडल है। विरोध चरम वह होगा जब शिक्षार्थी के पास समय सीमा के बिना, निर्देश की गति पर विशेष नियंत्रण हो।

वैयक्तिक अनुदेशन की परिभाषाएँ (Definitions of Individualised Instruction)

वैयक्तिक अनुदेशन की निम्नलिखित परिभाषाएँ वेब (web) पर उपलब्ध हैं:

"छात्र को उसकी विशिष्ट शिक्षण शैली के आधार पर निर्देश देना।"

"विशेष शिक्षा के प्रमुख सिद्धांतों में से एक। छात्र को प्रदान की जाने वाली विशिष्ट शिक्षा और सेवाओं के प्रकार छात्र की ज़रूरतों के हिसाब से तैयार किए जाते हैं और पूरी तरह से छात्र की शैक्षिक ज़रूरतों पर निर्भर करते हैं।"

"पाठ्यक्रम की सामग्री और अनुदेशात्मक सामग्री, मीडिया और गतिविधियाँ व्यक्तिगत शिक्षण के लिए डिज़ाइन की गई हैं। सीखने वाले की गति, रुचियाँ और योग्यताएँ पाठ्यक्रम निर्धारित करती हैं।"

ये सभी सटीक हैं। लेकिन इनमें से कोई भी व्यक्तिगत निर्देश की पर्याप्त परिभाषा नहीं है।

वैयक्तिक अनुदेशन, अनुदेशन की एक विधि है जिसमें विषय-वस्तु, अनुदेशन सामग्री, अनुदेशन माध्यम और सीखने की गति प्रत्येक व्यक्तिगत शिक्षार्थी की योग्यताओं और रुचियों पर आधारित होती है।

वैयक्तिकत अनुदेशन वह है जो व्यक्तिगत छात्रों और परिस्थितियों की आवश्यकताओं के अनुरूप तैयार किया जाता है, जिसमें स्पष्ट उद्देश्य या परिणाम विनिर्देशन जैसी विशेषताएं शामिल होती हैं; छात्र का विस्तृत प्रदर्शन मूल्यांकन; सक्रिय प्रतिक्रिया या छात्र प्रतिक्रियाओं की लगातार निगरानी; ... तत्काल और लगातार प्रतिक्रिया; क्रमिक अनुमानों का उपयोग; स्वयं गति से सीखना; निपुणता सीखना ... —*अंतर्राष्ट्रीय शिक्षा शब्दकोष*

व्यक्तिगत शिक्षण, या वैयक्तिक अनुदेशन, शिक्षण की एक विधि है जिसमें विषय-वस्तु, अनुदेशनात्मक प्रौद्योगिकी और सीखने की गति प्रत्येक शिक्षार्थी की योग्यता और रुचि पर आधारित होती है। http://www.dreambox.com/individualized-learning

यह परिभाषा स्पष्ट रूप से इंगित करती है कि वैयक्तिक शिक्षण की एक विधि से कहीं अधिक है; यह शिक्षा का एक दर्शन है। यह एक ऐसी व्यवस्था है जो हर समय शिक्षार्थी के लिए सबसे उपयुक्त शिक्षा प्रदान करना संभव बनाती है, क्योंकि यह व्यक्ति की शिक्षा को उसकी विशिष्ट आवश्यकताओं या विशेष परिस्थितियों को पूरा करने के लिए समायोजित करती है। वैयक्तिक प्रत्येक छात्र की क्षमताओं, लक्ष्यों, सीखने की गति के अनुसार निर्देश का समायोजन है। शिक्षण की यह विधि छात्रों पर सीखने की जिम्मेदारी डालती है, जिसके परिणामस्वरूप सीखने के लिए बेहतर प्रेरणा मिलती है।

वैयक्तिक निर्देश के लिए प्रत्येक दृष्टिकोण अलग है, लेकिन वे सभी निम्नलिखित तीन मौलिक चरों में हेरफेर करने का प्रयास करते हैं:

1. **गति:** किसी छात्र को विषय-वस्तु सीखने के लिए दिया गया समय
2. **विधि:** निर्देश को संरचित और प्रबंधित करने का तरीका
3. **सामग्री:** सीखने योग्य सामग्री

वैयक्तिक अनुदेशन की आवश्यकता (Need for Individualised Instruction)

वैयक्तिक एक ऐसी पद्धति है जिसकी भारत जैसे देश में अपार संभावनाएं हैं, जहां सामूहिक शिक्षा तकनीकें बहुत अधिक सफल नहीं रही हैं।

1. यह विधि छात्र को उसकी योग्यता और उपलब्धियों के पिछले इतिहास के आधार पर अपनी गति से आगे बढ़ने की अनुमति देती है।
2. वैयक्तिक व्यक्तिगत अंतरों को पूरा करता है। इस प्रकार, धीमी, मध्यम और प्रतिभाशाली छात्रों को उनकी विशिष्ट आवश्यकताओं और क्षमताओं के आधार पर अलग-अलग लेकिन उपयुक्त कार्यक्रमों में रखा जा सकता है।
3. वैयक्तिक व्यक्ति को अपनी क्षमता का पूर्ण विकास करने में मदद करता है।
4. नियमित अंतराल पर प्रदान की गई प्रतिक्रिया से छात्रों को अध्ययनाधीन इकाई पर निपुणता प्राप्त करने में मदद मिलती है।
5. यह विधि सुधारात्मक उद्देश्यों के लिए आदर्श है क्योंकि यह अभ्यास या ट्यूटोरियल द्वारा छात्र के कमजोर क्षेत्रों की पहचान कर सकती है और उसके अनुरूप उपयुक्त शिक्षण अनुभव प्रदान कर सकती है।

वैयक्तिक अनुदेशन की विशेषताएँ (Characteristics of Individualised Instruction)

वैयक्तिक अनुदेशन की सामान्य विशेषताएं नीचे सूचीबद्ध की गई हैं:

1. यह प्रणाली/शिक्षक को प्रत्येक छात्र के विशेष स्तर और समझ, सीखने की शैली और क्षमता के अनुसार शिक्षण पद्धति को संचालित करने की अनुमति देता है।
2. यह स्व-गति वाला है।
3. पढ़ाई जाने वाली सामग्री को छोटे-छोटे टुकड़ों में तोड़ा जाना चाहिए। प्रत्येक टुकड़े यानी मॉड्यूल को बनाने के लिए व्यापक डिज़ाइन प्रयास की आवश्यकता होती है।
4. इस पद्धति का उपयोग करने के लिए आवश्यक कौशल पारंपरिक शिक्षण कौशल से भिन्न हैं।
5. इसका उपयोग सुधारात्मक उद्देश्यों के साथ-साथ दूरस्थ शिक्षा के लिए सुदृढ़ीकरण उपकरण के रूप में किया जा सकता है।

प्रोग्राम्ड इंस्ट्रक्शन (पीआई) (Programmed Instruction (PI))

प्रोग्राम्ड इंस्ट्रक्शन का इतिहास बहुत पुराना है, लेकिन इतिहास बहुत छोटा है। इस पद्धति को विकसित करने में योगदान देने वाले लोग निम्नलिखित हैं:

1. **सुकरात:** सुकरात उन शुरुआती प्रोग्रामरों में से एक थे जिन्होंने ज्यामिति में एक प्रोग्राम विकसित किया था। इसे प्लेटो ने दर्ज किया था।
2. **एस.एल. प्रेसी:** ओहियो विश्वविद्यालय में, एस.एल. प्रेसी (1926-27) पहले व्यक्ति थे जिन्होंने एक ऐसी मशीन तैयार की जो परीक्षण के साथ-साथ पढ़ा भी सकती थी।
3. **बी.एफ. स्किनर:** 1954 में स्किनर के पेपर "द साइलेंस ऑफ लर्निंग एंड द आर्ट ऑफ टीचिंग" के प्रकाशन के बाद ही प्रोग्राम्ड लर्निंग को ऐतिहासिक गति मिली।
4. **स्किनर के सहकर्मी:** प्रोफेसर स्किनर के सहयोगियों और सहकर्मियों ने मुख्य रूप से प्रयोगशाला प्रयोगात्मक अवलोकनों के आधार पर इसके विभिन्न पहलुओं पर कई पत्र प्रकाशित करके प्रोग्राम्ड इंस्ट्रक्शन को आगे वढ़ाया।

परिभाषा (Definition)

प्रोग्राम्ड इंस्ट्रक्शन एक ऐसी शिक्षण पद्धति है जिसमें सिखाई जाने वाली जानकारी को छोटी-छोटी इकाइयों में विभाजित किया जाता है, जिन्हें छात्र को (आमतौर पर लिखित रूप में) सावधानीपूर्वक नियोजित अनुक्रम में प्रस्तुत किया जाता है। प्रत्येक इकाई या 'फ्रेम' में न केवल पुष्टि होती है, बल्कि एक प्रश्न के साथ समाप्त भी होती है। —*माइकल जे. एप्टर (1974)*

प्रोग्राम्ड इंस्ट्रक्शन सीखने के लिए सामग्री को क्रमिक चरणों की एक श्रृंखला में व्यवस्थित करने की प्रक्रिया है। आमतौर पर यह छात्र को एक परिचित पृष्ठभूमि से अवधारणाओं, सिद्धांतों और समझ के एक जटिल समूह में ले जाता है। —*स्मिथ और मूर*

प्रोग्राम्ड इंस्ट्रक्शन व्यवस्थित, चरणबद्ध, स्व-निर्देशात्मक कार्यक्रम है जिसका उद्देश्य निर्दिष्ट व्यवहार को सीखना सुनिश्चित करना है। —*एडगर डेल*

प्रोग्राम्ड इंस्ट्रक्शन, छोटे-छोटे चरणों में दी गई जानकारी के माध्यम से दिया जाने वाला अनुदेशन है, जिसमें प्रत्येक चरण में अगले चरण पर जाने से पहले शिक्षार्थी को सही प्रतिक्रिया देनी होती है।

—मेरियम वेबस्टर का ऑनलाइन शब्दकोष

प्रोग्राम्ड इंस्ट्रक्शन, व्यवहारवादी बी.एफ. स्किनर द्वारा शिक्षण में सुधार के लिए आविष्कृत तकनीक का नाम है। यह पारंपरिक शैक्षिक अधिगम को गति देने और बढ़ाने के साधन के रूप में उनके मौखिक व्यवहार के सिद्धांत पर आधारित था। *—विकिपीडिया, मुक्त विश्वकोश*

प्रोग्राम्ड इंस्ट्रक्शन में आमतौर पर एक विशेष पाठ्यपुस्तक या शिक्षण मशीन की सहायता से स्व-शिक्षण शामिल होता है जो तार्किक और अनुभवजन्य रूप से विकसित अनुक्रम या अनुक्रमों में संरचित सामग्री प्रस्तुत करता है। प्रोग्राम्ड इंस्ट्रक्शन एक शिक्षक द्वारा भी प्रस्तुत किया जा सकता है, और यह तर्क दिया गया है कि प्रोग्राम्ड इंस्ट्रक्शन के सिद्धांत व्याख्यान और पाठ्यपुस्तकों को बेहतर बना सकते हैं। यह छात्रों को अपनी गति से अध्ययन की एक इकाई के माध्यम से आगे बढ़ने, अपने स्वयं के उत्तरों की जाँच करने और सही उत्तर देने के बाद ही आगे बढ़ने की अनुमति देता है। पीआई (PI) के एक सरलीकृत रूप में, प्रत्येक चरण के बाद, उन्हें उनकी समझ का परीक्षण करने के लिए एक प्रश्न प्रस्तुत किया जाता है, फिर तुरंत सही उत्तर दिखाया जाता है या अतिरिक्त जानकारी दी जाती है। हालाँकि, इंस्ट्रक्शनल प्रोग्रामिंग का उद्देश्य सामग्री को बहुत छोटे-छोटे चरणों में प्रस्तुत करना है।

इस विचार को बाद में रॉबर्ट एम. गग्ने ने अपनाया, जिन्होंने स्कूलों में पढ़ाने के लिए प्रोग्राम्ड लर्निंग को अपनाया। प्रोग्राम्ड इंस्ट्रक्शन (PI) और प्रोग्राम्ड लर्निंग (PL) के बीच अंतर यह है कि पीआई (PI) का उद्देश्य व्यवहार को संशोधित करना है, जबकि पीएल (PL) का उपयोग तथ्यों और कौशल को सिखाने के लिए किया जाता है।

प्रोग्राम्ड इंस्ट्रक्शन की आवश्यक विशेषताएँ (Essential Characteristics of Programmed Instruction)

प्रोग्राम्ड इंस्ट्रक्शन की आवश्यक विशेषताएं इस प्रकार हैं:

1. **छोटे-छोटे चरणों का तार्किक क्रम:** छात्रों को क्रमिक रूप से व्यवस्थित छोटी मात्रा में जानकारी की प्रस्तुति के माध्यम से अंतिम जटिल व्यवहार का अनुमान लगाने के लिए आगे बढ़ाया जाता है। इस प्रकार, एक कार्यक्रम में चरणों या फ्रेमों (सूचना के टुकड़े + एक प्रश्न = उद्दीपन) की एक श्रृंखला होती है, उदाहरण के लिए, सामग्री का अपवर्तनांक कैसे पता करें, यह सीखने के लिए, छात्र पहले साइन (sine) फ़ंक्शन की गणना करना सीखेंगे।
2. **सक्रिय प्रतिक्रिया:** छात्र को जानकारी पर उचित तरीके से काम करने के लिए कहा जाता है। आम तौर पर, छात्र को उचित शब्द के साथ एक वाक्य पूरा करना होता है, या एक प्रश्न का उत्तर देना होता है।
3. **तत्काल प्रतिक्रिया:** उत्तर पूरा होते ही सही उत्तर देकर छात्र को सुदृढ़ किया जाता है।
4. **व्यक्तिगत दर:** प्रत्येक शिक्षार्थी को व्यक्तिगत अंतरों को ध्यान में रखते हुए, अपनी स्वयं की गति से अनुक्रम के माध्यम से प्रगति करने की अनुमति दी जाती है।

5. **उद्देश्य:** तार्किक चरणों का क्रम शून्य में मौजूद नहीं है। ये सभी चरण पूर्वनिर्धारित लक्ष्यों या उद्देश्यों की ओर ले जाने के लिए सावधानीपूर्वक डिज़ाइन किए गए हैं।
6. **प्रत्येक चरण में निपुणता:** प्रोग्राम्ड इंस्ट्रक्शन में प्रगति प्रत्येक चरण में सफलता, प्रत्येक सूचना पर निपुणता पर निर्भर करती है।

   यह सुनिश्चित करने के लिए कि छात्र इस चरण में निपुण हो जाए, कार्यक्रम में निम्नलिखित शामिल होना चाहिए:

   (क) उचित आकार के चरण

   (ख) शाखाबद्ध या संकेत (जहां आवश्यक हो वहां प्रदान किया गया)

   (ग) पूर्णतः परीक्षण किए गए कार्यक्रम।
7. **प्रेरणा:** प्रोग्राम्ड इंस्ट्रक्शन का उद्देश्य सीखने की इच्छा को अधिकतम करना है। यह आंशिक रूप से परिणामों के ज्ञान, फीडबैक द्वारा प्राप्त किया जाता है, जो छात्र को प्रोत्साहित करता है।
8. **परीक्षण:** कार्यक्रम का परीक्षण हर चरण पर आवश्यक है। यह संशोधन, सारांश, उपपरीक्षण और पोस्टटेस्ट के रूप में हो सकता है।

इस प्रकार, प्रोग्राम्ड लर्निंग पद्धति में सीखते समय, एक छात्र

- थोड़ी मात्रा में सूचना (उत्तेजना) के साथ प्रस्तुत किया गया।
- जानकारी (प्रतिक्रिया) के आधार पर प्रश्न का उत्तर देने के लिए प्रोत्साहित किया गया।
- उसकी प्रतिक्रिया (फीडबैक) के आधार पर सही उत्तर दिया गया।

प्रोग्राम्ड लर्निंग की मूल विशेषताएं हैं:

1. छात्र तार्किक चरणों की एक श्रृंखला के माध्यम से अपनी गति से काम करता है।
2. ये सभी चरण पूर्वनिर्धारित उद्देश्यों की ओर ले जाते हैं।
3. प्रत्येक चरण पर सक्रिय रूप से प्रतिक्रिया दी जाती है और उसमें महारत हासिल की जाती है।
4. छात्र को फीडबैक मिलता है जो उसे आगे पढ़ने के लिए प्रेरित करता है।
5. कार्यक्रम को लिखित रूप में प्रस्तुत करने से पहले उसका गहन परीक्षण किया जाता है।

प्रोग्राम्ड लर्निंग के मौलिक सिद्धांत
(Fundamental Principles of Programmed Learning)

प्रोग्राम्ड इंस्ट्रक्शन के मूलभूत सिद्धांत निम्नलिखित हैं:

1. छोटे चरण का सिद्धांत
2. सक्रिय प्रतिक्रिया का सिद्धांत
3. तत्काल पुष्टि का सिद्धांत
4. स्व-गति का सिद्धांत
5. मूल्यांकन का सिद्धांत

प्रोग्राम्ड लर्निंग मटेरियल (पीएलएम) विकसित करने के सिद्धांत (Principles for Developing Programmed Learning Material (PLM))

पीएमएल (PLM) विकसित करने के सिद्धांत इस प्रकार हैं:

1. उद्देश्यों का निर्धारण
2. सामग्री का चयन
3. उपयुक्त प्रोग्रामिंग मॉडल का चयन
4. कार्यक्रम का डिजाइन
5. व्यक्तिगत फ्रेम लिखना

प्रोग्रामिंग की शैलियाँ (Styles of Programming)

प्रोग्रामिंग की तीन पारंपरिक शैलियाँ हैं:

1. रैखिक प्रोग्रामिंग
2. शाखित प्रोग्रामिंग
3. अनुकूली

रैखिक या बाह्य प्रोग्रामिंग (Linear or extrinsic programming)

प्रोग्रामिंग की रैखिक शैली स्किनर और उनके सहयोगियों (1954) द्वारा विकसित की गई थी। इसे प्रोग्रामिंग की स्किनरियन शैली के रूप में भी जाना जाता है। प्रोग्रामिंग की इस शैली से जुड़ी तकनीकें इस सिद्धांत पर आधारित हैं कि शिक्षार्थी की मूल प्रतिक्रिया को धीरे-धीरे बदला या आकार दिया जाना चाहिए जब तक कि वह स्वीकार्य प्रदर्शन के कुछ मानक को पूरा न कर ले।

रैखिक प्रोग्रामिंग की मूल मान्यताएँ (Basic assumptions of linear programming)

1. सक्रिय प्रतिक्रिया
2. सूचना की छोटी इकाइयाँ
3. प्रतिक्रिया के लिए तत्काल सुदृढ़ीकरण
4. विषय-वस्तु की तार्किक व्यवस्था
5. प्रतिक्रिया देने की स्वतंत्रता
6. त्रुटियों से बाधा

रैखिक प्रोग्रामिंग की विशेषताएं (Features of linear programming)

1. फ्रेम की रैखिक व्यवस्था
2. सूचना के छोटे-छोटे चरण
3. प्रश्नों पर नियंत्रित प्रतिक्रियाएँ
4. प्रतिक्रिया पर जोर दिया जाता है
5. उत्तेजना के प्रति संरचनात्मक प्रतिक्रियाएँ

6. सक्रिय प्रतिक्रिया
7. प्रतिक्रिया के लिए तत्काल प्रतिक्रिया
8. प्रतिक्रिया देने में मदद के लिए संकेत देना
9. व्यक्तिगत भिन्नताओं को ध्यान में रखते हुए स्व-गति से कार्य करना
10. न्यूनतम त्रुटियों पर जोर दिया गया
11. रेडियोधर्मिता और परमाणु संरचना जैसे विज्ञान के कुछ विषयों के लिए सबसे उपयुक्त।

रेखीय प्रोग्राम्ड इंस्ट्रक्शन का उदाहरण

फ़्रेम 1

1. उद्दीपन

   (क) सूचना का एक टुकड़ा सूचना के एक भाग पर आधारित प्रश्न
2. प्रतिक्रिया के लिए प्रतिक्रिया स्थान—एक पूर्णता प्रकार का प्रश्न
3. संकेत

फ़्रेम 2

1. फ़्रेम 1 का सही उत्तर
2. सूचना
1. उद्दीपन
2. प्रतिक्रिया
3. संकेत

फ़्रेम 3

1. फ्रेम 2 का सही उत्तर
2. सूचना
3. उद्दीपन
4. प्रतिक्रिया
5. संकेत

रैखिक प्रोग्रामिंग के अनुप्रयोग: रैखिक कार्यक्रमों का उपयोग निम्नलिखित स्थितियों में प्रभावी रूप से किया गया है:

1. प्राथमिक वर्गों के बच्चे
2. विज्ञान में धीमी गति से सीखने वाले
3. समरूप कक्षाएँ
4. विषय का पदानुक्रमिक क्रम
5. प्रतिक्रिया के लिए तत्काल प्रतिक्रिया
6. कठिन अध्ययन सामग्री को सूचना के छोटे प्रबंधनीय चरणों में विभाजित किया गया
7. विषय में विशिष्ट शब्दावली, जैसे परिभाषाएँ, सूत्र
8. कम प्रेरित शिक्षक जिन्हें सामना करने के लिए मदद की ज़रूरत है

9. पिछड़े हुए विद्यार्थियों के लिए उपचारात्मक निर्देश एवं स्व-अध्ययन
10. विचाराधीन विषय पर पूर्ण महारत

रैखिक प्रोग्रामिंग की सीमाएँ (Limitations of linear programming)

1. कार्यक्रम की नीरस प्रकृति के कारण छात्रों में प्रेरणा की कमी
2. एक के बाद एक फ्रेम आने के कारण चुनाव की कोई स्वतंत्रता नहीं
3. विवेकशील शक्ति का विकास नहीं, क्योंकि विकल्प सीमित हैं
4. सीरियल ऑर्डर लर्निंग
5. छात्र-केंद्रित नहीं
6. फ्रेम से फ्रेम तक जाने वाले छात्रों की निगरानी के अलावा शिक्षक की कोई निर्दिष्ट भूमिका नहीं है।

शाखाबद्ध प्रोग्रामिंग (Branched programming)

प्रोग्रामिंग की शाखाबद्ध या आंतरिक शैली (विधि) की शुरुआत नॉर्मन ए. क्राउडर ने की थी। उन्होंने शाखाबद्ध प्रोग्रामिंग को एक ऐसे प्रोग्राम के रूप में परिभाषित किया जो कंप्यूटर जैसे किसी बाहरी उपकरण के माध्यम के बिना छात्र की ज़रूरतों के अनुकूल हो।

शाखाबद्ध प्रोग्रामिंग को शिक्षण मशीन पर या पुस्तक के रूप में उपयोग के लिए तैयार किया जा सकता है। पुस्तक रूप को अव्यवस्थित पाठ के रूप में जाना जाता है क्योंकि पृष्ठ सामान्य क्रम में नहीं होते हैं।

शाखाबद्ध प्रोग्रामिंग के सिद्धांत (Principles of branched programme)

1. प्रदर्शनी का सिद्धांत
2. निदान का सिद्धांत
3. उपचार का सिद्धांत

शाखित प्रोग्रामिंग की आवश्यकताएँ: इस प्रकार के प्रोग्रामिंग में दो आवश्यकताएँ हैं।

- प्रत्येक प्रश्न के लिए दो या अधिक विकल्प होने चाहिए।
- गलत उत्तर के परिणामस्वरूप छात्र को जानकारी मिलनी चाहिए जो त्रुटि को दूर करने में मदद करेगी और उसे प्रोग्राम की मुख्य धारा में वापस लाने में सहायक होगी।

शाखा प्रोग्रामिंग में प्रकार Types in branch programming

1. *बैकवर्ड ब्रांचिंग:* यह 'छूटे हुए फ्रेम को दोहराने' के सिद्धांत पर आधारित है। जैसा कि चित्र 10.1 में दिखाया गया है, मुख्य धारा के फ्रेम नंबर 1 से सीखने वाला मुख्य धारा के फ्रेम नंबर 2 में तभी जाता है जब वह सही विकल्प चुनता है। लेकिन अगर वह गलत विकल्प चुनता है, तो उसे सुधारात्मक फ्रेम में ले जाया जाता है, जहाँ उसे अवधारणा को समझने और बेहतर तर्क द्वारा समाधान निकालने में कुछ और मदद दी जाती है। फिर उसे मूल फ्रेम नंबर 1 पर निर्देशित किया जाएगा ताकि वह इसे

फिर से पढ़ सके और प्राप्त सुधारात्मक सामग्री के आधार पर इस्का सही उत्तर दे सके। इस प्रकार, जिस शिक्षार्थी ने गलती की है, वह उसी फ्रेम से दो बार गुजरता है (एक बार सुधारात्मक सामग्री से पहले और एक बार सुधारात्मक सामग्री के बाद)।

2. *फॉरवर्ड ब्रांचिंग:* फॉरवर्ड ब्रांचिंग में, चाहे शिक्षार्थी गलत विकल्प चुने या सही विकल्प चुने, वह हमेशा नए पृष्ठों पर जाएगा, इस प्रकार वह एक पृष्ठ से दूसरे पृष्ठ पर फिजिकली आगे जाएगा।

शाखित प्रोग्राम्ड इंस्ट्रक्शन का उदाहरण: शाखित प्रोग्राम्ड इंस्ट्रक्शन में, एक ही प्रश्न, जो आमतौर पर बहुविकल्पीय प्रकार का होता है, पूछा जाता है। यदि छात्र सही उत्तर देता है, तो उसे मुख्य शिक्षण अनुक्रम में अगले फ्रेम में ले जाया जाता है। यदि उसका उत्तर गलत है, तो उसे एक सुधारात्मक फ्रेम में ले जाया जाता है जहाँ उसकी गलती का विश्लेषण किया जाता है और चर्चा के तहत विषय को अन्य उदाहरणों के साथ आगे समझाया जाता है। इसके बाद, उसे उसके सीखने की जाँच करने के लिए मूल फ्रेम में वापस ले जाया जाता है। चुने गए विकल्पों के अनुसार. छात्र को एक विशेष फ्रेम में जाने के लिए निर्देशित किया जाएगा। इस प्रकार, सुधारात्मक शिक्षण के लिए शाखित प्रोग्रामिंग उपयोगी है।

मुख्य फ्रेम (F1, F2… चित्र 10.1 में) शिक्षण अनुक्रम का विषय-वस्तु फ्रेम है।

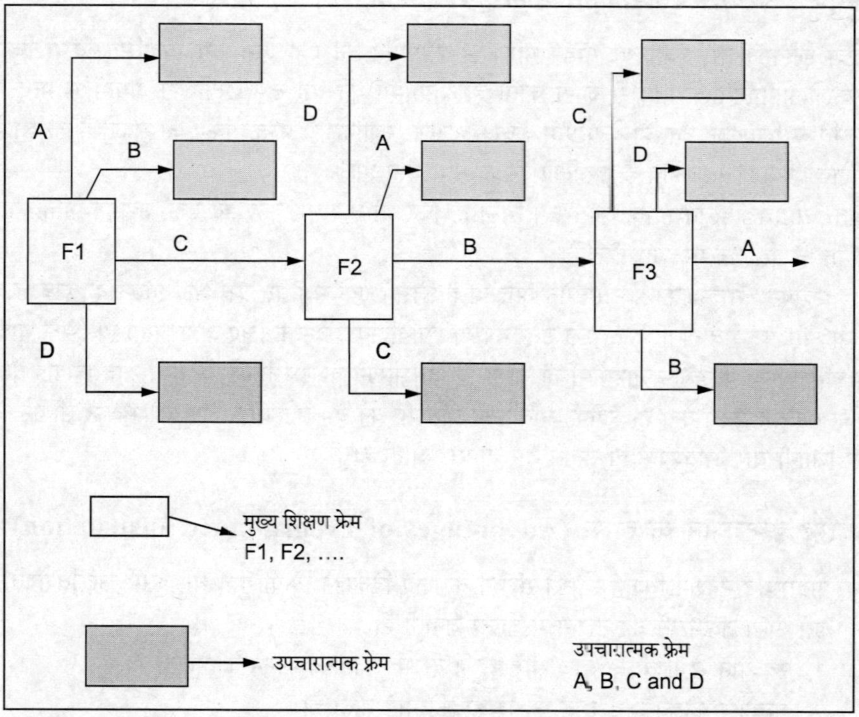

चित्र 10.1 शाखित प्रोग्रामिंग का एक उदाहरण।

एक **कंटेंट फ्रेम** में निम्नलिखित विशेषताएं होंगी:

1. छात्रों की प्रतिक्रिया दोहराना
2. सकारात्मक पुष्टि

3. नई जानकारी
4. प्रश्न
5. विकल्प (ए, बी, सी और डी)

सुधारात्मक फ्रेम में निम्नलिखित विशेषताएं होंगी:

1. छात्रों के उत्तर को दोहराना
2. नकारात्मक पुष्टि
3. उत्तर गलत होने के कारण
4. गलतफहमियों को दूर करने के लिए सरल स्पष्टीकरण
5. आगे कैसे बढ़ें, इसके लिए निर्देश, उदाहरण के लिए पृष्ठ 3 पर जाएं।

जब किसी शाखित कार्यक्रम के फ्रेम को किताब के रूप में प्रस्तुत किया जाता है, तो किताब को अस्त-व्यस्त किताब कहा जाता है। यहाँ, विकल्प किताब में अस्त-व्यस्त हैं, यही कारण है कि किताब को क्रमिक रूप से नहीं पढ़ा जा सकता है।

अनुकूली प्रोग्रामिंग (Adaptive programming)

ब्रिटिश इलेक्ट्रॉनिक्स इंजीनियर गॉर्डन पास्क ने प्रोग्रामिंग का एक ऐसा रूप विकसित किया जिसे अनुकूली प्रोग्रामिंग के नाम से जाना जाता है। प्रोग्रामिंग का यह रूप छात्रों की क्षमता में मामूली बदलाव के लिए छूट देता है। ये प्रोग्राम केवल शिक्षण 'मशीनों' में प्रस्तुत किए जा सकते हैं जो छात्रों के लिए "अनुकूलित" होते हैं, इसलिए इसका नाम ऐसा है।

स्पष्टतः, प्रोग्राम्ड इंस्ट्रक्शन के तीनों रूप भिन्न हैं, फिर भी वे सभी, कुछ हद तक, उद्दीपन-प्रतिक्रिया-प्रतिपुष्टि के सिद्धांत पर आधारित हैं।

"उद्दीपन" सूचना का एक सीमित आइटम है जिसमें एक संबंधित प्रश्न भी शामिल है। जब छात्र सूचना और प्रश्न पढ़ लेता है, तो उसे उत्तर देने या "प्रतिक्रिया" देने के लिए कहा जाता है। इसके बाद, उसे परिणाम या फीडबैक जानकारी दी जाती है, जो सीखने के उस हिस्से के तुरंत बाद दिखाई देती है जिसका वह संदर्भ देता है। उद्दीपन-प्रतिक्रिया-प्रतिपुष्टि की यह प्रक्रिया प्रशिक्षु को सूचना सीखने के लिए जितनी बार आवश्यक हो उतनी बार दोहराई जाती है।

प्रोग्राम्ड इंस्ट्रक्शन के लाभ (Advantages of Programmed Instruction)

चूंकि प्रोग्राम्ड इंस्ट्रक्शन विशेष रूप से सीखने के लिए डिजाइन किया गया था, इसमें कई विशेषताएं हैं जो इसे अन्य तकनीकों की तुलना में बेहतर बनाती हैं।

1. स्व-गति से छात्रों के बीच सीखने की दर में अंतर की अनुमति मिलती है।
2. तत्काल फीडबैक से छात्र की शिक्षा की पुष्टि होती है।
3. सक्रिय प्रतिक्रिया छात्रों को सीखने की प्रक्रिया में संलग्न करती है।
4. पीआई (PI) व्याख्यान के विपरीत शिक्षण का एक स्थिर और स्थायी रूप प्रतीत होता है।
5. यह सूचना सीखने के लिए प्रभावी है।

प्रोग्राम्ड इंस्ट्रक्शन के नुकसान (Disadvantages of Programmed Instruction)

1. प्रोग्राम्ड इंस्ट्रक्शन, चर्चा या कंप्यूटर सहायता प्राप्त निर्देश की तरह परस्पर प्रभाव डालने वाले नहीं है।
2. विद्यार्थी सीखने के दायरे या क्रम में परिवर्तन नहीं कर सकता।
3. प्रोग्राम, जो आम तौर पर छात्रों से छूटे हुए शब्दों को भरने के अनुरोध तक सीमित होते हैं, नीरस साबित हो सकते हैं।
4. यह, विशेषकर शाखित प्रोग्रामिंग, अत्यंत महंगी साबित हो सकती है।

कंप्यूटर सहायता प्राप्त निर्देश (सीएआई) (Computer-Assisted Instruction (CAI))

कंप्यूटर-सहायता प्राप्त निर्देश (CAI) एक संकीर्ण शब्द है और अक्सर ड्रिल-एंड-प्रैक्टिस, ट्यूटोरियल या सिमुलेशन गतिविधियों को संदर्भित करता है जो या तो खुद से या पारंपरिक, शिक्षक-निर्देशित निर्देश के पूरक के रूप में पेश किए जाते हैं। यह स्पष्ट रूप से इंगित करता है कि कंप्यूटर व्यक्तिगत निर्देश में उपयोगी हो सकते हैं, क्योंकि उन्हें छात्रों की व्यक्तिगत आवश्यकताओं को पूरा करने के लिए तैयार किया जा सकता है। कंप्यूटर, अपनी बड़ी मेमोरी, छात्रों की महारत के स्तर का निदान करने की क्षमता और विभिन्न शिक्षण अनुक्रम प्रदान करने की क्षमता के साथ, छात्रों की विभिन्न क्षमताओं और पहले से मौजूद ज्ञान के संदर्भ में निर्देश के वैयक्तिकरण की काफी क्षमता रखते हैं।

सीएआई की परिभाषाएँ (Definitions of CAI)

सीएआई कंप्यूटर या कंप्यूटर प्रणालियों के माध्यम से प्रस्तुत शिक्षग सामग्री का एक कार्यक्रम है।

—ब्रिटानिका ऑनलाइन एन्साइक्लोपीडिया

कंप्यूटर सहायता प्राप्त निर्देशन (सीएआई) वह शिक्षण प्रक्रिया है जिसमें छात्र की शिक्षा को बढ़ाने के लिए कंप्यूटर का उपयोग किया जाता है।

—गलोसरी ऑफ डिस्टेंट एजुकेशन एंड इंटरनेट टर्मिनोलॉजी

किसी छात्र को शिक्षण सामग्री प्रस्तुत करने में सहायता करने, सीखने की प्रगति की निगरानी करने, या व्यक्तिगत शिक्षार्थियों की आवश्यकताओं के अनुसार अतिरिक्त शिक्षण सामग्री का चयन करने के लिए कंप्यूटर का उपयोग। *—इंटरनेशनल डिक्शनरी ऑफ एजुकेशन (1985)*

वह शिक्षण जिसमें कंप्यूटर का उपयोग विद्यार्थियों को पर्याप्त मात्रा में शिक्षण सामग्री प्रदान करने के लिए किया जाता है; यह प्रायः एक स्वचालित, निदेशात्मक तकनीक का प्रतिनिधित्व करता है जो विद्यार्थियों को अपनी व्यक्तिगत गति से प्रगति करने में सक्षम बनाता है।

—कोंसाइज डिक्शनी ऑफ एजुकेशन (1982)

सीएआई के तरीके (Modes of CAI)

सीएआई (CAI) का उपयोग करने के विभिन्न तरीकों को मोड कहा जाता है। CAI के सामान्य मोड इस प्रकार हैं:

1. ड्रिल और अभ्यास मोड कंप्यूटर पर सीखने की एक विधि है जहाँ छात्र दोहराव द्वारा किसी प्रक्रिया के उपयोग से परिचित होता है, जब तक कि यह हमेशा सही ढंग से निष्पादित न हो जाए। स्थिति का नियंत्रण कंप्यूटर के पास होता है, उदाहरण के लिए न्यूटन के नियमों से संबंधित समस्याओं को हल करना, जब शिक्षक ने कक्षा के बाद नियमों को समझाया हो।
2. ट्यूटोरियल मोड सीएआई का एक प्रकार है, जिसमें कंप्यूटर शिक्षार्थी के साथ उसी प्रकार से बातचीत करता है, जैसे कि एक ट्यूटर करता है, एक संवाद में संलग्न होता है जिसका पाठ्यक्रम शिक्षार्थी द्वारा दिए गए उत्तरों पर निर्भर करता है, उदाहरण के लिए इस मोड में वास्तविक प्रयोगशाला कार्य से पहले अनुमापन (titration) पर पूर्व-प्रयोगशाला सत्र उपयोगी हो सकता है।
3. सिमुलेशन में कंप्यूटर द्वारा भौतिक प्रणालियों और घटनाओं का प्रतिनिधित्व किया जाता है। वास्तविक प्रक्रिया में कारकों का प्रतिनिधित्व करने के लिए कंप्यूटर में जानकारी दर्ज की जाती है और कंप्यूटर ऐसी जानकारी तैयार करता है जो प्रक्रिया के परिणामों और प्रक्रिया को ही दर्शाती है, उदाहरण के लिए कंप्यूटर स्क्रीन पर रेडियोधर्मिता की घटना का प्रदर्शन करना।
4. मॉडलिंग मोड में, कंप्यूटर प्रोग्राम का उपयोग जटिल गणितीय मॉडल बनाने और उन्हें मात्रात्मक रूप से, तेज़ी से और विस्तार से खोजने के लिए किया जा सकता है। मॉडलिंग वास्तविकता के लिए एक पूर्वाभ्यास है, एक ऐसा परीक्षण करने का तरीका जो त्रुटि के दंड को कम करता है।
5. समस्या-समाधान मोड छात्र को विभिन्न प्रकार की समस्याओं से निपटने में सक्षम बनाता है और समस्या-समाधान कौशल विकसित करने में मदद करता है।
6. गेमिंग मोड का उपयोग तब किया जाता है जब छात्र को किसी शैक्षिक खेल में कंप्यूटर या किसी अन्य छात्र के खिलाफ़ खड़ा किया जाता है। यह नियम और प्रक्रियाएँ सिखाने के लिए सबसे उपयुक्त है।

मोड का चुनाव एक महत्वपूर्ण मार्गदर्शक है। सीएआई के मोड का चुनाव सीखने की स्थिति के लिए निर्धारित उद्देश्यों पर निर्भर करता है। सीखने की स्थिति, बदले में, निर्देश और सीखने की गतिविधि की सामग्री पर निर्भर करती है।

सीएआई के लाभ (Advantages of CAI)

शोध प्रमाण बताते हैं कि सीएआई छात्रों के प्रदर्शन में सुधार ला सकता है, विशेष रूप से यदि इसका प्रयोग अन्य तकनीकों के साथ किया जाए।

1. कंप्यूटर की ग्राफिक क्षमता छात्रों को सिमुलेशन मोड का अपने लाभ के लिए उपयोग करने की अनुमति देती है। तत्काल प्रतिक्रिया छात्रों को उनके सीखने को सत्यापित करने में मदद करती है।
2. यदि ट्यूटोरियल मोड का उपयोग किया जाए तो स्व-गति संभव है।
3. कम्प्यूटर पूर्णतः निष्पक्ष होते हैं।

4. उच्च संज्ञानात्मक क्षमताएं सही मोड से प्राप्त की जा सकती हैं।
5. छात्र कंप्यूटर और इंटरनेट का उपयोग करके ब्लॉगिंग द्वारा ब्लॉगर (BLOGGER) और वर्डप्रेस का उपयोग करके अपने लेखन कौशल में सुधार कर सकते हैं।
6. कक्षा में कंप्यूटर के उपयोग से कई छात्रों को बीयूएसयूयू (BUSUU) ऐप का उपयोग करके अच्छी तरह से रचित वाक्य और पैराग्राफ लिखने में मदद मिली है।
7. सीएआई प्रशिक्षक से स्वतंत्र है और सुसंगत, अच्छी तरह से संरचित और संपूर्ण है।
8. सीएआई का उपयोग उपचारात्मक अनुदेश के लिए प्रभावी रूप से किया जा सकता है, क्योंकि कंप्यूटर असीम धैर्यवान होते हैं।
9. सीएआई दूरस्थ शिक्षा और सतत शिक्षा कार्यक्रमों के लिए लाभदायक है।

सीएआई के नुकसान (Disadvantages of CAI)

1. यदि संपूर्ण पाठ्यक्रम सीएआई का उपयोग करके पढ़ाया जाता है तो इसमें व्यक्तिगत स्पर्श का अभाव होता है।
2. किसी प्रोग्रामर के लिए अप्रत्याशित इनपुट पर समझदारी से प्रतिक्रिया देना हमेशा संभव नहीं होता।
3. कम्प्यूटर-फोबिक छात्र इस शिक्षण पद्धति को आसानी से स्वीकार नहीं कर पाएंगे।
4. भारतीय स्कूलों की आवश्यकताओं के लिए उपयुक्त सॉफ्टवेयर प्राप्त करना कठिन है।
5. कम्प्यूटर उपयोग में सक्षम शिक्षक आसानी से उपलब्ध नहीं हैं।
6. इसका परिणाम यह हो सकता है कि शिक्षक पारंपरिक तरीकों को आसान उपाय के रूप में अपनाने के बजाय सीएआई का सहारा लें।
7. लागत स्कूल के लिए विचारणीय कारक हो सकती है, क्योंकि सभी कक्षाओं के लिए कंप्यूटर का उपयोग अत्यधिक महंगा हो सकता है।
8. यह पारंपरिक कक्षा की तरह प्रभावी रूप से संचार कौशल को बढ़ावा नहीं देता है।

कक्षा में प्रयुक्त चयनित विधियाँ (Selected Methods Used in the Classroom)

- **फ़्लिप्ड क्लासरूम:** फ़्लिप्ड क्लासरूम एक तरह की मिश्रित शिक्षा है, जहाँ छात्र पहले खुद ही विषय के बारे में सीखते हैं, और कक्षा में सहयोगी परियोजनाओं के माध्यम से प्रश्नों को हल करने के लिए उस पर काम करने का अभ्यास करते हैं। यह विधि छात्रों को सक्रिय भूमिका निभाने और उनके सीखने में अधिक स्वायत्तता विकसित करने में मदद करती है। यह शिक्षक को संदेहों को स्पष्ट करने के लिए वीडियो कॉन्फ्रेंसिंग या व्हाट्सएप ग्रुप के माध्यम से पढ़ाने में भी सक्षम बनाता है। इस विधि के माध्यम से छात्र आत्मनिर्भरता और आत्म-निर्देशन विकसित करते हैं।
- **टैक्टिक लर्निंग/काइनेस्थेटिक्स लर्निंग:** टैक्टिक लर्निंग घर पर या कक्षा में हो सकती है, जहाँ शिक्षक किसी गतिविधि का प्रदर्शन करता है और शिक्षार्थी अपने स्थानों से एक साथ अभ्यास करते हैं। यह कौशल सीखने और प्रयोगशाला गतिविधियों के लिए सबसे उपयुक्त है। तत्काल प्रतिक्रिया के साथ, शिक्षार्थियों को गलत तकनीक सीखने से रोका जाता है।

- **वीएके (VAK) लर्निंग (दृश्य, श्रवण और लर्निंग):** इससे विभिन्न प्रकार के शिक्षार्थियों को अपनी शक्तियों का उपयोग करके अपने सीखने को अधिकतम करने में मदद मिलती है। इस प्रकार, दृश्य शिक्षार्थी सामग्री को देखते समय बेहतर जानकारी ग्रहण करते हैं, जबकि श्रवण शिक्षार्थी पॉडकास्ट, वीडियो सुनकर प्रतिक्रिया देते हैं और काइनेस्थेटिक्स शिक्षार्थी सामग्री को अभिनय के माध्यम से प्रस्तुत करते हैं।
- **खेल-आधारित शिक्षा:** खेल-आधारित शिक्षा काफी हद तक वही है जो शब्द का वर्णन करता है—निर्देश प्रक्रिया के हिस्से के रूप में खेलों का उपयोग करना। खेलों में सक्रिय सीखने का एक तत्व होता है और वे विशेष रूप से आकर्षक होते हैं क्योंकि वे सामान्य सीखने से एक तरह का "विचलन" होते हैं। ऑनलाइन, समूह या भूमिका निभाने वाले खेल सभी पाठ्यक्रम का हिस्सा हो सकते हैं। खेल स्वचालित रूप से सीखने के माहौल को मनोरंजक बनाते हैं, और सीखना एक रोमांच बन जाता है।

सीखने को बढ़ावा देने के लिए नई तकनीक (New Technology to Promote Learning)

शिक्षा में प्रौद्योगिकी के प्रभावी उपयोग ने सीखने के अनुभव को बदल दिया है। छात्रों के पास अब कई तरह के अवसर उपलब्ध हैं। प्रौद्योगिकी छात्रों को डिजिटल नागरिकता कौशल विकसित करने के अलावा सहयोग करना, साझा करना, नए कौशल सीखना सीखने में मदद करती है।

- **अमेज़न किंडल:** यह एक टैबलेट है जो इलेक्ट्रॉनिक इंक स्क्रीन का उपयोग करता है। छात्र इलेक्ट्रॉनिक किताबें खरीद सकते हैं और उन्हें किंडल पर पढ़ सकते हैं। किताबों का चयन अद्भुत है और पढ़ने की आदत शिक्षकों और छात्रों दोनों में डाली जा सकती है।
- **स्मार्ट बोर्ड:** इस इंटरैक्टिव व्हाइटबोर्ड का इस्तेमाल कक्षाओं में बड़े पैमाने पर किया जा रहा है। विवेक के साथ इस्तेमाल किया गया स्मार्टबोर्ड शिक्षक और छात्र दोनों के लिए सीखने के अनुभवों का एक अमूल्य स्रोत साबित हो सकता है।
- **वाईफ़ाई स्मार्ट पेन—लाइवस्क्राइब इको 8GB:** यह वाईफाई स्मार्ट पेन ध्वनि रिकॉर्ड करता है, नोट्स और ऑडियो को वायरलेस तरीके से एवरनोट खाते में सिंक्रनाइज़ करता है, जिसे बाद में व्यवस्थित और साझा किया जा सकता है।
- **स्मार्ट फोन-मोबाइल प्रौद्योगिकी:** छात्र और शिक्षक इस उपयोग में आसान लाइट फोन का उपयोग ऑडियो पाठ, शैक्षिक ऐप्स डाउनलोड करने और सुनने तथा यूट्यूब और टीचर्सट्यूब शैक्षिक वीडियो की लाइव स्ट्रीमिंग देखने के लिए कर सकते हैं।
- **वर्चुअल प्रौद्योगिकी:** स्काइप जैसे उपकरणों के उपयोग से छात्रों को अपने दूरस्थ शिक्षकों के साथ आसानी से संवाद करने में मदद मिलती है। ऑनलाइन शिक्षा अध्ययन सामग्री तक पहुँच को आसान बनाती है।
- **वेब 2.0 उपकरण:** यह ऑनलाइन सामग्री बनाने, सहयोग करने, संपादित करने और साझा करने का एक डिजिटल तरीका प्रदान करता है। छात्र और शिक्षक वेब 2.0 के विभिन्न उपकरणों में महारत हासिल करके आसानी से बातचीत कर सकते हैं।

पर्यवेक्षित अध्ययन (Supervised Study)

भारतीय संदर्भ में, जहाँ कक्षाएँ भीड़-भाड़ वाली हैं और पाठ्यक्रम बहुत कड़ा और भारी है, वहाँ पर पर्यवेक्षित अध्ययन की आवश्यकता बहुत अधिक है। कक्षाओं में आम तौर पर विषम समूह होते हैं, जिनमें प्रत्येक कक्षा में प्रतिभाशाली, औसत और औसत से नीचे के छात्र होते हैं। इसलिए, शिक्षक के लिए व्यक्तिगत अंतरों को ध्यान में रखना असंभव है। इस स्थिति को पर्यवेक्षित अध्ययन द्वारा ठीक किया जा सकता है।

पर्यवेक्षित अध्ययन की आवश्यकता (Need for Supervised Study)

पर्यवेक्षित अध्ययन से छात्र को शिक्षक के निर्देशन में कक्षा में अध्ययन करने का अवसर मिलता है। कक्षा में अध्ययन के लिए कुछ लाभ हैं क्योंकि यह अपेक्षाकृत विकर्षणों से मुक्त वातावरण है, उपकरण और संसाधन उपलब्ध हैं, और शिक्षक प्रश्नों का उत्तर देने और छात्रों के साथ व्यक्तिगत रूप से काम करने के लिए मौजूद हैं। कई छात्रों की अध्ययन की आदतें खराब होती हैं और उन्हें इस बारे में कोई जानकारी नहीं होती है कि निष्कर्ष निकालने या समस्याओं को हल करने के लिए विभिन्न स्रोतों से जानकारी कैसे निकाली जाए। समूह पर्यवेक्षित अध्ययन सत्र शिक्षक को अच्छी अध्ययन आदतों को बढ़ावा देने, अध्ययन समस्याओं से निपटने और छात्रों से व्यक्तिगत रूप से जुड़ने का अवसर देते हैं।

अध्ययन वातावरण प्रदान करने में शिक्षक की भूमिका

अतः एक प्रभावी समूह अध्ययन सत्र संचालित करने के लिए, शिक्षक को चाहिए—

- एक सुखद, व्यावसायिक अध्ययन वातावरण बनाए रखने की जिम्मेदारी लें।
- छात्रों को उनके अध्ययन को निर्देशित करने के लिए प्रश्न तैयार करने में सहायता करें।
- छात्रों को अध्ययन सत्र के लिए उद्देश्य निर्धारित करने में सहायता करें।
- पहले से ही उन संसाधनों का पता लगाएं और उनका चयन करें जिनका उपयोग छात्र अपने अध्ययन में कर सकते हैं।
- छात्रों को उनकी क्षमता और समझ के स्तर के अनुरूप संसाधनों की सिफारिश करें।
- छात्रों को उन संसाधनों की ओर निर्देशित करें जो उन्हें अन्यथा नहीं मिल सकते या जिन्हें खोजने में उन्हें कठिनाई हो सकती है।
- छात्रों को संसाधन सामग्री में प्रासंगिक जानकारी ढूंढने में सहायता करें।
- पर्यावरणीय स्थितियों जैसे प्रकाश, तापमान, वायु-संचार और शोर को नियंत्रित करें, ताकि छात्रों का ध्यान बँटने वाली चीज़ों से दूर रहे।
- एक व्यवस्थित, व्यावसायिक अध्ययन वातावरण बनाए रखें।
- कमरे में चुपचाप और अदृश्य रूप से घूमकर व्यक्तिगत सहायता प्रदान करें।
- अध्ययन सत्र के दौरान छात्रों को फीडबैक प्रदान करें ताकि उन्हें पता चल सके कि वे सही दिशा में प्रगति कर रहे हैं या नहीं।
- सत्र के दौरान क्या हासिल हुआ, इसका सारांश प्रस्तुत करने के लिए परिचर्चा आयोजित करें।

व्यक्तिगत ध्यान (Individual Attention)

समूह पर्यवेक्षित अध्ययन शिक्षक को छात्र व्यवहार के दूसरे पहलू को जानने का अवसर प्रदान करता है। यह शिक्षक को प्रत्येक छात्र की रुचियों, क्षमताओं और व्यक्तिगत विशेषताओं के बारे में अधिक जानकारी प्राप्त करने में सक्षम बनाता है। छात्र शिक्षक से एक सहायक और मित्र के रूप में संबंध बनाना सीखते हैं। यदि किसी छात्र को वास्तव में अध्ययन संबंधी समस्या है, तो शिक्षक को समस्या के कारण की गहराई से जांच करनी चाहिए और छात्र को इससे उबरने में मदद करने का प्रयास करना चाहिए।

पूरक व्यक्तिगत निर्देश के रूप में पर्यवेक्षित अध्ययन (Supervised Study as Supplementary Individual Instruction)

पर्यवेक्षित अध्ययन को स्व-शिक्षण को बढ़ावा देना चाहिए, जो छात्रों को अध्ययन असाइनमेंट के कई पहलुओं पर सोचने के लिए प्रेरित कर सकता है। पुस्तकालय और उसके संसाधनों का उपयोग पर्यवेक्षित अध्ययन पद्धति का एक महत्वपूर्ण हिस्सा हो सकता है।

पर्यवेक्षित अध्ययन को आयोजित करने के कई तरीके हैं।

1. **अतिरिक्त कक्षा:** शिक्षक कक्षा के बाद रुककर छात्रों की कठिनाइयों पर ध्यान दे सकते हैं या कक्षा में पिछड़ रहे छात्रों को समीक्षा या अभ्यास करा सकते हैं। हालाँकि, सभी शिक्षक इतने प्रेरित नहीं होते।
2. **विशेष शिक्षक योजना:** विद्यालय में छात्रों के साथ बैठकर उनकी शंकाओं का समाधान करने के लिए एक विशेष शिक्षक नियुक्त किया जाता है।
3. **दोहरी अवधि की योजना:** स्कूल की समय सारणी इस तरह से व्यवस्थित की जाती है कि प्रत्येक विषय में दो क्रमिक अवधि होती है, जहां एक का उपयोग सैद्धांतिक कार्य के लिए और दूसरे का पुनरावलोकन और अभ्यास या संबंधित व्यावहारिक कार्य के लिए किया जा सकता है।
4. **विभाजित अवधि योजना:** एक अवधि को दो भागों में विभाजित किया जा सकता है: एक सैद्धांतिक व्याख्याओं के लिए और दूसरा व्यावहारिक कार्य के लिए। इसके लिए कक्षा के पास एक प्रयोगशाला की आवश्यकता होगी।
5. **पुस्तकालय अवधि योजना:** इस अवधि में, छात्र शिक्षक द्वारा उन्हें दिए गए कार्य पर पुस्तकालय में काम कर सकते हैं। छात्रों को पर्यवेक्षित अध्ययन अवधि के दौरान संदर्भों का उपयोग करने, ग्रंथसूची तैयार करने और मुद्रित सामग्रियों के सापेक्ष महत्व का मूल्यांकन करने में सक्षम होना चाहिए। यह गतिविधि रचनात्मक सोच को जन्म दे सकती है।
6. **अतिरिक्त अवधि की योजना:** हर दिन एक अतिरिक्त अवधि की योजना बनाई जाती है, जहां शिक्षक प्रत्येक छात्र को असाइनमेंट शीट पर प्रश्नों की एक सूची देता है, जिसका उन्हें उत्तर देना होता है और जमा करना होता है।

एक विधि के रूप में पर्यवेक्षित अध्ययन के लाभ (Advantages of Supervised Study as a Method)

पर्यवेक्षित अध्ययन के लाभ इस प्रकार हैं:

1. विद्यार्थियों को अधिक शिक्षण समय उपलब्ध कराया गया है।

2. छात्रों के लिए कम समय बचाकर अनुशासन संबंधी समस्याओं से बचा जा सकता है।
3. विद्यार्थियों को प्रेरित करने और पढ़ाने के लिए पचास मिनट का समय बहुत कम है। पर्यवेक्षित अध्ययन से विषय को अच्छी तरह समझने के लिए पर्याप्त समय मिलता है।
4. पर्यवेक्षित अध्ययन प्रतिभाशाली और होनहार छात्रों को स्वतंत्र अध्ययन की ओर ले जा सकता है।
5. स्वतंत्र एवं रचनात्मक ढंग से सोचने की क्षमता विकसित की जा सकती है।
6. पर्यवेक्षित अध्ययन से औसत से नीचे के छात्रों को अंतर को पूरा करने में मदद मिलती है।
7. ज्ञान के आधार को व्यापक बनाने के अलावा संदर्भ कौशल का विकास भी पर्यवेक्षित अध्ययन का परिणाम है।
8. शिक्षक छात्रों पर व्यक्तिगत ध्यान दे सकता है, इस प्रकार कक्षा की विभिन्न आवश्यकताओं को पूरा कर सकता है।

अनुदेशात्मक दृष्टिकोण के उदाहरण (Examples of Instructional Approaches)

अनुदेशात्मक दृष्टिकोण का लक्ष्य व्यक्तिगत शिक्षार्थी के लिए अनुदेशात्मक अनुभव को बेहतर बनाना था। कुछ सबसे ऐतिहासिक रूप से उल्लेखनीय दृष्टिकोणों पर नीचे चर्चा की गई है:

1. **वैयक्तिक अनुदेशन प्रणाली** की शुरुआत 1964 में फ्रेड केलर ने की थी। वैयक्तिक अनुदेशन प्रणाली या केलर योजना, शायद वैयक्तिक अनुदेशन की पहली व्यापक प्रणालियों में से एक है। केलर ने अपनी प्रणाली को दस स्वीकृत शैक्षिक सिद्धांतों पर आधारित किया।
    1. सक्रिय प्रतिक्रिया
    2. सकारात्मक स्थितियाँ और परिणाम
    3. उद्देश्यों का विनिर्देशन
    4. सामग्री का संगठन
    5. उन्नति से पहले निपुणता
    6. मूल्यांकन/उद्देश्यों की अनुरूपता
    7. लगातार मूल्यांकन
    8. तत्काल प्रतिक्रिया
    9. स्व-गति
    10. वैयक्तिकरण
2. **स्व-अनुदेशित सामग्री:** इस प्रकार के कार्यक्रम में, छात्र और शिक्षक सीखने के परिणामों को स्थापित करने में सहयोग करते हैं। छात्र लक्ष्यों को प्राप्त करने के लिए सामग्री और विधियों का चयन करने के लिए स्वतंत्र हैं। यह दृष्टिकोण आम तौर पर औसत से ऊपर के शिक्षार्थियों के लिए उपयोगी है।
3. **स्वतंत्र अध्ययन:** इस दृष्टिकोण में, छात्र अपने उद्देश्यों के साथ-साथ विषय का भी चयन करता है। वह उद्देश्यों को प्राप्त करने की विधि भी तय करता है। यह दृष्टिकोण आमतौर पर औसत से ऊपर के छात्रों के लिए सफल होता है।

डाल्टन योजना (The Dalton Plan)

एक स्कूल सामाजिक अनुभव को प्रतिबिंबित नहीं कर सकता, जो सामुदायिक जीवन का फल है, जब तक कि उसके सभी भाग या समूह एक दूसरे के साथ घनिष्ठ संबंध और अन्योन्याश्रितता विकसित नहीं करते, जो स्कूल के बाहर, मनुष्यों और राष्ट्रों को एक साथ बांधता है।"

—हेलेन पार्कहर्स्ट, एजुकेशन ऑन द डाल्टन प्लान, 1922

छात्र अपनी गति से काम करते हैं, अपने काम के लिए उपयुक्त प्रयोगशाला चुनते हैं, और आने-जाने, पुस्तकों का उपयोग करने और शिक्षकों और अन्य छात्रों से परामर्श करने की स्वतंत्रता का आनंद लेते हैं। कुछ डाल्टन स्कूलों में, समूह गतिविधियाँ जैसे कि वाद-विवाद, नाटक और ऐसी अन्य गतिविधियाँ भी निर्धारित की जाती हैं।

डाल्टन में छात्र बहुत कम उम्र से ही डाल्टन योजना का उपयोग करना शुरू कर देते हैं। पहले कार्यक्रम में, छात्रों को अपनी शिक्षा के बारे में शैक्षिक विकल्प बनाने के अवसर प्रदान किए जाते हैं और इस प्रक्रिया में वे अपनी रुचियों की पहचान करना और उन्हें आगे बढ़ाने की जिम्मेदारी लेना सीखते हैं। वर्षों से, डाल्टन के छात्र अपनी शिक्षा की जिम्मेदारी लेना सीखते हैं। अच्छे इंसान और जिम्मेदार सामाजिक नागरिक विकसित करने के कार्य के लिए डाल्टन समुदाय के सभी सदस्यों की सहानुभूति, विचारशील तर्क और नैतिक कल्पना की आवश्यकता होती है। डाल्टन स्कूल हेलेन पार्कहर्स्ट के मूल लक्ष्यों के प्रति प्रतिबद्ध हैं, जो न केवल अकादमिक रूप से मजबूत स्नातक तैयार करते हैं, बल्कि ऐसे लोग भी तैयार करते हैं जो सूचित, सहज और जिम्मेदार नागरिक बनेंगे।

भारतीय कक्षा का स्वरूप बदल रहा है। प्रौद्योगिकी 21वीं सदी की कक्षाओं में शिक्षण और सीखने के पारंपरिक तरीकों को बदल रही है। इसका लक्ष्य ऐसे छात्रों को तैयार करना है जो सूचना के निष्क्रिय प्राप्तकर्ता के बजाय सक्रिय, स्वतंत्र और आजीवन शिक्षार्थी बन सकें। शिक्षा के लिए यह नया दृष्टिकोण छात्र को पारंपरिक पाठ्यपुस्तक से परे ले जाता है और उन्हें कंप्यूटर प्रौद्योगिकी, आलोचनात्मक सोच और सूचना-खोज रणनीतियों में कौशल का संयोजन विकसित करने की आवश्यकता होती है। हालाँकि शुरुआती शिक्षकों को शिक्षण प्रक्रिया में प्रौद्योगिकी को शामिल करने के लिए आवश्यक कौशल, ज्ञान और दृष्टिकोण प्रदान करने की दिशा में प्रगति हुई है, लेकिन शिक्षक तैयार करने के लिए प्रौद्योगिकी केंद्रीय नहीं है। शिक्षा महाविद्यालयों में प्रौद्योगिकी निर्देश में प्रौद्योगिकी के उपयोग को एक अलग विषय के रूप में पढ़ाना और पूरे पाठ्यक्रम में प्रौद्योगिकी के साथ पढ़ाना दोनों शामिल होना चाहिए। यह मानते हुए कि शिक्षक शिक्षा को बदलना शिक्षक प्रथाओं को बदलने के लिए एक महत्वपूर्ण आवश्यकता है, एनसीटीई (NCTE) ने अंतर्राष्ट्रीय मानदंडों को ध्यान में रखते हुए एक चुनौतीपूर्ण पाठ्यक्रम विकसित किया है।

एनईपी (NEP) 2020 डिजिटल साक्षरता के महत्व पर जोर देता है। इस चुनौती का सामना करने के लिए शिक्षक शिक्षा में संकाय विकास के नए मॉडल की आवश्यकता है जो उन बाधाओं से निपटें जिन्हें प्रशिक्षण के माध्यम से अभ्यास बदलने में पिछले प्रयासों को बाधित करने के रूप में पहचाना गया है।

अनिच्छुक शिक्षक समुदाय को उत्साहित करने की आवश्यकता (Need for Enthusing the Reluctant Teacher Community)

भले ही स्कूल और शिक्षक शिक्षा संस्थान कक्षाओं को कंप्यूटर से भरने में व्यस्त हैं, लेकिन शिक्षकों और शिक्षक शिक्षकों का एक बड़ा प्रतिशत अनिच्छुक और संशयी बना हुआ है। कक्षाओं में कंप्यूटर और शैक्षिक प्रौद्योगिकी की बाढ़ ने शिक्षक शिक्षकों के एक बड़े प्रतिशत को दोराहे पर खड़ा कर दिया है, जो नई प्रौद्योगिकियों को अपनाने और इन उपकरणों को अपने पाठ्यक्रम में शामिल करने के लिए अनिच्छुक हैं। कल के शिक्षा महाविद्यालयों और स्कूलों में प्रभावी ढंग से काम करने के लिए, कॉलेज के संकाय और शिक्षकों को साक्षर होना चाहिए और प्रौद्योगिकियों का उपयोग करने के साथ-साथ प्रौद्योगिकी को लागू करने के लिए रणनीति विकसित करने में आत्मविश्वास होना चाहिए।

प्रौद्योगिकी के उपयोग में कुशल शिक्षकों को तैयार करने के लिए शिक्षक प्रशिक्षकों के बीच प्रौद्योगिकी के उपयोग का विस्तार करना आवश्यक होगा। यह निम्नलिखित समस्याओं से बचा जा सकता है:

- उपकरणों की सीमित उपलब्धता
- संकाय प्रशिक्षण का अभाव
- इस बात की कोई स्पष्ट अपेक्षा नहीं है कि संकाय शैक्षणिक गतिविधियों में प्रौद्योगिकी को शामिल करेगा
- धन की कमी
- उपकरण और सॉफ्टवेयर का उपयोग करने में सुविधा विकसित करने के लिए समय की कमी
- कुछ नई प्रौद्योगिकियों के उपयोग की शैक्षणिक वैधता पर संदेह
- तकनीकी सहायता का अभाव, उपयुक्त सामग्री का अभाव, विशेष रूप से शिक्षक शिक्षा संस्थानों के लिए उपयुक्त एकीकृत मीडिया सामग्री का अभाव
- समग्र रूप से शिक्षक शिक्षा कार्यक्रम के लिए स्पष्ट कार्यक्रमगत लक्ष्यों का अभाव
- संकाय की अद्यतन जानकारी रखने में असमर्थता
- पाठ्यक्रम में प्रौद्योगिकी के एकीकरण की लॉजिस्टिक
- वर्तमान पाठ्यक्रम में अधिक कक्षाओं को शामिल करने के लिए समय की कमी

अधिकांश शिक्षक प्रशिक्षण संस्थानों में कंप्यूटर साक्षरता पाठ्यक्रम होते हैं, जो पूर्व-सेवाकालीन शिक्षकों को वर्ड, पावरपॉइंट और इसी तरह के कंप्यूटर अनुप्रयोगों के उपयोग से परिचित कराते हैं। इसके बजाय, बेहतर तरीका यह होगा कि कंप्यूटर निर्देश को मौजूदा विधियों और आधारभूत पाठ्यक्रमों में एकीकृत किया जाए। पूरे पाठ्यक्रम में प्रौद्योगिकी को शामिल करने की आवश्यकता है, ताकि छात्र शिक्षक मुख्य विषय क्षेत्र कौशल और ज्ञान भी प्राप्त कर सकें।

शिक्षक शिक्षकों की आबादी पर सरसरी नज़र डालने से पता चलता है कि ऐसे शिक्षक हैं जिन्होंने अभी तक नई तकनीकों को नहीं अपनाया है और अभी तक इन उपकरणों को अपनी दैनिक कक्षा शिक्षण गतिविधियों में शामिल नहीं किया है। ऐसा प्रतीत होता है कि शिक्षक शिक्षकों को खरीदने से पहले परिणामों के प्रमाण की आवश्यकता होती है। उनमें बदलाव के प्रति बहुत कम सहिष्णुता है और वे समय-परीक्षणित व्यवहार को बदलने के लिए तैयार नहीं हैं जब तक कि इस बात के पुख्ता सबूत न हों कि समय और प्रयास का निवेश बड़ा लाभांश देगा। हालाँकि स्कूलों ने कंप्यूटर खरीद

लिए हैं और इंटरनेट से जुड़ गए हैं, लेकिन शिक्षकों और शिक्षक शिक्षकों को संदेह है कि ये नए खिलौने कितने प्रभावी हैं।

शिक्षण परिदृश्य में प्रौद्योगिकी को शामिल करने के लिए आदर्श स्थिति में शिक्षक प्रशिक्षक, कार्यरत शिक्षक और शिक्षक प्रशिक्षु शामिल होंगे (चित्र 10.2)।

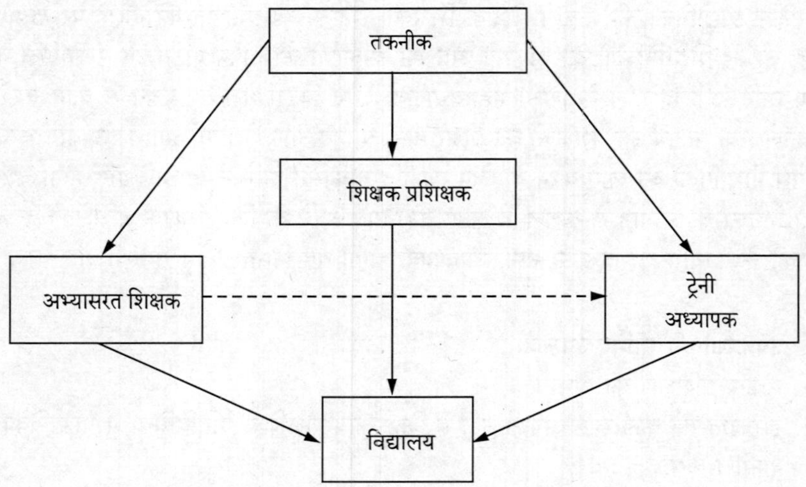

चित्र 10.2 शिक्षण समुदाय में प्रौद्योगिकी हस्तांतरण।

ऑनलाइन शिक्षण वातावरण में सर्वश्रेष्ठ प्रदर्शन करने वाले शिक्षक प्रशिक्षकों की विशेषताएं इस प्रकार हैं:

- खोज द्वारा सीखने के प्रति सहिष्णुता
- प्रौद्योगिकी से परिचित होना और सहज होना
- पहल
- स्वतंत्र शिक्षा
- जिज्ञासा
- मजबूत लेखन कौशल

ई-लर्निंग और नवीन प्रौद्योगिकियों से संबंधित रणनीतियाँ (Strategies Relating to E-Learning and Innovative Technologies)

शिक्षक प्रशिक्षकों को ई-लर्निंग और नई प्रौद्योगिकियों के प्रति अधिक उत्साही बनाया जाना चाहिए।

1. **चुनी गई शिक्षण स्थिति के लिए उपयुक्त मल्टीमीडिया संसाधनों के चयन सहित तकनीकी संसाधनों के उपयोग में अवसरों और बाधाओं का विश्लेषण:**

   इसके लिए शिक्षक प्रशिक्षक में निम्नलिखित योग्यताएं होनी चाहिए:

   (क) संसाधन उपलब्धता की पहचान करने के लिए लेखापरीक्षा करना।

   (ख) प्रशिक्षण महाविद्यालय के भीतर बाधाओं की पहचान करना।

(ग) चयनित संसाधनों के उपयोग के संबंध में छात्रों की सीखने की आवश्यकताओं का अध्ययन करना।

2. **छात्र/शिक्षक प्रशिक्षु प्रदर्शन में लाभ के संदर्भ में अंतिम निष्कर्ष स्पष्ट करें:** अधिकांश शिक्षक शिक्षकों को प्रौद्योगिकी उत्साही लोगों की अतिरंजित बिक्री से संबंधित परेशानी होती है। वे जानना चाहते हैं कि उनके काम से रोजगार योग्यता के आधार पर बेहतर शिक्षण प्रदर्शन होगा। उदाहरण के लिए, एक शिक्षक प्रशिक्षु को बी.एड. कोर्स के अंत में अपने शिक्षण पर गंभीरता से विचार करने में सक्षम होना चाहिए। एक शिक्षक प्रशिक्षक को उत्पाद का मूल्यांकन करने की स्थिति में होना चाहिए—शिक्षक प्रशिक्षु की रोजगार योग्यता के साथ-साथ उसके शिक्षण पर चिंतन करने की क्षमता—जिससे निरंतर सुधार हो सके। एक शिक्षक प्रशिक्षक को शिक्षण प्रौद्योगिकी के शोध प्रमाण की आवश्यकता होगी जिससे शिक्षक प्रशिक्षु के प्रदर्शन में वृद्धि हो।

3. **एक संपूर्ण पैकेज प्रदान करें:** प्रत्येक शिक्षक प्रशिक्षक, शिक्षक और प्रशिक्षु को उन संसाधनों के प्रकार के बारे में पता होना चाहिए, जो किसी विशेष इकाई को पढ़ाने के लिए प्रभावी हो सकते हैं। रूढ़िवादी शिक्षक प्रशिक्षक उत्कृष्ट पैकेजों की तलाश में हैं जिन्हें परीक्षण, परिष्कृत और परिपूर्ण किया गया है।

4. **जोखिम और आश्चर्य को खत्म करें:** अनिच्छुक शिक्षक प्रशिक्षक आश्चर्य, निराशा और रोमांच का आनंद नहीं लेते हैं, खासकर जब वे कक्षा के समय के दौरान होते हैं।

   यह सुनिश्चित करना महत्वपूर्ण है कि संसाधन प्रयास के लायक है और एक निश्चित शैक्षिक उद्देश्य को पूरा करता है। उदाहरण के लिए, कक्षा के समय इंटरनेट से डाउनलोड करना समय की बर्बादी हो सकती है।

   उपलब्ध और निर्मित सॉफ्टवेयर का मूल्यांकन एक आवश्यक कौशल है जिसे शिक्षक प्रशिक्षक, शिक्षक और प्रशिक्षु को विकसित करना चाहिए। तैयार सॉफ्टवेयर के साथ-साथ शिक्षक द्वारा विकसित सॉफ्टवेयर का मूल्यांकन करने में सुविधा के लिए कई चेकलिस्ट हैं।

5. **उनकी भाषा बोलें:** शिक्षक शिक्षक को हाई टेक शब्दावली से दूर रखा जा सकता है। प्रशिक्षक को सरल भाषा का उपयोग करना चाहिए और शिक्षक प्रशिक्षक का आत्मविश्वास बढ़ाना चाहिए, ताकि मल्टीमीडिया संसाधनों का उपयोग एक कष्टदायक काम न बन जाए।

6. **निरंतर सहायता प्रदान करें:** निरंतर सहायता से घबराए हुए शिक्षक-शिक्षिका को आराम मिलता है। नेटवर्क क्रैश होने का भावनात्मक दुःस्वप्न कई शिक्षक-शिक्षिकाओं को तकनीकी आविष्कारों से दूर रखता है।

7. **टीम पर जोर दें:** शिक्षक प्रशिक्षकों को मिश्रित क्षमताओं और शैलियों की टीमों में काम करने के लिए प्रोत्साहित किया जाना चाहिए। इससे अनिच्छुक शिक्षक प्रशिक्षकों में नई शिक्षण तकनीकों के साथ प्रयोग करने का आत्मविश्वास बढ़ेगा।

8. **पुरस्कार और मान्यता के लिए स्थान प्रदान करें:** शिक्षक प्रशिक्षकों को इंटेल के स्कूल प्रोजेक्ट, शिक्षक प्रशिक्षुओं के लिए माइक्रोसॉफ्ट के कार्यक्रम जैसे कार्यक्रमों में भाग लेने के लिए प्रोत्साहित किया जाना चाहिए।

शिक्षक शिक्षा में प्रौद्योगिकी को शामिल करने के स्तर (Levels in Embedding Technology into Teacher Education)

हॉल, एवं अन्य (1975) ने अपने अध्ययन में निष्कर्ष निकाला कि नवाचार के लिए अनुकूलन विभिन्न स्तरों पर होता है। प्रत्येक स्तर की विशेषता नए कौशल प्राप्त करने और नवाचार का उपयोग करने के स्तर में उपयोगकर्ता के विकास से संबंधित विभिन्न व्यवहारों को देखना है। सैंडहोल्ट्ज़, रिंगस्टाफ़ और ड्वायर (1990) ने पाया कि उपयोग के स्तर भी शिक्षकों द्वारा अपनी कक्षा में कंप्यूटर प्रौद्योगिकियों के अनुकूलन की विशेषता है।

साहित्य की समीक्षा के आधार पर, शिक्षक शिक्षा में प्रौद्योगिकी को शामिल करने के लिए निम्नलिखित चरणबद्ध मॉडल पर विचार किया जा सकता है। चित्र 10.3 शिक्षक शिक्षा में प्रौद्योगिकी को शामिल करने में शामिल अनुक्रमिक स्तरों को दर्शाता है।

पांच अनुक्रमिक स्तर हैं:

1. **प्रवेश स्तर:** यहां बुनियादी कंप्यूटर कौशल हासिल करने पर ध्यान केंद्रित किया जाता है। शिक्षक प्रशिक्षक के आगे बढ़ने से पहले प्रौद्योगिकी में प्रवीणता एक बुनियादी आवश्यकता है।

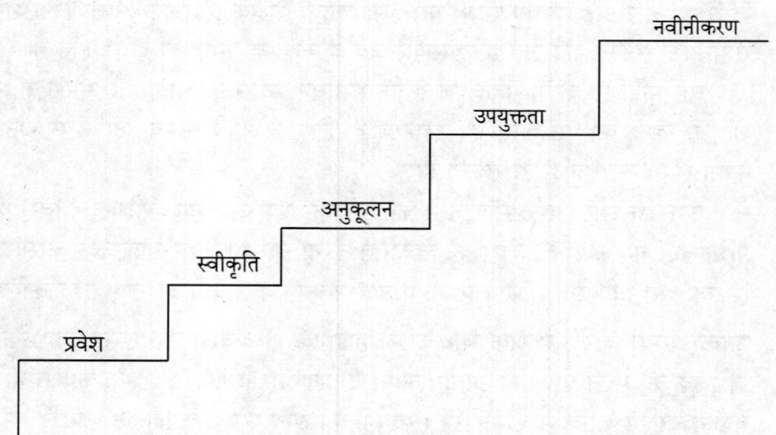

चित्र 10.3 शिक्षक शिक्षा में प्रौद्योगिकी को शामिल करने के स्तर।

2. **स्वीकृति:** इस स्तर पर, अध्यापक प्रशिक्षक ने कंप्यूटर कौशल और आत्मविश्वास विकसित कर लिया है, ताकि वह इसे अध्यापक शिक्षा कार्यक्रम में एकीकृत करने के बारे में सोच सके।
3. **अनुकूलन:** तीसरे स्तर पर, शिक्षक शिक्षक उपलब्ध विभिन्न तकनीकी उपकरणों के बारे में गंभीरता से सोच सकता है, जहाँ संभव हो उन्हें शिक्षक शिक्षा पाठ्यक्रम में अनुकूलित कर सकता है। इस स्तर पर, प्रौद्योगिकी को मौजूदा प्रथाओं में पूरी तरह से एकीकृत किया जाता है।

4. **उपयुक्तता:** इस स्तर पर तकनीकी उपकरणों का उपयोग उत्प्रेरक के रूप में किया जाता है। शिक्षक शिक्षक प्रासंगिक और उचित तकनीकी उपकरणों के उपयोग में चिंतनशील सोच को एकीकृत करता है, जिससे शिक्षण अधिगम प्रक्रिया में महत्वपूर्ण परिवर्तन होते हैं।
5. **नवीनीकरण:** इस अंतिम स्तर में समर्थित वातावरण में प्रौद्योगिकी का उपयोग करना शामिल है, जिससे व्यावसायिक विकास होता है और सर्वोत्तम प्रथाओं को निर्धारित करने के लिए सहकर्मियों के साथ नेटवर्किंग होती है।

संकाय को उचित स्तर पर प्रौद्योगिकी का उपयोग करने में सक्षम बनाने के लिए संसाधनों का पुनर्वितरण और प्रौद्योगिकी सीखने के लिए समय और सहायता प्रदान करने की आवश्यकता है जो उन्हें इन उपकरणों की शक्ति का लाभ उठाने वाले कार्यक्रमों, पाठ्यक्रम और शिक्षण सीखने के अनुभवों को व्यवस्थित रूप से पुनः डिज़ाइन करने में सक्षम बनाएगा। प्रवेश स्तर से नवीनीकरण स्तर तक क्रमिक बदलाव संकाय सदस्य द्वारा पेशेवर उत्पादकता के लिए प्रौद्योगिकी के उपयोग को अलग करने, इंस्ट्रकशन की मॉडलिंग करने, जो टेकनोलॉजी उपयोग द्वारा नवीन अधिगम परिणाम लाने में सहायक हो।

सीखने और सिखाने का तेजी से बदलता मॉडल (The Rapidly Changing Model of Learning and Teaching)

डिजिटल और नेटवर्क उपकरणों की आसान उपलब्धता ने शिक्षण और सीखने की प्रक्रिया को काफी हद तक बदल दिया है। कोहलर और मिश्रा (2008) द्वारा प्रस्तुत तकनीकी शैक्षणिक सामग्री ज्ञान टीपीएके (TPAK) ढांचा कक्षा में प्रौद्योगिकी का उपयोग करके शिक्षण के लिए आवश्यक शिक्षक ज्ञान के प्रकार का वर्णन करता है। टीपीएके ढांचा शिक्षकों और शिक्षक-शिक्षकों के लिए उपयुक्त प्रौद्योगिकी को एकीकृत करने के लिए दिशानिर्देशों का एक सेट प्रदान करता है। शुलमैन (1986) के अनुसार, छात्रों को सामग्री को समझने के लिए उपयुक्त रणनीतियों को लागू करने के लिए शिक्षकों को शिक्षण और सामग्री के बीच अंतःक्रिया को समझने की आवश्यकता है।

टीपीएके (TPAK) के तीन प्रमुख ज्ञान घटक हैं:

- विषय-वस्तु ज्ञान (सीके) से तात्पर्य उस विषय-वस्तु से है जिसे शिक्षक पढ़ाता है
- शैक्षणिक ज्ञान (पीके) शिक्षक के शैक्षणिक प्रथाओं के ज्ञान को संदर्भित करता है, जैसे शिक्षण और मूल्यांकन के तरीके और तकनीक
- प्रौद्योगिकी ज्ञान (टीके) से तात्पर्य शिक्षक की इस समझ से है कि पाठ्यक्रम में प्रौद्योगिकी को विवेकपूर्ण तरीके से कैसे एकीकृत किया जाए।

इसलिए शिक्षकों को प्रौद्योगिकी, शिक्षणशास्त्र और विषय-वस्तु के अंतर्संबंध की अच्छी समझ की आवश्यकता है।

शिक्षा के पारंपरिक दृष्टिकोण में अत्यधिक बुद्धिमान, अच्छी तरह से प्रेरित छात्रों को अंतरंग सेमिनार समूहों में बहस करते हुए, अच्छी तरह से स्टॉक किए गए पुस्तकालयों में अध्ययन करते हुए

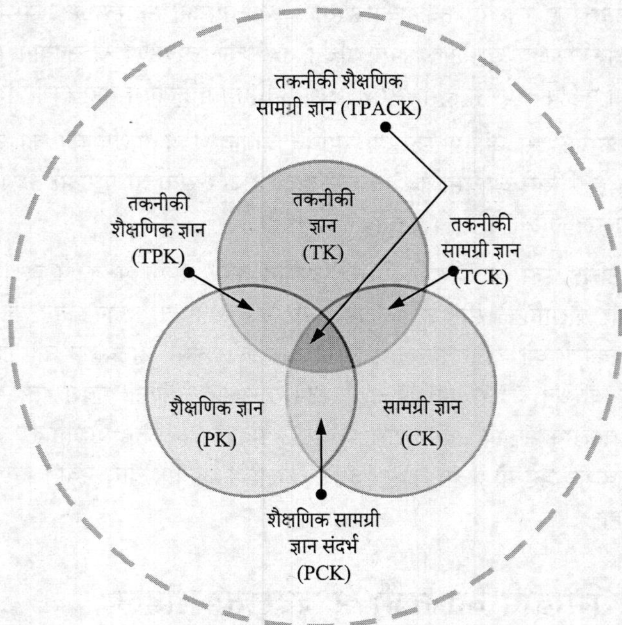

चित्र 10.4 टीपीएके (TPACK) फ्रेमवर्क (सौजन्य: http://tpack.org).

और अच्छी तरह से सुसज्जित प्रयोगशालाओं में प्रयोग करते हुए देखा जाता है। शिक्षक तैयारी के लिए सोच में बदलाव की आवश्यकता है जो आज की जरूरतों के अनुरूप हो। पूर्वसेवा शिक्षकों को कॉलेज में अपने सीखने के सामान्य क्रम में और स्कूलों में अपने शिक्षण अभ्यास में नियमित रूप से प्रौद्योगिकी के प्रभावी संचार का सामना करना चाहिए। शिक्षक के रूप में सीखने के अनुभवों को बढ़ाने के लिए प्रौद्योगिकी का उपयोग करने के व्यवहार्य तरीकों की तलाश कीजिए, कॉलेजों को भी प्रभावी प्रौद्योगिकी उपयोग की योजना बनाने के लिए भावी शिक्षकों को तैयार करना चाहिए। शिक्षक तैयारी कार्यक्रमों को न केवल पूरे पाठ्यक्रम में प्रौद्योगिकी को एकीकृत करना चाहिए, बल्कि छात्रों को वास्तविक स्कूल सेटिंग के भीतर समस्याओं का प्रबंधन करने के अवसर भी प्रदान करने चाहिए क्योंकि वे प्रौद्योगिकी के विभिन्न उपकरणों को एकीकृत करते हैं।

भाग 5

प्रदर्शन और मूल्यांकन
(PERFORMANCE AND EVALUATION)

अध्याय **11**

अध्यापक शिक्षा में मूल्यांकन (Evaluation in Teacher Education)

शिक्षकों का मूल्यांकन करें क्योंकि शिक्षक अतीत, वर्तमान और भविष्य के बीच सेतु का काम करते हैं।

—अज्ञात

परिचय (Introduction)

अध्यापक शिक्षा (शिक्षक शिक्षा) में बदलाव और नवाचार सुनिश्चित करने के लिए कोई तैयार फॉर्मूला नहीं है। न ही कोई भी देश भर में शिक्षक शिक्षा की गुणवत्ता में सुधार के लिए एक समान तंत्र तैयार कर सकता है। शिक्षक शिक्षा कार्यक्रम जिस माहौल में काम करता है और जिस स्कूल प्रणाली में यह काम करता है, उसके आधार पर प्रयासों को और अधिक स्थानीयकृत किया जाना चाहिए। हर संस्थान को बदलाव और गुणवत्ता सुधार का आधार बनना होगा। यह शिक्षक शिक्षा की प्रणाली को विकेंद्रीकृत करने की आवश्यकता को भी उजागर करता है। यह प्राथनिक स्तर के मामले में विशेष रूप से प्रासंगिक है, जिसे पूरे राज्य में एक समान बनाया गया है और स्कूल की स्थितियों में स्थानीय चरों पर कोई ध्यान नहीं दिया गया है।

भारत एक बहुभाषी, बहु-सांस्कृतिक समाज है। प्रशिक्षण का कोई भी एक रूप सभी स्तरों, सभी स्थानों और सभी आवश्यकताओं के लिए अच्छा नहीं हो सकता। उदाहरण के लिए, जहाँ अधिकांश राज्यों में चुनौती प्राथमिक विद्यालय के बच्चों को बनाए रखना है, वहाँ केरल में समस्या गुणवत्ता में सुधार की है। क्या केरल और उत्तर प्रदेश की प्रशिक्षण आवश्यकताएँ एक जैसी हो सकती हैं? इसलिए, जो आवश्यक है वह प्रशिक्षण रणनीति का एक लचीला ढाँचा है जिसे स्थानीय आवश्यकताओं के अनुरूप अपनाया और अनुकूलित किया जा सकता है।

इस मॉड्यूल को तीन खंडों में विभाजित किया गया है:

1. मूल्यांकन का दीर्घस्तरीय प्रबंधन, जिसमें इस अध्याय में चर्चा किए गए शैक्षिक उपक्रमों में विभिन्न हितधारकों के हितों को शामिल किया गया है।
2. शिक्षा के मूल्यांकन का सूक्ष्म स्तरीय प्रबंधन जिसमें सेवा-पूर्व और सेवाकालीन प्रशिक्षण शामिल है, इस अध्याय में चर्चा की गई है।
3. भारत में मूल्यांकन प्रक्रियाएँ-एनएएसी (अध्याय 12 में चर्चा की गई है)।

मूल्यांकन का दीर्घस्तरीय प्रबंधन (Macrolevel Management of Evaluation)

संस्थागत स्तर पर परिवर्तन और गुणवत्ता के प्रबंधन को क्या सुगम बनाता है? शोध ने निम्नलिखित प्रवृत्तियों का संकेत दिया है:

1. पाठ्यक्रम, लेनदेन प्रक्रियाओं और मूल्यांकन विधियों के कामकाज में अधिक पारदर्शिता बनाने की आवश्यकता है।
2. सामाजिक जवाबदेही की व्यवस्था बनाने की जरूरत है। शिक्षक शिक्षा संस्थान मुख्यधारा से अलग-थलग नहीं रह सकते। शिक्षा प्रणाली के सभी हितधारकों को स्कूल प्रणाली की सफलता या विफलता के बारे में जवाबदेह बनाया जाना चाहिए।
3. योजनाबद्ध परिवर्तन और नवाचार आरंभ करने की आवश्यकता।
4. नियोजित गुणवत्ता सुधार उपायों के आधार पर आवधिक मूल्यांकन की आवश्यकता है, जिसे शिक्षक प्रशिक्षकों, एनएएसी (NAAC) जैसी केंद्रीय एजेंसियों द्वारा डिजाइन और कार्यान्वित किया जाता है।
5. अनुसंधान एवं विकास गतिविधियों के माध्यम से शिक्षक प्रशिक्षकों के सतत व्यावसायिक विकास के अवसर प्रदान करने की आवश्यकता।

हितधारकों की अवधारणा (Concept of Stakeholders)

री-डिकिन्स (1994) ने मूल्यांकन की अपनी परिभाषा में हितधारकों की अवधारणा को शामिल किया है, तथा कहा है कि मूल्यांकन हितधारक-उन्मुख होते हैं—अधिकांश अन्य शैक्षिक शोधों के विपरीत। 'हितधारक' शब्द का प्रयोग अब कई क्षेत्रों में व्यापक रूप से किया जाता है, विशेष रूप से व्यवसाय और प्रबंधन अध्ययनों में। एस्पिनवॉल एवं अन्य (1992) शैक्षिक मूल्यांकन के संदर्भ में हितधारकों की अवधारणा का एक व्यापक विश्लेषण प्रदान करते हैं और बताते हैं कि "हितधारक कोई भी समूह या व्यक्ति होता है जो संगठन, कार्यक्रम या गतिविधि के भविष्य से प्रभावित होता है या उसे प्रभावित कर सकता है... हितधारक स्कूल के आंतरिक (जैसे कर्मचारी) और बाहरी (जैसे अभिभावक) दोनों हो सकते हैं"। इस प्रकार किसी भी दिए गए कार्यक्रम में हितधारक कार्यक्रम की प्रकृति और संदर्भ द्वारा निर्धारित किए जाएंगे।

पीटरसन (2000) कहते हैं कि "मूल्यांकन के नए तरीकों का एक महत्वपूर्ण हिस्सा हितधारकों के दृष्टिकोण को शामिल करने की बढ़ती हुई आवश्यकता है ..."।

कार्यक्रम मूल्यांकन के लिए सामान्य रूपरेखा (General Frameworks for Programme Evaluation)

1990 के दशक में शैक्षिक कार्यक्रम मूल्यांकन पर किए गए कार्य मानदंडों के उपयोगी ढाँचे प्रदान करते हैं, जिन पर मूल्यांकन आयोजित करने में शामिल लोगों को विचार करना चाहिए। री-डिकिन्स, 1994; री-डिकिन्स और जर्मेन, 1992; एस्पिनवॉल एवं अन्य, 1992; एल्डरसन, 1992, सभी मूल्यांकन आयोजित करते समय विचार करने के लिए समान चेकलिस्ट या प्रक्रियाएँ प्रदान करते हैं। बॉक्स 11.1 में शामिल किए गए मुख्य बिंदुओं का संश्लेषण दिया गया है।

बॉक्स 11.1 मूल्यांकन के दौरान विचार करने के लिए चेकलिस्ट

1. मूल्यांकन का उद्देश्य क्या है?
2. मूल्यांकन किसके लिए है?
3. क्या मूल्यांकन किया जाना है?
4. मूल्यांकन में कौन से मानदंड उपयोग में लाये जायेंगे?
5. मूल्यांकन कौन करेगा?
6. मूल्यांकन कब होना चाहिए?
7. डेटा के स्रोत क्या हैं?
8. डेटा संग्रहण के कौन से तरीके उपयोग में लाए जाने हैं?
9. मूल्यांकन का प्रबंधन कैसे किया जाएगा?
10. डेटा को कैसे संसाधित किया जाएगा?
11. निष्कर्षों को कैसे मान्य किया जाएगा?
12. मूल्यांकन से क्या निष्कर्ष निकाले जा सकते हैं?
13. परिणाम कैसे रिपोर्ट किए जाएंगे?
14. इसके बाद क्या कार्रवाई अपेक्षित है?
15. मूल्यांकन कैसे किया जाएगा?

संदर्भ पर ध्यान केंद्रित करके, कार्यक्रम में खिलाड़ी या हितधारक ढांचे में अधिक केंद्रीय भूमिका निभाते हैं। री-डिकिन्स और जर्मेन (1992) ने मूल्यांकन के लिए संदर्भ नामक एक मॉडल विकसित किया, जो एक पाठ्यक्रम को उसके संदर्भ में रखता है और ऐसा करने में शामिल जटिलता को दर्शाता है। उनके संदर्भ में स्कूल और उसके भीतर के वे लोग शामिल हैं जो कक्षा अभ्यास के बारे में लिए गए निर्णयों को प्रभावित करते हैं, जैसे कि प्रधानाध्यापक; यह स्कूल के बाहर के कारकों को भी देखता है, जिसमें माता-पिता, स्थानीय शिक्षा अधिकारी और बड़े पैमाने पर समाज शामिल हैं। ऐसे कारकों की समझ हासिल करना और यह जानना कि वे कक्षाओं को कैसे प्रभावित करते हैं, एकमात्र तरीका है जिससे मूल्यांकनकर्ता किसी कार्यक्रम की समझ की आवश्यक गहराई हासिल कर सकते हैं।

मूल्यांकन के संबंध में संदर्भ का सबसे व्यापक विचार लिंच द्वारा उनके 'संदर्भ-अनुकूली मॉडल' में विकसित किया गया है, जिसे 1990 में रेखांकित किया गया था और 1996 में थोड़ा परिष्कृत किया गया था। वह मूल्यांकनकर्ताओं हेतु विचार करने के लिए एक सात-चरणीय मॉडल प्रस्तुत करता है, जिसमें निम्नलिखित चरणों में से प्रत्येक पर विस्तृत विश्लेषण शामिल है:

- मूल्यांकन के दर्शकों और लक्ष्यों का निर्धारण करना।
- 'संदर्भ सूची' तैयार करना, जो कार्यक्रम और नियोजित मूल्यांकन का लेखा-परीक्षण है।
- एक 'प्रारंभिक विषयगत ढांचा' स्थापित करना, जो मूल्यांकन को इस संदर्भ में केन्द्रित करता है कि इससे क्या हासिल करने का प्रयास किया जाएगा।
- डेटा संग्रहण प्रक्रियाओं का डिज़ाइन करना।
- डेटा एकत्र करना।

- डेटा का विश्लेषण करना।
- मूल्यांकन रिपोर्ट लिखना।

हितधारकों की पहचान (Identifying Stakeholders)

सैवेज और उनके सहयोगियों द्वारा प्रस्तुत हितधारक पहचान का मॉडल संगठन के सभी हितधारकों को शामिल करता है, न कि केवल वे जो व्यवसाय या कार्यक्रम के किसी विशेष क्षेत्र में शामिल हैं और जिस संदर्भ पर हम अभी विचार कर रहे हैं, उसके लिए यह बहुत व्यापक मॉडल है। हालांकि, वे यह महत्वपूर्ण बात करते हैं कि पहचान की प्रक्रिया जारी रहनी चाहिए। शैक्षिक मूल्यांकन में हितधारकों की अवधारणा को लागू करने वाला एक स्पष्ट अवलोकन एस्पिनवॉल एवं अन्य (1992) द्वारा प्रदान किया गया है, जो दावा करते हैं कि योजना और मूल्यांकन दोनों में हितधारकों और उनकी अपेक्षाओं पर विचार करना महत्वपूर्ण है। वे तर्क देते हैं कि उनका हितधारक विश्लेषण "हमें 'कौन' आयाम के बारे में गंभीरता से सोचने की अनुमति देता है और हमें एक कदम आगे जाकर यह जांचने के लिए कहता है कि संस्था, विकास या कार्यक्रम के संबंध में हितधारकों की अपेक्षाएं क्या हो सकती हैं"। मॉडल (चित्र 11.1) का उपयोग हितधारकों के मानचित्रण के लिए किया जाता है।

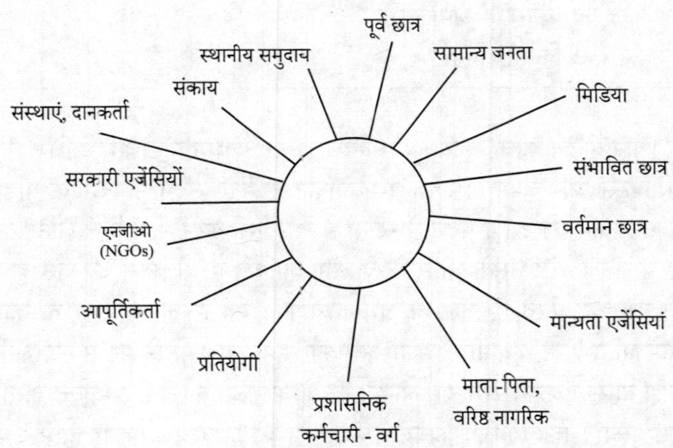

चित्र 11.1 एक माध्यमिक विद्यालय का हितधारक मानचित्र। (*स्रोत:* एस्पिनवॉल एवं अन्य 1991:86)

एस्पिनवॉल और अन्य कहते हैं कि: "संस्था को केंद्र में रखा गया है और प्रत्येक समूह के कथित महत्व को तीर की लंबाई से दर्शाया गया है, अधिक महत्वपूर्ण हितधारकों को केंद्र के करीब रखा गया है" (पृष्ठ 85)। यह मॉडल उपयोगी है, हालांकि इसे संस्थागत मूल्यांकन के लिए डिज़ाइन किया गया है और कार्यक्रम को केंद्र में रखते हुए कार्यक्रम मूल्यांकन के लिए इसे अनुकूलित करने की आवश्यकता है। मूल्यांकन के संदर्भ में री-डिकिन्स और जर्मेन का मॉडल (1992) इस तरह के पुनर्निर्देशन के लिए उपयोगी है।

जॉनस्टन और पीटरसन (1994) अपने 'प्रोग्राम मैट्रिक्स' मॉडल (चित्र 11.2) के साथ, सबसे पहले, 'प्रक्रियाओं', कार्यक्रम के चरणों और 'तत्वों', कार्यक्रम में शामिल लोगों और सामग्रियों के बीच अंतर करते हैं। इस मॉडल में, मूल्यांकन मैट्रिक्स का केवल एक हिस्सा है। हालाँकि, वे भाषा

कार्यक्रमों का वर्णन या विश्लेषण करने के लिए किसी भी ढांचे में हितधारकों की पहचान को आवश्यक मानते हैं। वे हितधारकों के चार प्रमुख समूहों की पहचान करते हैं:

1. शिक्षार्थी
2. शिक्षक
3. प्रशासक
4. नियंत्रण प्राधिकरण जैसे सरकारें, प्रबंधन...

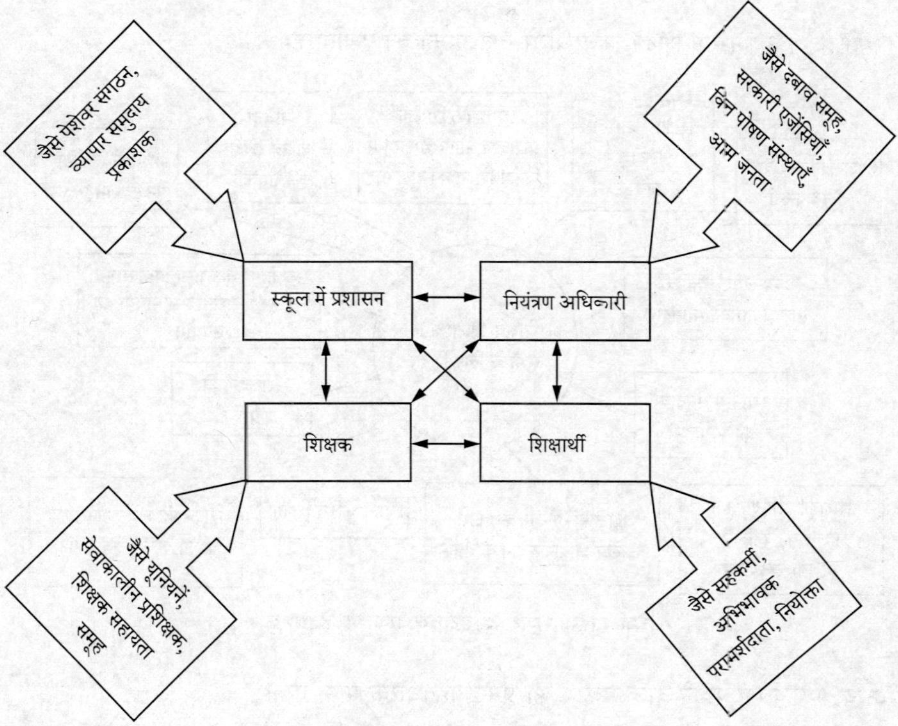

चित्र 11.2 मुख्य हितधारकों पर प्रभाव। (*स्रोत:* जॉनस्टन और पीटरसन, 1994:73)

हितधारक मूल्यांकन का संचालन (Conducting the Stakeholder Evaluation)

हितधारक मूल्यांकन करने के चरण बॉक्स 11.2 में दिए गए हैं।

बॉक्स 11.2 हितधारक मूल्यांकन आयोजित करने के चरण
1. मूल्यांकन उद्देश्यों की स्थापना
2. उपयुक्त मूल्यांकनकर्ता का चयन
3. मूल्यांकनकर्ता को कार्यक्रम की पृष्ठभूमि का ज्ञान प्राप्त होता है (यदि वह बाहरी व्यक्ति हो)
4. मूल्यांकनकर्ता और केंद्रीय हितधारक(ओं) द्वारा हितधारकों की पहचान
5. मूल्यांकन समय-सीमा की स्थापना (संदर्भगत बाधाओं पर निर्भर)

6. डेटा संग्रह के तरीकों का चयन (विभिन्न हितधारकों और समय के लिए)
7. डेटा का संग्रह
8. डेटा का विश्लेषण और प्रारंभिक फीडबैक (प्रासंगिक हितधारकों को)
9. अंतिम मूल्यांकन रिपोर्ट का उत्पादन और वितरण
10. मूल्यांकन मॉडल और प्रक्रिया का मूल्यांकन.

चित्र 11.3 शिक्षक शिक्षा व्यवस्था में हितधारकों को दर्शाता है।

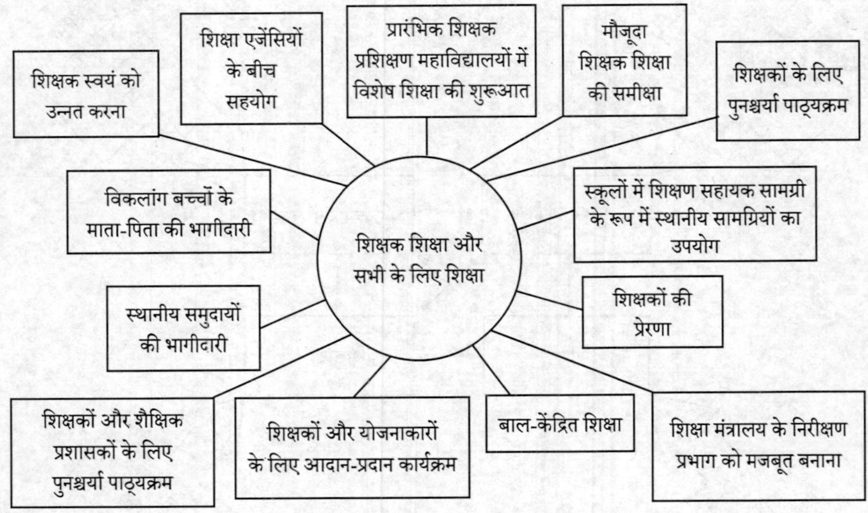

चित्र 11.3 शिक्षक शिक्षा व्यवस्था में हितधारक।

संकाय: पाठ्यक्रम पढ़ाने वाले संकाय को प्रमुख हितधारक माना गया।

सहायक कर्मचारी: नए विद्यार्थियों को सेवाएं देने वाले गैर-संकाय कर्मचारियों को भी महत्वपूर्ण हितधारक माना गया।

छात्र: छात्र स्पष्ट रूप से महत्वपूर्ण हितधारक हैं जिनकी अपेक्षाएं होती हैं और वे संस्थान के साथ अपने अनुभवों की रिपोर्ट कर सकते हैं।

अभिभावक: फ्रेशमैन अकादमी से जुड़े छात्रों के अभिभावक संस्थान से अपेक्षाओं वाले प्रमुख श्रोता होते हैं।

अन्य: संबंधित रुचियों वाले व्यापक दर्शकों को प्राप्तकर्ता के रूप में अपेक्षित किया जाता है।

शिक्षक शिक्षा के मूल्यांकन को व्यापक स्तर पर देखने पर इसमें राष्ट्रीय नीति आवश्यकताओं (एनसीएफटीई (NCFTE) 2010) के साथ-साथ हितधारकों की अपेक्षाओं के संदर्भ में शिक्षक प्रशिक्षण संस्थानों की कार्यप्रणाली पर भी गौर करना शामिल होगा।

दीर्घस्तरीय दृष्टिकोण अधिकांश प्रकार के मूल्यांकनों (मूल्यांकित की जा रही चीजों) की प्रकृति पर एक व्यापक परिप्रेक्ष्य लेता है, जो संगठनों से लेकर अनुदेशात्मक उत्पादों और उनकी अवधारणा

से लेकर उनके समापन तक होता है, जैसा कि पहली बार स्टफलबीम (1971) ने अपने सीआईपीपी (CIPP) (संदर्भ, इनपुट, प्रक्रिया, उत्पाद) दृष्टिकोण में प्रस्तावित किया था, जैसा कि चित्र 11.4 में दिखाया गया है।

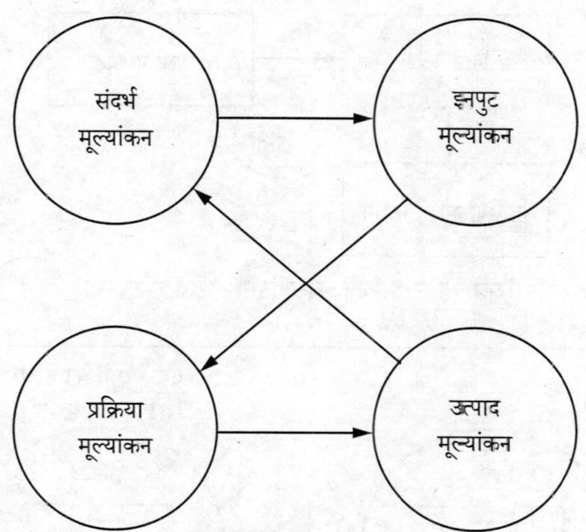

चित्र 11.4 संदर्भ, इनपुट, प्रक्रिया, उत्पाद मॉडल। (स्रोत: स्टफलबीम, 1971)

सीआईपीपी (CIPP) दृष्टिकोण यह मानता है कि जिस किसी भी चीज़ का मूल्यांकन किया जा सकता है, उसका विकास के विभिन्न चरणों में उपयोगी रूप से मूल्यांकन किया जा सकता है। प्रस्तावित मूल्यांकन ढांचा संभावित मूल्यांकन उपयोगकर्ताओं और हितधारकों के हितों, प्रश्नों, मूल्यों और भागीदारी को चार प्रकार के मूल्यांकन के इर्द-गिर्द व्यवस्थित करता है जो विकास के चार चरणों के समानांतर हैं:

1. संदर्भ मूल्यांकन जो पाठ्यक्रमों, कार्यक्रमों और समर्थन प्रयासों की आवश्यकता से जुड़े सामाजिक-राजनीतिक, संगठनात्मक और अन्य संदर्भगत चरों की जांच करता है।
2. इनपुट मूल्यांकन जो संदर्भ मूल्यांकन में पहचानी गई आवश्यकताओं को पूरा करने के लिए वैकल्पिक इनपुट या साधनों की तुलना करते हैं, जिनमें विशेष कार्यक्रम शामिल हैं, परंतु इन्हीं तक सीमित नहीं हैं।
3. प्रक्रिया मूल्यांकन जो कार्यक्रमों की योजना, डिजाइन, विकास और कार्यान्वयन तथा उनके उपयोग से संबंधित प्रयासों का रचनात्मक मूल्यांकन करता है।
4. उत्पाद मूल्यांकन जो उन्हें समर्थन देने वाले कार्यक्रमों और बुनियादी ढांचे की गुणवत्ता, उपयोगिता और मूल्य के संबंध में समग्र निर्णय लेने की अनुमति देता है।

आदर्श रूप से, सभी चार प्रकार के मूल्यांकन एक संगठन जैसे विश्वविद्यालय (वृहद स्तर पर) के जीवन काल में एक साथ और बार-बार होंगे, जिसमें कई परियोजनाएं, कार्यक्रम, पहल और पाठ्यक्रम हैं, और एक विशेष कार्यक्रम जैसे स्कूल या प्रशिक्षण कॉलेज (सूक्ष्म स्तर पर) के जीवन काल में भी होंगे।

यहाँ प्रस्तुत प्रतिभागी-उन्मुख दृष्टिकोण स्टफलबीम के दृष्टिकोण को पैटन के उपयोग-केंद्रित दृष्टिकोण (पैटन, 1997) के साथ जोड़ता है, जिसे चित्र 11.5 में दर्शाया गया है। एक व्यापक मॉडल-सीआईपीपी और उपयोग-केंद्रित मूल्यांकन संयुक्त रूप से चित्र 11.6 में प्रस्तुत किया गया है।

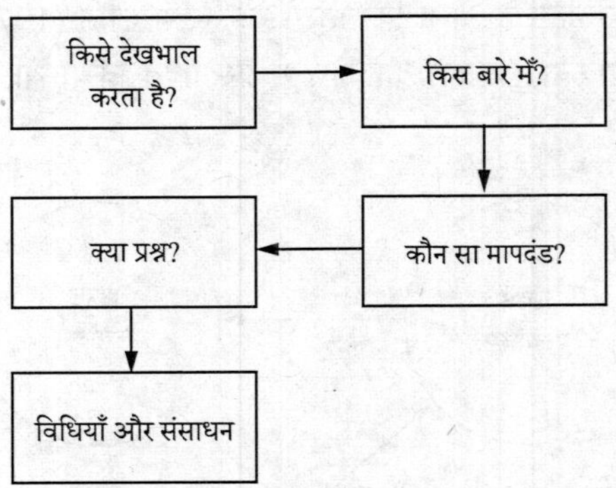

चित्र 11.5 पैटन का उपयोग-केंद्रित दृष्टिकोण।

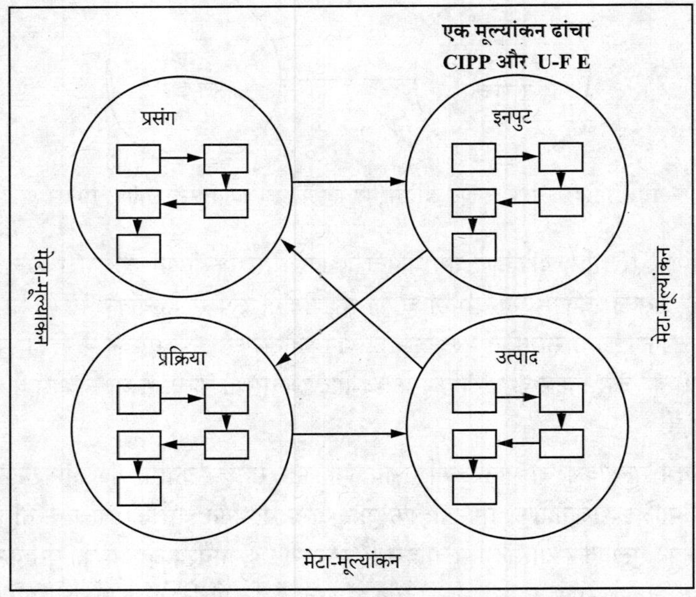

चित्र 11.6 सीआईपीपी (CIPP) और उपयोग-केंद्रित संयुक्त मूल्यांकन।

जैसा कि चित्र 11.5 में दर्शाया गया है, पैटन का तर्क है कि मूल्यांकन उपयोगिता की कुंजी उन लोगों की पहचान करना है जो मूल्यांकन से सीखने के लिए तैयार हैं। उन्होंने इन उपयोगकर्ताओं की पहचान करने और फिर उनके साथ काम करने के लिए कई प्रक्रियाओं की रूपरेखा तैयार की है ताकि यह स्पष्ट किया जा सके कि वे क्या जानना चाहते हैं और मूल्यांकन द्वारा एकत्रित जानकारी के साथ वे क्या करने की संभावना रखते हैं।

जैसा कि चित्र 11.6 में दिखाया गया है, सीआईपीपी (CIPP) और उपयोग-केंद्रित मूल्यांकन, स्टफलबीम और पैटन के दृष्टिकोणों को मिलाकर यह सुझाव देते हैं कि अलग-अलग प्रश्नों, मानदंडों और सूचना आवश्यकताओं वाले विभिन्न उपयोगकर्ता मूल्यांकनकर्ता के जीवन के विभिन्न चरणों में कम या ज्यादा महत्वपूर्ण हो सकते हैं।

हितधारकों की अपेक्षाओं पर आधारित प्रश्न (Questions Based on Stakeholders Expectations)

व्यापक और कार्यक्रम संबंधी मुद्दों का एक महत्वपूर्ण आयाम हितधारकों की अपेक्षाओं की समझ और प्रबंधन है। प्रश्नों में निम्नलिखित शामिल होने चाहिए:

प्रासंगिकता

यह कार्यक्रम राष्ट्रीय आवश्यकताओं, प्राथमिकताओं और अपेक्षाओं के लिए कितना प्रासंगिक है?

यह प्रणाली में अन्य हितधारकों की आवश्यकताओं और उद्देश्यों के संबंध में कितना सुसंगत है?

यह कार्यक्रम किस हद तक एनसीटीईएफ (NCTEF) 2009 में उल्लिखित राष्ट्रीय लक्ष्यों और विजन के साथ तालमेल बिठाकर काम कर रहा है तथा उनके कार्यान्वयन में योगदान दे रहा है?

क्षमता

क्या कार्यक्रम वितरण तंत्र को समुचित संसाधन, लागत प्रभावी और समयबद्ध तरीके से तैयार किया गया है?

क्या समाज, विश्वविद्यालय, सहयोगी विद्यालयों, गैर सरकारी संगठनों और नियोक्ताओं तथा संस्थाओं की भूमिकाएं और जिम्मेदारियां स्पष्ट और प्रभावी रूप से समन्वित की गई हैं?

क्या प्रदान की गई क्षमता/सहायता पर्याप्त एवं उपयुक्त है?

प्रभावशीलता और प्रभाव

क्या लक्ष्य उद्देश्य पूरे हो गए हैं?

यदि हां, तो कितनी प्रभावी रूप से?

कार्यक्रम ने कितने प्रभावी ढंग से बहुपक्षीय साझेदारों, अतिरिक्त वित्तपोषण को जुटाया है, तथा अन्य हितधारकों के साथ समन्वय स्थापित करते हुए यह कितने प्रभावी ढंग से कार्य कर पाया है?

अप्रत्याशित परिणाम क्या रहे?

क्या मध्यम एवं दीर्घकालिक प्रभाव का कोई प्रमाण है?

निरंतरता

निरंतरता को समर्थन देने के लिए गतिविधियों की योजना और क्रियान्वयन किस प्रकार किया जाता है?

क्या अभ्यास और प्रमुख सबक उभर रहे हैं?

इन प्रमुख प्रश्नों के उत्तर से संसाधनों, प्राथमिकताओं और कार्यान्वयन के मॉडल के संबंध में सिफारिशें सामने आएंगी।

शिक्षक मूल्यांकन—सेवाकालीन शिक्षक मूल्यांकन (Teacher Evaluation—In-service Teacher Evaluation)

स्कूलों में सबसे महत्वपूर्ण संसाधन के रूप में, शिक्षक शिक्षा के मानकों को बढ़ाने के लिए महत्वपूर्ण हैं। स्कूली शिक्षा की दक्षता और समानता में सुधार, काफी हद तक, यह सुनिश्चित करने पर निर्भर करता है कि शिक्षक अत्यधिक कुशल, अच्छी तरह से संसाधनयुक्त और अपना सर्वश्रेष्ठ प्रदर्शन

करने के लिए प्रेरित हों। शिक्षण प्रदर्शन को बढ़ाने से छात्रों के सीखने में पर्याप्त लाभ होगा। इसके बदले में, स्कूल में शिक्षण की प्रभावशीलता में निरंतर सुधार के लिए शिक्षण की प्रभावी निगरानी और मूल्यांकन की आवश्यकता होगी। शिक्षकों की ताकत और उनके अभ्यास के उन पहलुओं को जानना आवश्यक है जिन्हें और विकसित किया जा सकता है। इस दृष्टिकोण से, शिक्षक मूल्यांकन की संस्था शिक्षण और सीखने की प्रभावशीलता में सुधार और शैक्षिक मानकों को बढ़ाने के अभियान में एक महत्वपूर्ण कदम है।

चूँकि स्कूल मूल्यांकन और शिक्षक मूल्यांकन और फीडबैक की प्रणालियों का उद्देश्य छात्रों के प्रदर्शन को बेहतर बनाने के लिए मानकों को बनाए रखना है, इसलिए स्कूल मूल्यांकन और शिक्षक मूल्यांकन के बीच तालमेल से बहुत लाभ होने की संभावना है। सबसे बड़ा प्रभाव प्राप्त करने के लिए, स्कूल मूल्यांकन का फ़ोकस या तो शिक्षक मूल्यांकन के फ़ोकस से जुड़ा होना चाहिए या उस पर प्रभाव डालना चाहिए, जिसे बदले में सेवा-पूर्व शिक्षक मूल्यांकन से जोड़ा जाना चाहिए। इसलिए, स्कूल रणनीति और स्कूल स्व-मूल्यांकन परिणाम शिक्षा महाविद्यालयों, स्कूल और शिक्षक गुणवत्ता की निरंतर निगरानी और सुधार सुनिश्चित करते हैं।

शिक्षक मूल्यांकन को कई तरीकों से शिक्षण गुणवत्ता में सुधार करने के लिए स्कूल की व्यवस्थाओं के साथ जोड़ा जा सकता है। सबसे पहले, शिक्षक मूल्यांकन स्कूल के भीतर शिक्षण प्रक्रिया को बेहतर बनाने के प्रत्यक्ष उद्देश्य को पूरा कर सकता है जब शिक्षक मूल्यांकन स्कूल के आंतरिक मूल्यांकन के हिस्से के रूप में किया जाता है, और शिक्षकों के औपचारिक व्यक्तिगत मूल्यांकन से अलग होता है। आंतरिक स्कूल मूल्यांकन के हिस्से के रूप में सुधार के उद्देश्यों के लिए शिक्षक मूल्यांकन आमतौर पर स्कूल प्रमुख या स्कूल प्रबंधन टीम द्वारा किया जाता है।

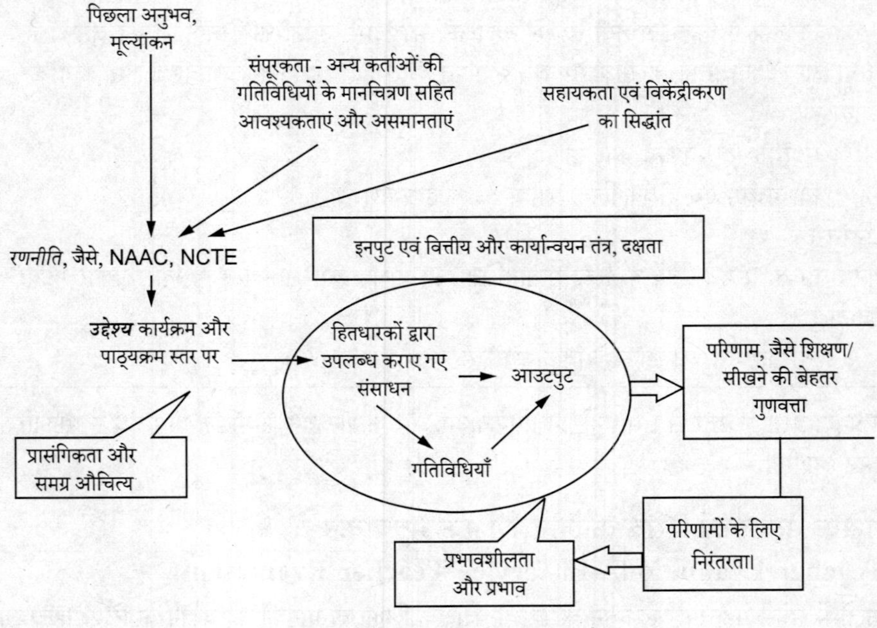

चित्र 11.7 मूल्यांकन दृष्टिकोण का अवलोकन

शिक्षक मूल्यांकन का विश्लेषण करने के लिए वैचारिक ढांचा (चित्र 11.8) (Conceptual Framework to Analyse Teacher Evaluation)

शिक्षक मूल्यांकन के मुद्दों का अध्ययन अलग-अलग तरीके से नहीं किया जा सकता। स्कूल शिक्षा प्रणाली में शामिल विभिन्न हितधारकों पर पड़ने वाले प्रभाव पर विचार करने की आवश्यकता है। शिक्षक मूल्यांकन की ज़िम्मेदारियाँ आम तौर पर शैक्षिक प्राधिकरणों के बीच साझा की जाती हैं, जिसमें निरीक्षकों जैसी गुणवत्ता आश्वासन एजेंसियाँ, स्कूल और उनके नेतृत्व और स्वयं शिक्षक शामिल हैं।

शिक्षक मूल्यांकन प्रक्रियाओं में मूल्यांकन किए गए प्रत्येक पहलू के लिए व्यक्तिगत शिक्षकों के प्रदर्शन के स्तर को निर्धारित करने के लिए मूल्यांकन मानदंड स्थापित करने की आवश्यकता होती है। इसका तात्पर्य आमतौर पर शिक्षक के प्रदर्शन को रिकॉर्ड करने के लिए संकेतकों और/या मानकीकृत रूपों के विकास से है। एक अतिरिक्त मानदंड समग्र मात्रात्मक रेटिंग की गणना करने के लिए मूल्यांकन किए गए विभिन्न पहलुओं को दिया गया भार (weightage) है, यदि यह शिक्षक मूल्यांकन मॉडल का हिस्सा है।

हितधारकों की भूमिका (Role of Stakeholders)

1. **शैक्षिक अधिकारी:** शिक्षक मूल्यांकन की अवधारणा और अनुप्रयोग में शैक्षिक अधिकारी एक प्रमुख भूमिका निभाते हैं, क्योंकि वे राष्ट्रीय शिक्षण परिणाम उद्देश्यों को निर्धारित करते हैं, शिक्षण पेशे के लिए मानकों पर सहमति देते हैं और शिक्षक मूल्यांकन को विनियमित करने वाले मानदंड स्थापित करते हैं। इसमें विशिष्ट मूल्यांकन उपकरणों और साधनों का डिज़ाइन, मूल्यांकन मानदंडों का निर्धारण, मूल्यांकन कर्तव्यों का वितरण और मूल्यांकन परिणामों पर अनुवर्ती कार्रवाई शामिल हो सकती है।
2. **निरीक्षक:** भारत में शिक्षा निरीक्षक शिक्षक मूल्यांकन की पूरी जिम्मेदारी लेते हैं। इसमें शिक्षक मूल्यांकन प्रक्रिया विकसित करना और व्यक्तिगत शिक्षक मूल्यांकन करना शामिल है, जिसमें स्कूल निरीक्षक मूल्यांकनकर्ता की भूमिका निभाते हैं।
3. **स्कूल और स्कूल नेतृत्व:** शिक्षक मूल्यांकन का प्रभावी संचालन काफी हद तक इस बात पर निर्भर करता है कि स्कूलों में स्कूल नेतृत्व की अवधारणा और अभ्यास किस तरह स्थापित किया जाता है।
4. **शिक्षक:** कुछ प्रणालियों में, शिक्षक का मूल्यांकन सहकर्मियों द्वारा की गई समीक्षाओं पर आधारित होता है, जो अक्सर अधिक अनुभवी और अधिक जिम्मेदार होते हैं। यह सुधार उद्देश्यों के लिए मूल्यांकन की विशिष्ट विशेषता है।
5. **समुदाय:** शिक्षक मूल्यांकन हितधारकों को स्थिरता पर चर्चा शुरू करने और समय के साथ उस चर्चा को बनाए रखने में मदद करने में महत्वपूर्ण भूमिका निभा सकता है। समुदाय मानदंड और साथ ही स्कूल द्वारा पूरी की जाने वाली अपेक्षाएँ निर्धारित करेगा। स्कूल और समुदाय, अभिभावक-शिक्षक संघों, पूर्व छात्र संघों के बीच लगातार बातचीत, समुदाय की अपेक्षाओं को स्कूल के कामकाज से मिलाने में मदद करेगी। मूल्यांकन प्रगति को ट्रैक करके और नियमित रूप से जानकारी वापस देकर स्थिरता का समर्थन कर सकता है जिसका उपयोग यह सुनिश्चित करने के लिए किया जा सकता है कि निरंतरता सही दिशा में है।
6. **प्लेसमेंट एजेंसियाँ:** स्कूलों को सामान्य रूप से राष्ट्र की और विशेष रूप से स्थानीय समुदाय की ज़रूरतों को पूरा करना चाहिए। शिक्षा प्रणाली के सभी पहलुओं का मूल्यांकन

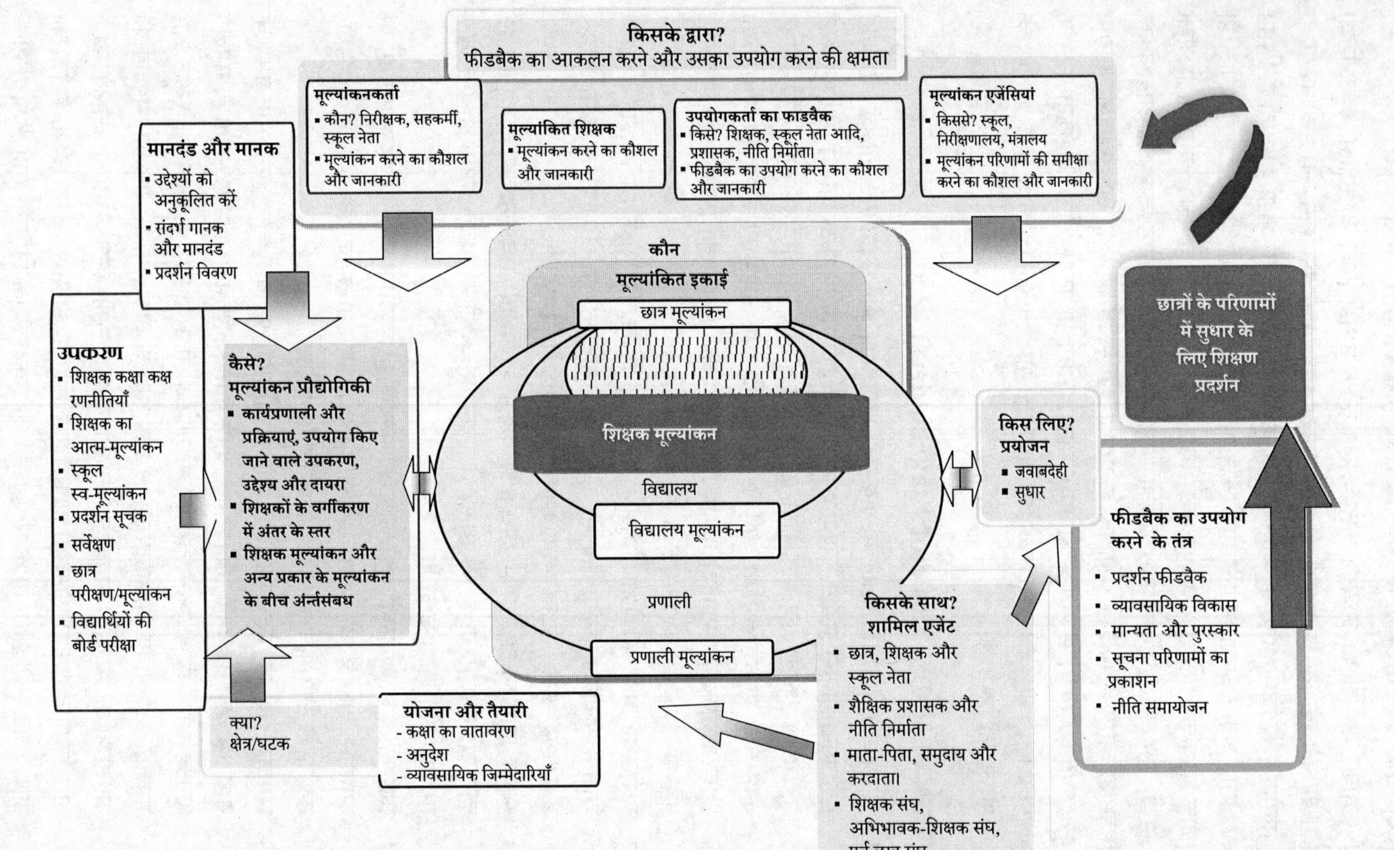

चित्र 11.8 शिक्षक मूल्यांकन का संकल्पनात्मक मॉडल। (*स्रोत:* ओईसीडी (OECD) रिव्यू आन इवैल्यूएशन एंड एसेसमेंट फ्रेमवर्क फोर इम्प्रूविंग स्कूल आउटकम से अनुकूलित)

यह दिखाएगा कि स्कूल प्रणाली का प्रत्येक पहलू कितनी प्रभावी रूप से काम कर रहा है। हितधारकों की अलग-अलग अपेक्षाएँ और प्रतिक्रियाएँ स्कूलों में व्यवहार्य प्लेसमेंट को बढ़ावा देने में मदद करती हैं।

संकल्पनात्मक ढांचे के छह मुख्य परस्पर संबंधित पहलू हैं, जैसा कि तालिका 11.1 में दिया गया है।

तालिका 11.1 वैचारिक ढांचे के पहलू

पहलू	*उठाया गया प्रश्न*	*कार्रवाई*
इकाई का मूल्यांकन	कौन?	मूल्यांकन का विषय व्यक्तिगत शिक्षक है। शिक्षक मूल्यांकन का विश्लेषण मूल्यांकन और आकलन ढांचे के भाग के रूप में किया जाना है, जिसमें अन्य घटक शामिल हैं, जैसे छात्र मूल्यांकन, स्कूल मूल्यांकन और अन्य हितधारकों के आधार पर प्रणाली मूल्यांकन।
फीडबैक का आकलन करने और उसका उपयोग करने की क्षमता	किसके द्वारा?	इसमें शामिल मुद्दे इस प्रकार हैं: मूल्यांकनकर्ताओं का चयन। मूल्यांकनकर्ता की भूमिका आमतौर पर निम्नलिखित द्वारा निभाई जाती है: **शिक्षक,** चाहे मूल्यांकित शिक्षक के विद्यालय के आंतरिक या बाह्य हों। **बाह्य निरीक्षक**—ये व्यक्तिगत शिक्षकों के मूल्यांकन, मूल्यांकनकर्ता की भूमिका निभाने वाले शिक्षकों या स्कूल नेताओं के मूल्यांकन की जिम्मेदारी ले सकते हैं। **स्कूल के नेता**—कुछ मामलों में स्कूल नेतृत्व शैक्षणिक योग्यताओं और स्कूल के भीतर अन्य कर्तव्यों के लिए कौशल दोनों का मूल्यांकन करते हैं। अन्य म मलों में, स्कूल नेतृत्व केवल गैर-शैक्षणिक योग्यताओं का मूल्यांकन करते हैं।
		• शिक्षक के मूल्बांकन के लिए कौशल प्रशिक्षण • शिक्षकों द्वारा नूल्यांकन का विषय बनने की तैयारी • शिक्षण प्रथाओं में सुधार के लिए मूल्यांकन के परिणामों का विश्लेषण करने का कौशल • शिक्षक मूल्यांकन परिणामों की समीक्षा करने और प्रभावी ढग से उपयोग करने के लिए एजेंसियों को सशक्त बनाना

पहलू	उठाया गया प्रश्न	कार्रवाई
मूल्यांकन किये गए पहलू	क्या?	**ध्यान केंद्रित करना** • शिक्षण की मुख्य गतिविधि, जिसमें आम तौर पर योजना और तैयारी, कक्षा का वातावरण और स्वयं शिक्षण जैसे क्षेत्र शामिल होते हैं। • शिक्षकों की शेष जिम्मेदारियाँ जैसे स्कूल के विकास में उनका योगदान, आसपास के समुदाय और पेशेवर हितधारकों के साथ संबंध।
मूल्यांकन पद्धतियाँ	कैसे?	किसी विशिष्ट शिक्षक मूल्यांकन मॉडल में प्रयुक्त उपकरणों, मानदंडों और मानकों, उद्देश्यों, ज्ञान और कौशलों का मिश्रण।
प्रयोजनों	किस लिए?	किसी विशेष शिक्षक मूल्यांकन प्रक्रिया के उद्देश्य और मूल्यांकन परिपामों का उपयोग इस तरह से किया जाए कि वे उद्देश्य प्राप्त हो सकें, यह सुनिश्चित करने के लिए डिज़ाइन किए गए तंत्र। जवाबदेही और सुधार यहाँ मुख्य कारक हैं। सुधार के लिए शिक्षक मूल्यांकन, शिक्षण प्रथाओं में सुधार के लिए उपयोगी फीडबैक के प्रावधान पर केंद्रित है। शिक्षक मूल्यांकन का जवाबदेही कार्य शिक्षकों को उनके प्रदर्शन के लिए जवाबदेह बनाने पर केंद्रित है तथा इसे उनके कैरियर पर पड़ने वाले विभिन्न परिणामों से जोड़ता है।
शामिल एजेंट	किसके साथ?	यह मुख्य रूप से शिक्षक मूल्यांकन प्रक्रियाओं के कार्यान्वयन पहलुओं से संबंधित है। यह शिक्षक मूल्यांकन और आकलन प्रक्रियाओं के विकास और कार्यान्वयन में माता-पिता, छात्रों, शिक्षकों, स्कूल नेताओं, शिक्षक संघों, शैक्षिक प्रशासकों और नीति निर्माताओं जैसे हितधारकों की भागीदारी से संबंधित है।

सुधार के उद्देश्य से शिक्षक मूल्यांकन को निम्नलिखित स्थितियों से लाभ मिलने की संभावना है:

1. एक गैर-धमकी मूल्यांकन संदर्भ
2. पारस्परिक रूप से फीडबैक देने और प्राप्त करने की संस्कृति
3. स्कूल के भीतर शिक्षण में सुधार के संबंध में स्पष्ट व्यक्तिगत और सामूहिक उद्देश्य तथा साथ ही स्कूल के उद्देश्यों को साझा करना

4. सरल मूल्यांकन उपकरण जैसे स्व-मूल्यांकन प्रपत्र, कक्षा अवलोकन और संरचित साक्षात्कार
5. सहायक स्कूल नेतृत्व

स्कूल प्रणाली कारकों के उदाहरण हैं:

1. शैक्षणिक प्राधिकरणों में जिम्मेदारियों का वितरण
2. स्कूल प्रशासन और स्वायत्तता
3. स्कूली शिक्षा की संरचना
4. पाठ्यक्रम, शैक्षिक मानक, सीखने का समय
5. बाजार तंत्र/स्कूल का चयन
6. स्कूल प्रणाली के भीतर संसाधनों का आवंटन
7. शिक्षकों और स्कूल नेताओं के लिए कैरियर और पुरस्कार/प्रोत्साहन संरचनाएं
8. शिक्षक शिक्षा और प्रमाणन नीतियां
9. हितधारक समूहों की भूमिकाएं और विचार

स्कूल स्तर के कारकों के उदाहरण हैं:

1. स्कूलों का सामाजिक-आर्थिक संदर्भ
2. विद्यालय के भीतर प्रबंधन, नेतृत्व और जिम्मेदारियों का वितरण
3. शिक्षकों और अन्य स्कूल कर्मियों की व्यावसायिक गतिविधियाँ
4. शिक्षण और सीखने की व्यवस्था
5. समुदाय और परिवार की भागीदारी
6. सीखने की स्थितियाँ, समर्थन संरचनाएँ
7. क्षमताओं को बढ़ाने के अवसर तथा अभ्यास में सुधार के लिए संसाधन और साधन
8. शिक्षक मूल्यांकन को स्कूल स्व-मूल्यांकन और गुणवत्त आश्वासन की प्रणाली में एकीकृत किया गया।

बदले में, *जवाबदेही* के लिए शिक्षक मूल्यांकन को निम्नलिखित स्थितियों से लाभ मिलने की संभावना है:

1. शिक्षक के प्रदर्शन का स्वतंत्र और वस्तुनिष्ठ मूल्यांकन
2. सभी विद्यालयों में राष्ट्रीय स्तर के मानक और मानदंड
3. स्कूल से बाहर का मूल्यांकन घटक और अधिक औपचारिक प्रक्रियाएँ
4. मूल्यांकन के परिणामों के संबंध में सुस्थापित नियम
5. शिक्षक के प्रदर्शन के सभी पहलुओं के संबंध में स्पष्ट व्यक्तिगत उद्देश्य
6. शिक्षण प्रदर्शन के सुप्रशिक्षित, सक्षम मूल्यांकनकर्ता
7. व्यावसायिक विकास योजना पर प्रभाव
8. उन शिक्षकों के लिए अपील की संभावनाएं जो महसूस करते हैं कि उनके साथ उचित व्यवहार नहीं किया गया है।

शिक्षक मूल्यांकन को बढ़ावा देना स्पष्ट रूप से राष्ट्रीय हित में है और साथ ही छात्रों और उनके परिवारों और समुदायों की सेवा भी करता है। शिक्षकों को अपने प्रदर्शन पर फीडबैक की आवश्यकता होती है ताकि उन्हें यह पता लगाने में मदद मिल सके कि अपने शिक्षण अभ्यास को बेहतर तरीके से

कैसे आकार दिया जाए और सुधारा जाए और प्रभावी स्कूल नेतृत्व के समर्थन से स्कूलों को पेशेवर शिक्षण समुदायों के रूप में विकसित किया जाए। साथ ही, शिक्षकों को अपने प्रदर्शन और अपने कॅरियर में प्रगति के लिए प्रभावी शिक्षण अभ्यास के आधार पर जवाबदेह होना चाहिए।

सूक्ष्म स्तर मूल्यांकन (Microlevel Evaluation)

शिक्षक शिक्षा कार्यक्रम (Teacher Education Programmes)

सूक्ष्म स्तर पर, सेवा-पूर्व शिक्षक प्रशिक्षण, सेवाकालीन प्रशिक्षण तथा सामाजिक आवश्यकताओं के प्रति उसकी प्रासंगिकता का मूल्यांकन किया जाता है।

सेवा-पूर्व शिक्षा (Pre-service Education)

शिक्षक तैयारी का व्यापक लक्ष्य प्रवेश स्तर के शिक्षकों और उन्नत सेवारत शिक्षकों और स्कूल कर्मियों को तैयार करना है जो:

1. विभिन्न पृष्ठभूमि, शक्तियों और आवश्यकताओं वाले छात्रों को पढ़ाने और मार्गदर्शन करने में सक्षम हैं;
2. सक्षम निर्णयकर्ता हैं;
3. छात्रों के लिए सीखने के अनुभव की योजना बनाने, कार्यान्वयन और मूल्यांकन करने में कुशल हैं;
4. निर्णय लेने को एक चिंतनशील प्रक्रिया के रूप में देखें;
5. शिक्षण के नैतिक आयामों को समझें और उनके प्रति प्रतिबद्ध हों;
6. उचित रूप से प्रौद्योगिकी का चयन और अनुप्रयोग; और
7. इस दृष्टिकोण को स्वीकार करें कि व्यावसायिक विकास और प्रगति एक सतत, कभी न समाप्त होने वाली प्रक्रिया है।

संकल्पनात्मक रूपरेखा—सेवा-पूर्व शिक्षक तैयारी (Conceptual Framework—Pre-service Teacher Preparation)

संकल्पनात्मक ढांचे के चार प्रमुख तत्वों को सेवा-पूर्व और सेवाकालीन मूल्यांकन दोनों में समर्थित किया जाता है।

1. **योजना बनाना:** योजना बनाते समय, शिक्षक/शिक्षक प्रशिक्षु को लक्ष्य और उद्देश्य, आवश्यक पृष्ठभूमि निर्माण की डिग्री, विशिष्ट सामग्री और उपयोग की जाने वाली विधियों जैसे क्षेत्रों के संबंध में निर्णय लेना चाहिए।
2. **कार्यान्वयन:** कार्यान्वयन कार्य वह है जिसके लिए शिक्षक/शिक्षक प्रशिक्षु को बनाई गई योजनाओं को क्रियान्वित करना होता है। वास्तविक शिक्षण चरण के दौरान, कई निर्णय लेने की आवश्यकता होती है। अक्सर, उन्हें जल्दी से जल्दी लेने की आवश्यकता होती है क्योंकि शिक्षक छात्रों की प्रतिक्रियाओं, टिप्पणियों और निर्देशात्मक आवश्यकताओं पर प्रतिक्रिया करता है। परिणामस्वरूप, तैयार योजनाओं में संशोधन अपवाद के बजाय नियम बन जाता है।

3. **मूल्यांकन:** निर्णय लेने के मूल्यांकन चरण के दौरान, शिक्षक/शिक्षक प्रशिक्षु को यह निर्धारित करने की आवश्यकता होती है कि शिक्षण उद्देश्यों को किस हद तक प्राप्त किया गया है। पुनः शिक्षण की आवश्यकता का निर्धारण, जानकारी रिकॉर्ड करना और प्रगति की रिपोर्ट करना निर्णय लेने के मूल्यांकन चरण के कुछ क्षेत्र हैं।
4. **चिंतन:** शिक्षक/शिक्षक प्रशिक्षु चिंतनशील तरीके से फीडबैक का उपयोग करके योजना बनाते हैं, उसे लागू करते हैं और उसका मूल्यांकन करते हैं। पूरी प्रक्रिया के दौरान, शिक्षक के लिए यह महसूस करना ज़रूरी है कि पेशेवर विकास और प्रगति निरंतर है।

सेवा-पूर्व शिक्षक मूल्यांकन—शिक्षक शिक्षा डोमेन (Pre-service Teacher Evaluation—Teacher Education Domains)

सेवा-पूर्व शिक्षक शिक्षा कार्यक्रम के चार प्रमुख क्षेत्र हैं। चित्र 11.9 में सेवा-पूर्व शिक्षकों के रूप में प्रभावी चिंतन और निर्णय लेने के लिए प्रत्येक क्षेत्र में मूल्यांकन किए जाने वाले कौशल दिए गए हैं।

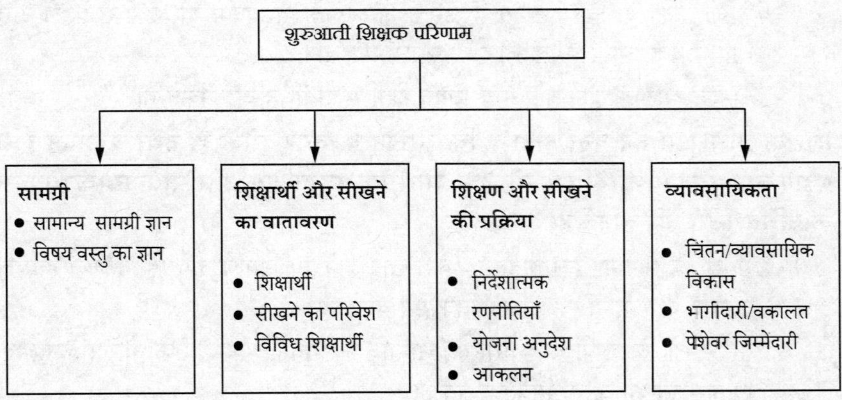

चित्र 11.9 चार डोमेन–पूर्व सेवा शिक्षक प्रशिक्षुओं का मूल्यांकन।

डोमेन I—सामग्री (Domain I—Content)

डोमेन एक में विषय-वस्तु का सार विषय-वस्तु ज्ञान, शैक्षणिक ज्ञान का अर्जन तथा शुरुआती शिक्षकों के लिए रचनात्मक और आलोचनात्मक सोच कौशल का विकास है।

शिक्षकों/प्रशिक्षुओं को अपने विषयों का व्यापक ज्ञान होता है।

- मूलभूत विषय क्षेत्रों में पृष्ठभूमि हो: कला, मानविकी, गणित और विज्ञान, तथा प्रमुख संस्कृतियों, धर्मों, भूगोल, राजनीतिक प्रणालियों, दर्शन और आर्थिक प्रणालियों की व्यापक समझ हो, जिनके द्वारा लोग अपने जीवन को व्यवस्थित करते हैं।
- विश्व संस्कृतियों के महान रचनात्मक कार्यों को जानें और उनकी सराहना करें।

शिक्षक प्रशिक्षुओं को अपनी शिक्षण विशेषज्ञता के लिए उपयुक्त विषय-वस्तु तथा इस विषय-वस्तु के प्रासंगिक अनुप्रयोगों का ज्ञान होता है।

- अपने विषय को उस विषय-वस्तु से कहीं अधिक जानें जिसे पढ़ाने की उनसे अपेक्षा की जाती है, तथा यह भी जानें कि उनके क्षेत्र के पेशेवर किस प्रकार सोचते हैं और दुनिया का विश्लेषण कैसे करते हैं।
- अपने विशेषज्ञता क्षेत्र से संबंधित विषयों में मजबूत पृष्ठभूमि हो।
- प्रमुख अवधारणाओं, मान्यताओं, बहसों, जांच की प्रक्रियाओं और जानने के तरीकों को समझें जो उनके द्वारा पढ़ाए जाने वाले विषय के लिए केंद्रीय हैं।
- अपने विषय से प्राप्त जानकारी को वास्तविक दुनिया की स्थितियों में लागू करना जानते हैं।

शिक्षक प्रशिक्षु यह समझते हैं कि किस प्रकार उनका शिक्षण क्षेत्र व्यापक पाठ्यक्रम से जुड़ता है।

- वे जो कक्षा या विषय पढ़ाते हैं, उसके और उनके पाठ्यक्रम या कक्षा से पहले और बाद में क्या आता है, के बीच के संबंधों को जानें।
- अनुशासनात्मक ज्ञान को अन्य विषय क्षेत्रों से संबंधित कर सकते हैं।

शिक्षक प्रशिक्षुओं को पता होता है कि सीखने के क्या तरीके हैं, तथा वे अपने द्वारा पढ़ाए जाने वाले विद्यार्थियों के बौद्धिक, शारीरिक, सामाजिक और भावनात्मक विकास के उचित स्तरों को जानते हैं।

- समझें कि सीखना कैसे होता है - कैसे छात्र ज्ञान का निर्माण करते हैं, कौशल हासिल करते हैं और मानसिक आदतें विकसित करते हैं।
- यह समझें कि छात्रों का शारीरिक, सामाजिक, भावनात्मक, नैतिक और संज्ञानात्मक विकास सीखने को प्रभावित करता है।
- प्रत्येक डोमेन (शारीरिक, सामाजिक, भावनात्मक, नैतिक और संज्ञानात्मक) के भीतर अपेक्षित विकासात्मक प्रगति और व्यक्तिगत भिन्नता की सीमाओं से अवगत हैं, सीखने में तत्परता के स्तर की पहचान कर सकते हैं, और समझ सकते हैं कि किसी एक डोमेन में विकास दूसरों में प्रदर्शन को कैसे प्रभावित कर सकता है।
- समझें कि सामाजिक समूह किस प्रकार कार्य करते हैं और लोगों को प्रभावित करते हैं, तथा लोग समूहों को किस प्रकार प्रभावित करते हैं।
- उन कारकों और स्थितियों को पहचानें जो आंतरिक प्रेरणा को बढ़ावा दे सकती हैं या कम कर सकती हैं।

शिक्षक अपने विषय पर सांस्कृतिक, आर्थिक, राजनीतिक और सामाजिक वातावरण के प्रभाव को पहचानते हैं।

- अपने अनुशासन का इतिहास जानें।
- विभिन्न सांस्कृतिक समूहों ने अपने अनुशासन में जो योगदान दिया है, उसे जानें।

शिक्षक अपने विषय में प्रौद्योगिकी के विशिष्ट उपयोगों को जानते हैं।

- समझें कि तकनीकी प्रगति उनके अनुशासन को कैसे प्रभावित करती है।
- अपने विषय के लिए विशिष्ट तकनीकी संसाधन कहा से प्राप्त करें, यह जानें।

डोमेन II—सीखना और सीखने वाला वातावरण
(Domain II—The learning and the learner environment)

सीखना और शिक्षार्थी वातावरण, डोमेन दो, शिक्षक प्रशिक्षुओं की अपने शिक्षार्थियों की विशेषताओं को परिभाषित करने और सामाजिक व्यवहार बनाने की क्षमता पर ध्यान केंद्रित करता है जो शिक्षार्थियों को उनकी कक्षाओं में संलग्न करता है।

प्रभावी कक्षा प्रबंधन: शिक्षक प्रशिक्षु प्रभावी कक्षा प्रबंधन का अभ्यास करते हैं।

- सभी छात्रों की प्रगति के लिए व्यक्तिगत जिम्मेदारी लेकर नेतृत्व का अभ्यास करें।
- छात्रों को ऐसे तरीकों से कार्य करने के लिए संगठित और प्रेरित करें जो व्यक्तिगत छात्र और पूरी कक्षा दोनों की आवश्यकताओं को पूरा करें।
- दक्षता को अधिकतम करें, अनुशासन और मनोबल बनाए रखें, टीम वर्क को बढ़ावा दें, योजना बनाएं, संवाद करें, परिणामों पर ध्यान केंद्रित करें, प्रगति का मूल्यांकन करें और निरंतर समायोजन करें।
- छात्रों की पढ़ाई में व्यवधान को कम करने के लिए काम करें और छात्रों को पढ़ाने के लिए अप्रत्याशित घटनाओं का लाभ उठाएं।
- आम सहमति बनाने और संघर्ष में मध्यस्थता करने में कुशल हैं।
- कक्षा में सकारात्मक संबंधों, सहयोग और उद्देश्यपूर्ण शिक्षण को बढ़ावा देने के लिए विभिन्न रणनीतियों का उपयोग करें।
- छात्रों को व्यक्तिगत और सहकारी शिक्षण गतिविधियों में शामिल करें जो उन्हें उपलब्धि हासिल करने की प्रेरणा विकसित करने में मदद करती है।
- उत्पादक कार्यों में छात्रों की सक्रिय और न्यायसंगत भागीदारी प्रदान करने के लिए समय, स्थान, गतिविधियों और ध्यान के संसाधनों को व्यवस्थित, आवंटित और प्रबंधित करें।
- छात्रों के बीच बातचीत, शैक्षिक चर्चा और व्यक्तिगत तथा समूह जिम्मेदारी के लिए साझा मूल्यों और अपेक्षाओं को विकसित करने में समूह की सहायता करें, जिससे खुलेपन, पारस्परिक सम्मान, समर्थन और पूछताछ का सकारात्मक कक्षा वातावरण निर्मित हो।

प्रभावी शिक्षण पद्धतियाँ: शिक्षक प्रशिक्षु छात्रों को पढ़ाने के लिए विभिन्न तरीकों का उपयोग करते हैं, जिसमें विषय-वस्तु ज्ञान, आलोचनात्मक सोच और समस्या-समाधान कौशल को बढ़ावा देने के लिए सहकारी शिक्षण तकनीकें भी शामिल हैं।

- छात्रों को सिखाएं कि कैसे उत्पादक और सकारात्मक तरीके से एक साथ रहना और काम करना है।
- विषयगत अवधारणाओं के बहुविध प्रस्तुतीकरण और स्पष्टीकरण का प्रभावी ढंग से उपयोग करें जो प्रमुख विचारों को पकड़ें और उन्हें छात्रों की पूर्व समझ से जोड़ें।

- विषय वस्तु अवधारणाओं के शिक्षण में भिन्न दृष्टिकोणों, सिद्धांतों, "जानने के तरीकों" और जांच के तरीकों का प्रतिनिधित्व और उपयोग करें।
- अंतः विषयक शिक्षण अनुभवों को एकीकृत करें जो छात्रों को कई विषय क्षेत्रों से ज्ञान, कौशल और जांच के तरीकों को एकीकृत करने की अनुमति देता है।
- छात्रों को सक्रिय शिक्षण अवसरों में शामिल करने के लिए कई शिक्षण और सीखने की रणनीतियों का उपयोग करें जो महत्वपूर्ण सोच, समस्या समाधान और प्रदर्शन क्षमताओं के विकास को बढ़ावा देते हैं और छात्रों को सीखने के संसाधनों की पहचान करने और उनका उपयोग करने की जिम्मेदारी संभालने में मदद करते हैं।
- शिक्षार्थियों की प्रतिक्रिया के अनुसार रणनीतियों की लगातार निगरानी करें और उन्हें समायोजित करें।
- छात्रों को व्यक्तिगत और सहकारी शिक्षण गतिविधियों में शामिल करें जो उन्हें लक्ष्य प्राप्त करने के लिए प्रेरणा विकसित करने में मदद करें
- विचारों और सूचनाओं को व्यक्त करने तथा प्रश्न पूछने में प्रभावी संचार रणनीतियों का मॉडल तैयार करें।

डोमेन III—शिक्षण और सीखने की प्रक्रिया
(Domain III—Teaching and the learning process)

डोमेन तीन, शिक्षण और सीखने की प्रक्रिया का मूल, प्रारंभिक शिक्षक की ऐसी शिक्षण योजना बनाने, उसे क्रियान्वित करने और उसका मूल्यांकन करने की क्षमता है जो पहचाने गए परिणामों के अनुरूप हो।

प्रभावी मूल्यांकन: शिक्षक प्रशिक्षु छात्रों ने क्या सीखा है इसका मूल्यांकन करने के लिए विभिन्न तरीकों का उपयोग करते हैं।

- यह समझने के लिए कि विद्यार्थी क्या जानते हैं, औपचारिक परीक्षण, प्रश्नोत्तरी के उत्तर, कक्षा असाइनमेंट का मूल्यांकन, विद्यार्थी प्रदर्शन और प्रोजेक्ट तथा मानकीकृत उपलब्धि परीक्षण का उपयोग करें।
- छात्रों की समझ के अनौपचारिक मापों का मूल्यांकन करें, जैसे कक्षा में पूछे गए प्रश्न और छात्रों के उत्साह का स्तर।
- शिक्षार्थियों को आत्म-मूल्यांकन गतिविधियों में शामिल करने के लिए मूल्यांकन रणनीतियों का उपयोग करें, ताकि उन्हें अपनी शक्तियों और आवश्यकताओं के बारे में जागरूक होने में मदद मिल सके और उन्हें सीखने के लिए व्यक्तिगत लक्ष्य निर्धारित करने के लिए प्रोत्साहित किया जा सके।
- छात्र की सफलता के संबंध में शिक्षण रणनीतियों और व्यवहार को संशोधित करें, योजनाओं और अनुदेशात्मक दृष्टिकोणों को तदनुसार संशोधित करें।
- छात्रों के काम और प्रदर्शन के उपयोगी रिकॉर्ड बनाए रखें और उचित संकेतकों के आधार पर छात्रों, अभिभावकों और अन्य सहकर्मियों को ज्ञानपूर्वक और जिम्मेदारी से छात्र की प्रगति के बारे में बताएं।

पाठ्यक्रम संरेखण: शिक्षक प्रशिक्षु अपने निर्देश को आवश्यक पाठ्यक्रम के साथ संरेखित करते हैं।

- अपने विशेष क्षेत्र में पेशेवर संगठनों द्वारा स्थानीय पाठ्यक्रम ढांचे और सामग्री मानकों को उनके द्वारा पढ़ाए जाने वाले छात्रों के लिए महत्वपूर्ण बनाने के लिए रणनीतियों का विकास और अनुप्रयोग करना।
- संपूर्ण पाठ्यक्रम की आवश्यकताओं को पूरा करना, साथ ही पाठ्यक्रम में उन अवधारणाओं को पहचानना और उन पर ध्यान केंद्रित करना जो विद्यार्थियों की समझ के लिए मौलिक हैं।

विविध निर्देश: शिक्षक ऐसे निर्देश की योजना बनाते हैं जो विविध छात्र आबादी के लिए उपयुक्त हो, जिसमें विशेष आवश्यकता वाले छात्र भी शामिल हैं।

- निर्देश के लिए लघु और दीर्घकालिक योजनाएं विकसित करें, जो इस बात की समझ को प्रतिबिंबित करें कि छात्र कैसे सीखते हैं, और उन छात्रों को सफल होने और सीखने में संलग्न होने की अनुमति दें जो दूसरों की तुलना में तेज़ या धीमी गति से सीखते हैं।
- यह समझें कि योजनाएँ सामान्य दिशानिर्देश हैं और कक्षा में हो रहे शिक्षण को बढ़ाने के लिए उनकी लगातार निगरानी और संशोधन किया जाना चाहिए।
- नियमित कक्षा में विशेष आवश्यकता वाले छात्रों को शामिल करना कक्षा के प्रत्येक छात्र के लिए एक सकारात्मक अनुभव बनाना तथा सभी छात्रों की आवश्यकताओं को पूरा करने में सहायता करने के लिए सहायता विशेषज्ञों के साथ सहयोग करना।
- छात्रों के विकास के चरणों, सीखने की शैलियों, शक्तियों और आवश्यकताओं के अनुसार उपयुक्त निर्देश की पहचान और डिजाइन करें।
- विषय-वस्तु पर चर्चा में बहुविध दृष्टिकोण लाएं, जिसमें छात्रों के व्यक्तिगत, पारिवारिक और सामुदायिक अनुभवों तथा सांस्कृतिक मानदंडों पर ध्यान देना शामिल है।
- पाठ्यक्रम लक्ष्यों और छात्रों के अनुभवों में प्रासंगिक विचारों (शिक्षण सामग्री, व्यक्तिगत छात्र रुचियां, आवश्यकताएं और योग्यताएं, और सामुदायिक संसाधन) को शामिल करना जानें।
- छात्रों की प्रतिक्रियाओं और अन्य आकस्मिकताओं के आधार पर योजनाओं को कब और कैसे समायोजित करना है, यह जानें।

प्रौद्योगिकी कौशल: शिक्षक प्रशिक्षुओं के पास मजबूत और वर्तमान प्रौद्योगिकी कौशल हैं।

- वर्तमान शैक्षिक प्रौद्योगिकी का उपयोग कब और कैसे करें, यह जानें।
- विद्यार्थियों के सीखने की क्षमता को अधिकतम करने के लिए प्रौद्योगिकी के सबसे उपयुक्त प्रकार और स्तर को समझें।

डोमेन *IV*—व्यावसायिकता *(Domain IV—Professionalism)*

डोमेन चार में, व्यावसायिकता का संबंध शुरुआती शिक्षक के सहयोग, चिंतन और नैतिक व्यवहार से है।

यह विश्वास कि सभी छात्र सीख सकते हैं: शिक्षक प्रशिक्षुओं का मानना है कि सभी छात्र सीख सकते हैं।

- सीखने के प्रति प्रेम और उपलब्धि के आधार पर आत्मविश्वास पैदा करें।
- छात्रों के साथ व्यक्तिगत व्यवहार करें।
- बच्चों और युवा वयस्कों के साथ समय बिताने का आनंद लें, अपने प्रत्येक छात्र के बारे में सब कुछ जानें; प्रत्येक छात्र की गरिमा बनाए रखें; अपने छात्रों की उपलब्धियों पर गर्व व्यक्त करें।
- विश्वास रखें कि सभी बच्चे उच्च स्तर पर सीख सकते हैं और सभी बच्चों को सफलता प्राप्त करने में सहायता करने में लगे रहें।

विविधता के प्रति सम्मान: शिक्षक प्रशिक्षु बच्चे के विकास और व्यक्तित्व पर नस्ल, जातीयता, लिंग, धर्म और संस्कृति के अन्य पहलुओं के प्रभाव को जानते हैं और उसका सम्मान करते हैं।

- इस विश्वास को प्रदर्शित करें कि कक्षा में, स्कूल में और समाज में विविधता एक ताकत है और दैनिक आचरण द्वारा इस प्रतिबद्धता को दर्शाएं।
- कक्षाओं या स्कूलों में कट्टरता के प्रति छुपी या प्रत्यक्ष असहिष्णुता की अनुमति न दें, तथा सक्रिय रूप से ऐसी सामग्री का चयन करें और पाठ विकसित करें जो रूढ़िवादिता का प्रतिकार करें।
- यह समझने का प्रयास करें कि किसी बच्चे की संस्कृति और पृष्ठभूमि उसके स्कूल के प्रदर्शन को कैसे प्रभावित करती है।

व्यावसायिक विकास और नैतिकता: शिक्षक प्रशिक्षु अभ्यास के उच्च नैतिक मानकों को पूरा करते हैं और प्रौद्योगिकी के क्षेत्र में विकास सहित व्यावसायिक विकास गतिविधियों में संलग्न होते हैं।

- छात्रों की आवश्यकताओं को व्यावसायिक विचारों और कार्यों के केन्द्र में रखें।
- ईमानदारी, सच्चाई, निष्ठा, निष्पक्ष व्यवहार और दूसरों के प्रति सम्मान के सार्वभौमिक नैतिक सिद्धांतों का पालन करें।
- व्यक्तिगत मूल्यों और व्यावसायिक नैतिकता के बीच स्पष्ट अंतर बनाए रखें।
- शिक्षकों की व्यावसायिकता, शिक्षण और सीखने को प्रोत्साहित करने वाली स्कूल स्थितियों तथा शिक्षकों की विशेषज्ञता का लाभ उठाने वाली निर्णय लेने वाली संरचनाओं की वकालत करना।
- यह समझें कि आजीवन सीखना इस पेशे का अभिन्न अंग है।
- स्वयं और सहकर्मियों के लिए उपयुक्त व्यावसायिक प्रथाओं में संलग्न होने और उनका समर्थन करने की व्यावसायिक जिम्मेदारी को पहचानें।

चिंतनशील अभ्यास: शिक्षक अपने अभ्यास के बारे में चिंतनशील होते हैं।

- कक्षा और स्कूल में क्या होता है, ऐसा क्यों होता है, और छात्रों की उपलब्धि में सुधार के लिए क्या किया जा सकता है, इसके बारे में व्यवस्थित रूप से सोचें।
- शैक्षणिक साहित्य का अध्ययन करें और अनुसंधान की व्याख्या करें तथा उसे कक्षा और स्कूल में लागू करें।
- आलोचनात्मक सोच और स्व-निर्देशित सीखने को मानसिक आदत के रूप में महत्व दें।

समुदाय और स्कूल सहयोग: शिक्षक प्रशिक्षु सीखने के माहौल का समर्थन करने के लिए सहकर्मियों, परिवारों और समुदाय के साथ मिलकर काम करते हैं।

- विश्वास और समझ को बढ़ावा देने, स्कूल समुदाय के सभी वर्गों के साथ साझेदारी बनाने, तथा बच्चों की शिक्षा में परिवार और समुदाय की प्रभावी भागीदारी के मार्ग में आने वाली बाधाओं को दूर करने के लिए स्कूल से बाहर तक पहुंच बनाना।
- नीतिगत मुद्दों के बारे में जानकारी प्राप्त करें तथा बच्चों की शिक्षा में सुधार के लिए पहल करें या कार्यान्वयन में सहायता करें।
- वे समुदाय के सम्मानित सदस्य हैं जो स्कूल और स्कूल प्रणाली में समुदाय के सदस्यों और शिक्षकों के बीच संचार और सहयोग को बेहतर बनाने में महत्वपूर्ण भूमिका निभाते हैं।
- यह समझें कि समुदाय में, व्यक्तिगत छात्रों के बीच, परिवारों के साथ, या सहकर्मियों के साथ जो कुछ भी होता है उसका कक्षा पर प्रभाव पड़ता है, और छात्रों के सीखने में व्यवधान को कम करने और छात्रों को पढ़ाने के लिए अप्रत्याशित घटनाओं का लाभ उठाने के लिए काम करें।
- अन्य शिक्षकों की विशेषज्ञता को महत्व दें और उससे सीखें।

तमिलनाडु शिक्षक शिक्षा विश्वविद्यालय के बी.एड. पाठ्यक्रम के प्रैक्टिकम घटक का विवरण इस वेबसाइट पर देखा जा सकता है: http://www.tnteu.ac.in/pdf/BEd_2016_2017.pdf.

शिक्षक शिक्षा संस्थानों में ग्राहक संतुष्टि को मापने के लिए गुणवत्ता कार्य परिनियोजन दृष्टिकोण का उपयोग करना (Using a Quality Function Deployment Approach for Measuring Customer Satisfaction in Teacher Education Institutions)

एनसीटीई (NCTE) द्वारा दो वर्षीय एकीकृत बी.एड. पाठ्यक्रम के लिए शिक्षक-प्रशिक्षण महाविद्यालयों को प्रक्रिया सुधार के लिए एक स्पष्ट रणनीति बनाने की आवश्यकता है। गुणवत्ता कार्य परिनियोजन क्यूएफडी (QFD) शैक्षिक गुणवत्ता संकेतकों के आधार पर शिक्षक शिक्षा कार्यक्रमों की गुणवत्ता को उन्नत करने का एक सरल और व्यवस्थित तरीका प्रदान करता है। क्यूएफडी (QFD) स्कूलों की आवश्यकताओं, उनके विजन और मिशन वक्तव्यों के आधार पर शिक्षा प्रणाली को उसकी संपूर्णता में संबोधित करने में सहायता करेगा, उन्हें शिक्षक प्रशिक्षुओं को दिए जाने वाले प्रशिक्षण के साथ मिलान करेगा, जिससे आने वाली पीढ़ियों की आवश्यकताओं को पूरा करने वाले बी.एड. पाठ्यक्रम में वृद्धि की सुविधा होगी।

पाठ्यक्रम रूपरेखा पर एनसीटीई दस्तावेज़: दो वर्षीय बी.एड. कार्यक्रम पाठ्यक्रमों के संचालन के लिए विभिन्न तरीकों के उपयोग की आवश्यकता की ओर इशारा करता है। 21वीं सदी के स्कूलों की ज़रूरतों को पूरा करने के लिए ये तरीके कितने प्रभावी हैं?

इसलिए क्यूएफडी (QFD) 'ग्राहक की आवाज़' को उत्पाद और लेन-देन प्रक्रिया दोनों के साथ एकीकृत करने के लिए एक संरचित दृष्टिकोण है। यहाँ ग्राहक विद्यालय है जबकि डिज़ाइन एनसीईटी (NCTE) द्वारा तैयार किया गया पाठ्यक्रम है। क्यूएफडी नए बी.एड. पाठ्यक्रम की प्रभावशीलता के बारे में जानकारी देगा, जो वर्तमान विद्यालयों की ज़रूरतों को पूरा करने में मदद करेगा, जिन्होंने इस दो वर्षीय पाठ्यक्रम से गुज़रने वाले शिक्षकों को नियुक्त किया है। प्रक्रिया समूह और एनसीईटी एक उच्च-गुणवत्ता वाले उत्पाद, शिक्षक के निर्माण की ज़िम्मेदारी लेते हैं, जो भारतीय शिक्षा क्षेत्र में एक प्रभावी गुणवत्ता प्रबंधन प्रणाली को परिभाषित करने के बराबर है।

निष्कर्ष (Conclusion)

यह अपेक्षा की जाती है कि शिक्षक, चाहे वे सेवाकालीन हों या सेवा-पूर्व, चिंतनशील अभ्यास में संलग्न होंगे, अपने स्वयं के शिक्षण के तरीकों का अध्ययन करेंगे तथा स्कूलों में अपने साथियों के साथ अपने अनुभवों को साझा करेंगे, जो कि पेशेवर जीवन की एक नियमित विशेषता है।

अध्याय 12

केंद्रीय मान्यता एजेंसी (Central Agency for Accreditation)

गुणवत्ता का अर्थ है उस समय काम सही ढंग से करना जब कोई देख नहीं रहा हो।

—हेनरी फ़ोर्ड

अध्यापक शिक्षा (शिक्षक शिक्षा) में मान्यता के वर्तमान अभ्यास और रुझान (Current Practices and Trends in Accreditation in Teacher Education)

इस बात के बढ़ते प्रमाण के साथ कि शिक्षकों की गुणवत्ता हमारे देश के लिए सबसे महत्वपूर्ण शैक्षिक संसाधन है, गुणवत्ता संकेतकों पर ध्यान देने की आवश्यकता है। इसमें शिक्षक शिक्षा कॉलेजों की क्षमता शामिल होगी ताकि वे योग्य छात्रों को आकर्षित कर सकें और उन्हें शिक्षण की मांगों को पूरा करने के लिए अच्छी तरह से तैयार कर सकें।

मान्यता का तात्पर्य किसी स्वतंत्र बाहरी एजेंसी द्वारा इस बात की पुष्टि से है कि कोई व्यावसायिक तैयारी पाठ्यक्रम किसी विशेष पेशे के उद्देश्य के लिए पर्याप्त है: यह पाठ्यक्रम ऐसे स्नातक तैयार करने में सक्षम है जो पेशे में प्रवेश के लिए मानकों को पूरा करते हैं और पढ़ाने में सक्षम हैं। यह व्यवसायों में तैयारी पाठ्यक्रमों की गुणवत्ता सुनिश्चित करने के लिए एक महत्वपूर्ण तंत्र है। मान्यता किसी पेशे के सदस्यों को उनके पेशे में प्रवेश करने वालों से अपेक्षित मानकों से संबंधित निर्णयों में शामिल करने के लिए भी एक महत्वपूर्ण तंत्र है।

गुणवत्ता आश्वासन की आवश्यकता (Need for Quality Assurance)

1. पिछले पचास वर्षों में उच्च शिक्षा का विस्तार यह दर्शाता है कि विश्वविद्यालय के मानकों को अब और कायम नहीं रखा जा सकता।
2. वैश्वीकरण ने देशों के लिए उच्च शिक्षा के ऑनलाइन प्रदाताओं की गतिविधियों को प्रतिबंधित करना कठिन बना दिया है।
3. नई प्रौद्योगिकियों और वितरण के नए तरीकों के तेजी से विस्तार ने गुणवत्ता आश्वासन के नए रूपों की आवश्यकता को अनिवार्य बना दिया है।

4. वैश्वीकरण के आगमन के साथ विदेशी डिग्री और डिप्लोमा को मान्यता और सामंजस्य की आवश्यकता है। यह विभिन्न देशों में योग्यता और दक्षता की समानता सुनिश्चित करने के लिए है। क्या भारत के किसी भी प्रशिक्षण महाविद्यालय से प्राप्त बी.एड. को यूरोपीय शिक्षण योग्यता के बराबर माना जा सकता है और अमेरिका में मास्टर्स कार्यक्रम में प्रवेश के लिए समकक्ष माना जा सकता है?
5. सामान्यतः, वे देश जिनके पास राष्ट्रीय मान्यता ढांचा है।
6. शिक्षक शिक्षा कार्यक्रमों को मान्यता देने के लिए राष्ट्रीय स्तर पर सहमत मानकों की स्थापना करना जो स्नातक शिक्षकों के लिए सहमत व्यावसायिक व्यापक मानकों पर आधारित हों।
7. मानकों के आधार पर शिक्षक शिक्षा कार्यक्रमों को मान्यता देने के लिए प्रक्रियाएं स्थापित करना।

साहित्य शिक्षक शिक्षा में गुणवत्ता आश्वास्न के दो मॉडलों के अस्तित्व की ओर इशारा करता है। वे हैं:

1. विश्वविद्यालय संबद्धता
2. स्वतंत्र निकाय द्वारा मान्यता।

विश्वविद्यालय संबद्धता मॉडल (University Affiliation Model)

विश्वविद्यालय संबद्धता मॉडल यह दर्शाता है कि शिक्षक प्रशिक्षण महाविद्यालय मूल विश्वविद्यालयों से संबद्ध हैं। ये विश्वविद्यालय अंततः स्वतंत्रता की ओर प्रगति की निगरानी करते हैं। इन कॉलेजों के बी.एड. छात्रों को एक योग्यता प्रदान की जाती है, जिसे विश्वविद्यालय द्वारा मान्यता प्राप्त होती है। इस मॉडल का लाभ यह है कि इससे कॉलेजों और संबद्ध विश्वविद्यालयों के बीच सहकारिता को बढ़ावा मिलता है। विश्वविद्यालय के पास मानदंड और मानक निर्धारित करने और डिग्री प्रदान करने की सलाहकार भूमिका होती है।

हालाँकि, आज के वैश्विक परिदृश्य में, विश्वविद्यालयों को स्वयं बाहरी एजेंसियों द्वारा मूल्यांकन के अधीन होना पड़ रहा है। गुणवत्ता आश्वासन और शिक्षक शिक्षा योग्यता का प्रबंधन राज्य एजेंसियों और अन्य निकायों द्वारा अधिक किया जा रहा है। इसलिए, दुनिया भर में एक स्वतंत्र निकाय द्वारा मान्यता के मॉडल की ओर बदलाव हो रहा है।

स्वतंत्र निकाय द्वारा मान्यता (Accreditation by an Independent Body)

गुणवत्ता आश्वासन और मान्यता के लिए अमेरिकी या यूरोपीय मॉडल में आमतौर पर एक राष्ट्रीय निकाय होता है जिसमें स्वतंत्र स्थानीय निकाय शामिल होते हैं और साथ ही शिक्षक प्रशिक्षण संस्थानों को मान्यता देने के लिए राष्ट्रीय मानकों और स्थानीय मानकों का एक निर्धारित सेट होता है। चित्र 12.1 यूरोपीय संघ में गुणवत्ता आश्वासन और मान्यता प्रक्रियाओं में शामिल निकायों और प्रक्रियाओं की श्रेणी को दर्शाता है।

मान्यता की प्रक्रिया में सामान्यतः तीन चरण शामिल होते हैं:

1. मान्यता प्रदान करने वाली संस्था द्वारा निर्धारित मानदंडों के अनुसार संस्थान या कार्यक्रम के कर्मचारियों द्वारा किया गया स्व-मूल्यांकन, तथा लिखित रिपोर्ट प्रस्तुत करना।

	बाह्य मूल्यांकन	*आंतरिक मूल्यांकन*
जिम्मेदार निकाय	स्कूल शिक्षा निरीक्षणालय एक शिक्षा एजेंसी शिक्षा मंत्रालय मूल्यांकन एजेंसी या समिति	प्रबंध संस्था का सरकारी बोर्ड संस्थान के भीतर मूल्यांकन समिति शैक्षणिक स्टाफ प्रतिनिधियों की परिषद
प्रोफ़ाइल/प्रतिभागी	समकक्ष लोग मूल्यांकन में विशेषज्ञ शिक्षण पृष्ठभूमि वाले निरीक्षक छात्र विदेशी विशेषज्ञ	प्रबंध अकादमिक स्टाफ छात्र प्रिंसिपल या बोर्ड की ओर से काम करने वाले मूल्यांकन विशेषज्ञ मूल्यांकन विशेषज्ञ कर्मचारियों को सहायता प्रदान कर रहे हैं
मानदंड स्थापित करने के लिए उपयोग किए गए आधिकारिक दस्तावेज़	उच्च शिक्षा पर कानून प्रारंभिक शिक्षक शिक्षा के लिए विनियम/दिशानिर्देश भावी शिक्षकों के लिए योग्यता मानक आंतरिक/बाह्य मूल्यांकन मानदंड राष्ट्रीय संकेतक (प्रशिक्षक/छात्र अनुपात, छात्र प्रदर्शन आदि पर)	
दायरा	शिक्षक शिक्षा पाठ्यक्रम की विषय-वस्तु शिक्षण विधियाँ मूल्यांकन अभ्यास व्यावसायिक प्रशिक्षण और सामान्य शिक्षा के बीच संतुलन स्कूल प्लेसमेंट स्कूलों के साथ साझेदारी मानव संसाधन प्रबंधन प्रशिक्षक/छात्र अनुपात छात्र प्रदर्शन छात्रों का दृष्टिकोण/प्रेरणा प्राप्त प्रशिक्षण पर छात्रों की राय बुनियादी ढांचा (पुस्तकालय, कंप्यूटर, आदि)	
प्रक्रियाएं और तंत्र	साइट विजिट जिसमें शामिल है: — प्रबंधन के साथ साक्षात्कार, या सर्वेक्षण — शैक्षणिक और प्रशासनिक कर्मचारियों के साथ साक्षात्कार, या सर्वेक्षण — छात्रों के साथ साक्षात्कार, या सर्वेक्षण — कक्षा अवलोकन	

चित्र 12.1 यूरोप में शिक्षक तैयारी में शामिल निकाय, दायरा, दस्तावेज और प्रक्रियाएँ। (*स्रोत:* युरीडाइस यूरोपियन यूनिवर्सिटी ब्रुसेल्स, 2006 से अनुकूलित)

2. मान्यता प्रदान करने वाली संस्था द्वारा चयनित सहकर्मियों की एक टीम द्वारा सहकर्मी समीक्षा अध्ययन दौरा, जो साइट दौरे, साक्षात्कार आदि के आधार पर मूल्यांकन रिपोर्ट प्रस्तुत करता है।
3. मान्यता देने वाली संस्था द्वारा स्व-मूल्यांकन और सहकर्मी समीक्षा दोनों की जांच, जिसके परिणामस्वरूप एक निश्चित अवधि के लिए मान्यता पर औपचारिक निर्णय लिया जाता है। मान्यता देने वाली एजेंसी संस्थान को ग्रेड और रैंक देती है ताकि जनता को सर्वश्रेष्ठ के बारे में पता चल सके।

ये तीनों कदम इस बात पर जोर देते हैं कि आंतरिक और बाह्य मूल्यांकन प्रक्रियाएँ समान रूप से महत्वपूर्ण हैं। दोनों प्रक्रियाएँ एक-दूसरे से ओवरलैप होती हैं। अब विश्वविद्यालय केवल मानदंड और मानदंड निर्धारित करने के लिए जिम्मेदार नहीं है। राष्ट्रीय संकेतक अब महत्वपूर्ण भूमिका निभाते हैं।

चित्र 12.2 यूरोप में शिक्षक शिक्षा में गुणवत्ता आश्वासन से लिया गया है। यह यूरोप में शिक्षक तैयार करने में शामिल निकायों, दायरे, दस्तावेजों और प्रक्रियाओं को देखता है।

	आंतरिक/बाह्य मूल्यांकन निष्कर्षों का विश्लेषण	
मूल्यांकन के परिणाम	मान्यता या पुनः मान्यता मान्यता रद्द करना वित्तपोषण पर प्रभाव कार्यान्वयन सुधार की योजना	सुधार हेतु योजना का कार्यान्वयन

चित्र 12.2 यूरोप में इस मूल्यांकन के परिणाम। (*स्रोत:* अनुकूलित और सारांशित: यूरीडाइस यूरोपीय इकाई, 2006, क्वालिटी एस्योरेंस इन टीचर एजुकेशन इन योरोप, ब्रुसेल्स, यूरीडाइस)।

चित्र 12.3 ऑस्ट्रेलियाई विश्वविद्यालय गुणवत्ता एजेंसी का विवरण देता है। सामान्य तौर पर शिक्षा के लिए गुणवत्ता आश्वासन ढांचे स्वतंत्र, गैर-लाभकारी राष्ट्रीय एजेंसियां हैं, जिन्हें उच्च शिक्षा की निगरानी, लेखा परीक्षा और रिपोर्ट करने के लिए स्थापित किया गया है। यह इन संस्थानों की शैक्षणिक गुणवत्ता को बढ़ाने में सहायता करने के अलावा उच्च शिक्षा की गुणवत्ता का सार्वजनिक आश्वासन प्रदान करता है।

ऑस्ट्रेलियाई विश्वविद्यालय गुणवत्ता एजेंसी (AUQA)	• स्वतंत्र, गैर-लाभकारी राष्ट्रीय एजेंसी • उच्च शिक्षा में गुणवत्ता आश्वासन पर ऑडिट और रिपोर्ट को बढ़ावा देता है	• उच्च शिक्षा संस्थान अपने आंतरिक रूप से परिभाषित मिशन और उद्देश्यों के पालन के लिए उत्तरदायी होंगे • संस्थागत स्तर पर संचालित होता है	• विश्वविद्यालय शिक्षा के अनुरूप मानकों को बनाए रखने में संस्थान की सफलता का आकलन करें
राज्य और क्षेत्रीय वैधानिक प्राधिकरणों द्वारा बाह्य मान्यता		स्नातक ज्ञान और क्षमता तथा कार्यक्रम की गुणवत्ता के लिए बाह्य मानकों के प्रति विशिष्ट व्यावसायिक तैयारी कार्यक्रम और पाठ्यक्रमों को ध्यान में रखता है	

चित्र 12.3 ऑस्ट्रेलिया में शिक्षक मान्यता।

राष्ट्रीय मूल्यांकन एवं मान्यता परिषद (एनएएसी) (National Assessment and Accreditation Council (NAAC))

राष्ट्रीय मूल्यांकन एवं मान्यता परिषद (NAAC) एक स्वायत्त निकाय है, जिसकी स्थापना भारत के विश्वविद्यालय अनुदान आयोग (UGC) द्वारा देश में उच्च शिक्षा के संस्थानों का मूल्यांकन और मान्यता प्रदान करने के लिए की गई है। यह राष्ट्रीय शिक्षा नीति (1986) की सिफारिशों का परिणाम है, जिसमें भारत में उच्च शिक्षा की गुणवत्ता को बनाए रखने पर विशेष जोर दिया गया है।

पिछले पचास वर्षों में भारत में उच्च शिक्षा की व्यवस्था का तेजी से विस्तार हुआ है। उच्च शिक्षा संस्थानों के कामकाज में गुणवत्ता के संतोषजनक स्तर को सुनिश्चित करने वाले अंतर्निहित विनियामक तंत्रों के बावजूद, इस बात की आलोचना की गई है कि देश ने उच्च शिक्षा के संस्थानों को आकर्षक कार्यक्रम और घटिया सुविधाओं के साथ बढ़ने दिया है और इसके परिणामस्वरूप मानकों में कमी आई है। गुणवत्ता में गिरावट के मुद्दों को संबोधित करने के लिए, राष्ट्रीय शिक्षा नीति (1986) और कार्य योजना (POA-1992) जिसने नीतियों के लिए रणनीतिक योजनाओं को स्पष्ट किया, एक स्वतंत्र राष्ट्रीय मान्यता निकाय की स्थापना की वकालत की। परिणामस्वरूप, 1994 में एनएएसी (NAAC) की स्थापना की गई जिसका मुख्यालय बैंगलोर में है।

शासन (Governance)

एनएएसी (NAAC) अपनी सामान्य परिषद (GC) और कार्यकारी समिति (EC) के माध्यम से कार्य करता है, जिसमें उच्च शिक्षा प्रणाली के विभिन्न क्षेत्रों से शैक्षिक प्रशासक, नीति निर्माता और वरिष्ठ शिक्षाविद शामिल होते हैं। यूजीसी (UGC) के अध्यक्ष एनएएसी की जीसी के अध्यक्ष होते हैं। ईसी के अध्यक्ष एनएएसी से संबंधित क्षेत्र के एक प्रतिष्ठित शिक्षाविद् होते हैं। एनएएसी के निदेशक इसके शैक्षणिक और प्रशासनिक प्रमुख होते हैं, और जीसी और ईसी दोनों के सदस्य-सचिव होते हैं। एनएएसी के पास अपनी नीतियों को संचालित करने वाले वैधानिक निकायों के अलावा, अपने कार्यों का मार्गदर्शन करने के लिए कई सलाहकारी और परामर्शदात्री समितियां भी हैं। एनएएसी के पास अपनी गतिविधियों का समर्थन करने के लिए एक मुख्य कर्मचारी वर्ग और सलाहकार हैं। इसे विभिन्न देशों से बड़ी संख्या में बाहरी संसाधन व्यक्तियों से भी सहायता मिलती है, जो एनएएसी के पूर्णकालिक कर्मचारी नहीं हैं।

विजन और मिशन (Vision and Mission)

एनएएसी की गतिविधियां और भविष्य की योजनाएं इसके विजन और मिशन द्वारा निर्देशित होती हैं, जो गुणवत्ता आश्वासन को उच्च शिक्षा संस्थानों के कामकाज का एक अभिन्न अंग बनाने पर केंद्रित है।

एनएएसी (NAAC) का विज़न है:
स्व-और बाह्य गुणवत्ता मूल्यांकन, संवर्धन और संधारण पहलों के संयोजन के माध्यम से गुणवत्ता को भारत में उच्च शिक्षा का परिभाषित तत्व बनाना।

एनएएसी के मिशन वक्तव्यों का उद्देश्य एनएएसी के दृष्टिकोण को वास्तविकता में बदलना है, तथा संगठन के निम्नलिखित प्रमुख कार्यों को परिभाषित करना है:

1. उच्च शिक्षा संस्थानों या उनकी इकाइयों, या विशिष्ट शैक्षणिक कार्यक्रम या परियोजनाओं के आवधिक मूल्यांकन और मान्यता की व्यवस्था करना।

2. उच्च शिक्षा संस्थानों में शिक्षण-अधिगम और अनुसंधान की गुणवत्ता को बढ़ावा देने के लिए शैक्षणिक वातावरण को प्रोत्साहित करना।
3. उच्च शिक्षा में आत्म-मूल्यांकन, जवाबदेही, स्वायत्तता और नवाचार को प्रोत्साहित करना।
4. गुणवत्ता से संबंधित अनुसंधान अध्ययन, परामर्श और प्रशिक्षण कार्यक्रम शुरू करना।
5. गुणवत्ता मूल्यांकन, संवर्धन और संधारण के लिए उच्च शिक्षा के अन्य हितधारकों के साथ सहयोग करना।

अपने विजन से निर्देशित और अपने मिशन को प्राप्त करने के प्रयास में, एनएएसी मुख्य रूप से अंतरराष्ट्रीय स्तर पर स्वीकृत पद्धति के माध्यम से इस प्रक्रिया के लिए स्वेच्छा से आगे आने वाले उच्च शिक्षा संस्थानों की गुणवत्ता का मूल्यांकन करता है।

क्रियाविधि (Methodology)

किसी इकाई के मूल्यांकन के लिए, एनएएसी तीन-चरणीय प्रक्रिया का पालन करता है, जो स्व-अध्ययन और सहकर्मी समीक्षा का संयोजन है। ये तीन चरण हैं:

1. मूल्यांकन इकाई द्वारा स्व-अध्ययन रिपोर्ट तैयार करना और प्रस्तुत करना।
2. स्व-अध्ययन रिपोर्ट के सत्यापन और एनएएसी को मूल्यांकन परिणाम की सिफारिश करने के लिए सहकर्मी टीम का साइट पर दौरा।
3. एनएएसी की कार्यकारी समिति द्वारा अंतिम निर्णय।

साथियों द्वारा मान्य की जाने वाली स्व-अध्ययन रिपोर्ट ही इस पूरी प्रक्रिया की रीढ़ है। उच्च शिक्षा की विभिन्न इकाइयों के अनुरूप मैनुअल विकसित किए गए हैं, जिनमें स्व-अध्ययन रिपोर्ट तैयार करने और मूल्यांकन तथा मान्यता के अन्य पहलुओं पर विस्तृत दिशा-निर्देश दिए गए हैं।

अप्रैल 2007 से प्रचलन में आई एनएएसी की संस्थागत मूल्यांकन और मान्यता की नई पद्धति को इसकी पिछली पद्धति की कुछ सीमाओं को दूर करने और इसकी कठोरता, विश्वसनीयता और वैधता को बढ़ाने के उद्देश्य से तैयार किया गया है। अंतर-टीम मूल्यांकन भिन्नताओं में महत्वपूर्ण कमी लाने के अलावा, नई पद्धति, जो उपयोगकर्ता के अनुकूल है, से यह भी उम्मीद है कि यह एनएएसी को बड़ी संख्या में संस्थानों का मूल्यांकन प्रभावी ढंग से और कम समय में करने में सक्षम बनाएगी।

मान्यता क्यों? (Why Accreditation)

किसी भी राष्ट्र के विकास में शिक्षा की अहम भूमिका होती है। इसलिए, उच्च शिक्षा की मात्रा (बढ़ी हुई पहुँच) और गुणवत्ता (पेश किए जाने वाले शैक्षणिक कार्यक्रमों की प्रासंगिकता और उत्कृष्टता) दोनों पर ज़ोर दिया जाता है।

किसी भी अन्य क्षेत्र की तरह, गुणवत्ता में सुधार करने का तरीका एक ही है—नई आवश्यकताओं को खोजना और पहचानना तथा उन्हें अंतर्राष्ट्रीय मानकों के उत्पादों और सेवाओं से संतुष्ट करना।

एनएएसी की स्थापना सभी सहभागी संस्थानों को निर्धारित मापदंडों के आधार पर उनके प्रदर्शन का मूल्यांकन करने में मदद करने के लिए की गई है। यह भारत भर में अकादमिक उत्कृष्टता के लिए एक रेटिंग एजेंसी है, और देश का पहला ऐसा प्रयास है।

मान्यता के लाभ (Benefits of Accreditation)

मान्यता के लाभ निम्नलिखित हैं:

1. संस्था को सूचित समीक्षा प्रक्रिया के माध्यम से अपनी ताकत, कमजोरियों और अवसरों को जानने में मदद करता है।
2. योजना और संसाधन आवंटन के आंतरिक क्षेत्रों की पहचान करना। परिसर में सहकारिता को बढ़ाता है।
3. वित्त पोषण एजेंसियों को प्रदर्शन के आकलन के लिए वस्तुनिष्ठ डेटा उपलब्ध कराता है। संस्थानों को शिक्षण के नवीन और आधुनिक तरीकों से परिचित कराता है।
4. संस्थाओं को नई दिशा और पहचान प्रदान करता है।
5. समाज को दी जाने वाली शिक्षा की गुणवत्ता के बारे में विश्वसनीय जानकारी प्रदान करना।
6. नियोक्ताओं को संभावित भर्तीकर्ताओं को दी जाने वाली शिक्षा की गुणवत्ता के बारे में जानकारी प्राप्त होती है।
7. अंतरा- और अंतर-संस्थागत संपर्क को बढ़ावा देता है।

मूल्यांकन के लिए मानदंड (Criteria for Assessment)

कोई भी मूल्यांकन और तत्पश्चात मान्यता कुछ मापदंडों के आधार पर दी जाती है, ताकि किसी संस्थान की स्थिति की तुलना अन्य समान संस्थानों के साथ की जा सके।

एनएएसी ने अपनी मूल्यांकन प्रक्रियाओं के आधार के रूप में निम्नलिखित सात मानदंडों की पहचान की है:

1. पाठ्यक्रम संबंधी पहलू
2. शिक्षण-अधिगम और मूल्यांकन
3. अनुसंधान, नवाचार और विस्तार
4. बुनियादी ढांचा और शिक्षण संसाधन
5. छात्र सहायता और प्रगति
6. शासन, नेतृत्व और प्रबंधन
7. संस्थागत मूल्य और सर्वोत्तम प्रथाएँ।

प्रत्येक मानदंड में कुछ प्रमुख संकेतक निर्धारित किए गए हैं, जिन्हें मीट्रिक्स के रूप में चित्रित किया गया है।

मूल्यांकन की इकाइयाँ (Units of Assessment)

मान्यता के लिए तीन-चरणीय प्रक्रिया का उपयोग करके उच्च शिक्षा संस्थानों का मूल्यांकन और ग्रेडिंग करने तथा परिणाम को यथासंभव वस्तुनिष्ठ बनाने के लिए, एनएएसी ने एक उपकरण विकसित किया है। यद्यपि उपकरण की कार्यप्रणाली और व्यापक रूपरेखा एक ही है, लेकिन मान्यता की इकाई के आधार पर उपकरण के फोकस में थोड़ा अंतर है।

संस्थागत मान्यता (Institutional accreditation)

- **विश्वविद्यालय:** सभी स्नातक और स्नातकोत्तर विभागों के साथ विश्वविद्यालय केंद्रीय शासन संरचना।
- **कॉलेज:** कोई भी कॉलेज—संबद्ध, घटक या स्वायत्त—अपने सभी अध्ययन विभागों के साथ।

विभाग मान्यता (Department accreditation)

मूल्यांकन की इकाई में अंतर को ध्यान में रखते हुए, एनएएसी ने उपकरण के फोकस में बदलाव किए हैं। इस प्रकार, उच्च शिक्षा की विभिन्न इकाइयों के अनुरूप अलग-अलग उपकरण विकसित किए गए हैं। मैनुअल में उन मानदंडों का विवरण दिया गया है जिनके आधार पर सहकर्मी द्वारा संस्थागत मान्यता पर मूल्य निर्णय लिया जाएगा, साथ ही प्रक्रिया के लिए तैयार होने के लिए परिचालन सुझाव भी दिए गए हैं। इस उद्देश्य के लिए प्रत्येक विषय में विशेषज्ञ समितियों द्वारा अलग-अलग मैनुअल और मानदंड के अनुसार पहलू विकसित किए जा रहे हैं।

नया मूल्यांकन उपकरण (New Assessment Instrument)

ऐसे संस्थानों के लिए दो-चरणीय दृष्टिकोण प्रदान करने के लिए मूल्यांकन उपकरण को फिर से डिज़ाइन किया गया है। हालाँकि, विश्वविद्यालयों, स्वायत्त कॉलेजों और उत्कृष्टता की संभावना वाले कॉलेजों पर पहले की तरह एकल चरणीय दृष्टिकोण लागू रहेगा।

मूल्यांकन उपकरण को अधिक वस्तुनिष्ठता और वैधता के लिए और अधिक प्रभावी मूल्यांकन के लिए निम्नलिखित प्रक्रियाओं द्वारा परिष्कृत किया गया है:

1. प्रत्येक मानदंड के अंतर्गत प्रमुख पहलुओं की पहचान तथा प्रत्येक प्रमुख पहलू के अंतर्गत उपयुक्त मूल्यांकन संकेतक।
2. प्रत्येक मानदंड के अंतर्गत प्रमुख पहलू के अनुसार विभेदक भार (defferential weightages) का प्रावधान।
3. संस्थागत समग्र स्कोरिंग पैटर्न को पहले के प्रतिशत से बदलकर 4-बिंदु पैमाने पर संचयी ग्रेड प्वाइंट औसत (सीजीपीए) प्रणाली में बदलना।

सात मूल्यांकन मानदंडों को **मानदंड के अनुसार प्रमुख पहलुओं** में लागू करने के लिए नये उपकरण को डिजाइन किया गया है।

1. प्रत्येक प्रमुख पहलू को मूल्यांकन संकेतकों में विभेदित किया गया है, जिसका उपयोग मूल्यांकनकर्ताओं द्वारा सूक्ष्म स्तर के गुणवत्ता संकेतकों को प्राप्त करने के लिए दिशानिर्देश/जांच के रूप में किया जाएगा।
2. मुख्य पहलू-वार ग्रेड पॉइंट्स मुख्य पहलू-वार और मानदंड-वार वेटेज का उपयोग करके मानदंड-वार ग्रेड प्रदान करते हैं। इससे किसी संस्थान की गुणवत्ता का अधिक सटीक मापन हो सकता है।

प्रक्रिया प्रवाह चार्ट 12.1 में दर्शाई गई है।

1. **पहला चरण:** *गुणवत्ता मूल्यांकन के लिए संस्थागत पात्रता आईईक्यूए (IEQA)*। पहले चरण में, आवेदक संस्थान को शुरुआत में ही आईईक्यूए प्राप्त करना आवश्यक है, जबकि वह अभी भी मूल्यांकन के लिए योजना चरण में है।
2. **दूसरा चरण:** *संबद्ध/घटक महाविद्यालयों का मूल्यांकन और मान्यता।* इन संस्थानों की प्रत्येक श्रेणी को संस्थान-विशिष्ट एनएएसी (NAAC) मैनुअल का पालन करते हुए मूल्यांकन और मान्यता के लिए अपने उपयुक्त दस्तावेज तैयार करने होंगे।

मूल्य ढांचा (Value Framework)

भारत के उच्च शिक्षण संस्थानों में निम्नलिखित मूल मूल्यों को बढ़ावा देने के लिए एक मूल्य ढांचे की आवश्यकता है।

1. राष्ट्रीय विकास में योगदान
2. छात्रों में वैश्विक दक्षता को बढ़ावा देना
3. छात्रों में मूल्य प्रणाली विकसित करना
4. प्रौद्योगिकी के उपयोग को बढ़ावा देना

विश्वविद्यालय स्वायत्त संबद्ध/कॉलेज घटक कॉलेज के लिए मानदंड

1. पाठ्यक्रम संबंधी पहलू
2. शिक्षण-अधिगम एवं मूल्यांकन
3. अनुसंधान, परामर्श और विस्तार
4. बुनियादी ढांचा और शिक्षण संसाधन
5. छात्र सहायता और प्रगति
6. शासन और नेतृत्व
7. नवीन अभ्यास

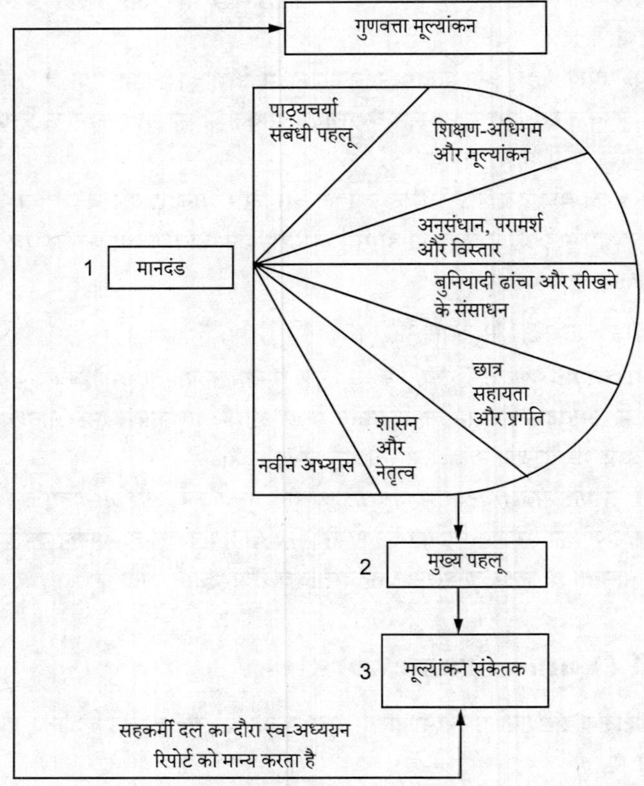

फ्लो चार्ट 12.1 नए मूल्यांकन उपकरण की प्रक्रिया। (*स्रोत:* NAAC वेबसाइट http://www.naac.gov.in/ से अनुकूलित)

नई ग्रेडिंग प्रणाली (New Grading System)

नई पद्धति में, संस्थानों को प्रत्येक मुख्य पहलू के लिए चार श्रेणियों, अर्थात ए, बी, सी और डी के तहत वर्गीकृत किया जाएगा, जो क्रमशः बहुत अच्छा, अच्छा, संतोषजनक और असंतोषजनक स्तर दर्शाते हैं। तालिका 12.1 भारत में एनएएसी द्वारा उपयोग किए जाने वाले नए मूल्यांकन उपकरण पर प्रकाश डालती है।

तालिका 12.1 भारत में नया मूल्यांकन साधन

दो चरण: संबद्ध/ घटक कालेज		प्रथम चरण	*संबद्ध और घटक महाविद्यालयों का मूल्यांकन और मान्यता* गुणवत्ता मूल्यांकन के लिए संस्थागत पात्रता (IEQA) आवेदक संस्थान द्वारा प्राप्त की जानी आवश्यक है
			प्रथम चरण की कार्यप्रणाली आवेदक संस्था द्वारा भरा जाने वाला प्रारूप: संगठनात्मक प्रोफ़ाइल, संस्था के बारे में विशिष्ट मात्रात्मक जानकारी प्रदान करना भरा हुआ प्रारूप एनएएसी को प्राप्त हो गया है प्राप्त अंक:

	प्रथम चरण: विश्वविद्यालय, स्वायत्त कॉलेज, उत्कृष्टता की संभावना वाले कॉलेज		अगले चरण के लिए इसकी पात्रता पर निर्णय लेने हेतु एनएएसी की उपयुक्त समिति के समक्ष प्रस्तुत किया गया न्यूनतम अंक: दूसरे चरण से गुजरने के लिए आईईक्यूए का दर्जा दिया गया (शैक्षणिक परिणाम प्राप्त करने के लिए शिक्षण-अधिगम प्रक्रियाओं के लिए आवश्यक न्यूनतम आवश्यकताओं के साथ बुनियादी अनुपालन का प्रदर्शन)
			मूल्यांकन एवं मान्यता (एनएएसी द्वारा अब तक अपनाई गई कार्यप्रणाली के समान) संबद्ध कॉलेज और घटक कॉलेज (जिसने आईईक्यूए का दर्जा अर्जित किया प्रथम चरण प्रक्रिया), विश्वविद्यालय, स्वायत्त उत्कृष्टता की संभावना वाले कॉलेज (सीपीई) संस्थान विशिष्ट एनएएसी मैनुअल का पालन करके मूल्यांकन और मान्यता के लिए अपने उपयुक्त दस्तावेज तैयार करते हैं।
		दूसरा चरण	*नया साधन: सात मूल्यांकन मानदंड* (प्रत्येक संस्थान के प्रकार के अनुसार कुछ मानदंडों के लिए अलग-अलग भार) पाठ्यचर्या संबंधी पहलू – शिक्षण-अधिगम एवं मूल्यांकन – अनुसंधान, परामर्श और विस्तार – बुनियादी ढांचा और शिक्षण संसाधन – छात्र समर्थन और प्रगति – शासन और नेतृत्व (नया) – नवीन अभ्यास (नयी)
			मूल्यांकन संकेतक सहकर्मी टीमों (संस्था में उनके दौरे) द्वारा दिशा-निर्देश/जांच के रूप में उपयोग किया जाता है, ताकि मुख्य पहलू-वार ग्रेड पॉइंट (केआर-जीपी) और मानदंड-वार ग्रेड पॉइंट औसत (सीआर-जीपीए) तक पहुंचा जा सके।
			नई ग्रेडिंग प्रणाली प्रत्येक संस्थान को प्रत्येक प्रमुख पहलू के लिए चार श्रेणियों के अंतर्गत वर्गीकृत किया जाएगा: ए (बिंदु औसत 3.01–4.00, बहुत अच्छा/मान्यता प्राप्त), बी(2.01–3.00, अच्छा/मान्यता प्राप्त), सी (1.51–2.00, संतोषजनक/मान्यता प्राप्त) या डी(0–1.50, असंतोषजनक—मान्यता प्राप्त नहीं)

निष्कर्ष (Conclusion)

सामान्य तौर पर, शिक्षक शिक्षा की अधिकांश प्रणालियाँ शिक्षक शिक्षा के कार्यक्रमों के अनुमोदन और/या मान्यता की बाहरी प्रणाली और/या (संभावित) शिक्षकों की व्यावसायिक योग्यताओं के प्रमाणन की बाहरी प्रणाली का उपयोग करती हैं। इन बाहरी प्रणालियों का उद्देश्य प्रारंभिक शिक्षक शिक्षा के कार्यक्रमों की पर्याप्तता और शिक्षण पेशे के व्यावसायिक कार्यों और भूमिकाओं के लिए तैयार करने के लिए उनकी उपयुक्तता का सार्वजनिक आश्वासन देना है।

मान्यता और/या प्रमाणन प्रणालियों को निम्नलिखित मानदंडों को पूरा करना होगा:

1. इनका संचालन विभिन्न मान्यता प्राप्त सामाजिक भागीदारों वाली संस्थाओं द्वारा किया जाना चाहिए, जहां शिक्षकों और शिक्षक प्रशिक्षकों को निर्णायक भूमिका निभानी होगी।
2. उन्हें शिक्षकों की भूमिकाओं और कार्यों की परिभाषाओं के विस्तार में सामाजिक सहमति पर आधारित पद्धतियों का पालन करना होगा, साथ ही शिक्षक शिक्षा कार्यक्रमों और व्यावसायिक योग्यताओं के मूल्यांकन के मानकों के संबंध में भी।
3. इन संस्थानों द्वारा दी गई मान्यता और प्रमाणन को संदर्भ में परिवर्तनों को ध्यान में रखते हुए समय-समय पर नवीनीकृत किया जाना चाहिए।
4. उन्हें शिक्षकों के व्यावसायिक विकास की संपूर्ण प्रक्रिया पर विचार करना होगा।
5. इन प्रणालियों द्वारा अनुमोदित मानकों को सामान्य दिशा-निर्देशों के रूप में परिभाषित किया जाना चाहिए, जो विशिष्ट शिक्षक शिक्षा संस्थानों द्वारा विभिन्न प्रकार के व्यक्तिगत समाधान खोजने और बनाने के लिए स्थान प्रदान करते हैं।

भाग 6

व्यावसायिक अभ्यास और नैतिकता
(PROFESSIONAL PRACTICE AND ETHICS)

अध्याय 13

किसी पेशे की विशेषताएँ (Characteristics of a Profession)

इस देश में लोग यह समझने में समय लगा रहे हैं कि शिक्षा एक ऐसा व्यवसाय है जिसके लिए अन्य व्यवसायों की तरह गहन तैयारी आवश्यक है।

— **विश्वविद्यालय शिक्षा आयोग, 1949**

शिक्षण वह व्यवसाय है जो अन्य सभी पेशों को सिखाता है।

शिक्षण (Teaching)

अच्छा शिक्षण नागरिकों और श्रमिकों के बीच आलोचनात्मक सोच पैदा करने और विकसित करने के सर्वोत्तम तरीकों में से एक है। उत्साही, बुद्धिमान और सुशिक्षित अध्यापक (शिक्षक) छात्रों को तकनीकी दुनिया के लिए प्रेरित और तैयार करते हैं। यह मुख्य रूप से उनकी निष्ठा के माध्यम से बड़ी संख्या में छात्र स्थायी वैज्ञानिक रुचि और अध्यवसाय विकसित करते हैं और विज्ञान की प्रकृति की सराहना करना और समझना सीखते हैं।

एक शिक्षक की योग्यताएं (Qualifications of a Teacher)

एक शिक्षक में सर्वप्रथम निम्नलिखित मूल गुण होने चाहिए:

टी (T)—सत्यता/सहिष्णुता

ई ((E)—उत्साह

ए (A)—सटीकता/योग्यता

सी (C)—आत्मविश्वास/प्रतिबद्धता

एच (H)—ईमानदारी/कड़ी मेहनत/हास्य

ई (E)—सहानुभूति

आर (R)—तर्कसंगत सोच

प्रत्येक शिक्षक में निम्नलिखित विशेषताएं होनी चाहिए:

1. *राज्य शिक्षा विभागों द्वारा निर्धारित बुनियादी शैक्षणिक योग्यताएँ।* इस प्रकार, हाई स्कूल के लिए शिक्षकों के पास बी.ए./बी.एससी. डिग्री होनी चाहिए, और हायर सेकेंडरी के लिए एम.ए./एम.एससी. डिग्री होनी चाहिए।

2. *आधुनिक शिक्षण पद्धतियों में व्यवसायिक रूप से प्रशिक्षित*। शिक्षक के पास किसी मान्यता प्राप्त विश्वविद्यालय से बी.एड. की डिग्री होनी चाहिए। इसका मतलब है कि शिक्षक को इन विषयों में पारंगत होना चाहिए:

(क) आजकल प्रयोग में आने वाली विभिन्न शिक्षण विधियाँ
(ख) पाठ और इकाई योजना
(ग) प्रयोगशाला प्रबंधन और संगठन
(घ) विज्ञान शिक्षक द्वारा आवश्यक होने पर उपकरणों में सुधार करना और शिक्षण सहायक सामग्री विकसित करना
(ङ) सह-पाठयक्रम गतिविधियों का आयोजन और प्रबंधन
(च) पुस्तकालयों का रखरखाव और उपयोग
(छ) शिक्षण सामग्री की तैयारी
(ज) मूल्यांकन तकनीकों का उपयोग
(झ) आईसीटी का आत्मविश्वासपूर्ण उपयोग।

3. *बाल मनोविज्ञान और सीखने की प्रक्रिया का व्यावहारिक ज्ञान*। शिक्षक को अपनी कक्षा में व्यक्तिगत अंतरों को ध्यान में रखना आना चाहिए। उसे छात्रों की रुचियों, क्षमताओं के अनुसार उनका मार्गदर्शन करने और जब भी आवश्यक हो, उनकी मदद करने में सक्षम होना चाहिए।
इसके अलावा, शिक्षक को वैज्ञानिक दृष्टिकोण वाला, समस्याओं के प्रति तर्कसंगत दृष्टिकोण वाला, पक्षपात और अंधविश्वासों से मुक्त, नवीनतापूर्ण और आसपास की दुनिया के बारे में जिज्ञासु होना चाहिए। शिक्षक को नियमित रूप से अपने शिक्षण का मूल्यांकन करना चाहिए, ताकि वह सुधार कर सके और कमजोर क्षेत्रों की पहचान करने के अलावा, चेकलिस्ट या रेटिंग स्केल का उपयोग करना चाहिए।

परिशिष्ट 13.1 एक सुविचारित चिंतनशील पैमाने का नमूना है। इस उपकरण को इलिनोइस अर्बाना (Illinois Urbana) विश्वविद्यालय में अनुदेशात्मक संसाधनों के कार्यालय के मापन और अनुसंधान प्रभाग द्वारा विकसित किया गया था। इस स्रोत का पूरा या आंशिक रूप से उपयोग किया जा सकता है। दिशा-निर्देश और स्कोरिंग निर्देश पेंसिल्वेनिया स्टेट यूनिवर्सिटी में अनुदेशात्मक विकास कार्यक्रम द्वारा संशोधित किए गए हैं।

एक अच्छे शिक्षक के गुण (Qualities of a Good Teacher)

एक अच्छा शिक्षक:

- आत्मविश्वासी होना।
- विफलताओं के बावजूद, स्वयं पर विश्वास रखना।
  (शिक्षकों को हर समय ऐसी परिस्थितियों का सामना करना पड़ता है जिन्हें असफलता माना जा सकता है।)
- छात्रों के प्रति सच्ची करुणा रखना।
- छात्रों का सच्चा मित्र होना।

- सभी छात्रों को उनकी अधिकतम क्षमता तक पहुंचने में सहायता करने की सदैव तत्परता।
- वह जो सिखाती है उसका उदाहरण प्रस्तुत करती है।
- जीवन को अलग तरीके से देखने और किसी विषय को अलग तरीके से समझाने की क्षमता है।
- उत्कृष्टता के लिए समर्पित है।
  (अच्छे शिक्षक अपने विद्यार्थियों और स्वयं से सर्वश्रेष्ठ की अपेक्षा रखते हैं।)
- अटूट समर्थन प्रदान करता है।
  (सर्वश्रेष्ठ शिक्षक जानते हैं कि यदि सही शिक्षक हो तो हर कोई अच्छा कर सकता है। वे यह स्वीकार नहीं करते कि कोई छात्र असफल हो गया है।)
- छात्रों को स्व-शिक्षक के रूप में विकसित करने का प्रयास।
- अच्छे प्रस्तुति कौशल वाला विषय विशेषज्ञ है।
- छात्र क्या जानते हैं और क्या नहीं जानते, इसकी जानकारी रखता है।
- जीवनपर्यन्त सीखने वाला तथा पेशे के प्रति प्रतिबद्ध।
- छात्रों को नैतिक व्यक्तियों के रूप में विकसित करने का प्रयास।
- स्वयं नैतिक है।
- छात्रों को आत्म-प्रेरित और आत्म-अनुशासित व्यक्तियों के रूप में विकसित करने का प्रयास।
- छात्रों में वैज्ञानिक दृष्टिकोण विकसित करने का प्रयास।
- लचीला होना।
- उनमें हास्य की भावना बहुत होना।
- व्यवहारकुशल और धैर्यवान है।
- छात्रों की सफलता में मदद करने को तैयार रहना।
  (सबसे अच्छे शिक्षक वे होते हैं जो घंटी बजने पर पढ़ाना बंद नहीं करते। वे बोर्ड परीक्षा की तैयारी के लिए अतिरिक्त सत्र आयोजित करते हैं और कक्षा के बाद छात्रों से मिलते हैं।)
- ईमानदार होना।
- निष्पक्ष एवं पक्षपात से मुक्त है।
- एक अच्छा टीम खिलाड़ी है।
  (सर्वश्रेष्ठ शिक्षक लक्ष्यों को पूरा करने के लिए दूसरों, अन्य शिक्षकों और छात्रों, अभिभावकों आदि के साथ मिलकर काम करता है)
- जीवन के प्रति जुनून है।
  (सर्वश्रेष्ठ शिक्षक इसके प्रति भावुक होते हैं। वे कई अन्य चीजों के प्रति भी भावुक होते हैं। वे अच्छे मौसम की प्रशंसा करते हैं और जब वे कल रात के एक लोकप्रिय टीवी शो के एपिसोड पर चर्चा करने के लिए कुछ मिनट निकालते हैं तो मुस्कुराते हैं।)
- छात्र की उपलब्धियों पर गर्व महसूस करता है।
  (सर्वश्रेष्ठ शिक्षक छात्रों को यह बताते हैं कि वे उनके अच्छे प्रदर्शन से कितने खुश हैं।)
- प्रत्येक छात्र की व्यक्तिगत आवश्यकताओं को यथासंभव पूरा करना।
- उसे एहसास है कि वह एक सीमित मानव प्राणी है।
- चुनौती स्वीकार करता है, छात्रों और उनके अभिभावकों के साथ आसानी से संबंध बना सकता है।

- अपनी देखरेख में प्रत्येक छात्र तक पहुंचने और उसे पढ़ाने का निरंतर प्रयास करता हैं।
- वह अपनी आयु और क्षमता सीमा के अनुसार पाठ और पाठों का क्रम पढ़ाता है जिसके लिए उसे प्रशिक्षित किया गया है, जिसमें वह:
  - ई-लर्निंग सहित शिक्षण रणनीतियों और संसाधनों की एक श्रृंखला का उपयोग करता है, विविधता का व्यावहारिक ध्यान रखता है और समानता और समावेश को बढ़ावा देता है।
  - पूर्व ज्ञान पर निर्माण करता है, अवधारणाओं और प्रक्रियाओं को विकसित करता है, शिक्षार्थियों को नए ज्ञान, समझ और कौशल को लागू करने और सीखने के उद्देश्यों को पूरा करने में सक्षम बनाता है।
  - अपनी भाषा को विद्यार्थियों के अनुरूप ढालना, नए विचारों और अवधारणाओं को स्पष्ट रूप से प्रस्तुत करना, तथा स्पष्टीकरण, प्रश्न, चर्चा का प्रभावी ढंग से उपयोग करना।

एक व्यवसायिक शिक्षक को अहंकारी हुए बिना आत्मविश्वासी होना चाहिए। कोई भी व्यक्ति सभी उत्तरों के बारे में जानने की उम्मीद नहीं कर सकता। इसलिए, यदि कोई छात्र कोई कठिन प्रश्न पूछता है, तो व्यवसायिक शिक्षक को उत्तर न जानने की बात स्वीकार करनी चाहिए और छात्र के लिए और अधिक जानकारी प्राप्त करने की पेशकश करनी चाहिए। आदर्श शिक्षक में सामान्य रूप से शिक्षण में सफलता के लिए आवश्यक गुणों के अलावा विशेष गुण भी होने चाहिए। विशेष रूप से, उसे अपने विषय का व्यापक ज्ञान होना चाहिए—वास्तविक पाठ्यक्रम की सीमाओं से कहीं अधिक व्यापक, क्योंकि एक शिक्षक हमेशा क्षेत्र में जांच, विश्लेषण, प्रयोग और भ्रमित करने वाले प्रश्नों का बहुतायत सामना करता है। पूर्ण ईमानदारी, अपने आप में सत्य के प्रति भावुक प्रेम और प्रयोगात्मक जांच के काम के लिए उत्साह जो प्रयोगशाला में बिताए गए घंटों से अधिक समय तक काम करने से नहीं कतराएगा, ये कुछ ऐसे गुण हैं जो उसके पास होने चाहिए। शिक्षक को नवीनतम विकास के संपर्क में रहने के लिए पढ़ते रहना चाहिए। नए प्रयोगों की योजना बनाना और पुराने प्रयोगों में सुधार करना उसे मामूली किस्म के शोध के लिए विषय प्रदान करेगा। समूह के साथ बातचीत के लिए व्यवहार के व्यवसायिक मानकों की आवश्यकता होती है: विनम्र, दृढ़ और निष्पक्ष। कक्षा का प्रबंधन करते समय, शिक्षक को सभी को योगदान देने का मौका देना चाहिए और यदि वे स्पष्ट रूप से योजना नहीं बना रहे हैं तो पाठों को संशोधित करने के लिए पर्याप्त लचीला होना चाहिए। विषय के शिक्षक के लिए जोड़-तोड़ कौशल एक मूल्यवान संपत्ति है, जिसे कुछ कार्यशाला कौशल विकसित करने का प्रयास करना चाहिए। अंत में, वह सेवाकालीन प्रशिक्षण कार्यक्रमों में भाग ले सकता है जिससे वह आसपास की दुनिया के साथ तालमेल रख सकता है।

बॉक्स 13.1 में शिक्षण समुदाय को गुणात्मक रूप से मजबूत करने की आवश्यकता पर बल दिया गया है।

बॉक्स 13.1 राष्ट्रीय ज्ञान आयोग—शिक्षण व्यवसाय

गुणवत्तापूर्ण शिक्षकों को आकर्षित करने और उन्हें बनाए रखने के लिए शिक्षण पेशे को पुनर्जीवित करना—शिक्षकों की कार्य स्थिति में व्यापक सुधार की आवश्यकता है। पुरस्कार और मान्यता का प्रचार-प्रसार किया जाना चाहिए और सभी स्तरों पर दिया जाना चाहिए। स्कूल और कॉलेज स्तर पर शिक्षकों को नवीन शिक्षण पद्धतियों को विकसित करने के लिए प्रोत्साहित किया जाना चाहिए। कॉलेजों और शोध संस्थानों के बीच संबंध बनाकर कॉलेजों में शोध को बढ़ावा दिया जाना

चाहिए। शैक्षणिक स्वायत्तता और लचीलेपन को प्रोत्साहित किया जाना चाहिए। इसके अलावा, विश्वविद्यालयों और कॉलेजों में युवा संकाय सदस्यों के लिए एक मार्गदर्शन कार्यक्रम शुरू किया जाना चाहिए। इन पदों को भरने के लिए नवीन या लचीली नियुक्ति पद्धतियों के अभाव में कई आरक्षित संकाय पद रिक्त रह जाते हैं, जिससे शिक्षण में भारी व्यावहारिक कठिनाइयाँ पैदा होती हैं। इस स्थिति को सुधारने के लिए एक व्यवस्थित सकारात्मक अभियान 2 शुरू करने की आवश्यकता है। युवा छात्र जो अंततः इन पदों को भर सकते हैं, उन्हें कम उम्र से ही चुना जा सकता है और उन्हें शिक्षण के क्षेत्र में करियर बनाने के लिए सावधानीपूर्वक प्रशिक्षित और पोषित किया जा सकता है।

राष्ट्रीय ज्ञान आयोग (2 मई 2008), भारत सरकार।

http://www.knowledgecommission.gov.in/recommendations/math&science.asp

बॉक्स 13.2 में एक अच्छे शिक्षक के सामान्य महत्वपूर्ण गुण दिए गए हैं।

बॉक्स 13.2 एक अच्छे शिक्षक के गुण

सहानुभूति: आपके पास छात्रों के साथ संबंध बनाने, उनकी भावनाओं और संवेदनाओं को समझने और उनके साथ तालमेल बिठाने की क्षमता है। उनके स्तर पर संवाद करने की क्षमता। जब वे निराश हों तो उनके साथ सहानुभूति रखना और जब वे खुश हों तो उनके साथ जश्न मनाना।

सकारात्मक मानसिक दृष्टिकोण: आप सकारात्मक चीजों के बारे में ज़्यादा और नकारात्मक चीजों के बारे में थोड़ा कम सोच पाते हैं। जब हालात मुश्किल होते हैं तो अपने चेहरे पर मुस्कान बनाए रखना। चीजों के अच्छे पक्ष को देखना। हर नकारात्मक परिस्थिति में सकारात्मकता तलाशना। दार्शनिक होना।

परिवर्तन के लिए तैयार: आप यह स्वीकार करने में सक्षम हैं कि जीवन में एकमात्र वास्तविक स्थिरता परिवर्तन है। आप जानते हैं कि परंपरा के लिए एक जगह है लेकिन नए तरीकों, नए विचारों, नई प्रणालियों और नए दृष्टिकोणों के लिए भी एक जगह है। आप अपनी राह में बाधाएँ नहीं डालते हैं और हमेशा दूसरों के विचारों को सुनने के लिए तैयार रहते हैं।

रचनात्मक: आप शिक्षण के रचनात्मक और प्रेरणादायक तरीकों का उपयोग करके अपने छात्रों को प्रेरित करने में सक्षम हैं। आप अपने दृष्टिकोण में अलग हैं और यही बात आपको भीड़ से अलग बनाती है। यही कारण है कि छात्र आपकी कक्षाओं का आनंद लेते हैं और नए विचारों के लिए आपसे संपर्क करते हैं।

हास्य की भावना: आप जानते हैं कि हास्य की अच्छी भावना बाधाओं को कम करती है और माहौल को हल्का बनाती है, खासकर भारी अवधि के दौरान। अपने छात्रों को हंसाने की क्षमता आपको आगे ले जाएगी और आपको अधिक सम्मान दिलाएगी। यह आपकी लोकप्रियता भी बढ़ाती है।

प्रस्तुति कौशल: आप जानते हैं कि आपके छात्र दृश्य, श्रवण या गतिशील शिक्षार्थी हैं। आप तीनों के लिए प्रस्तुति शैली बनाने में माहिर हैं। आपकी शारीरिक भाषा आपका मुख्य संचारक है और आप इसे हर समय सकारात्मक रखते हैं। एक महान वक्ता की तरह आप बोलते समय जोश से भरे होते हैं। लेकिन साथ ही आप जानते हैं कि व्याख्यान देने के बजाय चर्चा करने से अधिक प्रतिक्रिया मिलती है।

शांति: आप जानते हैं कि आपके कुछ छात्रों में जो आक्रामकता, नकारात्मक दृष्टिकोण और व्यवहार आप देखते हैं, उसका मूल कारण है। आप जानते हैं कि वे वास्तव में डरे हुए युवा हैं जो जीवन में कुछ बुरे अनुभवों से गुज़रे हैं। यह आपको शांत रखता है और आप अपने, उन पर और स्थिति पर नियंत्रण रखते हैं। आप अपने छात्रों को तनावमुक्त करने में मदद करने में अच्छे हैं।

सम्मानजनक: आप जानते हैं कि दुनिया में कोई भी व्यक्ति किसी दूसरे से ज़्यादा महत्वपूर्ण नहीं है। आप जानते हैं कि दुनिया में हर किसी का अपना स्थान है। आप अपने साथियों और अपने छात्रों का सम्मान करते हैं। दूसरों के प्रति सम्मान रखने से आपको दूसरों से भी सम्मान मिलता है।

प्रेरणादायक: आप जानते हैं कि आप एक युवा व्यक्ति को उसकी क्षमता का एहसास कराने, उसे आगे बढ़ने में मदद करने, उसकी प्रतिभा, कौशल और क्षमताओं को खोजने में मदद करके उसके जीवन को बदल सकते हैं।

https://tewhakatipurangahouictpdcluster.wikispaces.com/file/view/Qualities.png

व्यावसायिक शिक्षक कौन है?
(Who is a Professional Teacher?)

एक व्यवसायिक शिक्षक, यानी एक शिक्षक जिसके पास उच्च स्तर की 'व्यवसायिकता' होती है, वह अपने प्रत्येक व्यवसायिक कार्य और जिम्मेदारी को उच्च स्तर की दक्षता के साथ योजनाबद्ध और व्यवस्थित तरीके से पूरा करता है। अधिक विशेष रूप से, एक व्यवसायिक शिक्षक:

1. अपने विद्यार्थियों को पढ़ाए जाने वाले विषय की विषय-वस्तु पर पर्याप्त स्तर की महारत रखती है। वह 'दिए गए' ज्ञान को मान्य या अमान्य करता है और अपने अनुभवों, अवलोकनों और चिंतन के आधार पर नए ज्ञान का निर्माण करती है और अपने विद्यार्थियों को भी ऐसा करने के लिए प्रोत्साहित करता है।
2. स्व-अध्ययन, चिंतन, सहकर्मियों के साथ चर्चा और अभिमुखीकरण या प्रशिक्षण कार्यक्रमों में भागीदारी के माध्यम से अपने ज्ञान को अद्यतन करने का निरंतर प्रयास करता है।
3. स्कूल के अंदर या बाहर अलग-अलग परिस्थितियों में बच्चों के व्यवहार का गहन पर्यवेक्षक है। वह अपने स्वयं के अध्ययन के माध्यम से बच्चों के विकास से संबंधित प्रचलित अवधारणाओं की जांच करता है।
4. वह छात्रों के प्रति ईमानदारी से प्रतिबद्ध है और हमेशा उनके हितों को अपने व्यक्तिगत हितों सहित हर चीज से ऊपर रखता है।
5. शिक्षण पेशे के प्रति प्रतिबद्ध है, इसके आगे के विकास में योगदान देने का प्रयास करता है और समाज में इसकी प्रतिष्ठा को कम करने के लिए कुछ भी नहीं करता है।
6. वह अपने सामाजिक दायित्वों से भली-भांति परिचित है तथा ऐसा कुछ भी नहीं करेगा जिससे हमारे संविधान के मूल सिद्धांतों का उल्लंघन हो तथा समाज के नैतिक और सामाजिक ताने-बाने को नुकसान पहुंचे।
7. छात्रों को मार्गदर्शन और परामर्श प्रदान करने में पारंगत है और उनकी समस्याओं को सुलझाने में उनकी मदद करने के लिए हमेशा तत्पर रहता है।
8. विभिन्न व्यावसायिक कार्यों जैसे शिक्षण, परीक्षण, पाठ्यक्रम निर्माण, पाठ्यपुस्तक लेखन, शिक्षण सहायक सामग्री तैयार करना आदि में पर्याप्त मात्रा में विशेषज्ञता रखता है।

एक व्यवसायिक के आयाम (Dimensions of a Professional)

चित्र 13.1 दो प्रमुख आयामों—कैरियर और व्यवसायिक तत्वों—को दर्शाता है, जो कार्यरत शिक्षकों की व्यावसायिक अपेक्षाओं के लिए मार्गदर्शन प्रदान करते हैं।

कॅरियर आयाम (Career Dimensions)

शिक्षक अपने व्यवसायिक जीवन के दौरान अपने ज्ञान, कौशल और अभ्यासों का विकास करते हैं। हालाँकि, शिक्षक विकास एक सरल रैखिक प्रक्रिया नहीं है। वे पूर्व शिक्षा, कार्य अनुभव और व्यवसायिक तैयारी के विभिन्न स्तरों के साथ व्यवसाय में प्रवेश करते हैं, और विभिन्न प्रकार के क्षेत्रों में काम करते हैं।

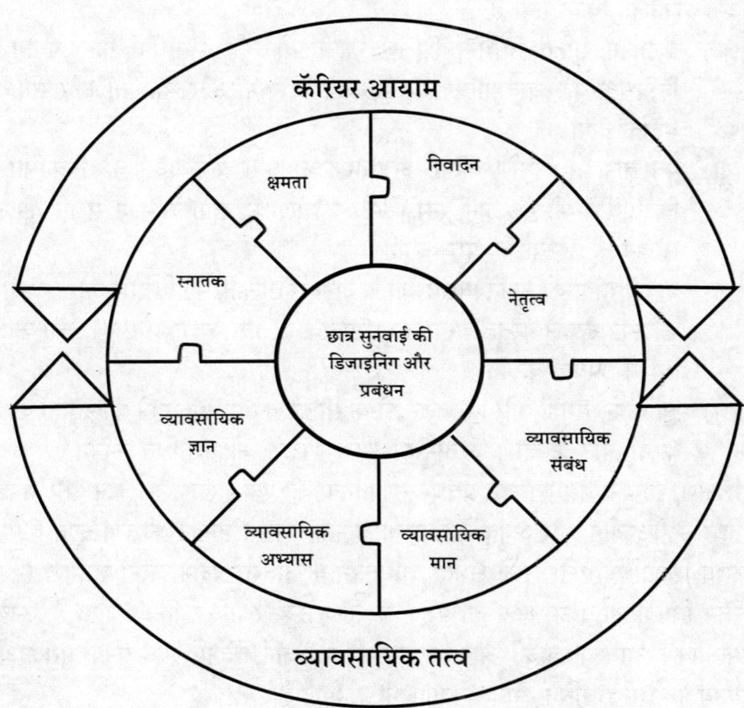

चित्र 13.1 एक व्यवसायिक के आयाम।

व्यक्तिगत शिक्षक अपने कैरियर की अवधि में अपनी भूमिका के विशेष पहलुओं में अपनी क्षमता और आत्मविश्वास से संबंधित अभ्यास की निरंतरता के साथ एक प्रोफ़ाइल पैटर्न प्रदर्शित करते हैं।

इस आयाम के घटक हैं:

- शैक्षिक उपलब्धि
- योग्यता
- निष्पादन
- नेतृत्व

व्यावसायिक घटक (Professional Elements)

इस आयाम के अंतर्गत घटकों पर निम्नलिखित अनुभागों में विस्तार से चर्चा की गई है:

व्यावसायिक ज्ञान *(Professional knowledge)*

व्यावसायिक ज्ञान के लिए शिक्षकों से यह अपेक्षित है:

1. अपने विषयों/पाठ्यक्रम क्षेत्रों और संबंधित शिक्षणशास्त्र का सुरक्षित ज्ञान और समझ रखें, ताकि वे उस आयु और क्षमता सीमा में प्रभावी ढंग से पढ़ाने में सक्षम हो सकें, जिसके लिए उन्हें प्रशिक्षित किया गया है।
2. उन्हें उनकी आयु और क्षमता के अनुसार पाठ और पाठों का क्रम सिखाएं जिसके लिए उन्हें प्रशिक्षित किया गया है:
   - (क) ई-लर्निंग सहित विभिन्न शिक्षण रणनीतियों और संसाधनों का उपयोग करना, विविधता को व्यावहारिक रूप से ध्यान में रखना और समानता और समावेश को बढ़ावा देना।
   - (ख) पूर्व ज्ञान पर निर्माण करना, अवधारणाओं और प्रक्रियाओं को विकसित करना, शिक्षार्थियों को नए ज्ञान, समझ और कौशल को लागू करने में सक्षम बनाना तथा सीखने के उद्देश्यों को पूरा करना।
   - (ग) अपनी भाषा को अपने विद्यार्थियों के अनुरूप ढालना, नए विचारों और अवधारणाओं को स्पष्ट रूप से प्रस्तुत करना, तथा स्पष्टीकरण, प्रश्न, चर्चा और पूर्ण चर्चा का प्रभावी ढंग से उपयोग करना।
   - (घ) व्यक्तियों, समूहों और पूरी कक्षाओं के सीखने का प्रबंधन करने की क्षमता का प्रदर्शन करना, पाठ के चरण के अनुरूप उनके शिक्षण को संशोधित करना।
3. शिक्षण, सीखने और व्यवहार प्रबंधन रणनीतियों की एक श्रृंखला का ज्ञान और समझ होना तथा उन्हें उपयोग और अनुकूलित करना जानना, जिसमें सीखने को व्यक्तिगत बनाना और सभी शिक्षार्थियों को उनकी क्षमता प्राप्त करने के अवसर प्रदान करना शामिल है।
4. जिन विषयों/पाठ्यक्रम क्षेत्रों को पढ़ाने के लिए उन्हें प्रशिक्षित किया जाता है, उनके लिए मूल्यांकन आवश्यकताओं और व्यवस्थाओं को जानें, जिनमें सार्वजनिक परीक्षाओं और योग्यताओं से संबंधित आवश्यकताएं भी शामिल हैं।
5. शिक्षार्थियों की उपलब्धि, प्रगति और विकास के क्षेत्रों पर समय पर, सटीक और रचनात्मक प्रतिक्रिया प्रदान करें।
6. शिक्षार्थियों को उनके सीखने पर चिंतन करने, उनके द्वारा की गई प्रगति की पहचान करने तथा उनकी उभरती हुई सीखने की आवश्यकताओं की पहचान करने में सहायता और मार्गदर्शन प्रदान करना।
7. सीखने के लिए अनुकूल उद्देश्यपूर्ण और सुरक्षित शिक्षण वातावरण स्थापित करना और शिक्षार्थियों के लिए स्कूल से बाहर के संदर्भ में सीखने के अवसरों की पहचान करना।

व्यावसायिक अभ्यास (Professional practice)

व्यावसायिक अभ्यास के लिए शिक्षकों से अपेक्षा की जाती है कि वे:

1. प्रासंगिक वैधानिक और गैर-वैधानिक पाठ्यक्रम और रूपरेखा को जानें और समझें, जिसमें उनके विषयों/पाठ्यक्रम क्षेत्रों के लिए राष्ट्रीय पाठ्यचर्या रूपरेखा के माध्यम से प्रदान किए गए पाठ्यक्रम और रूपरेखाएं, तथा उस आयु और क्षमता सीमा के लिए लागू अन्य प्रासंगिक पहल शामिल हैं जिसके लिए उन्हें प्रशिक्षित किया जाता है।
2. शिक्षार्थियों की प्रगति को बनाए रखने और उनके सीखने को बढ़ाने और मजबूत करने के लिए होमवर्क या अन्य कक्षा से बाहर के काम की योजना बनाएं।
3. मूल्यांकन के विभिन्न तरीकों को जानना, जिसमें रचनात्मक मूल्यांकन का महत्व भी शामिल है।
4. अपने शिक्षण की प्रभावशीलता का मूल्यांकन करने, अपने छात्रों की प्रगति की निगरानी करने तथा उपलब्धि के स्तर को बढ़ाने के लिए स्थानीय और राष्ट्रीय सांख्यिकीय जानकारी का उपयोग करना जानते हों।
5. बच्चों और युवाओं के कल्याण की सुरक्षा और संवर्धन पर वर्तमान कानूनी आवश्यकताओं, राष्ट्रीय नीतियों और मार्गदर्शन से अवगत रहें।
6. जानें कि ऐसे बच्चों और युवाओं की पहचान कैसे करें और उन्हें सहायता कैसे प्रदान करें, जिनकी प्रगति, विकास या कल्याण उनकी व्यक्तिगत परिस्थितियों में परिवर्तन या कठिनाइयों के कारण प्रभावित हो रहा है, तथा उन्हें विशेषज्ञ सहायता के लिए सहकर्मियों के पास कब भेजना है।

व्यावसायिक मूल्य (Professional values)

व्यावसायिक मूल्यों के लिए शिक्षकों से अपेक्षा की जाती है कि वे:

1. जिस आयु और क्षमता सीमा के लिए उन्हें प्रशिक्षित किया जाता है, उसमें प्रगति की योजना बनाना, पाठों के भीतर और पाठों की श्रृंखला में प्रभावी शिक्षण अनुक्रमों को डिजाइन करना और सुरक्षित विषय/पाठ्यचर्या ज्ञान का प्रदर्शन करना।
2. समझें कि बच्चे और युवा किस प्रकार विकसित होते हैं और शिक्षार्थियों की प्रगति और कल्याण विभिन्न विकासात्मक, सामाजिक, धार्मिक, जातीय, सांस्कृतिक और भाषाई प्रभावों से प्रभावित होते हैं।
3. शिक्षार्थियों के व्यवहार को रचनात्मक रूप से प्रबंधित करने और उनके आत्म-नियंत्रण और स्वतंत्रता को बढ़ावा देने तथा कक्षा अनुशासन के लिए एक स्पष्ट ढांचा स्थापित करें।

व्यावसायिक संबंध—टीम वर्किंग और सहयोग (Professional relationships—Team working and collaboration)

व्यावसायिक संबंधों के लिए शिक्षकों से अपेक्षा की जाती है कि वे:

1. टीम के सदस्यों के रूप में काम करें और सहकर्मियों के साथ काम करने के अवसरों की पहचान करें, उनके साथ प्रभावी अभ्यास के विकास को साझा करें।
2. सुनिश्चित करें कि उनके साथ काम करने वाले सहकर्मी सीखने में उचित रूप से शामिल हों और उन भूमिकाओं को समझें जिन्हें पूरा करने की उनसे अपेक्षा की जाती है।

3. विशिष्ट जिम्मेदारियों वाले सहकर्मियों की भूमिकाओं को जानें और समझें, जिनमें विशेष शैक्षिक आवश्यकताओं और विकलांगताओं तथा अन्य व्यक्तिगत शिक्षण आवश्यकताओं वाले शिक्षार्थियों के लिए जिम्मेदार लोग भी शामिल हैं।
4. शिक्षा प्रणाली के सभी हितधारकों—प्रबंधन, अभिभावक, समाज और समुदाय के साथ सौहार्दपूर्ण संबंध बनाए रखें।

किसी पेशे की विशेषताएँ (Characteristics of a Profession)

यह तथ्य कि शिक्षकों सहित व्यवसायिकों को आम तौर पर उनके काम के लिए भुगतान मिलता है, महत्वपूर्ण है। भुगतान की प्राप्ति अनुबंध का एक पक्ष है। दूसरा पक्ष अनुबंधित सेवाओं का प्रदर्शन है। एक व्यवसायिक शिक्षक केवल वह नहीं है जो पढ़ाता है, बल्कि वह भी है जिसका पढ़ाने का कर्तव्य है। चूँकि कर्तव्य एक अनुबंध से उत्पन्न होता है, इसलिए यह मुख्य रूप से एक कानूनी कर्तव्य है। कई व्यावसायिक समूह अपने व्यवसायियों के लिए एक "व्यवसायिक" पहचान का दावा करते हैं और कुछ समूह अपनी व्यावसायिकता के प्रमाण के रूप में "नैतिकता संहिता" का समर्थन करते हैं। हालाँकि, व्यावसायिक या अन्य कार्य समूहों के भीतर व्यावसायिक नियंत्रण के रूप, नैतिक मानकों के कार्य करने के तरीके को प्रभावित कर सकते हैं। यह स्पष्ट है कि एक व्यवसायिक को एक औसत कर्मचारी से अलग तरीके से परिभाषित किया जाता है। जबकि हर व्यवसायिक में एक आदर्श व्यवसायिक के सभी गुण नहीं होंगे, उनमें परिभाषित अधिकांश गुण अवश्य होते हैं।

अतीत में, किसी व्यवसायिक समूह के परिभाषित लक्षण स्वास्थ्य देखभाल क्षेत्र में शिक्षा के विश्लेषण पर आधारित थे (फ्लेक्सनर, 1915)। व्यवसायिक अभ्यास का सार प्रमुख सामान्य मूल्यों और व्यवहारों पर केंद्रित था।

व्यावसायिक अभ्यास के लिए महत्वपूर्ण माने जाने वाले कुछ तत्वों में शामिल हैं:

- समस्याओं को समझने और हल करने के लिए स्वतंत्र सोच का प्रयोग
- निरंतर, व्यवस्थित ज्ञान का विकास
- विशेष प्रतीकों का उपयोग करके शिक्षा के माध्यम से ज्ञान और तकनीकों का हस्तांतरण
- जिम्मेदारी और इसलिए निहित जोखिम के साथ स्वायत्त निर्णय लेना
- सामाजिक भलाई के लिए सेवा के आदर्श के साथ आचार संहिता
- स्व-शासन के लिए सामाजिक अनुबंध के साथ सार्वजनिक विश्वास

विकेंडेन (1949) ने एक पेशे की छह विशेषताओं को सूचीबद्ध किया है:

1. उन्नत विशिष्ट ज्ञान और कौशल पर आधारित विशिष्ट सेवा प्रदान करना, तथा अपनी समस्याओं का समाधान मुख्यतः बौद्धिक स्तर पर करना न कि शारीरिक या शारीरिक श्रम स्तर पर।
2. इसमें व्यवसायी और ग्राहक या नियोक्ता के बीच गोपनीय संबंध शामिल है।
3. विशेष ज्ञान के अपने पेशे के आधार पर सार्वजनिक दायित्व की पर्याप्त दायित्व के साथ संबद्ध किया गया है।

4. ज्ञान, कौशल और स्थिति की एक साझा विरासत का आनंद लें, जिसके संचयी भंडार में व्यवसायिक लोग अपने व्यक्तिगत और सामूहिक प्रयासों के माध्यम से योगदान करने के लिए बाध्य हैं।
5. सामान्य सार्वजनिक हित में पर्याप्त मात्रा में अपनी सेवाएं प्रदान करता है, तथा अपने द्वारा किए गए सुधार, वस्तुओं, सेवाओं या ज्ञान से प्राप्त प्रत्यक्ष लाभ के बजाय सीमित शुल्क के माध्यम से अपना पारिश्रमिक प्राप्त करता है।
6. ग्राहकों, सहकर्मियों और जनता के साथ अपने संबंधों में एक विशिष्ट नैतिक संहिता से बंधा हुआ है।

एक व्यवसायिक की सामान्य विशेषताएँ (General Characteristics of a Professional)

सामान्यतः, किसी भी विशेष क्षेत्र में एक व्यवसायिक में निम्नलिखित विशेषताएं होंगी।

1. **व्यापक तैयारी पर आधारित विशेष ज्ञान:** व्यवसायिक बनना रातों-रात नहीं होता। इसके लिए कई घंटों के अध्ययन और तैयारी की आवश्यकता होती है। व्यवसायिकों से उच्च ज्ञान स्तर और विशेषज्ञता बनाए रखने की अपेक्षा की जानी है।
2. **निरंतर प्रशिक्षण और विकास में भाग लेता है:** एक व्यवसायिक अपने क्षेत्र में वर्तमान में बने रहने में दृढ़ता से विश्वास करता है। इसका मतलब है कि एक व्यवसायिक निरंतर प्रशिक्षण और विकास के लिए प्रतिबद्ध है।
3. **जिम्मेदारी स्वीकार करता है:** व्यवसायिक जिम्मेदारी चाहते हैं और उसे स्वीकार करते हैं। उन पर भरोसा किया जा सकता है और संगठन के भीतर उन्हें उच्च स्तर की जिम्मेदारी दी जा सकती है। एक व्यवसायिक को इतने उच्च स्तर के कार्य सौंपे जाते हैं कि खराब प्रदर्शन पूरे संगठन पर बुरा असर डाल सकता है, न कि केवल व्यक्ति पर।
4. **अपने काम के प्रति स्वामित्व की भावना रखें:** व्यवसायिक लोग अपने हर काम में स्वामित्व और गर्व की भावना महसूस करते हैं। वे न केवल संगठन के मानकों को पूरा करने के लिए काम करते हैं, बल्कि सबसे महत्वपूर्ण बात यह है कि वे अपने काम में अपने गर्व के मानकों को भी पूरा करते हैं। व्यवसायिक लोग संगठन के लिए ऐसे काम करते हैं जैसे वे अपने खुद के व्यवसाय में काम कर रहे हों।
5. **संगठन के बाहर सामूहिक नेटवर्किंग भावना को बनाए रखना:** व्यवसायिक यह समझते हैं कि उनका काम सिर्फ़ उनके संगठन तक सीमित नहीं है। वे काम के बाहर समान क्षेत्र में काम करने वाले अन्य लोगों के साथ व्यवसायिक संबंधों के महत्व को समझते हैं।
6. **नैतिकता और ईमानदारी के उच्च मानकों को बनाए रखना:** व्यवसायिक नैतिकता के एक कोड द्वारा संचालित होते हैं। उन्हें सही और गलत की गहरी समझ होती है। उनकी ईमानदारी सुनिश्चित करती है कि वे अपने काम करने के तरीके के बारे में मूल्यों के एक सेट का दृढ़ता से पालन करते हैं।
7. **प्रदर्शन के उच्च मानकों को बनाए रखना:** व्यवसायिकों को खुद से और दूसरों से बहुत ज़्यादा उम्मीदें होती हैं। वे हमेशा सही काम करने और उसे अच्छे से करने के लिए दृढ़ संकल्पित होते हैं। किसी व्यवसायिक के लिए काम को अच्छे से करना, काम के घंटों

की संख्या से ज़्यादा महत्वपूर्ण है। एक सच्चा व्यवसायिक खराब प्रदर्शन से असंतुष्ट होता है। जबकि पैसा महत्वपूर्ण हो सकता है, यह व्यवसायिक की अनुकरणीय काम करने की इच्छा के पीछे प्रेरक शक्ति नहीं है। एक पेशे के रूप में शिक्षण इन सभी मानदंडों को पूरा करता है।

शिक्षक शिक्षा का व्यवसायीकरण (Professionalisation of Teacher Education)

शिक्षण एक व्यवसाय है और शिक्षक शिक्षा शिक्षकों की व्यवसायिक तैयारी की एक प्रक्रिया है। किसी को पेशे के लिए तैयार करना एक कठिन काम है और इसमें कई मोर्चों और दृष्टिकोणों से कार्रवाई शामिल है। एक पेशे की विशेषता अकादमिक प्रशिक्षण की पर्याप्त लंबी अवधि, ज्ञान का एक संगठित निकाय जिस पर उपक्रम आधारित है, क्षेत्र में व्यावहारिक अनुभव के साथ औपचारिक और कठोर व्यवसायिक प्रशिक्षण की उचित अवधि और व्यवसायिक नैतिकता का एक कोड है जो इसके सदस्यों को एक बिरादरी में बांधता है। कई कारकों के मद्देनजर ये आयाम महत्वपूर्ण महत्व प्राप्त करते हैं। —एनसीएफटीई (NCFTE), 2010

सबसे पहले, पारंपरिक आदर्शवाद, स्कूल शिक्षकों की भूमिका से जुड़ा सम्मान और महत्व तथा उनसे बहुत अधिक सामाजिक अपेक्षाएँ हैं। शिक्षक, एक महत्वपूर्ण तरीके से, मनुष्य के संपूर्ण विकास से संबंधित हैं—शारीरिक, बौद्धिक, भावनात्मक, सामाजिक, नैतिक और आध्यात्मिक। जबकि आधुनिक समय में सूचनात्मक और संज्ञानात्मक के अलावा शिक्षण के अन्य आयामों को विभिन्न कारकों के कारण उपेक्षित किया जा सकता है, कोई भी इस बात से इनकार नहीं कर सकता कि वे शिक्षकों की भूमिका और कार्यों का एक अभिन्न अंग हैं। इसका निहितार्थ शिक्षण के कौशल के साथ-साथ सकारात्मक दृष्टिकोण, मूल्यों और परिप्रेक्ष्य के साथ चिंतनशील शिक्षकों को विकसित करने पर उचित जोर देना है।

व्यावसायिक विकास के उद्देश्य (Aims of Professional Development)

शिक्षकों के लिए सतत व्यावसायिक विकास कार्यक्रम के उद्देश्य हैं:

1. अपने स्वयं के अभ्यास का अन्वेषण, चिंतन और विकास करना।
2. अपने शैक्षणिक अनुशासन या स्कूल पाठ्यक्रम के अन्य क्षेत्रों के बारे में अपने ज्ञान को गहरा करें और खुद को अद्यतन रखें।
3. शिक्षार्थियों और उनकी शिक्षा पर शोध और चिंतन करें।
4. शैक्षिक और सामाजिक मुद्दों पर स्वयं को समझना और अद्यतन रखना।
5. शिक्षा/शिक्षण से जुड़ी अन्य व्यावसायिक भूमिकाओं के लिए तैयारी करें, जैसे शिक्षक शिक्षा, पाठ्यक्रम विकास या परामर्श।
6. बौद्धिक एकांत से बाहर निकलें और क्षेत्र के अन्य लोगों के साथ अपने अनुभवों और अंतर्दृष्टि को साझा करें, जिसमें विशिष्ट विषयों के क्षेत्र में कार्यरत शिक्षक और शिक्षाविद तथा निकटवर्ती और व्यापक समाज के बुद्धिजीवी शामिल हैं।

7. शिक्षकों को शिक्षा में सार्वभौमिकरण और समावेशन जैसे प्राथमिकता वाले लक्ष्यों की दिशा में काम करने में सक्षम बनाना।
8. सामाजिक दृष्टिकोण को प्रभावित करना और संवैधानिक मूल्यों के प्रति अधिक प्रतिबद्धता उत्पन्न करना तथा कक्षा में भेदभाव पर काबू पाना।
9. मौजूदा प्रथाओं को अधिक शिक्षार्थी-अनुकूल तरीकों की ओर परिवर्तित करें तथा रटने वाली शिक्षा के बजाय वैचारिक सीखने और समझ को मजबूत करने के लिए उपयुक्त तरीकों को अपनाएं।
10. शिक्षकों को पाठ्यक्रम में विशिष्ट लक्षित पहलुओं को लागू करने और प्राप्त करने में सक्षम बनाना, जैसे कि किसी प्रकार की प्रौद्योगिकी का उपयोग, या एड्स (AIDS) और किशोर शिक्षा जैसे विषयों को जोड़ना।
11. शिक्षकों को शिक्षा प्रणाली में संसाधन व्यक्ति या प्रधानाचार्य आदि के रूप में महत्वपूर्ण भूमिका निभाने के लिए तैयार करना।

व्यावसायिक विकास के लिए गतिविधियाँ (Activities for Professional Development)

सभी शिक्षकों की यह व्यवसायिक जिम्मेदारी होनी चाहिए कि वे अपने पूरे करियर के दौरान प्रभावी, सतत और प्रासंगिक व्यावसायिक विकास में संलग्न रहें तथा सभी शिक्षकों को अपने पूरे करियर के दौरान प्रभावी, सतत और प्रासंगिक व्यावसायिक विकास के लिए संविदात्मक अधिकार होना चाहिए। जब कोई शिक्षक अपना करियर शुरू करता है, तो कॉलेज में उसके द्वारा अर्जित ज्ञान और कौशल उसके काम को शुरू करने के लिए केवल बुनियादी आवश्यकताओं या न्यूनतम आवश्यकताओं के रूप में काम करते हैं। शिक्षण के पहले कुछ वर्षों में नए शिक्षक को विषय शिक्षण विधियों, विषय की प्रकृति और अपनी व्यक्तिगत आकांक्षाओं के अपने लक्ष्यों की पहचान, पुनः जांच और मूल्यांकन करने के लिए प्रेरित किया जाएगा। विषय सामग्री शिक्षण के लिए एक उत्कृष्ट शिक्षा केवल रचनात्मक शिक्षक को विषय सामग्री कक्षा में युवा लोगों की रोजमर्रा की चुनौतियों का सामना करने के लिए ज्ञान को लागू करने, पूरक करने और संशोधित करने के लिए बुनियादी उपकरण प्रदान कर सकती है। किसी भी अन्य व्यवसायिक की तरह, विषय शिक्षक अपने करियर की शुरुआत छात्रों को विषय सामग्री पढ़ाने की पद्धति की पूरी समझ के साथ नहीं करता है। यह आवश्यक है कि वह न केवल दिन-प्रतिदिन के शिक्षण अनुभव से बल्कि उपलब्ध कई अवसरों से भी सीखता रहे। विषय का निरंतर सीखना और 'विषय सामग्री को रचनात्मक तरीके से कैसे पढ़ाया जाए' ऐसी विकास प्रक्रियाएँ हैं जो कभी समाप्त नहीं होती हैं।

एक शिक्षक के व्यावसायिक विकास के लिए शिक्षकों को निम्नलिखित की आवश्यकता होगी:

1. ऐसे संगठनों के सदस्य बनें जो समय-समय पर शैक्षणिक गतिविधियों में भाग लेते हैं तथा व्यावसायिक रूप से महत्वपूर्ण विकासों पर चर्चा करने के लिए सम्मेलनों और बैठकों का आयोजन करते हैं।
2. पाठ्यपुस्तक तैयार करने और यहां तक कि प्रशिक्षण मॉड्यूल की तैयारी में भी शामिल रहें।
3. ब्लॉक और क्लस्टर संसाधन केंद्रों में कार्य करना तथा संसाधन व्यक्तियों के रूप में प्रशिक्षण में योगदान देना।
4. शैक्षिक नीतियों को तैयार करने वाली समितियों के सदस्य के रूप में कार्य करना।

5. देश के कई भागों में गैर सरकारी संगठनों की पहलों में भाग लें, जिन्होंने शिक्षक व्यावसायिक विकास और सहायता के मॉडल विकसित और कार्यान्वित किए हैं, जो कक्षा प्रथाओं को सीधे प्रभावित करते हैं।
6. सेमिनार, कार्यशालाओं, सम्मेलनों में भाग लें।
7. एम.ए., एम.एससी., एम.एड. आदि जैसी उच्च योग्यताएं हासिल करें।
8. शिक्षण पद का आदान-प्रदान, या तो एक ही स्कूल में या विनिमय कार्यक्रमों के माध्यम से।
9. विभिन्न शिक्षण पद्धतियों, सुविधाओं आदि का अध्ययन करने के लिए अन्य स्कूलों का दौरा करें।
10. स्कूल साइंस, इंडियन एजुकेशनल रिव्यू जैसी व्यावसायिक पत्रिकाओं के लिए लेख आदि लिखें।
11. क्षेत्र में नवीनतम विकास से परिचित होने के लिए पुनश्चर्या पाठ्यक्रमों में भाग लें।
12. देश के विभिन्न भागों में प्राथमिक विद्यालय के शिक्षकों के लिए आयोजित किए जा रहे राष्ट्रीय एकीकरण शिविरों में भाग लें। प्रत्येक शिविर में विभिन्न राज्यों और क्षेत्रों से आए प्राथमिक विद्यालय के शिक्षक भाग लेते हैं।

शिक्षकों के लिए सेवाकालीन कार्यक्रम डिजाइन करने के सिद्धांत (Principles of Designing In-service Programmes for Teachers)

एनसीएफटीई (NCFTE) 2010 में शिक्षकों के लिए प्रासंगिक सेवाकालीन कार्यक्रम तैयार करने के सिद्धांतों पर प्रकाश डाला गया है।

विषयवस्तु और शैक्षणिक दृष्टिकोण (Content and Pedagogic Approach)

- स्थान का सिद्धांत—सोचने और अपने विचारों को विकसित करने के लिए स्थान
- लक्ष्यों एवं उद्देश्यों की स्पष्टता
- चयन का सिद्धांत—शिक्षक की जरूरतें, समय और उपयोगिता
- सहकर्मियों और संसाधन व्यक्तियों के साथ अन्तरक्रियाशीलता का सिद्धांत
- वास्तविक जीवन के अनुभवों से संबंधित—शिक्षक की दिन-प्रतिदिन की गतिविधियों के अनुरूप गतिविधियाँ।

शिक्षकों को शिक्षार्थी के रूप में संबोधित करना (Addressing Teachers as Learners)

1. शिक्षक जो पहले से जानता है उसे स्वीकार करने का सिद्धांत।
2. शिक्षक को एक व्यवसायिक के रूप में सम्मान देने का सिद्धांत। कार्यक्रमों को शिक्षक की व्यवसायिक शिक्षक के रूप में अपनी पहचान को मजबूत करना चाहिए और कई मामलों में, उनकी रुचि के शैक्षणिक विषयों के साथ संबंध भी स्थापित करना चाहिए और उसका पोषण करना चाहिए।
3. गुणवत्ता का आकलन करने की स्वतंत्रता का सिद्धांत और यह किस हद तक उनकी आवश्यकताओं से संबंधित है।

4. संतुलन का सिद्धांत। अत्यधिक प्रशिक्षण, नियमित और सतही प्रशिक्षण से निराशा और प्रशिक्षण थकान पैदा होती है।

लघु और दीर्घकालिक पाठ्यक्रम (Short- and Long-term Courses)

विशिष्ट कौशल या रुचि के क्षेत्रों को विकसित करने के लिए डिज़ाइन किए गए लघु और दीर्घ अवधि के पाठ्यक्रम विकसित किए जा सकते हैं और शिक्षकों को पूरे वर्ष भाग लेने के लिए पेश किए जा सकते हैं। उदाहरण के लिए, एक डईआईईटी (DIET) 'दशमलव शिक्षण', 'बच्चों में ईमानदारी विकसित करना' या 'एड्स शिक्षा' जैसे विशिष्ट विषयों में पाठ्यक्रम तैयार कर सकता है और पेश कर सकता है। इनमें से कुछ कम अवधि के हो सकते हैं, जैसे 4 से 5 दिन, जबकि अन्य 1 से 3 महीने तक की लंबी अवधि के भी हो सकते हैं, ताकि शिक्षकों को एक विशिष्ट मुख्य क्षेत्र विकसित करने में सक्षम बनाया जा सके जिसमें उन्हें अपने ज्ञान-आधार और व्यवसायिक कौशल को मजबूत करने की आवश्यकता होती है, उदाहरण के लिए अंग्रेजी कक्षा में कठपुतलियों का उपयोग करना, समूह गतिविधियों का आयोजन और प्रबंधन करना।

दूरस्थ मीडिया का उपयोग (Use of Distance Media)

टीवी, रेडियो, टेलीफोनी और इंटरनेट सहित आईसीटी (ICT) संसाधन के रूप में उपयोगी हैं और विचारों तक पहुंच प्रदान करने या सूचना के व्यापक प्रसार के लिए उपयोगी हैं।

अध्ययन और अनुसंधान के लिए अवकाश (Sabbatical for Study and Research)

शिक्षकों को एक साल की छुट्टी (वेतन या अवैतनिक) लेने का विकल्प दिया जा सकता है ताकि वे कोई कोर्स कर सकें या सीखने और अध्ययन करने के लिए किसी अन्य स्कूल, विश्वविद्यालय या एनजीओ में समय बिता सकें। इस तरह के अवकाश को व्यापक प्रसार के लिए एक रिपोर्ट या प्रकाशन से जोड़ा जा सकता है जिसे अंत में तैयार किया जाता है। इस तरह के अवकाश को इस अवधि के दौरान शिक्षक का मार्गदर्शन करने के लिए साइट पर किसी उपयुक्त सलाहकार से भी जोड़ा जा सकता है।

व्यावसायिक सम्मेलन और बैठकें (Professional Conferences and Meetings)

व्यवसाय से जुड़ी बैठकों और सम्मेलनों में भाग लेना। शिक्षकों को ऐसी बैठकों में भाग लेने के लिए साल में 3–4 दिन की ड्यूटी छुट्टी लेने की अनुमति दी जा सकती है।

व्यावसायिक मंच, संसाधन कक्ष और सामग्री (Professional Fora, Resource Rooms and Materials)

स्कूल और क्लस्टर में बैठकों जैसे व्यावसायिक मंचों का प्रावधान करना, जहाँ व्यक्ति के अभ्यास पर चर्चा और समीक्षा की जाती है, वार्षिक कार्य कैलेंडर की योजना बनाई जाती है, तथा साप्ताहिक और मासिक आधार पर व्यक्ति के शिक्षण की योजना बनाई जाती है, साथ ही सहकर्मियों, स्कूल शैक्षणिक प्रमुख और क्लस्टर या ब्लॉक स्तर पर संसाधन व्यक्तियों के साथ चर्चा की जाती है, यह शिक्षण व्यवसाय का एक अनिवार्य पहलू है।

संकाय विनिमय दौरे और फैलोशिप (Faculty Exchange Visits and Fellowships)

प्रत्येक जिले के लिए कुछ विनिमय शिक्षक फेलोशिप प्रदान की जा सकती है, जिससे चयनित शिक्षकों को देश के भीतर या देश के बाहर किसी अन्य राज्य के स्कूल में तीन महीने से लेकर एक शैक्षणिक वर्ष तक की अवधि के लिए पढ़ाने और सीखने के लिए जाने का अवसर मिल सके।

निष्कर्ष (Conclusion)

स्टाफ विकास गतिविधियों को पारंपरिक रूप से अल्पकालिक, अलग-अलग, सेवाकालीन सत्रों या कार्यशालाओं में पैक किया जाता है। इनमें से ज़्यादातर कार्यशालाएँ कुछ हद तक मानकीकृत प्रारूप का पालन करती हैं, जिसमें बाहरी विशेषज्ञ शिक्षकों के साथ बातचीत करते हैं जबकि शिक्षकों से अपेक्षा की जाती है कि वे निष्क्रिय रूप से (passively) इसे प्राप्त करें और फिर अपने शिक्षण अभ्यास में इसका उपयोग करने का प्रयास करें। प्रशिक्षण-आधारित अलग-अलग सेवाकालीन कार्यशालाएँ कुछ प्रकार की जानकारी देने के लिए उपयोगी हो सकती हैं जैसे कि छात्रों के काम के पोर्टफोलियो मूल्यांकन को व्यवस्थित करने के तरीके (लिटिल, 1993) या किसी विशेष कंप्यूटर सॉफ़्टवेयर पैकेज के उपयोग जैसे विशिष्ट कौशल सिखाना (ग्रांट, 1997)। हालाँकि, विविध संदर्भों में व्यावसायिक विकास के प्रमुख चैनल के रूप में उनकी उपयोगिता की व्यापक रूप से आलोचना की गई है।

वांछित सुधार को सुगम बनाने के लिए विज्ञान शिक्षकों के व्यावसायिक विकास के लिए नए दिशा-निर्देश सामने आए हैं। तदनुसार, मानक विज्ञान शिक्षकों के व्यावसायिक विकास में जोर देने वाले कई क्षेत्रों में बदलाव को शामिल करते हैं, जो शैक्षिक सुधार में व्यावसायिक विकास की भूमिका के साथ-साथ व्यावसायिक विकास और सुधार प्रक्रिया में शिक्षकों की भूमिका की बदलती अवधारणा को दर्शाते हैं।

परिशिष्ट 13.1 (APPENDIX 13.1)

instructorself-eval.doc (live.com)

प्रशिक्षक स्व-मूल्यांकन (Instructor Self-Evaluation)

केल्विन कॉलेज
शिक्षण विकास प्रपत्र
संकाय शिक्षण समिति

लक्ष्य (Purpose)

इस उपकरण का उद्देश्य शिक्षण को प्रभावित करने वाली मान्यताओं और प्राथमिकताओं के बारे में प्रशिक्षक चिंतन को जागृत करना है। कोई सेट "सही" उत्तर मौजूद नहीं हैं और न ही किसी विशेष स्कोर से जुड़े मूल्य निर्णय हैं। लक्ष्य उन विचारों और मान्यताओं के साथ अंतःक्रिया को प्रोत्साहित करना है जो निर्देश के अभ्यास को सूचित करते हैं।

प्रशासन (Administration)

प्रशिक्षक लगभग किसी भी समय इस फॉर्म को पूरा कर सकते हैं। उत्तर किसी दिए गए वर्ग में अनुदेशात्मक गतिविधियों के संदर्भ में या शिक्षण के लिए उठाए गए सामान्य दृष्टिकोण के आधार पर निर्धारित किए जा सकते हैं। यहां उद्देश्य आत्म-मूल्यांकन है। परिणाम साझा करने की आवश्यकता है। इस कारण से, ईमानदारी को प्रोत्साहित किया जाता है और इसमें कोई जोखिम शामिल नहीं होता है।

व्याख्या (Interpretation)

उपकरण के अंतिम पृष्ठ में स्कोरिंग निर्देश होते हैं, जिन्हें उपकरण पूरा होने पर परामर्श किया जाना चाहिए। इन व्याख्यात्मक सुझावों को तब भी पढ़ा जाना चाहिए। *यदि आप उपकरण का उपयोग करने का इरादा रखते हैं तो आगे न पढ़ें।*

इस उपकरण पर स्कोर किए गए परिणाम किसी के शिक्षण के लिए प्राथमिकता के क्षेत्रों की पहचान करते हैं। प्रश्नों की प्रकृति आपको अपनी प्राथमिकताओं के बारे में सोचने के लिए मजबूर करती है, भले ही आप अपने निर्देश को संतुलित मान सकें। परिणामों को चिंतन और आत्मनिरीक्षण के लिए प्रोत्साहित करना चाहिए। क्या वे वही हैं जो आपने अनुमान लगाया था या आप परिणामों से आश्चर्यचकित थे? प्राथमिकता वाले क्षेत्र के प्रति झुकाव को देखते हुए, आमतौर पर अपने पाठ्यक्रम में शामिल निर्देशात्मक रणनीतियों और गतिविधियों पर विचार करें। क्या वे इस प्राथमिकता को संवाद और सुदृढ़ करते हैं? इस उपकरण पर उस क्षेत्र के बारे में क्या है जो सबसे कम प्राथमिकता का प्रतिनिधित्व करता है? क्या उस क्षेत्र को अधिक महत्व देना चाहिए? क्या ऐसे निर्देशात्मक परिवर्तन हैं जो क्षेत्र में आपकी प्रभावशीलता को बढ़ा सकते हैं? क्या उन्हें कुशलतापूर्वक और अन्य क्षेत्रों में अपना ध्यान केंद्रित किए बिना लागू किया जा सकता है?

मूल (Source)

यह उपकरण इलिनोइस विश्वविद्यालय उरबाना (University of Illinois Urbana) में अनुदेशात्मक संसाधन कार्यालय के मापन और अनुसंधान प्रभाग द्वारा विकसित किया गया था। इसका उपयोग पूरे या आंशिक रूप से किया जा सकता है यदि इस स्रोत को श्रेय दिया जाता है। पेंसिल्वेनिया स्टेट यूनिवर्सिटी (Pennsylvania State University) में निर्देशात्मक विकास कार्यक्रम द्वारा दिशाओं और स्कोरिंग निर्देशों को संशोधित किया गया है।

प्रशिक्षक स्व-मूल्यांकन (INSTRUCTOR SELF-EVALUATION)

दिशा-निर्देश (Directions)

कॉलेज शिक्षण के पहलुओं का वर्णन करने वाले कई कथन निम्नलिखित हैं। प्रत्येक सेट में वस्तुओं की जांच करें और उन्हें 1 से 4 तक रैंक करें, जिस स्तर के अनुसार वे आम तौर पर शिक्षण के बारे में आपके विश्वासों या विशेष रूप से पाठ्यक्रम के प्रति आपके दृष्टिकोण पर लागू होते हैं। जवाब देते समय, पहले सेट की जांच करें और उस आइटम को ढूंढें जो आपको या आपके पाठ्यक्रम का वर्णन करता है, और उस कथन को 1 की रैंक असाइन करें। फिर तय करें कि कौन सा कथन आपको या आपके पाठ्यक्रम का दूसरा सबसे अच्छा वर्णन करता है, उस आइटम को 2 का रैंक असाइन करें। इसी तरह दो शेष कथनों के साथ भी करें, उन्हें क्रमशः 3 और 4 के रैंक प्रदान करें। यदि आपको कुछ वस्तुओं को रैंक करना मुश्किल लगता है, तो दिखाएं कि यदि आपको चुनना पड़े तो आपकी पसंद क्या होगी। यह महत्वपूर्ण है कि आप प्रत्येक आइटम को एक अलग रैंक असाइन करें और उपकरण को स्कोर करने के लिए सभी सेटों को पूरा करें।

सेट 1

________ (क) मैं विचारोत्तेजक विचार प्रस्तुत करता हूं।
________ (ख) मैं अपने छात्रों के प्रति सहानुभूतिपूर्ण और विचारशील हूं।
________ (ग) मैं छात्रों को उन चीजों की सराहना करने में सहायता करता हूं जिनकी उन्होंने पहले सराहना नहीं की थी।
________ (घ) मैं अपने शिक्षण की गुणवत्ता में रुचि रखता हूं और चिंतित हूं।

सेट 2

________ (क) मेरे छात्रों को लगता है कि पाठ्यक्रम में उनके द्वारा किए गए प्रयास सार्थक हैं।
________ (ख) मुझे छात्रों की जरूरतों के बारे में पता है।
________ (ग) मैं कक्षा में चुनौतीपूर्ण प्रश्न या समस्याएं उठाता हूं।
________ (घ) मैं अपने पाठ्यक्रम में छात्रों की उपलब्धि की गुणवत्ता में सुधार करने के लिए हर संभव प्रयास करता हूं।

सेट 3

________ (क) मैं छात्रों को कक्षा में अपने ज्ञान, राय और अनुभवों को साझा करने के लिए प्रोत्साहित करता हूं।

_______ (ख) मैं छात्रों को उनके जीवन में पाठ्यक्रम के विषय वस्तु के निहितार्थ के बारे में जागरूक होने में मदद करता हूं।

_______ (ग) मैं छात्रों को याद दिलाता हूं कि जब भी जरूरत हो मदद के लिए मेरे पास आएं।

_______ (घ) मैं अपने शिक्षण को बेहतर बनाने के लिए पिछले कक्षा के अनुभव का विश्लेषण करता हूं।

सेट 4

_______ (क) मैं अपने निर्देश को बेहतर बनाने में एक सक्रिय, व्यक्तिगत रुचि लेता हूं।

_______ (ख) मैं कक्षा में प्रोत्साहित करता हूं और सवालों के जवाब देता हूं।

_______ (ग) मैं छात्रों से आसानी से जुड़ जाता हूं।

_______ (घ) मैं छात्रों को क्रमबद्ध करने या मुख्य बिंदुओं या केंद्रीय मुद्दों की पहचान करने की क्षमता विकसित करने में मदद करता हूं।

सेट 5

_______ (क) मैं अपने पाठ्यक्रम को अच्छी तरह से व्यवस्थित करता हूं।

_______ (ख) मैं अपने अलावा संबंधित क्षेत्रों के बारे में जानकार हूं।

_______ (ग) मैं विषय के लिए छात्रों की प्रशंसा को प्रोत्साहित करता हूं।

_______ (घ) मैं छात्रों के साथ अच्छी तरह से मिलता हूं।

सेट 6

_______ (क) मैं पूरी कक्षा में स्पष्ट करने के लिए प्रश्नों या टिप्पणियों को दोहराता हूं।

_______ (ख) मैं हर कोर्स को हर बार सर्वश्रेष्ठ बनाने की कोशिश करता हूं।

_______ (ग) मैं छात्रों की भावनाओं के प्रति संवेदनशील हूं।

_______ (घ) मैं विषय वस्तु सीखने में छात्रों की संतुष्टि को बढ़ावा देता हूं।

सेट 7

_______ (क) मेरे छात्रों को नए दृष्टिकोण और प्रशंसा प्राप्त होती है।

_______ (ख) मुझमें शिक्षण के लिए दिलचस्पी और उत्साह है।

_______ (ग) मैं छात्रों के साथ आपसी सम्मान की भावना विकसित करता हूं।

_______ (घ) मैं कक्षा में स्पष्ट और प्रासंगिक उदाहरण प्रस्तुत करता हूं।

सेट 8

_______ (क) मुझे शिक्षण बौद्धिक रूप से रोचक लगता है।

_______ (ख) मैं छात्रों को मेरे साथ बातचीत में सहज महसूस कराता हूं।

_______ (ग) मैं विषय में छात्रों की रुचि को प्रोत्साहित करता हूं।

_______ (घ) मैं यथासंभव अच्छी तरह से और सटीक रूप से सवालों के जवाब देता हूं।

सेट 9

_______ (क) मैं अपने पाठ्यक्रम की विभिन्न गतिविधियों को अच्छी तरह से समन्वयित करता हूं।

_______ (ख) मैं कक्षा की बैठकों के लिए तत्पर रहता है।

_______ (ग) मुझे अच्छा लगता है कि छात्र परामर्श के लिए मेरे पास आते हैं।

________ (घ) मेरे छात्रों को लगता है कि वे क्षेत्र में अच्छे और खराब तर्क या तर्कों को पहचान सकते हैं।

सेट 10

________ (क) मैं अपने पाठ्यक्रम को पढ़ाने में रचनात्मक रूप से कार्य करने की कोशिश करता हूं।

________ (ख) मैं छात्रों को कक्षा में भाग लेने के लिए प्रोत्साहित करता हूं।

________ (ग) मैं सक्रिय रूप से उन छात्रों की मदद करता हूं जिन्हें कठिनाई हो रही है।

________ (घ) मैं छात्रों की बौद्धिक जिज्ञासा को सक्रिय करता हूं।

सेट 11

________ (क) जब आवश्यक हो तो मैं अनौपचारिक रूप से कक्षा से बाहर छात्रों से मिलता हूं।

________ (ख) मैं पाठ्यक्रम के उद्देश्यों को स्पष्ट करता हूं।

________ (ग) मैं हर कोर्स को हर बार सर्वश्रेष्ठ बनाने की कोशिश करता हूं।

________ (घ) मेरे छात्र अध्ययन करने और सीखने के लिए प्रेरित होते हैं।

प्रशिक्षक स्व-मूल्यांकन फॉर्म स्कोर करना (SCORING THE INSTRUCTOR SELF-EVALUTION FORM)

फॉर्म में चार पैमाने होते हैं। प्रत्येक सेट से एक बयान प्रत्येक पैमाने के साथ जुड़ा हुआ है।

कक्षा प्रक्रियाओं की **पर्याप्तता।**

शिक्षण के लिए **उत्साह** और विषय वस्तु का ज्ञान।

छात्रों में संज्ञानात्मक और भावात्मक लाभ की **सक्रियता।**

छात्रों के साथ **संबंध।**

चरण 1 – चार क्षेत्रों में से प्रत्येक में प्रत्येक व्यक्तिगत आइटम को सौंपे गए स्कोर को रिकॉर्ड करें।

चरण 2 – प्रत्येक पैमाने के कुल स्कोर। (अगला पृष्ठ देखें)

चरण 3 – परिणामों की व्याख्या करने के लिए, इस पाठ्यक्रम में या अपने शिक्षण में क्षेत्र का प्रतिनिधित्व करने के लिए सबसे कम कुल स्कोर पर विचार करें, जिसे आप सर्वोच्च प्राथमिकता देते हैं। उपकरण पर कवर शीट में परिणामों की व्याख्या करने के लिए कुछ सूचक होते हैं।

स्कोरिंग शीट (Scoring Sheet)

पर्याप्तता स्केल			उद्दीपन स्केल	
	स्कोर			स्कोर
सेट			सेट	
1-क	______		1-घ	______
2-ग	______		2-घ	______
3-क	______		3-घ	______
4-ख	______		4-क	______
5-क	______		5-ख	______
6-क	______		6-ख	______
7-घ	______		7-ख	______
8-घ	______		8-क	______
9-क	______		9-ख	______
10-ख	______		10-क	______
11-ख	______		11-घ	______
कुल	______		कुल	______
उद्दीयन स्केल			संबंध स्केल	
	स्कोर			स्कोर
सेट			सेट	
1-ग	______		1-ख	______
2-क	______		2-ख	______
3-ख	______		3-ग	______
4-घ	______		4-ग	______
5-ग	______		5-घ	______
6-घ	______		6-ग	______
7-क	______		7-ग	______
8-ग	______		8-ख	______
9-घ	______		9-ग	______
10-घ	______		10-ग	______
11-घ	______		11-क	______
कुल	______		कुल	______

अध्याय 14

अध्यापक शिक्षा में व्यावसायिकता (Professionalism in Teacher Education)

व्यावसायिकता का अर्थ है गुणवत्ता की निरंतरता।

— **फ्रैंक टाइगर**

परिचय (Introduction)

छात्रों के परिणामों को बेहतर बनाने और छात्रों की उपलब्धियों में अंतर को कम करने के लिए उच्च गुणवत्ता वाली शिक्षा आवश्यक है। अध्यापक (शिक्षक) प्रदर्शन मूल्यांकन प्रणाली शिक्षकों को सार्थक मूल्यांकन प्रदान करती है जो पेशेवर शिक्षण और विकास को प्रोत्साहित करती है। यह प्रणाली शिक्षक विकास को बढ़ावा देने और जहाँ आवश्यक हो वहाँ अतिरिक्त सहायता के अवसरों की पहचान करने के लिए डिज़ाइन की गई है। शिक्षकों को उनकी पूरी क्षमता हासिल करने में मदद करके, प्रदर्शन मूल्यांकन प्रक्रिया छात्रों के प्रदर्शन के उच्च स्तर को प्राप्त करने की एक विधि का प्रतिनिधित्व करती है। शिक्षा के क्षेत्र में प्रदर्शन मूल्यांकन एक पर्यवेक्षक शिक्षक द्वारा शिक्षक के प्रदर्शन का निरीक्षण और मूल्यांकन करने की प्रक्रिया को संदर्भित करता है। पर्यवेक्षक शिक्षक आमतौर पर विभाग प्रमुख या प्रशासनिक संकाय-प्रधानाचार्य या उप-प्रधानाचार्य होते हैं। प्रदर्शन मूल्यांकन आमतौर पर इस तरह से संरचित होते हैं कि जिन शिक्षकों का निरीक्षण किया जा रहा है, उन्हें उनके शिक्षण दृष्टिकोण की ताकत और कमजोरियों दोनों पर मूल्यवान प्रतिक्रिया मिलती है, जिससे उन्हें अपनी प्रभावशीलता बढ़ाने में मदद मिलती है।

एक शिक्षक का प्रदर्शन मूल्यांकन (चित्र 14.1) (Performance Appraisal of a Teacher)

प्रदर्शन मूल्यांकन स्कूल बोर्ड द्वारा निर्धारित एक निर्धारित पैटर्न का पालन करता है। जिला राज्य शिक्षण उद्देश्यों और मानकों के आधार पर शिक्षकों के मूल्यांकन का एक तरीका विकसित करता है। यह शिक्षकों का मूल्यांकन करने के लिए एक बाहरी, तटस्थ और वस्तुनिष्ठ उपाय प्रदान करता है। शिक्षकों का निरीक्षण करने के लिए जिम्मेदार कर्मचारी आमतौर पर ऐसे व्यक्ति होते हैं जिन्होंने शिक्षण में दक्षता का प्रदर्शन किया है और जिन्हें मूल्यांकन मानदंडों का पूरा ज्ञान है।

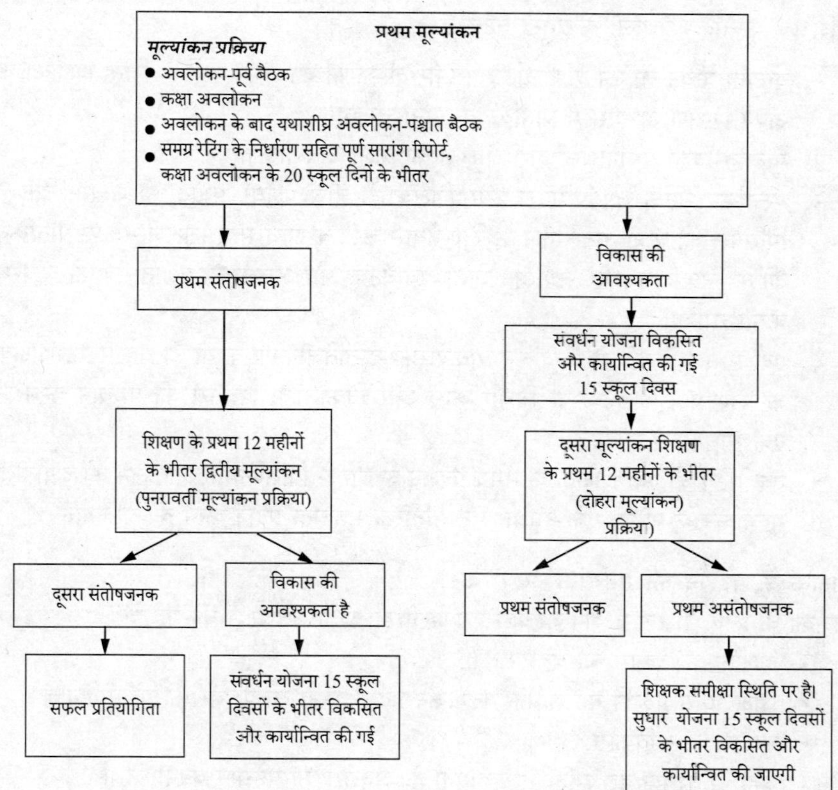

चित्र 14.1 मूल्यांकन की प्रक्रिया.

प्रदर्शन मूल्यांकन पेशेवर शिक्षा की निरंतरता का एक अभिन्न अंग है जो पूर्व-सेवा शिक्षक शिक्षा कार्यक्रमों में पिछले सीखने के साथ-साथ प्रत्येक व्यक्ति के शिक्षण कॅरियर के दौरान अर्जित सीखने को आगे बढ़ाकर और पूरक बनाकर प्रभावी शिक्षण, सीखने और मूल्यांकन प्रक्रियाओं का समर्थन करता है। यह स्कूलों को सीखने वाले समुदायों के रूप में मजबूत करने में मदद करता है जहाँ शिक्षकों को पेशेवर आदान-प्रदान और सहयोगी पूछताछ में शामिल होने का मौका मिलता है जो निरंतर विकास और विकास को बढ़ावा देता है। एक स्वस्थ स्कूल संस्कृति के निर्माण और रखरखाव के लिए पेशेवर संवाद और सहयोग आवश्यक हैं। एक मूल्यांकन प्रणाली जिसमें शिक्षक और प्रिंसिपल दोनों सक्रिय रूप से शामिल होते हैं, शिक्षकों की शिक्षण पद्धतियों का आकलन करने के लिए एक रूपरेखा प्रदान करता है जो उनकी पेशेवर सीखने की जरूरतों को पूरा करता है। मूल्यांकन प्रिंसिपल और शिक्षकों को पेशेवर संवाद में शामिल करता है जो शिक्षक होने के अर्थ के बारे में उनकी समझ को गहरा करता है।

इस जांच प्रक्रिया के माध्यम से, प्रधानाचार्य और शिक्षक विद्यालय के लिए स्थापित किए गए साझा दृष्टिकोण के करीब पहुंचते हैं। एक विकास-केंद्रित मूल्यांकन प्रक्रिया जो पेशेवर संवाद और सहयोग के महत्व पर जोर देती है, विद्यालय में एक प्रभावी और सहायक शिक्षण समुदाय को बढ़ावा देने में मदद कर सकती है।

शिक्षक मूल्यांकन प्रणाली के प्रमुख घटक हैं:

1. योग्यता कथन जो उन कौशलों, ज्ञान और दृष्टिकोणों का वर्णन करते हैं जिन्हें शिक्षकों को अपने शिक्षण अभ्यास में प्रतिबिंबित करना चाहिए।
2. मूल्यांकनकर्ता प्रधानाचार्य द्वारा शिक्षक का कक्षा अवलोकन।
3. मूल्यांकन बैठकें जो प्रिंसिपल और शिक्षक के बीच पेशेवर संवाद को बढ़ावा देती हैं। प्रिंसिपल को कक्षा अवलोकन के लिए तैयारी करने के साथ-साथ शिक्षण सत्र पर प्रतिक्रिया देने के लिए शिक्षक के साथ अवलोकन-पूर्व बैठक और अवलोकन-पश्चात सत्र की व्यवस्था करनी चाहिए।
4. एक सारांश रिपोर्ट जो मूल्यांकन प्रक्रिया का दस्तावेजीकरण करती है। यह रिपोर्ट शिक्षकों के लिए प्राप्त फीडबैक पर विचार करने और विकास के अवसरों की पहचान करने का एक साधन बन जाती है।
5. एक रेटिंग जो एक शिक्षक के समग्र प्रदर्शन के बारे में प्रिंसिपल के आकलन को दर्शाती है।
6. मूल्यांकन के परिणाम के आधार पर अतिरिक्त सहायता प्रदान करने की प्रक्रिया।

शिक्षक के प्रदर्शन का मूल्यांकन क्यों करें?

शिक्षकों के लिए शिक्षक प्रदर्शन मूल्यांकन प्रणाली इस प्रकार डिज़ाइन की गई है:

- शिक्षक के विकास को बढ़ावा देना;
- शिक्षकों के प्रदर्शन का सार्थक मूल्यांकन प्रदान करना जो पेशेवर को प्रोत्साहित करे;
- सीखना और विकास;
- जहाँ आवश्यक हो, अतिरिक्त सहायता के अवसरों की पहचान करना; तथा
- जनता के प्रति जवाबदेही का एक उपाय प्रदान करना।

मूल्यांकन की प्रक्रिया (PROCEDURE FOR APPRAISAL)

प्रधानाचार्य, उप-प्रधानाचार्य, शिक्षक और पर्यवेक्षी अधिकारी कार्य निष्पादन मूल्यांकन प्रक्रिया में प्रमुख भूमिका निभाते हैं।

प्रधानाचार्य (Principals)

- प्रधानाचार्य अपने स्कूल में नियुक्त सभी शिक्षकों के प्रदर्शन मूल्यांकन के लिए जिम्मेदार हैं।
- प्रत्येक मूल्यांकन में सक्रिय रूप से भाग लेने वाले शिक्षक, शिक्षक की निरंतर वृद्धि और विकास के लिए महत्वपूर्ण हैं।
- स्कूल बोर्डों को यह सुनिश्चित करने के लिए हर संभव प्रयास करना चाहिए कि सभी शिक्षकों के पास उनकी योग्यता का दस्तावेजी प्रमाण हो।

शिक्षक के प्रदर्शन का मूल्यांकन अक्सर कक्षा में शिक्षक के औपचारिक अवलोकन का रूप ले लेता है। इसमें पर्यवेक्षक शिक्षक या प्रशासक द्वारा समय से पहले अवलोकन का समय निर्धारित करना शामिल है। पर्यवेक्षक कक्षा में बैठता है और शिक्षक के व्यवहार, छात्र की प्रतिक्रिया और पाठ के प्रवाह पर नोट्स लेता है। एक अन्य मूल्यांकन तकनीक पोर्टफोलियो समीक्षा के रूप में कक्षा के

बाहर होती है। एक नियुक्त व्यक्ति शिक्षक द्वारा बनाए गए पाठों और मूल्यांकनों के साथ-साथ छात्र के काम के पोर्टफोलियो को पढ़ेगा और उसका मूल्यांकन करेगा। ये दोनों तकनीकें मिलकर कक्षा के अंदर और बाहर शिक्षक के काम का एक व्यापक दृश्य प्रदान कर सकती हैं।

प्रतिपुष्टि (Feedback)

मूल्यांकन पूरा हो जाने के बाद, शिक्षक की समीक्षा करने वाला व्यक्ति प्रतिपुष्टि और सुझावों के साथ अवलोकनों का एक औपचारिक सेट तैयार करेगा। इसे अक्सर निरीक्षण किए जा रहे शिक्षक को लिखित रूप में औपचारिक रूप से प्रस्तुत किया जाता है।

व्यावसायिक विकास (Professional Development)

शिक्षक का मूल्यांकन करने के लिए जिम्मेदार पर्यवेक्षक शिक्षक या प्रशासक आमतौर पर ताकत और कमजोरियों के साथ-साथ विकास के लिए कार्रवाई योग्य सुझावों पर रिपोर्ट करते हैं। विकास के अवसरों के लिए कमजोरियों का विश्लेषण किया जाता है, और मूल्यांकनकर्ता अक्सर शिक्षक को व्यक्तिगत व्यावसायिक विकास के लिए एक विशिष्ट कार्य योजना विकसित करने में मदद करेगा। इसे अक्सर व्यक्तिगत विकास योजना या शिक्षक सुधार योजना कहा जाता है।

मूल्यांकनकर्ताओं के लिए आचार संहिता (Code of Conduct for Appraisers)

समीक्षक को प्रदर्शन मूल्यांकन प्रक्रिया के सभी पहलुओं में उच्चतम नैतिक मानक पर काम करना चाहिए ताकि यह सुनिश्चित हो सके कि रिपोर्ट से समझौता न हो। निष्पक्षता, पारदर्शिता, ईमानदारी और निरंतरता के सिद्धांतों को बरकरार रखा जाना चाहिए। प्रक्रिया का प्रभावी ढंग से उपयोग करने के लिए प्रिंसिपल/टीम लीडर और शिक्षक दोनों से समय और ऊर्जा का निवेश आवश्यक है। निम्नलिखित सिद्धांतों को बनाए रखा जाना चाहिए:

1. सभी सूचनाओं को संभालने और संग्रहीत करने में गोपनीयता।
2. यह जागरूकता कि मूल्यांकन व्यक्ति के कार्य करने के तरीके के आधार पर किया जा रहा है, न कि व्यक्ति के स्वयं के आधार पर।
3. इस बात के प्रति जागरूकता कि रेटिंग स्कूल वर्ष के पहले भाग के दौरान सहमत हुए लक्ष्यों और कार्य योजना के संबंध में शिक्षक के प्रदर्शन को प्रतिबिंबित करनी चाहिए, न कि अन्य व्यक्तियों की तुलना में।
4. टिप्पणियों में दी गई रेटिंग के समर्थन में स्पष्ट साक्ष्य और माप प्रस्तुत किए जाने चाहिए।
5. मूल्यांकन प्रक्रिया में शामिल सभी लोगों द्वारा उनके प्रति सम्मान और शिष्टाचार प्रदर्शित किया जाना चाहिए।
6. शिक्षक जिस संदर्भ, परिस्थिति और स्थिति में काम करता है, उसके प्रति संवेदनशीलता प्रदर्शित की जानी चाहिए।
7. जबकि उन शिक्षकों को विशेष मान्यता दी जा सकती है जो प्रणाली की कमियों को दूर करने में अपनी पहल का उपयोग करते हैं, लेकिन शिक्षक को दंडित नहीं किया जाना चाहिए जहां स्कूल द्वारा आवश्यक सामग्री, उपकरण आदि उपलब्ध नहीं कराए जाते हैं।

8. कार्यनिष्पादन मूल्यांकन प्रक्रिया के क्रियान्वयन में विद्यार्थियों का हित और कल्याण सर्वोपरि है।

पाँच डोमेन—शिक्षक योग्यता मूल्यांकन (Five Domains—Teacher Competency Assessment)

1. **छात्रों और छात्रों की शिक्षा के प्रति प्रतिबद्धता:** शिक्षक छात्रों की देखभाल और उनके प्रति समर्पित होते हैं। वे छात्रों के साथ समान और सम्मानपूर्ण व्यवहार करते हैं और व्यक्तिगत छात्र शिक्षा को प्रभावित करने वाले कारकों के प्रति संवेदनशील होते हैं।
2. **व्यावसायिक ज्ञान:** शिक्षक अपने व्यावसायिक ज्ञान में नवीनतम होने का प्रयास करते हैं और अभ्यास के साथ इसके संबंध को पहचानते हैं। वे व्यवहार में व्यावसायिक निर्णय लेने के लिए छात्र विकास, सीखने के सिद्धांत, शिक्षण, पाठ्यक्रम, नैतिकता, शैक्षिक अनुसंधान और संबंधित नीतियों और कानून को समझते हैं और उन पर विचार करते हैं।
3. **व्यावसायिक अभ्यास:** शिक्षक छात्रों की शिक्षा को बढ़ावा देने के लिए पेशेवर ज्ञान और अनुभव का उपयोग करते हैं। वे व्यक्तिगत छात्रों और शिक्षण समुदायों की आवश्यकताओं की योजना बनाने और उनका जवाब देने में उपयुक्त शिक्षण, मूल्यांकन और मूल्यांकन, संसाधनों और प्रौद्योगिकी का उपयोग करते हैं। शिक्षक निरंतर पूछताछ, संवाद और चिंतन के माध्यम से अपने पेशेवर दक्षता को परिष्कृत करते हैं।
4. **शिक्षण समुदायों में नेतृत्व:** शिक्षक सहयोगात्मक, सुरक्षित और सहायक शिक्षण समुदायों के निर्माण को बढ़ावा देते हैं और उसमें भाग लेते हैं। वे छात्रों की सफलता को सुगम बनाने के लिए अपनी साझा जिम्मेदारियों और अपनी नेतृत्वकारी भूमिकाओं को पहचानते हैं। शिक्षक इन शिक्षण समुदायों में नैतिक मानकों के सिद्धांतों को बनाए रखते हैं और उन्हें बनाए रखते हैं।
5. **सतत व्यावसायिक शिक्षा:** शिक्षक मानते हैं कि सतत व्यावसायिक शिक्षा के प्रति प्रतिबद्धता प्रभावी अभ्यास और छात्र अधिगम के लिए अभिन्न अंग है। व्यावसायिक अभ्यास और स्व-निर्देशित शिक्षा अनुभव, अनुसंधान, सहयोग और ज्ञान से सूचित होती है।

तालिका 14.1 में पांच डोमेन के अंतर्गत 16 योग्यता कथनों को सारणीबद्ध रूप में दर्शाया गया है।

व्यावसायिक नैतिकता (Professional Ethics)

"तथ्यों और रहस्योद्घाटनों के वैज्ञानिक कथन, वास्तव में, नैतिक निर्देश नहीं दे सकते। हालाँकि, नैतिक निर्देशों को तार्किक सोच और अनुभवजन्य ज्ञान द्वारा तर्कसंगत और सुसंगत बनाया जा सकता है" (आइंस्टीन, 1953)।

नैतिकता वह शब्द है जो नैतिक जीवन की समझ और जांच के लिए विभिन्न दृष्टिकोणों को शामिल करता है। नैतिकता सही और गलत का भेद और विषयवस्तु है। सामान्य नैतिकता सामाजिक संहिताओं या नियमों पर आधारित होती है जो गलत और अधूरी हो सकती हैं। इस प्रकार, नैतिकता को उन समस्याओं के बारे में नैतिक विचार-विमर्श के अंतिम परिणाम के रूप में देखा जा सकता है जिनके लिए निर्णय लेने और कार्रवाई की आवश्यकता होती है

तालिका 14.1 पांच डोमेन के अंतर्गत 16 योग्यता कथन।

डोमेन	*क्षमता*
विद्यार्थियों के प्रति प्रतिबद्धता और छात्र अधिगम	• शिक्षक सभी विद्यार्थियों के कल्याण और विकास के प्रति प्रतिबद्धता प्रदर्शित करते हैं। • शिक्षक विद्यार्थियों को पढ़ाने तथा सीखने और उपलब्धि में सहायता करने के लिए अपने प्रयासों में समर्पित हैं। • शिक्षक सभी विद्यार्थियों के साथ समानता और सम्मानपूर्वक व्यवहार करते हैं। • शिक्षक सीखने के लिए ऐसा वातावरण प्रदान करते हैं जो विद्यार्थियों को समस्या समाधानकर्ता, निर्णयकर्ता, आजीवन शिक्षार्थी बनने तथा बदलते समाज में योगदान देने के लिए प्रोत्साहित करता है।
व्यावसायिक ज्ञान	• शिक्षकों को अपने विषय, ओंटारियो पाठ्यक्रम और शिक्षा संबंधी कानून की जानकारी होती है। • शिक्षक विभिन्न प्रकार की प्रभावी शिक्षण एवं मूल्यांकन पद्धतियों से परिचित होते हैं। • शिक्षक विभिन्न प्रकार की प्रभावी कक्षा प्रब्धन रणनीतियों को जानते हैं। • शिक्षक जानते हैं कि विद्यार्थी कैसे सीखते हैं और कौन से कारक विद्यार्थियों के सीखने और उपलब्धि को प्रभावित करते हैं
शिक्षण की प्रैक्टिस	• शिक्षक अपने विद्यार्थियों की शिक्षा और उपलब्धि को बढ़ावा देने के लिए विद्यार्थियों, पाठ्यक्रम, कानून, शिक्षण प्रथाओं और कक्षा प्रबंधन रणनीतियों के बारे में अपने पेशेवर ज्ञान और समझ का उपयोग करते हैं। • शिक्षक विद्यार्थियों, अभिभावकों और सहकर्मियों के साथ प्रभावी ढंग से संवाद करते हैं। • शिक्षक विद्यार्थियों की प्रगति का निरंतर मूल्यांकन करते हैं, उनकी उपलब्धियों का मूल्यांकन करते हैं, तथा विद्यार्थियों और उनके अभिभावकों को नियमित रूप से परिणाम बताते हैं। • शिक्षक विभिन्न स्रोतों और संसाधनों का उपयोग करके निरंतर सीखने और चिंतन के माध्यम से अपने शिक्षण पद्धतियों को अनुकूलित और परिष्कृत करते हैं। • शिक्षक अपने शिक्षण कार्यों और संबंधित व्यावसायिक जिम्मेदारियों में उपयुक्त प्रौद्योगिकी का उपयोग करते हैं।
नेतृत्व और समुदाय	• शिक्षक अपनी कक्षाओं और स्कूलों में शिक्षण समुदाय बनाने और उसे बनाए रखने के लिए अन्य शिक्षकों और स्कूल सहयोगियों के साथ सहयोग करते हैं। • शिक्षक विद्यार्थियों की शिक्षा, विद्यार्थियों की उपलब्धि और स्कूल कार्यक्रमों को बढ़ाने के लिए पेशेवरों, अभिभावकों और समुदाय के शिक्षकों के साथ काम करते हैं।
सतत पेशेवर अधिगम	शिक्षक निरंतर व्यावसायिक शिक्षा में संलग्न रहते हैं तथा अपने शिक्षण अभ्यासों को बेहतर बनाने के लिए इसका प्रयोग करते हैं।

(*स्रोत:* शिक्षण पेशे के लिए ओंटारियो कॉलेज ऑफ टीचर्स के अभ्यास मानकों से अनुकूलित)

शिक्षा में, वैज्ञानिक ज्ञान के विकास के दौरान और व्यवहार में सीखे गए ज्ञान के अनुप्रयोग के दौरान नैतिकता के बारे में संघर्ष उत्पन्न हो सकते हैं। शिक्षा और नैतिकता की अवधारणाओं में मतभेद व्यक्तियों या लोगों के समूहों के बीच इंटरफेस करते हैं, उदाहरण के लिए, एक शिक्षा पेशेवर और एक धार्मिक कट्टरपंथी के बीच, या शिक्षा शोधकर्ताओं और एक सांस्कृतिक या सामुदायिक समूह के बीच।

व्यावसायिक आचार संहिता (Professional Code of Ethics)

व्यावसायिक संघों ने सामाजिक अनुबंध और सार्वजनिक विश्वास के आधार पर अपने सदस्यों के प्रमुख मूल्यों की पहचान करने और उन्हें अपनाने की भूमिका को स्वीकार किया है। इस भूमिका में पेशे के निरंतर सुधार, पेशेवर मानकों को संप्रेषित करने के लिए एक वाहन के रूप में कार्य करना और पेशे की नैतिकता को बड़े पैमाने पर समाज के मूल्यों में एकीकृत करना जैसी गतिविधियाँ शामिल हैं। पेशेवर संगठनों द्वारा पेशेवर सदस्यों और समाज को नैतिक मानकों को संप्रेषित करने के लिए आमतौर पर इस्तेमाल की जाने वाली विधि "नैतिकता संहिता" है।

दो प्रमुख विशेषताएं गोपनीयता और निष्ठा हैं।

1. **गोपनीयता:** दूसरों के प्रति महत्वपूर्ण हित के बावजूद गोपनीयता बनाए रखें।
2. **वफादारी:** नियोक्ता या व्यापक समुदाय के प्रति निष्ठा प्रदर्शित करें।

शिक्षण पेशे के लिए नैतिक मानक पेशेवर अभ्यास की दृष्टि का प्रतिनिधित्व करते हैं। एक मजबूत और प्रभावी शिक्षण पेशे के मूल में छात्रों और उनके सीखने के प्रति प्रतिबद्धता है। शिक्षक अपने भरोसेमंद पद पर छात्रों, माता-पिता, अभिभावकों, सहकर्मियों, शैक्षिक भागीदारों, अन्य पेशेवरों, पर्यावरण और जनता—शैक्षिक समुदाय के सभी हितधारकों के साथ अपने संबंधों में जिम्मेदारी का प्रदर्शन करते हैं।

शिक्षण पेशे के लिए नैतिक मानकों के उद्देश्य हैं:

1. सदस्यों को शिक्षण पेशे के सम्मान और गरिमा को प्रतिबिंबित करने और बनाए रखने के लिए प्रेरित करें।
2. शिक्षण पेशे में नैतिक जिम्मेदारियों और प्रतिबद्धताओं की पहचान करें।
3. शिक्षण पेशे में नैतिक निर्णयों और कार्यों का मार्गदर्शन करना।
4. शिक्षण पेशे में जनता का विश्वास और भरोसा बढ़ाना।

शिक्षण पेशे के लिए नैतिक मानक इस प्रकार हैं (चित्र 14.2):

1. **देखभाल:** देखभाल के नैतिक मान्क में छात्रों की क्षम्ता के विकास के लिए करुणा, स्वीकृति, रुचि और अंतर्दृष्टि शामिल है। शिक्षक व्यवहार में सकारात्मक प्रभाव, पेशेवर निर्णय और सहानुभूति के माध्यम से छात्रों की भलाई और सीखने के लिए अपनी प्रतिबद्धता व्यक्त करते हैं।
2. **सम्मान:** सम्मान के नैतिक मानक में विश्वास और निष्पक्षता अंतर्निहित है। शिक्षक मानवीय गरिमा, भावनात्मक कल्याण और संज्ञानात्मक विकास का सम्मान करते हैं। अपने पेशेवर व्यवहार में, वे आध्यात्मिक और सांस्कृतिक मूल्यों, सामाजिक न्याय, गोपनीयता, स्वतंत्रता, लोकतंत्र और पर्यावरण के प्रति सम्मान दिखाते हैं।

3. **विश्वास:** विश्वास का नैतिक मानक निष्पक्षता, खुलापन और ईमानदारी को दर्शाता है। छात्रों, सहकर्मियों, माता-पिता, अभिभावकों और जनता के साथ शिक्षकों के पेशेवर रिश्ते विश्वास पर आधारित होते हैं।
4. **ईमानदारी:** ईमानदारी, विश्वसनीयता और नैतिक कार्य ईमानदारी के नैतिक मानक में सन्निहित हैं। निरंतर चिंतन शिक्षकों को उनकी व्यावसायिक प्रतिबद्धताओं और जिम्मेदारियों में ईमानदारी बरतने में सहायता करता है।

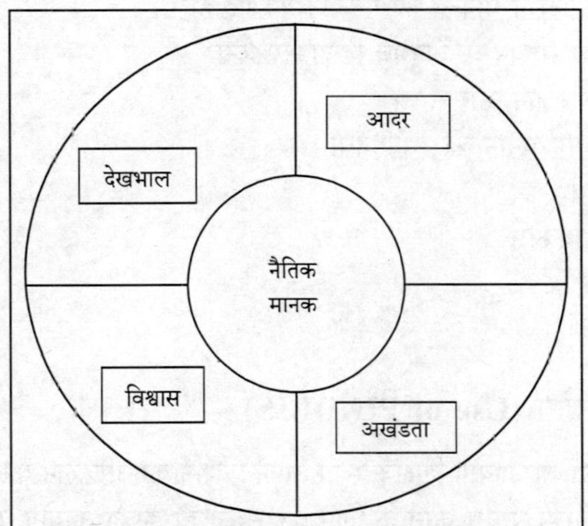

चित्र 14.2 शिक्षण पेशे में नैतिक मानकों के घटक।

व्यावसायिक अभ्यास और शैक्षिक अनुसंधान की नैतिकता (Ethics of Professional Practice and Educational Research)

पेशेवर समूह अभ्यास के ऐसे मानक स्थापित करने का प्रयास करते हैं जो जनता को सेवाओं की उच्च गुणवत्ता सुनिश्चित करते हैं। पेशेवर आचार संहिता वे दिशा-निर्देश हैं जो पेशेवरों के नैतिक व्यवहार को स्वीकार्य नैतिक आचरण और पेशेवर अभ्यास के परिभाषित मानकों के भीतर सुनिश्चित करने का प्रयास करते हैं। वैज्ञानिक अखंडता बनाए रखने के लिए, शिक्षा के मुद्दों की जांच करने वाले शोध अध्ययनों को नैतिक व्यवहार सहित पेशेवर अभ्यास के बुनियादी मानकों का अनुपालन करने के लिए डिज़ाइन किया जाना चाहिए। शिक्षा अनुसंधान में, पेशेवर अभ्यास मानक, आचार संहिता और वैज्ञानिक अखंडता के लिए दिशा-निर्देश सभी को वैज्ञानिक जांच की ठोस प्रथाओं के साथ परस्पर क्रिया करनी चाहिए।

प्रदर्शन संकेतक (PINDICS) का उपयोग शिक्षकों के प्रदर्शन और प्रगति का आकलन करने के लिए किया जाता है। इसमें प्रदर्शन मानक (PS), विशिष्ट मानक और प्रदर्शन संकेतक शामिल हैं। प्रदर्शन मानक वे क्षेत्र हैं जिनमें शिक्षक अपने कार्य और जिम्मेदारियों का पालन करते हैं। प्रदर्शन मानकों के अंतर्गत, कुछ विशिष्ट कार्य हैं जिन्हें शिक्षकों द्वारा किए जाने की अपेक्षा की जाती है। इन्हें विशिष्ट मानक कहा जाता है। विशिष्ट मानकों से प्रदर्शन संकेतक प्राप्त किए गए हैं।

पिन्डिस्क (PINDICS) धारा 24 और 29 के प्रावधानों और आरटीई (RTE) अधिनियम 2009, एनसीएफ (NCF)-2005 और एसएसए (SSA) फ्रेमवर्क-2011 में स्कूलों के लिए मानदंड

और मानकों को निर्दिष्ट करने वाली अनुसूची पर आधारित है। 2010-11 में आयोजित एनसीईआरटी (NCERT) अध्ययन—'शिक्षकों के लिए सेवाकालीन शिक्षा आईएनएसईटी (INSET) का कक्षा संचालन पर प्रभाव' से प्राप्त फीडबैक, प्राथमिक और उच्च प्राथमिक विद्यालय के शिक्षकों के साथ प्रयोग और एससीईआरटी (SCERT) और एसपीओ (SPO) के राज्य-स्तरीय अधिकारियों और शिक्षक शिक्षा पेशेवरों से प्राप्त टिप्पणियों का उपयोग करके इसे और अधिक परिष्कृत किया गया है।

प्रदर्शन मानक (PS) नौकरी के प्रदर्शन के प्रत्येक जिम्मेदारी क्षेत्र के लिए अपेक्षाओं को संप्रेषित करते हैं। निम्नलिखित प्रदर्शन मानकों की पहचान की गई है।

- बच्चों के लिए सीखने के अनुभव डिज़ाइन करना
- विषय वस्तु का ज्ञान और समझ
- सीखने को सुगम बनाने की रणनीतियाँ
- पारस्परिक संबंध
- व्यावसायिक विकास
- स्कूल विकास
- शिक्षक उपस्थिति

पिन्डिक्स का उपयोग (Use of PINDICS)

पिन्डिक्स (PINDICS) का उपयोग शिक्षक स्वयं अपने प्रदर्शन का आकलन करने और उच्चतम स्तर तक पहुँचने के लिए निरंतर प्रयास करने के लिए कर सकते हैं। इनका उपयोग पर्यवेक्षक कर्मचारियों/संरक्षक द्वारा शिक्षक के मूल्यांकन के लिए भी किया जा सकता है ताकि शिक्षक के प्रदर्शन में सुधार के लिए रचनात्मक प्रतिक्रिया का आकलन और प्रदान किया जा सके। प्रत्येक प्रदर्शन संकेतक को 1 से 4 तक के 4-बिंदु पैमाने पर रेट किया जाता है जो प्रदर्शन के स्तरों को दर्शाता है।

रेटिंग अंक इस प्रकार हैं:

1. अपेक्षित मानक पूरा न करना
2. अपेक्षित मानक तक पहुंचना
3. अपेक्षित मानक तक पहुंच गया
4. अपेक्षित मानक से परे

यदि शिक्षक अभिनव तरीके से कार्य करता है और विद्यार्थियों के प्रदर्शन को सुधारने के लिए अतिरिक्त प्रयास करता है, तो उसे अपेक्षित मानक से परे माना जा सकता है।

टूल का विवरण https://ncert.nic.in/dte/pdf/PINDICS.pdf से प्राप्त किया जा सकता है।

निष्कर्ष—शिक्षण में व्यावसायिक नैतिकता का भविष्य (Conclusion—The Future of Professional Ethics in Teaching)

एक पीढ़ी पहले, सॉकेट (1990, पृष्ठ 243) ने तर्क दिया था कि आचार संहिता "कुछ ऐसी चीज है जिसे व्यावसायिकता के विकास के साथ-साथ तैयार किया जाना चाहिए... जैसा कि हम यह

पता लगाते हैं कि सर्वोत्तम अभ्यास क्या है...” स्पष्ट रूप से, यह प्रयास करने का समय है। आचार संहिता मुद्दों पर चर्चा को प्रोत्साहित कर सकती है और लोगों को नैतिक दुविधाओं से निपटने के तरीके में सुधार कर सकती है। दूसरी ओर, यदि यह संहिता पेशेवर निकायों को अपने स्वयं के कोड अपनाने के लिए प्रोत्साहित कर सकती है, जो शायद काफी हद तक इस डिजाइन पर आधारित हो, तो शायद इसने नियमों के एक स्वतंत्र सेट के रूप में जितना हासिल किया है, उससे कहीं अधिक हासिल किया जा सकता है।

भाग 7

क्रिया और अनुसंधान
(RESEARCH AND ACTION)

अध्याय 15

अध्यापक शिक्षा में अनुसंधान (Research in Teacher Education)

कहीं न कहीं, कुछ अतुलनीय पहचाने जाने का इंतज़ार कर रहा है।

—**कार्ल सैगन**

परिचय (Introduction)

भारत में शिक्षण और सीखने की सुस्थापित परंपरा ने प्रतिकूल परिस्थितियों में भी अपनी अंतर्निहित शक्ति को बनाए रखा है। प्राचीन काल की गुरुकुल प्रणाली से स्वतंत्रता के बाद के काल में प्रतिमान परिवर्तन की विशेषता यह थी कि अध्यापक शिक्षा (शिक्षक शिक्षा) को बदलती जरूरतों के अनुरूप ढालने के लिए बड़े पैमाने पर प्रयास किए गए। प्राथमिक शिक्षा को सार्वभौमिक बनाने के प्रयासों के माध्यम से स्कूली शिक्षा के विस्तार और विकास के परिणामस्वरूप सेवा-पूर्व शिक्षा काफी दबाव में आ गई है। 1946 में ब्रिटेन से स्वतंत्रता के समय शिक्षक तैयारी के एक विदेशी मॉडल को विरासत में प्राप्त करने के बाद, शिक्षक शिक्षा पाठ्यक्रम को स्थानीय जरूरतों के अनुसार अनुकूलित और अद्यतन करने के लिए बड़े पैमाने पर प्रयास किए गए हैं, ताकि इसे भारत की तेजी से बदलती जरूरतों के लिए अधिक संदर्भ आधारित, उत्तरदायी और गतिशील बनाया जा सके। शिक्षक शिक्षा की वर्तमान प्रणाली राष्ट्रीय, राज्य और जिला स्तर के संसाधन संस्थानों जैसे एनसीईआरटी (NCERT), एनसीटीई (NCTE), एससीईआरटी (SCERT), डीआईईटी (DIET), आईएएसई (IASE) और अन्य के एक नेटवर्क द्वारा समर्थित है, जो पूरे देश में सेवारत शिक्षकों के लिए सेवा-पूर्व स्तर पर शिक्षक तैयारी कार्यक्रमों की गुणवत्ता और प्रभावशीलता को बढ़ाने के लिए मिलकर काम करते हैं।

अनुसंधान की आवश्यकता (Need for Research)

शिक्षक शिक्षा अनुसंधान के लिए एक महत्वपूर्ण क्षेत्र है क्योंकि शिक्षक शिक्षा की गुणवत्ता पर सरकारों द्वारा नियमित रूप से सवाल उठाए जाते रहे हैं, साथ ही साथ शिक्षक की गुणवत्ता को शैक्षिक परिणामों और विद्यार्थियों के लाभ के लिए महत्वपूर्ण माना जाता रहा है। नतीजतन, शिक्षक शिक्षा शोधकर्ताओं को एक साथ मिलकर काम करने की आवश्यकता है ताकि:

1. उभरते शोध निष्कर्षों को साझा करना।

2. शिक्षक शिक्षा के अंतर्गत नवीन अनुसंधान पद्धतियों का विकास करना।
3. शिक्षक शिक्षा के अंतर्गत नवीन शैक्षणिक विधियों का प्रसार करना।
4. अति व्यस्त शैक्षणिक क्षेत्र में नए प्रकाशन केन्द्र खोजना।
5. अविकसित अनुसंधान प्रोफाइल वाले संस्थानों में सहकर्मियों का समर्थन करना।

शिक्षक शिक्षा में शोध को कई क्षेत्रों में वर्गीकृत किया जा सकता है। बदलते समय और वर्तमान राष्ट्रीय नीतियों के साथ शिक्षक शिक्षा पर शोध करना आज की आवश्यकता है। शिक्षक शिक्षा के लिए राष्ट्रीय पाठ्यचर्या रूपरेखा 2010 के प्रकाश में, शिक्षक शिक्षा में शामिल किए जाने वाले नवाचार शोध के लिए एक उत्कृष्ट आधार प्रदान करते हैं।

आज शिक्षक शिक्षा किसी भी शैक्षणिक प्रणाली का अभिन्न अंग है। शिक्षण, एक कौशल और कला दोनों होने के कारण, 19वीं शताब्दी के आरंभिक वर्षों में संचरण के लिए अनुकूल पाया गया। यदि, युगों से, शिक्षक शिक्षा, अपने आप में, जाति या परिवार का मामला थी, तो शिक्षा के जन आंदोलन बन जाने के बाद यह ऐसा नहीं रह सकती थी। जन साक्षरता लक्ष्यों के साथ-साथ प्रौद्योगिकी के उद्भव ने शिक्षक प्रशिक्षण और उसके दर्शन के मूल चरित्र को बदल दिया। राष्ट्रीय शिक्षा नीति, 1986, अपनी अवधारणा और व्यवहार में इस परिवर्तन को सटीक रूप से दर्शाती है। अब, शिक्षक शिक्षा केवल प्राथमिक या माध्यमिक स्तर के शिक्षकों तक सीमित नहीं है, बल्कि इससे कहीं आगे तक फैली हुई है। यूजीसी (UGC) के तत्वावधान में अकादमिक स्टाफ कॉलेज का निर्माण इसका एक उदाहरण है। इसमें कोई आश्चर्य नहीं कि शिक्षक शिक्षा शैक्षिक अनुसंधान के एक महत्वपूर्ण क्षेत्र के रूप में उभरी है।
शिक्षक शिक्षा में अनुसंधान: एक प्रवृत्ति रिपोर्ट: एल.सी. सिंह, एस.पी. मल्होत्रा

पहले चार सर्वेक्षणों में 410 अध्ययनों को शिक्षक शिक्षा के क्षेत्र से संबंधित माना गया है। इस क्षेत्र में काम करने वाले शोधकर्ताओं ने अपने अध्ययन में चरों की एक विस्तृत श्रृंखला को शामिल किया है। ऐसा इसलिए था क्योंकि शिक्षक शिक्षा एक व्यापक विषय है जिसमें कई तरह के विषय शामिल हैं। संस्थान, प्रवेश की प्रक्रिया, प्रशिक्षण का माहौल, प्रशासनिक व्यवस्था, छात्र-शिक्षक, शिक्षकों की व्यक्तिगत विशेषताएँ, अभ्यास विद्यालय—ये कारक, और बहुत कुछ, शिक्षण-अधिगम परिदृश्य में लगातार काम करते रहते हैं।

चित्र 15.1 शिक्षक शिक्षा के समग्र सामान्य क्षेत्रों को दर्शाता है जिन पर शोध किया जा सकता है। ये क्षेत्र हैं:

1. अनुसंधान और शिक्षक शिक्षा—संदर्भ और लक्ष्य
2. बदलते समय में शिक्षक शिक्षा पर शोध: नीतियां और प्रतिमान
3. शिक्षकों की विशेषताएँ:
   (क) जनसांख्यिकीय प्रोफ़ाइल पर शोध
   (ख) गुणवत्ता के संकेतकों पर अनुसंधान
4. शिक्षक शिक्षा कार्यक्रम-पूर्व और सेवाकालीन
   (क) शिक्षा की नींव में पाठ्यक्रम के प्रभावों पर शोध
   (ख) विधियों पर अनुसंधान: पाठ्यक्रम और क्षेत्र अनुभव

(ग) विकलांग छात्रों के साथ काम करने के लिए सामान्य शिक्षा शिक्षकों को तैयार करने में अनुसंधान

(घ) शिक्षक शिक्षा में शैक्षणिक दृष्टिकोण पर शोध

(ङ) शिक्षक शिक्षा में जवाबदेही पर शोध

5. शिक्षक शिक्षा के लिए अनुसंधान एजेंडा।

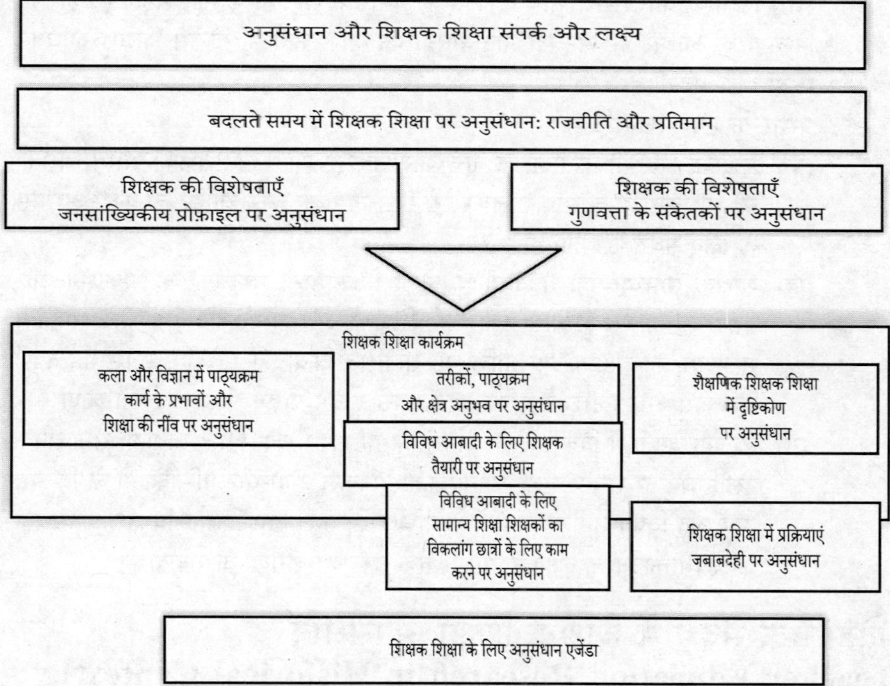

चित्र 15.1 शिक्षक शिक्षा के समग्र सामान्य क्षेत्र।

शिक्षक शिक्षा में ज्ञान और अभ्यास के कुछ सबसे महत्वपूर्ण क्षेत्रों को निर्धारित करने के लिए जिन प्रश्नों के उत्तर की आवश्यकता है, जिनकी अधिक गहराई से जांच की जा सकती है, वे हैं:

1. सेवा-पूर्व, प्रवेश और सेवाकालीन शिक्षक शिक्षा

(क) शिक्षक शिक्षा और तैयारी में वर्तमान सर्वोत्तम अभ्यास क्या हैं और ये अभ्यास किस हद तक वैज्ञानिक साक्ष्य द्वारा समर्थित हैं?

(ख) विद्यार्थी विकास के संबंध में कौन से नए मानक विकसित किए जाने तथा अध्यापक शिक्षा कार्यक्रमों के लिए वर्तमान मानकों में शामिल किए जाने की आवश्यकता है?

2. शिक्षण, सीखना और किशोरावस्था

(क) विद्यार्थी (बच्चे या किशोर) के विकास के संबंध में शिक्षण और सीखने की वर्तमान स्थिति क्या है?

(ख) अनुसंधान आधार में क्या अंतराल हैं?

(ग) अनुसंधान आधार में अभिसरण के क्षेत्र कहां हैं?

3. **नीति निर्माण के लिए शिक्षक शिक्षा में अनुसंधान के निहितार्थ**
   (क) वर्तमान नीतियाँ (स्थानीय, राज्य, राष्ट्रीय) क्या हैं जो शिक्षक शिक्षा पाठ्यक्रम और फील्डवर्क असाइनमेंट में बाल और किशोर विकास अनुसंधान के एकीकरण का समर्थन करती हैं या बाधा डालती हैं?
   (ख) कौन सी नई नीतियां विकसित करने की आवश्यकता है?
4. **शोध निष्कर्षों का प्रसार:** शोध निष्कर्षों का प्रसार कार्यान्वयन के लिए महत्वपूर्ण है। फिर निष्कर्षों के आधार पर अनुवर्ती गतिविधियाँ की जा सकती हैं, जिससे शिक्षण अधिगम में वृद्धि हो सकती है।
5. **प्रसार के लिए रणनीतियाँ**
   (क) शिक्षकों और शोधकर्ताओं के बीच कार्य सहयोग का गठन। शिक्षकों और प्रशासकों को शोधकर्ताओं के साथ मिलकर ऐसे संसाधन तैयार करने चाहिए जो कक्षा अभ्यास के लिए सबसे उपयोगी हों।
   (ख) शैक्षिक समाचार-पत्रों में वैज्ञानिक लेखों के सामान्य संस्करणों का प्रकाशन और प्रसार करना। यह अभ्यास प्रकाशकों, शिक्षकों और शोधकर्ताओं के बीच अद्वितीय साझेदारी को बढ़ावा देगा ताकि यह सुनिश्चित किया जा सके कि सबसे महत्वपूर्ण जानकारी और सटीक वैज्ञानिक ज्ञान सबसे सुलभ प्रारूप में व्यक्त किया जाए।
   (ग) व्यापक जनता में विकासात्मक अनुसंधान के बारे में जागरूकता बढ़ाना। सार्वजनिक टेलीविजन पर सूचना खंडों, उपयोगकर्ता-अनुकूल अनुसंधान पुस्तिकाओं के विकास और अंतःविषय समाशोधन गृहों के माध्यम से, बाल और किशोर विकास अनुसंधान को उपभोक्ताओं के व्यापक आधार तक उपलब्ध कराया जा सकता है।

ऐतिहासिक संदर्भ में शिक्षक शिक्षा अनुसंधान (Teacher Education Research in Historical Context)

शिक्षक शिक्षा के इतिहास के समग्र संदर्भ में 20वीं सदी की शुरुआत से ही शिक्षक शिक्षा पर शोध विभिन्न चरणों के माध्यम से विकसित हुआ है। हालाँकि शिक्षक शिक्षा के इतिहास पर शोध का दायरा अपेक्षाकृत छोटा है, लेकिन बॉरोमैन (1956) और लेबरी (1995) के प्रमुख कार्यों ने महत्वपूर्ण कारकों को उजागर किया है, जिन्होंने बाद के शोध प्रयासों को तैयार किया है। शिक्षक शिक्षा में अधिकांश शोध क्षेत्र में अभ्यासों के सर्वेक्षणों (जैसे कॉनेंट, 1963), अभ्यास शिक्षण के दौरान छात्र शिक्षक के दृष्टिकोण में बदलावों के अध्ययनों और क्षेत्र में उन लोगों का सर्वेक्षण करके अच्छे शिक्षकों की विशेषताओं की अप्रत्यक्ष रूप से पहचान करने की कोशिश करना, जिनके पास अच्छे शिक्षकों के रूप में पहचाने जाने वाले गुण और योग्यताएँ थीं (बार, 1929; चार्टर्स और वैपल्स, 1929)। साठ और सत्तर के दशक में शिक्षक शिक्षा अनुसंधान में शिक्षकों को ऐसे व्यवहार करने के लिए प्रशिक्षित करने पर एक नया जोर देखा गया, जिन्हें छात्र उपलब्धि परीक्षण स्कोर के साथ शिक्षक व्यवहार को सहसंबंधित करने वाले शोध के आधार पर प्रभावी माना जाता था (गेज, 1978)।

शिक्षक शिक्षा के क्षेत्र में अध्ययनों की समीक्षा लुल्ला और सिंह (1974), मेहरोत्रा (1979), दास और जंगीरा (1983), भटनागर (1980) और पिल्ले (1987) द्वारा की गई है। इन समीक्षाओं की प्रकृति का एक संक्षिप्त अवलोकन इस क्षेत्र में किए गए शोधों का जायजा लेने में मदद करेगा।

लुल्ला और सिंह (1974) ने 'ए सर्वे ऑफ रिसर्च इन एजुकेशन' (बुच, 1974) में अपनी प्रवृत्ति रिपोर्ट में शिक्षक शिक्षा अनुसंधान को छह क्षेत्रों में वर्गीकृत किया, अर्थात् चयन मानदंड; शिक्षक की योग्यताएँ और गुण; शिक्षकों का सेवा-पूर्व और सेवाकालीन प्रशिक्षण; कार्यभार, नौकरी की संतुष्टि और शिक्षकों द्वारा अनुभव की जाने वाली कठिनाइयाँ; भारत में शिक्षक शिक्षा की प्रक्रियाएँ और अभ्यास; और शिक्षकों के व्यक्तित्व चर।

शिक्षा में अनुसंधान के दूसरे सर्वेक्षण में अपनी प्रवृत्ति रिपोर्ट में, मेहरोत्रा (1979) ने वर्गीकरण अलग तरीके से किया। यहाँ, चरों को संदर्भगत, इनपुट, प्रक्रिया और आउटपुट श्रेणियों के अंतर्गत समूहीकृत किया गया था।

तीसरे सर्वेक्षण में, जंगिरा (1986) ने संदर्भ-पूर्वानुमान-प्रक्रिया-उत्पाद श्रेणियों के अंतर्गत चरों को वर्गीकृत करने का एक प्रणाली मॉडल अपनाया (सेज, 1974 के अनुसार)।

एल.सी. सिंह, एस.पी. मल्होत्रा द्वारा प्रस्तुत प्रवृत्ति रिपोर्ट तीन पूर्व सर्वेक्षणों (बुच 1974, बुच 1979 और बुच 1986) में प्रस्तुत अध्ययनों तथा इस खंड में इस क्षेत्र के लिए पहचाने गए 150 अतिरिक्त अध्ययनों पर आधारित है। पीएचडी और परियोजना स्तर पर किए गए इन सभी 410 अध्ययनों को उभरते रुझानों की पहचान करने के लिए एक साथ लिया गया है। इसलिए अतिरिक्त अध्ययनों के लिए अलग से कोई वर्गीकरण नहीं किया गया है। ऐसा ओवरलैपिंग से बचने और पर्याप्त अवधि में क्षेत्र में रुझानों का एक व्यापक दृष्टिकोण प्रस्तुत करने के उद्देश्य से किया गया था। अध्ययनों को तीन दृष्टिकोणों से देखा गया है—उनकी प्रकृति, शोध की पद्धति और शिक्षक शिक्षा के लिए एक व्यवस्थित दृष्टिकोण।

1. अध्ययन की प्रकृति: पीएचडी स्तर पर 276 और परियोजना स्तर पर 134 अध्ययनों की जांच की गई। शिक्षक शिक्षा में सबसे अधिक खोजा गया क्षेत्र सेवा-पूर्व शिक्षा है, जिसमें 248 अध्ययन हैं, जबकि सेवाकालीन शिक्षा में 110 अध्ययन किए गए हैं। छत्तीस अध्ययनों ने सेवा-पूर्व और सेवा-पूर्व शिक्षा दोनों की जांच करने की कोशिश की है। शिक्षक शिक्षा को जिस स्तर (पूर्व-प्राथमिक, प्राथमिक, माध्यमिक, उच्चतर माध्यमिक, तकनीकी) पर आयोजित किया जाता है, वह अध्ययनों को समूहीकृत करने के लिए संदर्भ का एक और ढांचा प्रदान करता है।

2. कार्यप्रणाली: विभिन्न शोधकर्ताओं ने उनके द्वारा चुनी गई समस्या की प्रकृति के अनुसार अलग-अलग शोध प्रक्रियाओं का पालन किया। कुल शोध में क्रॉस-कल्चरल अध्ययन 40 प्रतिशत और अनुदैर्ध्य अध्ययन छह प्रतिशत हैं। अपनाई गई शोध की विभिन्न विधियों में से, लगभग 49 प्रतिशत को सर्वेक्षण अध्ययन, 26 प्रतिशत को प्रायोगिक, आठ प्रतिशत को केस स्टडी, नौ प्रतिशत को ऐतिहासिक और छह प्रतिशत को खोजपूर्ण अध्ययन के रूप में वर्गीकृत किया जा सकता है। अधिकांश अध्ययनों में, विभिन्न पाठ्यक्रमों के छात्रों और शिक्षकों ने उच्च शिक्षा के तहत अध्ययन किए गए नियंत्रित कारकों का गठन किया। शोधकर्ताओं ने विकासात्मक और मूल्यांकन अध्ययनों पर बहुत कम ध्यान दिया है। भविष्य के शिक्षक-शिक्षा कार्यक्रमों के लिए दिशानिर्देश प्रदान करने के लिए ऐसे अध्ययनों की आवश्यकता है।

3. शिक्षक शिक्षा के लिए प्रणाली दृष्टिकोण: शिक्षक शिक्षा को उनके द्वारा प्रणाली दृष्टिकोण के दृष्टिकोण से देखा गया है और अध्ययनों को संदर्भ-पूर्वानुमान-प्रक्रिया-उत्पाद अध्ययन के रूप में वर्गीकृत किया गया है।

शिक्षक शिक्षा अनुसंधान में अंतराल (Gaps in Teacher Education Research)

शिक्षक शिक्षा और स्कूली शिक्षा के संदर्भ में कई सवालों के जवाब दिए जाने की आवश्यकता है। क्या शिक्षकों की ज़रूरतों और कक्षा की चिंताओं की माँगें पूरी की जाती हैं? शिक्षकों को शिक्षण पेशे के बारे में अधिक स्वतंत्र, प्रेरित और आलोचनात्मक सोच उन्मुख कैसे बनाया जा सकता है? शिक्षक शिक्षा में ई-संसाधन सामग्री के उपयोग से शिक्षण अभ्यास को अधिक प्रभावी, अंतःक्रियात्मक, जीवंत और सार्थक कैसे बनाया जा सकता है? शिक्षक शिक्षा पाठ्यक्रम और स्कूली पाठ्यक्रम के बीच की खाई को कैसे पाटा जा सकता है?

शमशा इमैनुएल, एस. गायत्री और हितार्थ पंचाल (2005) ने शिक्षक शिक्षा पाठ्यक्रम में खामियों की पहचान की है। 'वाक्यांशशास्त्र' (phraseology) और 'कार्यान्वयन' (implementation) के बीच बहुत बड़ा अंतर है।

पूनम बत्रा की 'वॉयस ऑफ एजेंसी ऑफ टीचर' (2005: 4352) ने एनसीएफ (NCF) 2005 द्वारा परिकल्पित शिक्षक शिक्षा के दृष्टिकोण में कुछ अंतराल पाए हैं। 'सबसे पहले शिक्षक को एक ऐसे व्यक्ति के रूप में देखना, जिसे राजी करने और प्रशिक्षित करने की आवश्यकता है... उसे ऐसे शिक्षणशास्त्र को विकसित करने के लिए सशक्त बनाने के लिए उन्मुख किया जाना चाहिए, जो वर्ग, धर्म, क्षेत्र, समुदाय और लिंग के बावजूद सभी बच्चों के लिए सीखने के एक सचेत रूप से बनाए गए लोकतांत्रिक वातावरण के भीतर आलोचनात्मक सोच को बढ़ावा दे।' दूसरे, यह माना जाता है कि शिक्षक (आमतौर पर समरूप श्रेणी के रूप में निर्मित) सामाजिक-राजनीतिक संदर्भ से अलग-थलग रहते हैं, जो अलग-अलग पृष्ठभूमि के लोगों और बच्चों के बीच सक्रिय रूप से भेदभाव करता है और उन्हें एनसीएफ (NCF) के स्पष्ट नए परिप्रेक्ष्य को 'कार्यान्वित' करने के लिए सफलतापूर्वक 'उन्मुख' किया जा सकता है।

बंसल (2005) ने शिक्षक शिक्षा पाठ्यक्रम और स्कूल शिक्षा पाठ्यक्रम के बीच कुछ अंतर देखा है। उन्होंने शिक्षक शिक्षा पाठ्यक्रम में निम्नलिखित बिंदुओं की कमी पर विचार किया है

1. स्कूली विषयों के ज्ञान का अभाव
2. शैक्षणिक कमजोरी
3. तकनीकी संस्कृति और सांस्कृतिक विरासत के बीच समन्वय का अभाव
4. स्कूलों और शिक्षा की समस्याओं पर शोध का अभाव
5. स्कूलों और प्रशिक्षण संस्थानों में संसाधनों की कमी।

भारत में शिक्षक शिक्षा संस्थानों द्वारा 1998 के बाद किए गए अध्ययनों के शोध सारांशों पर खंड I और II में 19 क्षेत्रों में विभाजित 216 अध्ययन शामिल थे। ये खंड INTEL वेबसाइट www.educationinindia.net पर उपलब्ध हैं। एम.एस. यूनिवर्सिटी, बड़ौदा के गोयल, गोयल और माधवी ने भारत में शिक्षक शिक्षा संस्थानों द्वारा किए गए शोध अध्ययनों के सारांश संकलित किए हैं। वर्तमान खंड भारत में शिक्षक शिक्षा संस्थानों द्वारा 2005 के बाद किए गए शैक्षिक शोधों का सारांश और वर्गीकरण करने का प्रयास करता है। यह 23 क्षेत्रों में वर्गीकृत 120 शोध अध्ययनों के सारांश प्रस्तुत करता है। यह http://www.educationinindia.net/download/Research_Abstracts_Volume_3.pdf पर उपलब्ध है।

शिक्षक शिक्षा पर अनुभाग 15 में सूचीबद्ध अध्ययन तालिका 15.1 में दर्शाए गए हैं।

तालिका 15.1 शिक्षक शिक्षा में चयनित अध्ययनों का सर्वेक्षण—2000 के बाद

संख्या	विचार-विषय	शोधकर्ता	विश्वविद्यालय	वर्ष
1.	गुजरात राज्य के प्राथमिक विद्यालयों में शैक्षिक नवाचार: एक स्थिति सर्वेक्षण	अश्विन कुमार डी. त्रिवेदी	दक्षिण गुजरात विश्वविद्यालय, सूरत	2003
2.	शिक्षकों पर क्रिएटिविटी एप्रिसिएशन ट्रेनिंग प्रोग्राम (सीएटीपी) के प्रभाव का अध्ययन करना	मधुमिता रॉय	नागालैंड विश्वविद्यालय, कोहिमा	2004
3.	छात्रों द्वारा शिक्षकों का मूल्यांकन	श्रीरंग बाबूराव क्षीसागर	पुणे विश्वविद्यालय, पुणे	2006
4.	अलग-अलग स्कूल सेटिंग्स में आदिवासी छात्रों की सामाजिक-मीट्रिक स्थिति के संबंध में व्यक्तित्व लक्षण और अकादमिक उपलब्धि का अध्ययन	अशोक कुमार परिदा	कुरुक्षेत्र विश्वविद्यालय, कुरुक्षेत्र	2007
5.	पुर्तगाली गोवा में शिक्षक शिक्षा (1841-1961): एक ऐतिहासिक परिप्रेक्ष्य	रिचर्ड कैब्राल,	पुणे विश्वविद्यालय, पुणे	2007
6.	मुंबई में शिक्षक शिक्षा संस्थानों में प्रचलित प्रदर्शन मूल्यांकन प्रणाली द्वारा इंगित शिक्षक प्रशिक्षकों की शैक्षणिक जवाबदेही का एक अध्ययन	राजू तलरेजा	मुंबई विश्वविद्यालय, मुंबई	2008
7.	छात्र-शिक्षकों की भावनात्मक परिपक्वता बढ़ाने के लिए एक शैक्षिक कार्यक्रम को डिजाइन, विकसित और कार्यान्वित करना	अर्चना दत्ता	एम.एस. यूनिवर्सिटी ऑफ बड़ौदा, वडोदरा	2009
8.	सेवारत प्राथमिक विद्यालय के शिक्षकों के लिए विज्ञान शिक्षा में योग्यता आधारित पाठ्यक्रम विकसित करना	ज्ञानेन्द्र नाथ तिवारी	इलाहाबाद विश्वविद्यालय, इलाहाबाद	2009
9.	राजस्थान में डीआईईटी के मानव संसाधन विकास जलवायु का एक अध्ययन	जी. कामेश राव	एम.एस. यूनिवर्सिटी ऑफ बड़ौदा, वडोदरा	2009
10.	सहभागिता पूर्ण अध्यापक-शिक्षा कार्यक्रम के क्षेत्र तथा सविकास में प्रासंगिकता	प्रिया गुप्ता	बनस्थली विद्या-पीठ, राजस्थान	2009
11.	सेवा-पूर्व एवं सेवारत अध्यापकों के दैतवबोध एवं सामाजिक मूल्यों का एक समीक्षात्मक अध्ययन	संतोष कुमार सिंह, डॉ. आर.एम.एल.	अवध विश्वविद्यालय, फैजाबाद	2009

अनुसंधान के लिए भविष्य की दिशाएँ (Future Directions for Research)

पिछले तीन दशकों में, जैसे-जैसे सामाजिक विज्ञानों में नई शोध पद्धतियाँ और पद्धतियाँ विकसित हुई हैं, उन्हें सामान्य रूप से शैक्षिक शोध और विशेष रूप से शिक्षक शिक्षा में नियोजित किया गया है। शिक्षक शिक्षा में शोध के तरीकों ने अभी तक क्षेत्र की समस्याओं और संदर्भों और विकसित की जा रही शोध विधियों के बीच उसी तरह का गतिशील संबंध नहीं दिखाया है।

वेबसाइट http://www.aiaer.net/pdffiles/RESEARCHTOPICSINTEACHERED-UCATION.pdf में उल्लिखित शोध विषयों की सूची शिक्षक प्रशिक्षकों और शिक्षक शिक्षा के शोधकर्ताओं के अवलोकन के लिए विकसित की गई है। जिन क्षेत्रों में सुझाए गए विषय सूचीबद्ध किए गए हैं वे इस प्रकार हैं: 1. छात्र शिक्षक और स्कूल शिक्षक; 2. शिक्षक प्रशिक्षक; 3. शिक्षक शिक्षा पाठ्यक्रम; 4. शिक्षक शिक्षा का प्रबंधन; 5. छात्र शिक्षकों के प्रदर्शन का मूल्यांकन; 6. प्रवेश प्रक्रिया; 7. प्रयोगशाला/पूर्व-अभ्यास शिक्षण तैयारी; 8. नवाचार; 9. अभ्यास शिक्षण, प्रशिक्षण और क्षेत्र के अनुभव; 10. पर्यवेक्षण; 11. प्रयोगशाला/प्रदर्शन/व्यावसायिक विकास स्कूल; 12. शिक्षक शिक्षा संस्थानों का जुड़ाव और दूसरों के साथ उनका जुड़ाव; 13. सेवाकालीन और प्रेरण प्रोग्राम; 14. लिंग मुद्दे; और 15. तकनीक और शिक्षक शिक्षा।

शिक्षण प्रक्रिया और शिक्षक व्यवहार (Teaching Process and Teacher Behaviour)

शिक्षक शिक्षा में संगठन और व्यवहार पर शोध ने अपना ध्यान मुख्य रूप से इस बात पर केंद्रित किया है कि शिक्षकों को वह सब कैसे सिखाया जाए जो उन्हें छात्रों के सीखने को सकारात्मक रूप से प्रभावित करने के लिए सीखने की आवश्यकता है। शोध की इस पंक्ति का एक पहलू शिक्षक व्यवहार और तकनीकों की पहचान करने का प्रयास करता है जिन्हें छात्रों के समूहों के साथ सबसे अधिक प्रभावी दिखाया जा सकता है। हालाँकि यह शोध सीधे शिक्षक शिक्षा पर शोध नहीं है, लेकिन इसने उन रणनीतियों की पहचान करने का आधार बनाया है जिनका उपयोग शिक्षक शिक्षा सामग्री और प्रक्रियाओं को व्यवस्थित करने के लिए किया जा सकता है और शोध कार्यक्रम जिसका उपयोग उनकी प्रभावशीलता का आकलन करने के लिए किया जा सकता है।

चित्र 15.2 शिक्षण प्रक्रिया और विचारणीय बिन्दुओं को दर्शाता है।

भविष्य के शोध अध्ययनों में निम्नलिखित विशिष्ट क्षेत्रों पर ध्यान दिया जा सकता है:

1. संज्ञानात्मक और सामाजिक कार्यों में व्यक्तिगत अंतर के स्रोत, और ये अंतर पाठ्यचर्या की मांगों को कैसे प्रभावित करते हैं।
2. शिक्षकों को समस्या समाधानकर्ता बनने के लिए मार्गदर्शन कैसे दिया जाए, यह सिखाकर कि कक्षा के संदर्भ में विकासात्मक मुद्दे किस प्रकार विद्यालय के प्रदर्शन और व्यवहार को प्रभावित करते हैं।
3. बच्चों पर बढ़ती मांगों का प्रभाव तथा किस प्रकार जटिल होता सूचना वातावरण अनुशासन जैसे कार्यों को प्रभावित करता है।

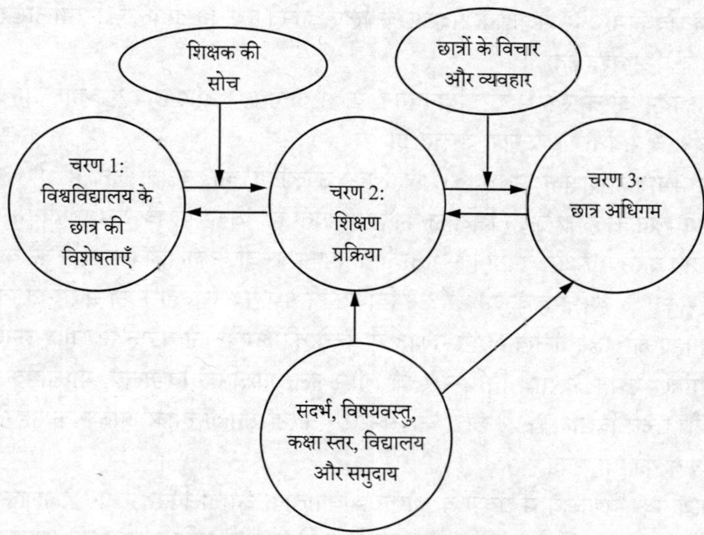

चित्र 15.2 शिक्षण प्रक्रिया— इसमें शामिल चर।

4. संज्ञानात्मक विकास की अधिक व्यवस्थित समझ, उदाहरण के लिए यह समझना कि भाषा क्षमताएं पारस्परिक संबंधों में किस प्रकार भूमिका निभाती हैं।
5. भावनात्मक परिपक्वता से संबंधित अनुसंधान; विशेष रूप से ऐसे अध्ययन जिनमें छात्रों को भावनाओं को नियंत्रित करना सिखाने में शिक्षकों की भूमिका पर अनुसंधान शामिल है, तथा जो शिक्षकों को समस्यात्मक व्यवहार को भावना नियंत्रण की विफलता के रूप में देखने में मदद करने के लिए डिजाइन किए गए हस्तक्षेपों की प्रभावशीलता का परीक्षण करते हैं।
6. समावेशी शिक्षा पर अध्ययन, जिसमें उन तरीकों पर ध्यान दिया जाता है जिनसे विशेष शिक्षा स्कूल में बच्चे के आराम के स्तर को सुविधाजनक बनाने में महत्वपूर्ण भूमिका निभा सकती है, जिससे व्यवहार में सुधार हो सकता है, और बच्चे को स्कूल के माहौल में अधिक व्यस्त रहने और सीखने के लिए उपलब्ध होने में मदद मिल सकती है।
7. उन कार्यक्रमों का मूल्यांकन जो स्कूलों में मानसिक स्वास्थ्य सेवाएं लाते हैं—विशेष रूप से उन कार्यक्रमों का जिनमें बच्चों के जीवन में बहुत अधिक तनाव होता है और मानसिक स्वास्थ्य प्रदाताओं तक उनकी पहुंच बहुत कम होती है।

संबंध और शैक्षणिक उपलब्धि (Relationships and Academic Achievement)

भावनात्मक और शैक्षणिक योग्यता दोनों के उद्भव में सामाजिक संबंधों के प्रभाव पर विशेष शोध जोर दिया जाना चाहिए। यह हो सकता है कि शिक्षकों और साथियों के साथ स्वस्थ, सहायक संबंध भावनात्मक योग्यता और, समकालीन या बाद में, कक्षा में शैक्षणिक जुड़ाव दोनों को बढ़ावा दे सकते हैं। रिश्तों का यह बढ़ाने वाला प्रभाव विशेष रूप से निम्न सामाजिक-आर्थिक पृष्ठभूमि वाले बच्चों के लिए महत्वपूर्ण हो सकता है, जिनमें परिवार और पड़ोस के तनाव अधिक हो सकते हैं। हालाँकि, जो शिक्षक अपनी खुद की भावना नियंत्रण समस्याओं का अनुभव करते हैं और भावनाओं की खराब समझ रखते हैं, वे अस्थिर और अप्रत्याशित कक्षा का माहौल बना सकते हैं जो बच्चों

के भावनात्मक विकास और शैक्षणिक प्रदर्शन के लिए हानिकारक है। इसलिए, निम्नलिखित क्षेत्रों में अधिक शोध की आवश्यकता है:

1. अध्ययन जो वयस्क भावना विनियमन, कक्षा वातावरण और छात्र व्यवहार और उपलब्धि के बीच संबंधों पर प्रकाश डालते हैं।
2. अभिभावक-शिक्षक संबंध जो शैक्षगिक उपलब्धि को बढ़ावा देते हैं; ऐसे शोध की आवश्यकता है जो कक्षा शिक्षकों को माता-पिता को विकासात्मक रूप से उपयुक्त जानकारी प्रदान करने में सक्षम बनाए कि माता-पिता अपने बच्चों के शैक्षणिक प्रदर्शन को कैसे बढ़ावा दे सकते हैं। इस तरह के शोध में उन विशिष्ट अभिभावक व्यवहारों को संबोधित किया जाना चाहिए जो पढ़ने, लिखने और गणित में बच्चे की क्षमता को बढ़ाते हैं। शोध अनुदैर्ध्य होना चाहिए, समय के साथ विभिन्न स्तरों (प्री-स्कूल, प्राथमिक विद्यालय, माध्यमिक विद्यालय और उच्च विद्यालय) पर छात्रों का अनुसरण करना चाहिए ताकि आवश्यक गहन जानकारी एकत्र की जा सके।
3. प्राथमिक विद्यालय में प्रवेश के दौरान भावनात्मक क्षमता किस प्रकार शैक्षणिक सफलता में परिवर्तित होती है, यह निर्धारित करने के लिए और अधिक शोध की आवश्यकता है।
4. सामाजिक-भावनात्मक और शैक्षणिक क्षमता दोनों को लक्षित करने वाले रोकथाम कार्यक्रमों की जांच के लिए अधिक अनुप्रयुक्त अनुसंधान की आवश्यकता है।

संस्कृति, विकास और उपलब्धि (Culture, Development and Achievement)

1. शहरी स्कूल जिलों में काम करने वाले शिक्षक किस प्रकार निम्न आय वाले छात्रों के घर पर अनुभवों और जिम्मेदारियों की गहन समझ से लाभान्वित हो सकते हैं, तथा किस प्रकार ये स्कूल में छात्रों के व्यवहार और उपलब्धि को प्रभावित करते हैं।
2. शहरी और ग्रामीण स्कूलों में छात्रों के अनुभवों और परिणामों में भिन्नताओं को उजागर करने वाले अध्ययन, तथा यह कि शिक्षक किस प्रकार विविध आवश्यकताओं और शक्तियों वाले छात्रों के विविध समूहों के साथ प्रभावी ढंग से काम करने के लिए तैयार हो सकते हैं।
3. अध्ययन बच्चों की शिक्षा में माता-पिता की भागीदारी के महत्व के साथ-साथ स्कूलों को बेहतर बनाने के प्रयासों पर ध्यान केंद्रित करते हैं। इसका तात्पर्य उन प्रक्रियाओं पर अधिक ध्यान देना है जिनके द्वारा माता-पिता, शिक्षक और बच्चे एक समुदाय के रूप में एक साथ काम कर सकते हैं और एक साथ सीख सकते हैं।
4. शिक्षक शिक्षा अनुसंधान के ऐतिहासिक और तुलनात्मक आयामों को समर्थन की आवश्यकता है। अर्थव्यवस्था और संस्कृति के वैश्वीकरण के विस्तार के संदर्भ में, शोधकर्ताओं को ऐसी शोध रणनीतियों को अपनाने की आवश्यकता है जो शिक्षक शिक्षा के विभिन्न संदर्भों को समझने में सहायता करेंगी।
5. शिक्षकों की तैयारी के लिए शैक्षणिक फोकस मुख्य रूप से बच्चों और किशोरों के विकास पर शोध को समझने की ओर निर्देशित किया गया है ताकि शिक्षकों के व्यवहार को प्रोग्राम किया जा सके। अब, स्कूली शिक्षा के बदलते परिदृश्य को देखते हुए, वर्तमान फोकस शिक्षकों के ज्ञान और समझ को बढ़ाने पर स्थानांतरित होना चाहिए ताकि वे विशेष बच्चों, कक्षाओं और स्कूलों के बारे में अपने निर्णय ले सकें। विभिन्न छात्र आबादी और उनके

परिणामों पर कक्षा प्रक्रियाओं के प्रभाव को स्वीकार करने की दिशा में पारंपरिक सोच से दूर प्रतिमान बदलाव का अध्ययन करने की आवश्यकता है।

निष्कर्ष (Conclusion)

कोविड-19 के कारण लगाए गए लॉकडाउन ने पारंपरिक स्कूली शिक्षा को बाधित किया है और पूरे देश में स्कूल बंद कर दिए गए हैं। इस अवधि के दौरान स्कूलों और शिक्षकों ने सीखने की निरंतरता बनाए रखने के लिए बहादुरी से प्रयास किया है। छात्रों को इंटरनेट, स्मार्ट फोन, टेलीविजन या रेडियो के माध्यम से दूरस्थ रूप से सीखना जारी रखने के लिए अपने स्वयं के संसाधनों पर अधिक निर्भर रहना पड़ा है। शिक्षकों को नई शैक्षणिक अवधारणाओं और शिक्षण के तरीकों को सीखने के लिए प्रेरित किया गया। शिक्षकों को एक विविध छात्र आबादी को ध्यान में रखना पड़ा, जिसमें सबसे हाशिए के समूहों में से कुछ शिक्षार्थी डिजिटल शिक्षण संसाधनों तक पहुँच नहीं रखते हैं और उनके पीछे छूट जाने का खतरा है। अधिकांश स्कूली बच्चों में सभी क्षेत्रों में सीखने की कमी स्पष्ट है। इन कमियों को भरने के लिए शोध आज की जरूरत है।

भविष्य में निस्संदेह शिक्षण समुदाय के सामने बहुत सी चुनौतियाँ होंगी, जिनका सामना करना होगा। "सीखें, भूलें, फिर से सीखें" चक्र निश्चित रूप से लागू होना चाहिए।

अध्याय 16

क्रियात्मक अनुसंधान (Action Research)

कोई भी वास्तविक दर्शन हमें कर्म की ओर ले जाता है, और कर्म से पुनः आश्चर्य की ओर, रहस्य के स्थायी तथ्य की ओर ले जाता है।

— **हेनरी मिलर**

परिचय (Introduction)

क्रियात्मक अनुसंधान (Action Research) किसी भी सामाजिक परिस्थिति में पेशेवर जांच के लिए एक व्यावहारिक दृष्टिकोण है। पेशेवर अभ्यास का शिक्षण होना ज़रूरी नहीं है: यह स्कूल या कॉलेज में प्रबंधन या प्रशासन हो सकता है, या यह किसी असंबंधित क्षेत्र में हो सकता है, जैसे कि चिकित्सा या सामाजिक सेवाएँ। पेशेवर जांच का संदर्भ बदल सकता है, लेकिन क्रियात्मक अनुसंधान में शामिल सिद्धांत और प्रक्रियाएँ अभ्यास की प्रकृति की परवाह किए बिना समान हैं।

शिक्षा में क्रियात्मक अनुसंधान शिक्षकों के कामकाजी जीवन पर आधारित है, जैसा कि वे अनुभव करते हैं। जैसा कि इसके नाम से पता चलता है, क्रियात्मक अनुसंधान कर्ताओं से संबंधित है—वे लोग जो दिन-प्रतिदिन अपने पेशेवर कार्यों को अंजाम देते हैं—और इसका उद्देश्य उन कार्यों को समझना और सुधारना है। यह किसी और के अभ्यास पर आधारित है।

सुधार की धारणा को बाहर से देखने पर समस्या हो सकती है। एक व्यक्ति का सुधार दूसरे व्यक्ति के लिए पेशेवर कार्रवाई को अंदर से समझने की कोशिश हो सकती है; परिणामस्वरूप, यह शोध है जो चिकित्सकों द्वारा अपने स्वयं के अभ्यास पर किया जाता है, न कि (जैसा कि शोध के अन्य रूपों में होता है), गिरावट द्वारा किया जाता है। यह व्यक्ति के दृष्टिकोण को रेखांकित करने वाले विश्वासों और मूल्यों पर निर्भर करता है। अभ्यास चिकित्सकों के इरादों, मूल्यों और विश्वासों और उस स्थिति पर निर्भर करता है जिसमें उन तत्वों को आकार दिया जाता है। बच्चे, छात्र, कक्षाएँ और कॉलेज सभी अलग-अलग होते हैं, साथ ही प्रबंधन संरचनाएँ, कार्य योजनाएँ, पाठ्यक्रम कार्यक्रम और मूल्यांकन प्रक्रियाएँ भी अलग-अलग होती हैं जो उन पर संरचना लागू करती हैं। क्रियात्मक अनुसंधान के माध्यम से शैक्षिक अनुसंधान ऐसी समझ पैदा नहीं करता है जिसमें सार्वभौमिक सत्य हो; यह यहाँ और अभी के बारे में है—यह समझना कि वर्तमान शिक्षण स्थिति को बेहतर बनाने के लिए क्या किया जा सकता है। क्रियात्मक अनुसंधान अभ्यास के बारे में सामान्यीकरण पैदा कर

सकता है, लेकिन ऐसे सामान्यीकरण समझ की व्यापक खोज का ही हिस्सा हैं। वे वर्तमान शिक्षण स्थिति की आकस्मिकताओं से परे सीधे लागू नहीं होते हैं।

चित्र 16.1 में क्रियात्मक अनुसंधान के चरणों को आम भाषा में दर्शाया गया है।

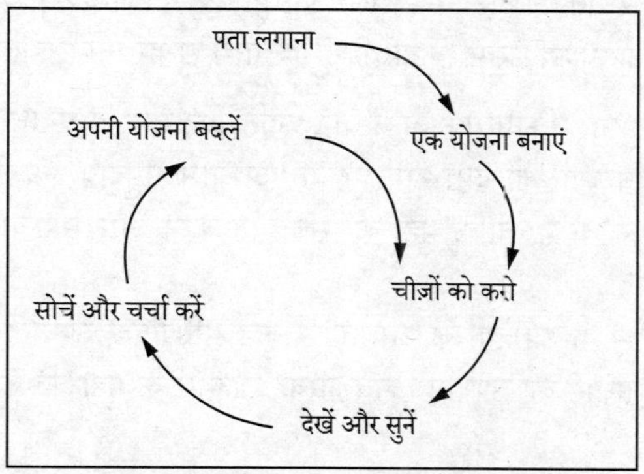

चित्र 16.1 क्रियात्मक अनुसंधान के चरण।

क्रियात्मक अनुसंधान की परिभाषाएँ (Definitions of Action Research)

कोलंबिया विश्वविद्यालय के टीचर्स कॉलेज के स्टीफन कोरी शिक्षा के क्षेत्र में क्रियात्मक अनुसंधान का उपयोग करने वाले पहले लोगों में से थे। उनका मानना था कि शिक्षा में वैज्ञानिक पद्धति बदलाव लाएगी क्योंकि शिक्षक शोध और सूचना के अनुप्रयोग दोनों में शामिल होंगे। वह प्रक्रिया जिसके द्वारा व्यवसायी अपने निर्णयों और कार्यों को निर्देशित करने, सुधारने और उनका मूल्यांकन करने के लिए वैज्ञानिक रूप से अपनी समस्याओं का अध्ययन करने का प्रयास करते हैं, उसे कई लोगों ने क्रियात्मक अनुसंधान कहा है।

- क्रियात्मक अनुसंधान में शिक्षकों की अपनी कक्षाओं में समस्याओं में भागीदारी पर जोर दिया जाता है और इसका प्राथमिक लक्ष्य शिक्षा के क्षेत्र में सामान्य ज्ञान प्राप्त करने के बजाय शिक्षक का सेवाकालीन प्रशिक्षण और विकास करना होता है। (बोर्ग, 1965, पृ. 313)
- क्रियात्मक अनुसंधान प्रतिभागियों [उदाहरण के लिए शिक्षक, छात्र या प्रिंसिपल] द्वारा सामाजिक [शैक्षणिक सहित] स्थितियों में की गई आत्म-चिंतनशील जांच का एक रूप है, जिसका उद्देश्य [क] उनकी अपनी सामाजिक या शैक्षिक प्रथाओं की तर्कसंगतता और न्याय में सुधार करना है, [ख] इन अभ्यास की उनकी समझ, और [ग] वे स्थितियाँ [और संस्थान] जिनमें ये अभ्यास किए जाते हैं (कैर और केमिस [1986])।

  कैर और केमिस (1986) का क्रियात्मक अनुसंधान का विवरण इस प्रकार है:

  (क) अभ्यास में सुधार

  (ख) अभ्यास की समझ में सुधार।

  (ग) उस स्थिति में सुधार जिसमें अभ्यास किया जाता है।

  इस प्रकार क्रियात्मक अनुसंधान का उपयोग निम्नलिखित के लिए किया जा सकता है:

  (क) अपने स्वयं के अभ्यास को समझना।

(ख) अपने अभ्यास को बेहतर कैसे बनाया जाए, यह समझें।

(ग) समझें कि अपने अभ्यास में बाहरी परिवर्तन को कैसे समायोजित किया जाए।

(घ) अपने अभ्यास को बेहतर बनाने के लिए बाहरी बदलाव कैसे करें, यह समझें।

- एक सामाजिक स्थिति का अध्ययन, जिसमें प्रतिभागियों को शोधकर्ता के रूप में शामिल किया जाता है, जिसका उद्देश्य उसमें क्रिया की गुणवत्ता में सुधार करना होता है (सोमेख, 1989)।

विकिपीडिया के अनुसार, क्रियात्मक अनुसंधान प्रगतिशील समस्या समाधान की एक चिंतनशील प्रक्रिया है, जिसका नेतृत्व व्यक्तियों द्वारा टीमों में या "अभ्यास समुदाय" के हिस्से के रूप में दूसरों के साथ मिलकर किया जाता है, ताकि मुद्दों को संबोधित करने और समस्याओं को हल करने के तरीके में सुधार हो सके।

क्रियात्मक अनुसंधान के उपयोगों के आधार पर कुछ परिभाषाएँ उपयोगी साबित होंगी।

- क्रियात्मक अनुसंधान का उपयोग व्यावहारिक, रोज़मर्रा के मुद्दों की जाँच के लिए किया जा सकता है:
- क्रियात्मक शोध शिक्षकों द्वारा अनुभव की जाने वाली रोजमर्रा की समस्याओं की जांच करता है (इलियट, 1981)।
- आपको बस एक सामान्य विचार की आवश्यकता है कि कुछ सुधार किया जा सकता है (केमिस और मैकटैगार्ट, 1982)।
- मुझे तब समस्या का अनुभव होता है जब मेरे व्यवहार में मेरे कुछ शैक्षिक मूल्यों को नकार दिया जाता है (व्हाइटहेड, 1985)।

इस प्रकार क्रियात्मक अनुसंधान, अनुसंधान के लिए एक उपकरण के रूप में क्रिया का उपयोग करके क्रिया पर अनुसंधान है। इसमें अभ्यास में नियोजित परिवर्तन की सावधानीपूर्वक निगरानी शामिल है। यह निर्णय लिया जाता है कि कोई विशेष क्रिया या तो सुधार ला सकती है या शिक्षण स्थिति की प्रकृति के बारे में जानकारी प्रदान कर सकती है। इस प्रकार क्रिया को अनुसंधान उपकरण के रूप में उपयोग किया जाता है। दृष्टिकोण में क्रिया और अनुसंधान दोनों तत्व समान रूप से प्रमुख हैं।

क्रियात्मक अनुसंधान के प्रकार (Types of Action Research)

क्रियात्मक अनुसंधान के विभिन्न प्रकार हैं (चित्र 16.2) जो इसमें शामिल प्रतिभागियों पर निर्भर करता है। शोध की योजना में एक शिक्षक द्वारा अपनी कक्षा में किसी मुद्दे की जांच करना, शिक्षकों का एक समूह एक सामान्य समस्या पर काम करना, या शिक्षकों और अन्य लोगों की एक टीम शामिल हो सकती है जो स्कूल या जिले भर में किसी मुद्दे पर ध्यान केंद्रित करती है।

1. **व्यक्तिगत शिक्षक शोध** आमतौर पर कक्षा में एक ही मुद्दे पर केंद्रित होता है। शिक्षक कक्षा प्रबंधन, निर्देशात्मक रणनीतियों, सामग्री के उपयोग या छात्र सीखने की समस्याओं के समाधान की तलाश कर सकता है। शिक्षकों को अपने पर्यवेक्षक या प्रिंसिपल, उनके द्वारा लिए जा रहे पाठ्यक्रम के प्रशिक्षक या माता-पिता का समर्थन मिल सकता है। समस्या वह है जिसके बारे में शिक्षक का मानना है कि यह उसकी कक्षा में स्पष्ट है और जिसे व्यक्तिगत आधार पर संबोधित किया जा सकता है। शोध तब ऐसा हो सकता है कि शिक्षक

डेटा एकत्र करे या छात्र भागीदारी को देखे। व्यक्तिगत शोध की कमियों में से एक यह है कि इसे दूसरों के साथ साझा नहीं किया जा सकता है जब तक कि शिक्षक संकाय बैठक में निष्कर्ष प्रस्तुत करने, किसी सम्मेलन में औपचारिक प्रस्तुति देने या किसी सूची सर्वर, पत्रिका या समाचार पत्र में लिखित सामग्री प्रस्तुत करने का विकल्प न चुन ले।

2. **सहयोगात्मक क्रियात्मक अनुसंधान** में कम से कम दो शिक्षक या कई शिक्षकों का समूह और अन्य लोग शामिल हो सकते हैं जो कक्षा या विभाग के मुद्दे को संबोधित करने में रुचि रखते हैं। यह मुद्दा एक कक्षा या कई कक्षाओं द्वारा साझा की गई एक आम समस्या से जुड़ा हो सकता है।

3. **स्कूल-व्यापी शोध** सभी के लिए समान मुद्दों पर केंद्रित है। उदाहरण के लिए, किसी स्कूल को गतिविधियों में माता-पिता की भागीदारी की कमी के बारे में चिंता हो सकती है, और वह अधिक से अधिक माता-पिता तक पहुँचने के लिए उन्हें सार्थक तरीकों से शामिल करने का तरीका खोज रहा है। या, स्कूल अपने संगठनात्मक और निर्णय लेने वाले ढाँचों को संबोधित करना चाह रहा हो सकता है। स्कूल के कर्मचारियों की टीमें मिलकर सवाल को कम करने, डेटा इकट्ठा करने और उसका विश्लेषण करने और कार्रवाई की योजना तय करने के लिए काम करती हैं।

4. **जिला-व्यापी शोध** कहीं अधिक जटिल है और इसमें अधिक संसाधनों का उपयोग होता है, लेकिन इसके परिणाम बहुत अच्छे हो सकते हैं। मुद्दे संगठनात्मक, समुदाय-आधारित, प्रदर्शन-आधारित या निर्णय लेने की प्रक्रिया हो सकते हैं। एक जिला कई स्कूलों या केवल एक स्कूल के लिए आम समस्या को संबोधित करने का विकल्प चुन सकता है।

	व्यक्तिगत शिक्षक अनुसंधान	*सहयोगात्मक क्रियात्मक अनुसंधान*	*स्कूल-व्यापी क्रियात्मक अनुसंधान*	*जिले-व्यापी क्रियात्मक अनुसंधान*
फ़ोकस	एकल कक्षा मुद्दा	एकल कक्षा या कई कक्षाए सामान्य समस्या के साथ	स्कूल का मुद्दा, समस्या, या सामूहिक क्षेत्र हित	जिले का मुद्दा संगठनात्मक संरचनाएं
संभावी समर्थन की जरूरत	कोच/संरक्षक प्रौद्योगिकी तक पहुंच, डेटा संचायन के साथ सहायता और विश्लेषण	स्थानापन्न शिक्षक रिलीज का समय व्यवस्थापकों के साथ लिंक बंद करना	स्कूल का संकल्प नेतृत्व सूचना बाहरी भागीदार	जिला संकल्प सुविधा रिकॉर्डर संचार बाहरी भागीदार
संभावित प्रभाव	पाठ्यक्रम निर्देश मूल्यांकन	पाठ्यक्रम निर्देशन मूल्यांकन नीति	स्कूल पुनर्गठन और परिवर्तन को प्रभावित करने की क्षमता पॉलिसी माता-पिता की भागीदारी कार्यक्रमों का मूल्यांकन	संसाधनों का आवंटन व्यावसायिक विकास गतिविधियाँ संगठनात्मक संरचना नीति
दुष्प्रभाव	डेटा द्वारा सूचित अभ्यास जानकारी हमेशा साझा नहीं की जाती है	बेहतर कॉलेजियम भागीदारी का निर्माण	बेहतर कॉलेजियम, सहयोग और संचार टीम निर्माण प्रक्रिया पर असहमति	बेहतर कॉलेजियम सहयोग और संचार टीम निर्माण प्रक्रिया पर असहमति साझा दृष्टि

चित्र 16.2 क्रियात्मक अनुसंधान के प्रकार।

क्रियात्मक अनुसंधान चक्र ((Action Research Cycle))

इसलिए, सरलतम स्तर पर, क्रियात्मक अनुसंधान में योजना, कार्रवाइ, निगरानी और चिंतन का एक चक्र शामिल होता है (चित्र 16.3)।

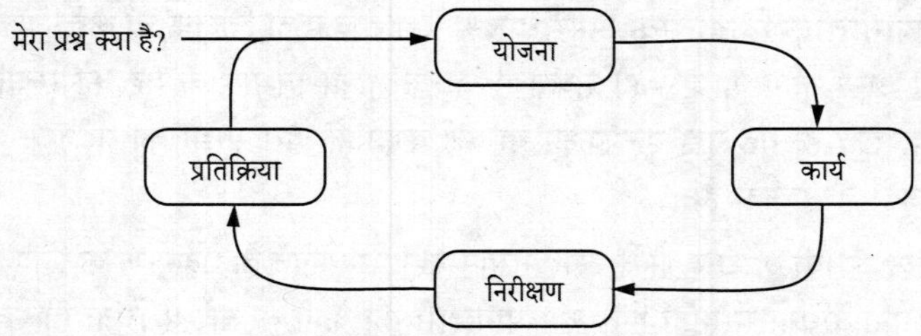

चित्र 16.3 सरल क्रियात्मक अनुसंधान चक्र।

चित्र 16.4 संपूर्ण चार-चरणीय क्रियात्मक अनुसंधान चक्र की व्याख्या करता है। क्रियात्मक अनुसंधान प्रक्रिया आमतौर पर शिक्षक या छात्रों द्वारा उठाए गए किसी प्रश्न या अवलोकन से शुरू होती है, जो किसी मुद्दे, समस्या या कठिनाई के बारे में होती है जिसका सामना उनमें से कुछ या सभी ने अपने सीखने में किया है। वैकल्पिक रूप से, एक शिक्षक उन क्रियाओं को देखना चाह सकता है जो कुछ छात्रों के साथ सफल रही हैं ताकि इसे अन्य छात्रों तक बढ़ाया जा सके। यह चक्र तब तक जारी रहता है जब तक शिक्षक प्रश्न की जांच करने के तरीकों पर निर्णय नहीं ले लेता। इसमें छात्रों से फीडबैक के रूप में या उनके काम के अवलोकन के माध्यम से डेटा संग्रह शामिल होगा।

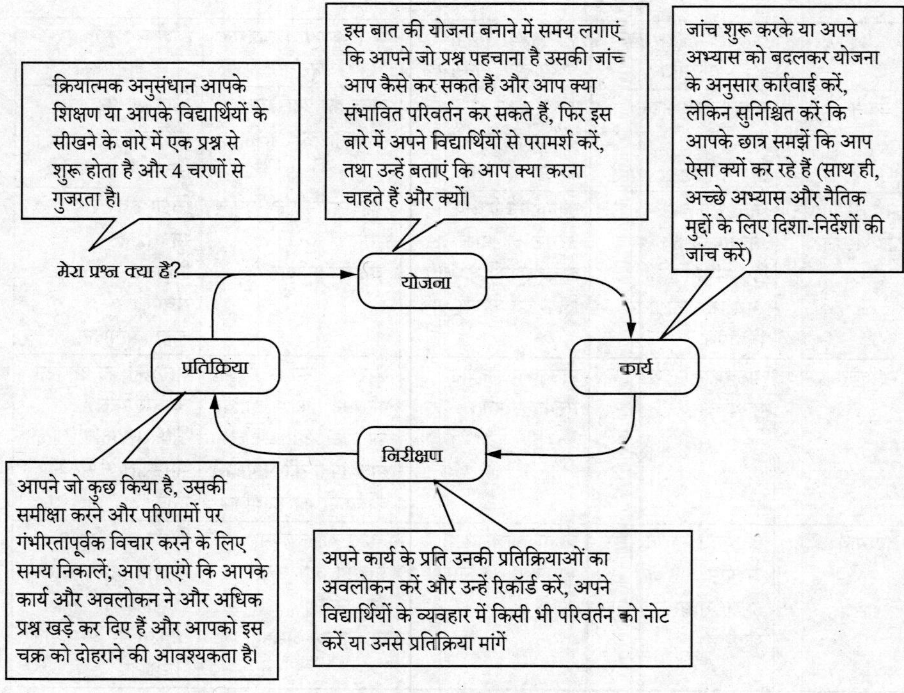

चित्र 16.4 चार चरणीय क्रियात्मक अनुसंधान चक्र।

यह प्रक्रिया कभी-कभार ही एक सरल चक्र होती है, बल्कि यह एक सर्पिलाकार होती है: शिक्षक के कार्य और निष्कर्षों पर चिंतन, जो एक अन्य प्रश्न और आगे की कार्रवाई की ओर ले जाता है, आमतौर पर अभ्यास में परिवर्तन, जो बदले में आगे की खोज और पढ़ाने के तरीके तथा छात्रों के सीखने के तरीके की बेहतर समझ की ओर अग्रसर होता है, जैसा कि चित्र 16.5 में दर्शाया गया है।

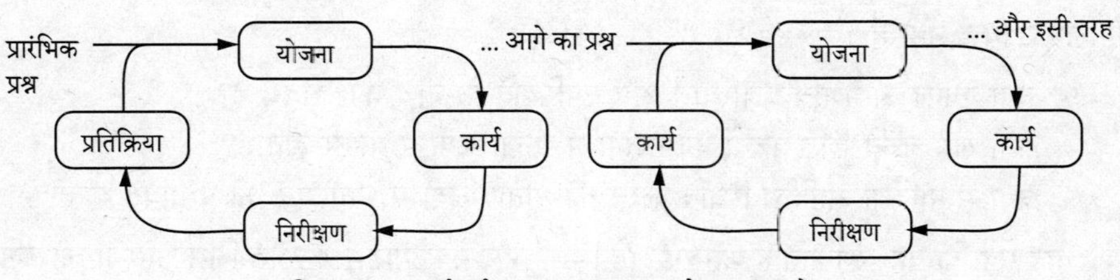

चित्र 16.5 कार्रवाई अनुसंधान चक्र आगे बढ़ रहा है।

क्रियात्मक अनुसंधान के चरण (Steps in Action Research)

चित्र 16.6 दर्शाता है कि क्रियात्मक अनुसंधान केवल अनुसंधान के बारे में नहीं है, बल्कि क्रिया के बारे में भी है।

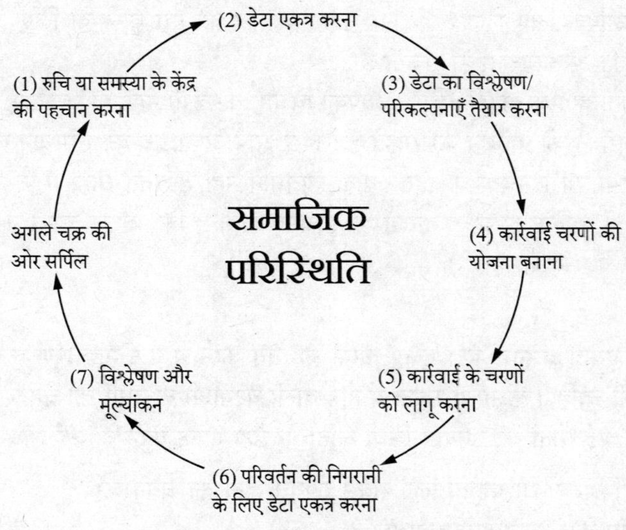

चित्र 16.6 क्रियात्मक अनुसंधान।
(*स्रोत:* मैकब्राइड (1989) में सोमेख से अनुकूलित प्रक्रिया।

***चरण 1*—समस्या की पहचान:** शिक्षकों के पास अक्सर कई प्रश्न होते हैं जिनकी वे जांच करना चाहते हैं; हालाँकि, यह महत्वपूर्ण है कि प्रश्न को ऐसे प्रश्न तक सीमित रखा जाए जो उनके दैनिक कार्य की सीमाओं में सार्थक और संभव हो। इस पहले चरण में सावधानीपूर्वक योजना बनाने से गलत शुरुआत और निराशा सीमित हो जाएगी। किसी समस्या पर "शोध" करने में समय और प्रयास लगाने से पहले विचार करने के लिए कई मानदंड हैं।

प्रश्न चुनने में एक महत्वपूर्ण दिशा-निर्देश यह पूछना है कि क्या यह ऐसा कुछ है जिस पर शिक्षक का प्रभाव है। क्या यह ऐसा कुछ है जो दिलचस्प है और जो समय और प्रयास खर्च करने लायक है?

समस्या को परिभाषित करना और सीमांकित करना

ऐसा क्षेत्र चुनना महत्वपूर्ण है जिसके बारे में आप कुछ कर सकते हैं। कुछ प्रश्न क्रियात्मक अनुसंधान के लिए उपयुक्त नहीं हैं:

- क्या एकल अभिभावक परिवारों और उपस्थिति के बीच कोई संबंध है?
- क्या लंबे बच्चे छोटे बच्चों की तुलना में भाला फेंक में बेहतर होते हैं?
- क्या सामाजिक-आर्थिक स्थिति क्लब की गतिविधियों में भागीदारी को प्रभावित करती है?

याद रखें कि यह 'रणनीतिक कार्रवाई' (केम्मिस और मैकटैगार्ट 1982) है जिसे समस्या को हल करने के लिए इस्तेमाल किया जा सकता है जो शिक्षण को प्रभावित करने वाले कारकों में अंतर्दृष्टि प्रदान करेगी।

किसी विषय पर ध्यान केंद्रित करना

विषय चयन के स्वर्णिम नियम

- इसे प्रबंधनीय रखें—फोकस छोटे स्तर पर रखें।
- यह आपके लिए दिलचस्प होना चाहिए—जांच को पूरा करने के लिए आपको कुछ धैर्य की आवश्यकता हो सकती है!
- यह व्यावहारिक होना चाहिए—आपको विचारों की कमी नहीं होनी चाहिए, बल्कि आप उन तरीकों की पहचान कर सकते हैं जिनसे आप अपने प्रश्न का समाधान कर सकते हैं।
- यह सामान्य दिनचर्या में बहुत ज़्यादा व्यवधान नहीं डालता। (यहाँ सिर्फ़ अपने बारे में ही नहीं, बल्कि दूसरों के बारे में भी सोचना ज़रूरी है कि आपके कामों से उन पर क्या असर पड़ सकता है।)

***चरण 2*—डेटा एकत्र करना:** डेटा एकत्र करना यह तय करने में एक महत्वपूर्ण कदम है कि क्या कार्रवाई की जानी चाहिए। कक्षा या स्कूल में होने वाली घटनाओं के दायरे को बेहतर ढंग से समझने के लिए डेटा के कई स्रोतों का उपयोग किया जाता है। डेटा एकत्र करने के कई साधन हैं:

1. शोध किए जा रहे मुद्दे के लिए सबसे उपयुक्त डेटा का चयन करें
   - क्या डेटा एकत्र करना आसान है?
   - क्या ये स्रोत उपयोग के लिए आसानी से उपलब्ध हैं?
   - संग्रह कितना संरचित और व्यवस्थित होगा?
2. कार्रवाई के आधार के लिए डेटा के कम से कम तीन स्रोतों (त्रिकोणीयकरण) का उपयोग करें (चित्र 16.7)।
3. डेटा को इस तरह व्यवस्थित करें कि वह रुझानों और विषयों की पहचान करने में उपयोगी हो।
4. डेटा को लिंग, कक्षा, ग्रेड स्तर, स्कूल आदि के आधार पर व्यवस्थित किया जा सकता है।

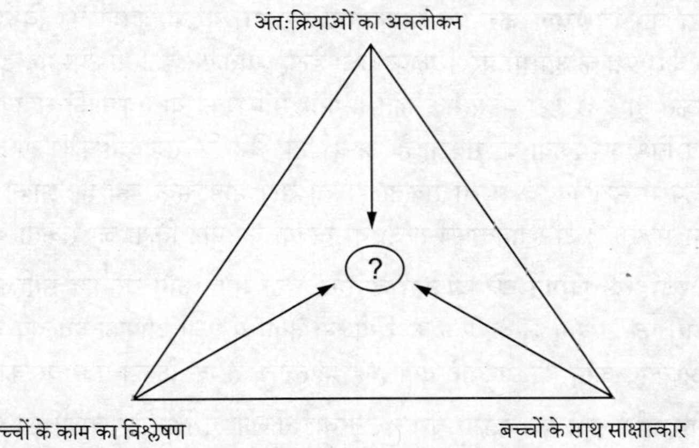

चित्र 16.7 त्रिकोणीकरण का सिद्धांत।

डेटा के स्रोत (Sources of data)

पत्रिकाओं	परियोजनाओं, प्रदर्शन
व्यक्तिगत फ़ाइलें	साक्षात्कार
बैठकों के लॉग	पोर्टफोलियो
वीडियो टेप	डायरी
मामले का अध्ययन	फ़ील्ड नोट्स
सर्वेक्षण	ऑडियो टेप
रिकॉर्ड-परीक्षण, रिपोर्ट कार्ड	तस्वीरें
उपस्थिति	मेमो
स्व-मूल्यांकन	प्रश्नावली
छात्र कार्य के नमूने	उपाख्यानात्मक रिकॉर्ड
एक विश्लेषणात्मक ज्ञापन	जाँचसूची
सममिति	
छायाचित्रकारी	

उदाहरण: सबसे महत्वपूर्ण बात यह है कि शोधकर्ता को यह समझना चाहिए कि डेटा संग्रह की कोई भी एक विधि किसी स्थिति के केवल विशेष पहलुओं को उजागर करती है। कोई भी पूरी तस्वीर नहीं देती। अपने अभ्यास के साक्ष्य की तलाश में, या अभ्यास में बदलाव की प्रभावशीलता के लिए, एक शिक्षक को इसे विभिन्न दृष्टिकोणों से देखने की आवश्यकता होती है; उसे विधियों के त्रिकोण का उपयोग करने की आवश्यकता होती है। यह एक सरल सिद्धांत है, जिसमें डेटा एकत्र करने की कई तकनीकों का सावधानीपूर्वक चयन शामिल है, जिनमें से प्रत्येक एक ही मुद्दे के एक अलग पहलू को उजागर कर सकता है।

इस मामले में, चित्र 16.7 में विज्ञान सत्रों के दौरान बच्चों की सहभागिता हो सकती है। प्रत्येक विधि स्थिति के विभिन्न पहलुओं तक पहुँच प्रदान करेगी। अभी भी ऐसे क्षेत्र होंगे जो प्रकाशित नहीं होंगे, लेकिन केवल एक विधि का उपयोग करने की तुलना में अधिक जानकारी प्राप्त होगी। साथ ही, विभिन्न विधियों से डेटा का क्रॉस-रेफ़रेंसिंग शोध प्रक्रिया की समग्र विश्वसनीयता को बढ़ाता है।

***चरण 3*—डेटा का विश्लेषण करना/परिकल्पनाएँ बनाना:** मुख्य विषयों का विश्लेषण करें और उनकी पहचान करें। प्रश्न के आधार पर, शिक्षक कक्षा डेटा, व्यक्तिगत डेटा या उपसमूह डेटा का उपयोग करना चाह सकते हैं। कुछ डेटा मात्रात्मक होते हैं और सांख्यिकी या तकनीकी सहायता के उपयोग के बिना उनका विश्लेषण किया जा सकता है। अन्य डेटा, जैसे कि राय, दृष्टिकोण या चेकलिस्ट, को तालिका के रूप में संक्षेपित किया जा सकता है। जो डेटा मात्रात्मक नहीं हैं, उनकी समग्र रूप से समीक्षा की जा सकती है और महत्वपूर्ण तत्वों या विषयों को नोट किया जा सकता है।

***चरण 4*—कार्रवाई के चरणों की योजना बनाना:** डेटा संग्रह और वर्तमान साहित्य की समीक्षा से प्राप्त जानकारी का उपयोग करके, एक कार्य योजना तैयार करें जो आपको बदलाव करने और उस बदलाव का अध्ययन करने की अनुमति देगा। यह महत्वपूर्ण है कि केवल एक चर को बदला जाए।

***चरण 5*—कार्रवाई चरणों का कार्यान्वयन:** कार्रवाई योजना में दिए गए चरणों का पालन करने से शोधकर्ता को परिवर्तन का अध्ययन करने की अनुमति मिलेगी।

***चरण 6*—परिवर्तन की निगरानी के लिए डेटा एकत्र करना:** शोधकर्ता बहुआयामी विधि का उपयोग करके डेटा एकत्र करता है ताकि वह कार्य योजना के कार्यान्वयन के साथ देखे गए परिवर्तनों की निगरानी कर सके।

***चरण 7*—विश्लेषण और मूल्यांकन:** हस्तक्षेप के प्रभावों का आकलन करें ताकि यह निर्धारित किया जा सके कि क्या सुधार हुआ है। यदि सुधार हुआ है, तो क्या डेटा स्पष्ट रूप से सहायक साक्ष्य प्रदान करता है? यदि नहीं, तो बेहतर परिणाम प्राप्त करने के लिए कार्यों में क्या बदलाव किए जा सकते हैं?

क्रियात्मक अनुसंधान की विशेषताएँ (Characteristics of Action Research)

हल्ट और लेन्नुंग (1980) के कार्य के आधार पर, क्रियात्मक अनुसंधान की कई महत्वपूर्ण विशेषताओं की पहचान की जा सकती है:

1. क्रियात्मक अनुसंधान का लक्ष्य आमतौर पर किसी सामाजिक प्रक्रिया, प्रणाली या स्थिति की समझ बढ़ाना होता है।
2. क्रियात्मक अनुसंधान (क) व्यावहारिक है (यह अध्ययन की जाने वाली सामाजिक प्रणाली के संदर्भ में समस्या समाधान में सहायता करता है), और (ख) अमूर्त वैज्ञानिक ज्ञान का विस्तार करना चाहता है, संभवतः विशिष्ट सामाजिक समस्याओं के अध्ययन से प्राप्त परिणामों के आधार पर उपयोगी सामान्यीकरण और प्रणाली सिद्धांतों के विकास की अनुमति देकर।
3. कार्यात्मक अनुसंधान शोधकर्ताओं और शोध के विषयों के बीच सहयोग को बढ़ावा देता है।
4. कार्यात्मक अनुसंधान विशेष रूप से यह जानने के लिए उपयोगी है कि सामाजिक प्रणालियों में परिवर्तन कैसे होता है।
5. कार्यात्मक शोध शिक्षकों द्वारा अपने अभ्यास को समझने और सुधारने के प्रयास के बारे में है। इससे सहयोग और उस स्थिति की आलोचना हो सकती है जिसमें अभ्यास किया जाता है, लेकिन यह एक मौलिक उद्देश्य नहीं होना चाहिए।

6. क्रियात्मक अनुसंधान योजना, कार्रवाई और कार्रवाई पर चिंतन की प्रक्रिया के माध्यम से आगे बढ़ता है। इसे क्रिया-प्रतिक्रिया 'चक्र' के रूप में माना जा सकता है।
7. क्रियात्मक अनुसंधान में अभ्यास के बारे में साक्ष्य एकत्र करना शामिल है।
8. क्रियात्मक अनुसंधान में शिक्षक अपने अभ्यास में नियोजित परिवर्तन के प्रभावों को देखने का प्रयास करते हैं।
9. क्रियात्मक अनुसंधान व्यवस्थित और कठोर होने का प्रयास करता है।

क्रियात्मक अनुसंधान के लाभ (Advantages of Action Research)

कई कारणों से शिक्षकों के लिए क्रियात्मक अनुसंधान एक सार्थक खोज हो सकती है। इनमें से सबसे प्रमुख है अधिक जानने की इच्छा। अच्छे शिक्षक, आखिरकार, खुद छात्र होते हैं, और अक्सर अपने मौजूदा ज्ञान को बढ़ाने के तरीके खोजते रहते हैं।

1. स्कूल के मुद्दे, समस्या या सामूहिक रुचि के क्षेत्र पर ध्यान केंद्रित करें: शिक्षक के छात्रों के साथ, शिक्षक के परिचित परिवेश में किया गया शोध, अनुशासित अध्ययन को प्रासंगिकता और वैधता प्रदान करने में मदद करता है। अक्सर, अकादमिक शोध को शिक्षकों के दैनिक जीवन से अलग माना जाता है। हालांकि यह हमेशा सच नहीं हो सकता है, लेकिन शिक्षकों के लिए अकादमिक हलकों में सुझाए गए धागों को चुनना और उन्हें अपनी कक्षा में बुनना बहुत मददगार हो सकता है। माता-पिता या स्कूल के बाहर के शिक्षा प्रशासकों के लिए यह जानना भी सुकून देने वाला होता है कि शिक्षक सिर्फ़ आँख मूंदकर नवीनतम अध्ययन के सुझावों का पालन नहीं कर रहा है, बल्कि ज्ञान को किसी सार्थक चीज़ में बदल रहा है। क्रियात्मक अनुसंधान करने के कारण तीन श्रेणियों में आते हैं: व्यक्तिगत और व्यावसायिक विकास को बढ़ावा देना, छात्रों के सीखने को बढ़ाने के लिए अभ्यास में सुधार करना और शिक्षण पेशे को आगे बढ़ाना।

2. शिक्षक पेशेवर विकास का स्वरूप: शोध और चिंतन शिक्षकों को विकसित होने और अपने काम में आत्मविश्वास हासिल करने की अनुमति देता है। क्रियात्मक अनुसंधान प्रोजेक्ट्स सोच कौशल, प्रभावकारिता की भावना, साझा करने और संवाद करने की इच्छा और परिवर्तन की प्रक्रिया के प्रति दृष्टिकोण को प्रभावित करते हैं। क्रियात्मक अनुसंधान के माध्यम से, शिक्षक अपने बारे में, अपने छात्रों, अपने सहकर्मियों के बारे में सीखते हैं और लगातार सुधार करने के तरीके निर्धारित कर सकते हैं।

3. सामूहिक बातचीत: अलगाव शिक्षण के नुकसानों में से एक है। शिक्षक अक्सर बच्चों के कमरे में अकेले वयस्क होते हैं, और उनके पास दूसरों के साथ पेशेवर बातचीत के लिए बहुत कम या बिल्कुल भी समय नहीं होता है। शिक्षकों की जोड़ियों या टीमों द्वारा क्रियात्मक अनुसंधान से दूसरों के साथ शिक्षण और शिक्षण रणनीतियों के बारे में बात करने का समय मिलता है। शिक्षक सीखते हैं कि वे किस चीज़ को प्रभावित करने में सक्षम हैं और वे ऐसे बदलाव करते हैं जो बदलाव दिखाते हैं। यह प्रक्रिया दूसरों के साथ काम करने और विचारों के आदान-प्रदान से सीखने का अवसर प्रदान करती है। इन टीमों पर काम करके, शिक्षकों को अपनी खुद की शिक्षण शैली और रणनीतियों का वर्णन करना चाहिए और अपने विचारों को दूसरों के साथ साझा करना चाहिए। एक टीम के रूप

में, वे कक्षा में उपयोग की जाने वाली पाठ्यचर्या सामग्री की जाँच करते हैं। सहकर्मियों के साथ इन चर्चाओं के माध्यम से वे मजबूत संबंध विकसित करते हैं। जैसे-जैसे क्रियात्मक अनुसंधान का अभ्यास स्कूल संस्कृति का हिस्सा बनता है, हम विभागों, विषयों, ग्रेड स्तरों और स्कूलों में साझाकरण और सहयोग में वृद्धि देखते हैं।

4. स्कूल में बदलाव को प्रभावित करने की संभावना: जैसे-जैसे शिक्षक क्रियात्मक अनुसंधान में शामिल होते हैं, वे व्यक्तिगत शिक्षक को प्रभावित करने वाले प्रश्नों के बजाय स्कूल और जिले की चिंताओं को संबोधित करने वाले प्रश्नों को देखने के लिए अधिक इच्छुक होते हैं। यह प्रक्रिया सहकारिता, संचार और साझाकरण के नए पैटर्न बनाती है। शिक्षण और सीखने के बारे में ज्ञान के भंडार में योगदान भी हो सकता है। स्कूल-व्यापी नियोजन और मूल्यांकन प्रयासों के लिए प्राथमिकताओं का विकास सुधार के लिए परिवर्तन को प्रेरित करने की क्षमता के साथ जांच से उत्पन्न होता है।

5. अपने अभ्यास पर चिंतन करें: शिक्षकों के लिए स्कूलों में खुद का मूल्यांकन करने के अवसर अक्सर कम होते हैं, और आमतौर पर केवल अनौपचारिक तरीके से ही होते हैं। क्रियात्मक अनुसंधान वास्तव में संरचित तरीके से अपने स्वयं के शिक्षण पर एक नज़र डालने का मौका दे सकता है। जबकि क्रियात्मक अनुसंधान का ध्यान आमतौर पर छात्रों पर होता है, शिक्षक यह भी जांच कर सकते हैं कि उनके शिक्षण का उनके छात्रों पर क्या प्रभाव पड़ रहा है, वे अन्य शिक्षकों के साथ कैसे बेहतर काम कर सकते हैं, या बेहतर के लिए पूरे स्कूल को बदलने के तरीके। बातचीत समझ तक पहुँचने के लिए "ठीक करने" के प्रयास से अलग फोकस ले सकती है।

6. बेहतर संचार: स्कूल या जिले के भीतर टीम वर्क व्यक्तियों को एक साझा उद्देश्य के लिए एक साथ लाता है। क्रियात्मक अनुसंधान में शामिल शिक्षक अपनी सोच में अधिक लचीले हो जाते हैं और नए विचारों के प्रति अधिक खुले होते हैं (पाइन, 1981)। लिटिल (1981) द्वारा किए गए अध्ययनों से पता चलता है कि कॉलेजिएलिटी, संचार और नेटवर्किंग के पैटर्न में सकारात्मक बदलाव आए हैं। क्रियात्मक अनुसंधान अनौपचारिक डेटा और गैर-व्यवस्थित अवलोकनों के आधार पर धारणाओं को मजबूत, संशोधित या बदलकर शिक्षण और सीखने की प्रक्रिया में सुधार कर सकता है।

क्रियात्मक अनुसंधानकर्ता की भूमिका (Role of the Action Researcher)

अनुसंधानकर्ता की भूमिका क्रियात्मक अनुसंधान पद्धति को इस तरह से लागू करना है कि सभी प्रतिभागियों के लिए पारस्परिक रूप से स्वीकार्य परिणाम प्राप्त हो, और उसके बाद प्रक्रिया को उनके द्वारा बनाए रखा जाए। इसे पूरा करने के लिए, प्रक्रिया के विभिन्न चरणों में कई अलग-अलग भूमिकाएँ अपनाना आवश्यक हो सकता है, जिनमें शामिल हैं

योजनाकार	नेतृत्वकर्ता
उत्प्रेरक	सुविधाप्रदाता
शिक्षक	डिजाइनर
श्रोता	पर्यवेक्षक
सिंथेसाइज़र	रिपोर्टर

हालाँकि, मुख्य भूमिका स्थानीय नेतृत्वकर्ता को इस हद तक पोषित करना है कि वे प्रक्रिया की जिम्मेदारी ले सकें। यह बिंदु तब प्राप्त होता है जब वे तरीकों को समझते हैं और आरंभिक शोधकर्ता के चले जाने के बाद भी काम जारी रखने में सक्षम होते हैं। कई क्रियात्मक अनुसंधान स्थितियों में, नियुक्त शोधकर्ता की भूमिका मुख्य रूप से प्रतिभागियों के बीच संवाद को सुविधाजनक बनाने और चिंतनशील विश्लेषण को बढ़ावा देने, उन्हें समय-समय पर रिपोर्ट प्रदान करने और शोधकर्ता की भागीदारी समाप्त होने पर अंतिम रिपोर्ट लिखने के लिए समय निकालना है।

अच्छे अभ्यास के लिए दिशानिर्देश—क्रियात्मक अनुसंधानकर्ता के लिए

1. जहां संभव हो, सहकर्मियों और छात्रों के परामर्श से निर्णय लें कि आप किस प्रश्न का अन्वेषण करना चाहते हैं।
2. अपनी कार्यप्रणाली का विवरण तैयार करें (यदि उपयुक्त हो तो सहकर्मियों के साथ) और अपने विद्यार्थियों के साथ चर्चा करें कि आप क्या करने की योजना बना रहे हैं और क्यों।
3. सुनिश्चित करें कि आप जो भी जांच करने की योजना बना रहे हैं, वह आपके अपने छात्रों के साथ तथा आपके साथ काम करने वाले किसी सहकर्मी के साथ हो।
4. सुनिश्चित करें कि आपकी जांच पद्धति किसी भी तरह से आपके छात्रों की पढ़ाई में बाधा न डाले। यदि संभव हो तो, आप जो करने की योजना बना रहे हैं, उससे पढ़ाई में सुधार होना चाहिए।
5. सुनिश्चित करें कि आपके विद्यार्थी जानते हों कि आप उनकी गोपनीयता बनाए रखेंगे तथा उनकी अनुमति से ही उनके उत्तरों को उद्धृत करेंगे।
6. यह स्पष्ट कर दें कि किसी भी जांच में शामिल होना स्वैच्छिक है और जो भी छात्र इस गतिविधि से बाहर रहना चाहता है, वह ऐसा करने के लिए पूरी तरह स्वतंत्र है।
7. जब आप अपने विद्यार्थियों से साक्ष्य एकत्र कर लें, तो अपने निष्कर्षों को उनके साथ साझा करें तथा उनके लिए तथा विद्यार्थियों के भावी समूह के लिए इनके निहितार्थों को समझाएं।
8. आप अपनी योजनाओं के बारे में अपने स्टाफ ट्यूटर से बात कर सकते हैं, क्योंकि उन्हें पता होगा कि आपके क्षेत्र में अन्य ट्यूटर भी ऐसी ही पूछताछ कर रहे हैं या नहीं।
9. सहकर्मियों से उनके अनुभवों के बारे में बात करें या दूसरों द्वारा किए गए क्रियात्मक अनुसंधान की कुछ रिपोर्ट पढ़ें।

उदाहरण

कार्य योजना

- http://www.sagepub.com/mertler2study/pdf/Sample%20Action%20Research%20Report%201.pdf विज्ञान सीखने के उत्साह पर प्रौद्योगिकी का प्रभाव, जेन एल. होलिस लेक सिटी मिडिल स्कूल लेक सिटी, फ्लोरिडा।

भाग 8

अग्रिम कार्ययोजना
(WAY FORWARD)

अध्याय 17

अध्यापक शिक्षा में वर्तमान मुद्दे और समस्याएं (Current Issues and Problems in Teacher Education)

...भविष्य और प्रौद्योगिकी तथा समाज को आगे बढ़ाने वाले रुझानों पर नजर रखते हुए अभी से आधारभूत कार्य करने से हमें यह सुनिश्चित करने का सबसे अच्छा मौका मिलेगा कि यह सार्थक और लाभकारी होगा।

— बर्नार्ड मार्र

परिचय (Introduction)

शिक्षा भारत जैसे विकासशील राष्ट्र की रीढ़ है। शिक्षा का स्तर ही नागरिक की प्रगति और देश के विकास को निर्धारित करता है। विकास और वृद्धि को बनाए रखने के लिए सभी स्तरों पर गुणवत्तापूर्ण शिक्षा का प्रावधान होना आवश्यक है—प्राथमिक, माध्यमिक और उच्च शिक्षा, जिसमें अध्यापक शिक्षा (शिक्षक शिक्षा) भी शामिल है।

भारतीय विश्वविद्यालयों से संबद्ध और एनसीटीई (NCTE) द्वारा मान्यता प्राप्त शिक्षक शिक्षा प्रदान करने वाले विभिन्न संस्थान बार-बार निरीक्षण के बाद अपने पुनर्गठित अधिदेशों को शुरू कर रहे हैं। इनमें से कई संस्थान शिक्षक शिक्षा के स्वीकार्य स्तर प्रदान करने में विफल रहे हैं।

भारत में शिक्षकों के व्यावसायिक विकास पर नज़र रखने के लिए पहले ही कई अध्ययन और रिपोर्टें की जा चुकी हैं। उन सभी ने कहा है कि शिक्षकों का प्रदर्शन और गुणवत्ता सबसे ज़्यादा इनसे प्रभावित होती है: शिक्षकों की शैक्षणिक योग्यता; योग्यता के आधार पर भर्ती; पर्याप्त शिक्षक प्रदर्शन निगरानी प्रणाली; प्रोत्साहन, शिक्षक कौशल का उन्नयन और विकासोन्मुख कॅरियर संरचना। बड़े और छोटे दोनों स्तरों पर समस्याओं की पहचान की जा रही है और समाधान भी प्रस्तावित किए जा रहे हैं, लेकिन इन सुधारात्मक कार्रवाइयों को लागू करना अभी बाकी है, जिससे अंततः शिक्षकों की गुणवत्ता में सुधार होगा। शिक्षक शिक्षा के लिए राष्ट्रीय पाठ्यचर्या रूपरेखा 2010 द्वारा प्रदान किए गए नीतिगत दिशा-निर्देश जो समस्याओं और कानूनों की पर्याप्त व्याख्या करते हैं, उन्हें सफलतापूर्वक और प्रभावी रूप से लागू करने के लिए आवश्यक बदलाव लाने की आवश्यकता है।

यह अध्याय भारत में शिक्षण पेशे और शिक्षक शिक्षा कार्यक्रमों की स्थिति और उनके सामने आने वाली समस्याओं पर प्रकाश डालता है। कई रिपोर्टों में शिक्षक शिक्षा और शिक्षकों के लिए व्यावसायिक विकास के प्रावधान के सामने आने वाली चुनौतियों पर प्रकाश डाला गया है।

राष्ट्रीय अध्यापक शिक्षा परिषद (National Council for Teacher Education)

राष्ट्रीय अध्यापक शिक्षा परिषद एनसीटीई (NCTE), देश में अध्यापक शिक्षा प्रणाली के नियोजित और समन्वित विकास को सुगम बनाने तथा अध्यापक शिक्षा प्रणाली में मानदंडों और मानकों के विनियमन और उचित रखरखाव के लिए राष्ट्रीय अध्यापक शिक्षा परिषद अधिनियम, 1993 के तहत स्थापित एक वैधानिक निकाय है। एनसीटीई को दिया गया अधिदेश बहुत व्यापक है और इसमें अध्यापक शिक्षा कार्यक्रमों के संपूर्ण दायरे को शामिल किया गया है, जिसमें स्कूलों में पूर्व-प्राथमिक, प्राथमिक, माध्यमिक और वरिष्ठ माध्यमिक स्तर पर पढ़ाने के लिए लोगों को तैयार करने के लिए अनुसंधान और प्रशिक्षण, तथा अनौपचारिक शिक्षा, अंशकालिक शिक्षा, वयस्क शिक्षा और दूरस्थ (पत्राचार) शिक्षा पाठ्यक्रम शामिल हैं। धारा 12 के तहत परिषद निम्नलिखित गतिविधियों और कार्यों के लिए जिम्मेदार है:

1. देश में शिक्षक शिक्षा और उसके विकास का समन्वय और निगरानी करना।
2. शिक्षक के रूप में नियोजित होने वाले व्यक्ति के लिए न्यूनतम योग्यता के संबंध में दिशानिर्देश निर्धारित करना।
3. शिक्षक शिक्षा में किसी निर्दिष्ट श्रेणी के पाठ्यक्रम या प्रशिक्षण के लिए मानदंड निर्धारित करना।
4. नये पाठ्यक्रम या प्रशिक्षण शुरू करने के लिए मान्यता प्राप्त संस्थानों द्वारा अनुपालन हेतु दिशानिर्देश निर्धारित करना।
5. शिक्षक शिक्षा योग्यता के लिए परीक्षाओं के संबंध में मानक निर्धारित करना।
6. परिषद द्वारा निर्धारित मानदंडों, दिशानिर्देशों और मानकों के कार्यान्वयन की समय-समय पर जांच और समीक्षा करना।

परिषद को शिक्षक शिक्षा में पाठ्यक्रम या प्रशिक्षण (जैसे बी.एड., एम.एड. और डी.टी.एड.) प्रदान करने वाले संस्थानों को मान्यता देने का अधिकार है।

एनसीटीई की वेबसाइट एनसीटीई द्वारा मान्यता प्राप्त संस्थानों का विवरण प्रदान करती है, जिसमें इसके द्वारा मान्यता प्राप्त पाठ्यक्रम भी शामिल हैं। पाठ्यक्रमों के विवरण के साथ संस्थान के बारे में एक सारांश तथ्य पत्रक है (www.ncte-india.org)।

भारत में शिक्षक व्यावसायिक विकास की ताकत (Strengths of Teacher Professional Development in India)

शिक्षक प्रशिक्षण प्रदान करने के लिए बुनियादी ढांचा पूरे देश में पहले से ही मौजूद है। आवश्यकता इस बात की है कि बदलती जरूरतों के अनुसार इन सुविधाओं को उन्नत किया जाए और शिक्षण कार्यक्रमों में सुधार किया जाए। सरकार देश के शिक्षा मानक को ऊपर उठाने के लिए प्रभावी शिक्षक प्रशिक्षण के महत्व को जानती है और स्वीकार करती है। एनसीएफटीई (NCFTE) 2010 एक बेहतरीन नीति दस्तावेज है, जो कार्यान्वयन की प्रक्रिया में है।

अप्रैल 2012 तक देश के सभी शिक्षक प्रशिक्षण संस्थानों के लिए प्रस्तावित अनिवार्य एनएएसी (NAAC) मान्यता सही दिशा में एक बड़ा कदम है। इस समय तक सभी फर्जी शिक्षक प्रशिक्षण संस्थान या तो बंद हो जाएंगे या उपयुक्त बुनियादी ढांचा स्थापित कर लेंगे।

तमिलनाडु शिक्षक शिक्षा विश्वविद्यालय की स्थापना, जो शिक्षक शिक्षा के सभी आयामों पर ध्यान केंद्रित करता है, एक स्वागत योग्य कदम है। इसने शिक्षक शिक्षा की आवश्यकता और आवश्यकताओं पर ध्यान केंद्रित करने के साथ-साथ शिक्षक भर्ती में राज्य की आवश्यकताओं को पूरा करने में भी मदद की है।

राष्ट्रीय पाठ्यचर्या की रूपरेखा—शिक्षक शिक्षा पर चिंताएँ (National Curriculum Framework—Concerns on Teacher Education)

एनसीएफ (NCF) ने शिक्षक शिक्षा की वर्तमान चिंताओं का वर्णन इस प्रकार किया है:

1. शिक्षक शिक्षा के अभ्यास में अनुभव बताते हैं कि ज्ञान को 'दिया हुआ' माना जाता है, पाठ्यक्रम में अंतर्निहित किया जाता है और बिना किसी सवाल के स्वीकार किया जाता है; पाठ्यक्रम के साथ कोई जुड़ाव नहीं होता है। पाठ्यचर्या (curriculum), पाठ्यक्रम (syllabi) और पाठ्यपुस्तकों की कभी भी छात्र शिक्षक या नियमित शिक्षक द्वारा आलोचनात्मक जांच नहीं की जाती है।
2. शिक्षक की भाषा दक्षता को बढ़ाने की आवश्यकता है, लेकिन मौजूदा कार्यक्रम पाठ्यक्रम में भाषा की केंद्रीयता को मान्यता नहीं देते हैं।
3. शिक्षक शिक्षा कार्यक्रम विद्यार्थी अध्यापकों को अपने अनुभवों पर विचार करने का बहुत कम अवसर प्रदान करते हैं।
4. अनुशासनात्मक ज्ञान को शिक्षणशास्त्र में व्यावसायिक प्रशिक्षण से स्वतंत्र माना जाता है।
5. निर्दिष्ट संख्या में पृथक पाठों के शिक्षण में बार-बार 'अभ्यास' को व्यावसायिक विकास के लिए पर्याप्त शर्त माना जाता है।
6. यह माना जाता है कि विद्यार्थी-अध्यापकों द्वारा विकसित समझ में सीखने के सिद्धांतों और मॉडलों तथा शिक्षण विधियों के बीच संबंध स्वतः ही बन जाते हैं।
7. शिक्षकों को अपने पूर्वाग्रहों और विश्वासों की जांच करने तथा कक्षा में चर्चा और जांच के दौरान अपने अनुभवों पर विचार करने का कोई अवसर नहीं मिलता।
8. सिद्धांतिक पाठ्यक्रमों का व्यावहारिक कार्य और जमीनी हकीकत से कोई स्पष्ट संबंध नहीं है।

शिक्षक शिक्षा कार्यक्रमों में अपनाई जाने वाली मूल्यांकन प्रणाली अत्यधिक सूचना-उन्मुख, अत्यधिक मात्रात्मक तथा व्यापकता से रहित है।

वैचारिक और शैक्षणिक पहलुओं के अलावा, मौजूदा कार्यक्रमों में शिक्षक में कुछ दृष्टिकोण, स्वभाव, आदतें और रुचियां विकसित करने की आवश्यकता होती है। वर्तमान मूल्यांकन प्रोटोकॉल में इन पहलुओं के मूल्यांकन के लिए कोई स्थान नहीं है।

शिक्षक शिक्षा से संबंधित प्रमुख मुद्दे और समस्याएं (Key Issues and Problems Related to Teacher Education)

निम्नकोटि के निजी शिक्षक शिक्षा संस्थानों का प्रसार और शिक्षक शिक्षा कार्यक्रमों की वर्तमान स्थिति दोनों ही एनसीएफ (NCF) और निःशुल्क एवं अनिवार्य शिक्षा के अधिकार के उद्देश्यों को पूरा करने

में गंभीर बाधाएँ हैं। इन कार्यक्रमों की इस बात के लिए कड़ी आलोचना की गई है कि ये समकालीन भारतीय विद्यालयों की आवश्यकताओं को संबोधित नहीं करते हैं और ऐसे शिक्षक तैयार नहीं करते हैं जो विद्यालयों में गुणवत्तापूर्ण शिक्षा प्रदान कर सकें। इनकी डिज़ाइन/अभ्यास कुछ ऐसी मान्यताओं पर आधारित है जो विचारों की प्रगति और शिक्षक के पेशेवर और व्यक्तिगत विकास में बाधा डालती हैं। वे शिक्षकों को ऐसी प्रणाली में समायोजित करने के लिए प्रशिक्षित करते हैं जिसमें शिक्षा को सूचना के प्रसारण के रूप में देखा जाता है। वे स्कूल के पाठ्यक्रम और पाठ्यपुस्तकों को 'दिया हुआ' मानते हैं और मानकीकृत प्रारूपों में पाठों की सावधानीपूर्वक योजना बनाकर और आवश्यक संख्या में पाठ पढ़ाने की रस्म को पूरा करके शिक्षकों को मौजूदा स्कूल प्रणाली की आवश्यकताओं के साथ समायोजित करने के लिए प्रशिक्षित करते हैं (एनसीईआरटी, 2005)।

मानकों की कमी—गुणवत्ता में सुधार (Lack of Standards—Improving Quality)

गुणवत्ता में सुधार का तात्पर्य शिक्षा प्रणाली के सभी हितधारकों द्वारा मानकों को बढ़ाने और वैश्विक मानकों को पूरा करने के लिए की गई पहल से है। योग्यता मानक पाठ्यक्रम विकास के काम को प्रबुद्ध कर सकते हैं और साथ ही एक ऐसे साधन के रूप में काम कर सकते हैं जिसके माध्यम से अच्छे शिक्षण की पहचान, अभ्यास और पुरस्कार किया जा सकता है। ऑस्ट्रेलिया में, शिक्षण में व्यावसायिक मानकों के लिए राष्ट्रीय रूपरेखा शिक्षकों के लिए चार कैरियर आयामों का वर्णन करती है। इनमें स्नातक, योग्यता, उपलब्धि और नेतृत्व शामिल हैं। इनमें से प्रत्येक आयाम को शिक्षकों के काम के चार पेशेवर घटकों के माध्यम से परिभाषित किया गया है, जो पेशेवर ज्ञान, पेशेवर अभ्यास, पेशेवर मूल्य और पेशेवर संबंध हैं (फर्निस 2005)। सामान्य तौर पर, शिक्षक शिक्षा मानकों के तीन प्रकार होते हैं, जिनमें शिक्षकों के लिए मानक, शिक्षक शिक्षा इकाइयाँ और शिक्षक शिक्षा कार्यक्रम और विषय क्षेत्र शामिल हैं (लेवी, 2004)।

व्यावसायिक मानक 'किसी विशेष भूमिका को प्रभावी ढंग से निभाने के लिए आवश्यक महत्वपूर्ण ज्ञान, कौशल और दृष्टिकोण' का गठन करते हैं। वे जिम्मेदारियों की एक व्यापक सूची प्रदान करने के बजाय प्रदर्शन के प्राथमिक घटकों का वर्णन करते हैं। इसके अलावा, वे यह निर्दिष्ट करने का काम करते हैं कि कोई स्कूल विशेष रूप से किस प्रदर्शन और/या व्यवहार की तलाश कर रहा है। व्यावसायिक मानकों को किस हद तक पूरा किया गया है, इसका आकलन प्रदर्शन संकेतकों के माध्यम से किया जा सकता है। उन्हें प्रदर्शन के ऐसे उपायों में बदला जा सकता है जो यांत्रिक कार्यों की एक श्रृंखला तक भूमिकाओं को सीमित किए बिना स्कूलों के लिए सार्थक हैं।

भारत में शिक्षा के लिए मानकों की कमी के कारण स्कूली शिक्षा और शिक्षक शिक्षा के बीच सामंजस्य स्थापित करने की चुनौती उत्पन्न हुई है, क्योंकि शिक्षकों की आवश्यक योग्यताओं को परिभाषित नहीं किया गया है। शिक्षक शिक्षा पाठ्यक्रम और स्कूली पाठ्यक्रम के बीच एक बेमेल संबंध है। हालाँकि, भारत के अधिकांश राज्यों में अपने आक्रामक प्रशिक्षण कार्यक्रमों के साथ सर्व शिक्षा अभियान और राष्ट्रीय शिक्षा अभियान इस अंतर को भरने में बहुत अच्छा काम कर रहे हैं। नियमित प्रशिक्षण के हिस्से के रूप में सेवा-पूर्व शिक्षा में सभी प्रशिक्षण कॉलेजों में एएलएम (ALM) पद्धति की शुरूआत सही दिशा में एक कदम है।

लाइसेंसिंग और मान्यता (Licensing and Accreditation)

गुणवत्तापूर्ण शिक्षण सुनिश्चित करने के लिए मान्यता, लाइसेंसिंग और प्रमाणन अलग-अलग लेकिन पूरक प्रक्रियाएं हैं। वे शिक्षक तैयारी की निरंतरता के साथ तीन अलग-अलग बिंदुओं का गठन करते हैं।

मान्यता एक मूल्यांकन प्रक्रिया है जो पूर्व निर्धारित मानकों का उपयोग करके किसी संस्थान या कार्यक्रम की गुणवत्ता निर्धारित करती है। मान्यता, जैसे कि एनएए (NAAC) द्वारा, आमतौर पर राष्ट्रीय, क्षेत्रीय और/या स्थानीय संघों जैसी सक्षम, गैर-सरकारी एजेंसियों द्वारा सहकर्मी समीक्षा के आधार पर की जाती है। यह, संक्षेप में, संस्थानों द्वारा संचालित एक सामूहिक गतिविधि है जो स्वैच्छिक रूप से एक मान्यता प्राप्त संघ बनाने और उसका समर्थन करने के लिए संगठित हुई है।

लाइसेंसिंग वह प्रक्रिया है जिसके द्वारा कोई सरकारी एजेंसी किसी व्यक्ति को लाइसेंस या अनुमति प्रदान करती है, जिसने निर्दिष्ट आवश्यकताओं को पूरा किया हो। ये आवश्यकताएँ आमतौर पर न्यूनतम होती हैं। उनका उद्देश्य जनता को यह आश्वस्त करना है कि लाइसेंस प्राप्त व्यक्ति छात्र-छात्रा को कोई नुकसान नहीं पहुँचाएगा। शिक्षकों को लाइसेंस देने का उद्देश्य व्यक्तियों को कक्षा में नुकसान पहुँचाने से रोकना है।

प्रमाणन वह प्रक्रिया है जिसके द्वारा एक गैर-सरकारी एजेंसी या एसोसिएशन किसी ऐसे व्यक्ति को पेशेवर मान्यता प्रदान करती है, जिसने उस एजेंसी या एसोसिएशन द्वारा निर्दिष्ट कुछ पूर्व निर्धारित योग्यताएं पूरी कर ली हों।

पहुँच में सुधार (Improving Access)

सामान्य रूप से उच्च शिक्षा और विशेष रूप से शिक्षक शिक्षा सभी के लिए सुलभ होनी चाहिए। यह निम्नलिखित तरीकों से किया जा सकता है:

1. छात्रों की आवश्यकताओं के साथ-साथ राष्ट्रीय लक्ष्यों को पूरा करने के लिए प्रासंगिक पाठ्यक्रम, बी.एड. और डी.टी.एड. पाठ्यक्रम प्रदान करने वाले संस्थानों की संख्या में वृद्धि करना।
2. लागत कम करना।
3. गरीब छात्रों के लिए फीस के भुगतान को सुविधाजनक बनाने हेतु आसान ऋण की उपलब्धता।

अभ्यास शिक्षण का आयोजन (Organising Practice Teaching)

ऐसा लगता है कि शिक्षक शिक्षा के सभी मॉडलों में अभ्यास को सुसंगत रूप से एकीकृत करना आवश्यक है। अभ्यास और शिक्षक शिक्षा के अन्य घटकों को विशिष्ट कार्यक्रमों में एकीकृत करने में प्रमुख कारक निम्नलिखित होंगे:

1. स्कूलों के साथ एक मजबूत, पारस्परिक रूप से लाभकारी साझेदारी का विकास।
2. साझेदारों के बीच कार्य और जिम्मेदारियों के विभाजन की विभेदीकरण और समझ।
3. उच्च गुणवत्ता वाले शिक्षक विशेष रूप से सहयोगी पर्यवेक्षकों, मार्गदर्शकों और भागीदारों के मांगलिक कार्यों को पूरा करने के लिए प्रशिक्षित किए गए हैं।

अनुसंधान और विकास (Research and Development)

अन्य सभी (और केवल अकादमिक ही नहीं) व्यवसायों की तरह, (शैक्षणिक) शोध एवं विकास तथा (शिक्षण) पेशे के बीच घनिष्ठ संबंध अपरिहार्य प्रतीत होता है। सामान्य रूप से उच्च गुणवत्ता वाली शिक्षा तथा विशेष रूप से उच्च गुणवत्ता वाली शिक्षक शिक्षा के लिए शोध की उच्च प्रासंगिकता की बढ़ती मान्यता ने शिक्षक शिक्षा से संबंधित तथा उसके लिए प्रासंगिक शोध एवं विकास के एक निश्चित विस्तार तथा संवर्धन को जन्म दिया है। हालाँकि,

1. अधिकांश शिक्षक शिक्षा संस्थान और उनके कर्मचारी तथा छात्र शिक्षक और अध्यापकगण, हाल तक अनुसंधान और विकास से अलग रहे हैं।
2. शिक्षक शिक्षा के कई संस्थानों के पास अनुसंधान और विकास में भाग लेने के लिए स्पष्ट जिम्मेदारी नहीं है, या उनके पास इसके लिए पर्याप्त संसाधन नहीं हैं।
3. प्रारंभिक शिक्षक शिक्षा के साथ-साथ सेवाकालीन शिक्षक शिक्षा को अनुसंधान और विकास के संबंध में स्पष्ट रूपरेखा तथा इसमें शिक्षकों की सक्रिय भागीदारी की आवश्यकता है।
4. इस दिशा में विकास का तात्पर्य यह है कि शिक्षक शिक्षा कार्यक्रमों में शामिल सभी संस्थानों और/या विभागों को स्वयं अनुसंधान और विशेष रूप से शिक्षक शिक्षा, शिक्षण और शिक्षक कार्य से संबंधित डॉक्टरेट कार्यक्रमों में सक्रिय रूप से शामिल होना चाहिए।

शिक्षक शिक्षा में सुधार को ठोस आधार पर आगे बढ़ाने के लिए विश्वविद्यालयों द्वारा भारतीय संदर्भ में शिक्षा की नींव के क्षेत्र में समर्पित शोध की आवश्यकता है, अधिमानतः स्वतंत्र रूप से स्थापित विभागों में। ऐसे विभागों में शोध से शिक्षक शिक्षा कार्यक्रमों को अधिक ठोस सैद्धांतिक आधार पर विकसित करने में मदद मिलेगी। शिक्षा के मौजूदा विभाग नियमित शिक्षक प्रशिक्षण और शोध कार्यक्रमों के संचालन में अपनी व्यस्तता के कारण इस लंबे समय से लंबित आवश्यकता को पूरा करने में शायद ही सक्षम हो पाए हैं।

—एनसीएफटीई (NCFTE) 2010

सेवाकालीन शिक्षा और व्यावसायिक विकास (In-service Education and Professional Development)

इसकी अत्यंत आवश्यकता है:

1. प्रशिक्षण कार्यक्रमों और प्रशिक्षण संस्थानों की गुणवत्ता में सुधार करना।
2. प्रशिक्षण सुविधाओं का विस्तार करना।
3. सभी शिक्षकों की सतत व्यावसायिक शिक्षा के लिए पर्याप्त प्रावधान करना।
4. शिक्षक शिक्षा में मानकों को बनाए रखने के लिए केंद्र और राज्य दोनों स्तरों पर उपयुक्त एजेंसियों का गठन करना।

शिक्षकों की सेवाकालीन शिक्षा से संबंधित समस्याएं इस प्रकार हैं:

1. सतत व्यावसायिक विकास और सेवाकालीन शिक्षा को अभी तक न तो नियोक्ताओं द्वारा और न ही शिक्षण बल के कुछ सदस्यों द्वारा शिक्षकों की व्यावसायिक जिम्मेदारियों और

कार्यभार के अभिन्न अंग के रूप में माना जाना बाकी है। उच्च गुणवत्ता वाली शिक्षा को वास्तविकता बनाने के लिए सतत व्यावसायिक विकास और सेवाकालीन शिक्षा को शिक्षक कार्य और शिक्षक शिक्षा के अभिन्न अंग के रूप में मान्यता देने की आवश्यकता है।

2. इससे संबंधित मुद्दों का समाधान किया जाना चाहिए कि सेवाकालीन शिक्षा स्वैच्छिक होनी चाहिए या अनिवार्य।
3. औपचारिक सेवाकालीन शिक्षा अक्सर स्कूल प्रशासन के नियंत्रण के अधीन होती है। सेवाकालीन शिक्षा के मूल्यांकन और गुणवत्ता नियंत्रण के मुद्दों को हल किया जाना चाहिए।

प्रशिक्षण संस्थानों को अलगाव मुक्त करना (Removing the Isolation of Training Institutions)

प्रशिक्षण संस्थानों को विश्वविद्यालयों के शैक्षणिक जीवन की मुख्यधारा में लाकर तथा विद्यालयों के साथ तथा विभिन्न स्तरों के लिए शिक्षकों को तैयार करने वाले प्रशिक्षण संस्थानों के बीच घनिष्ठ संबंध बनाकर उनके अलगाव को दूर करना आवश्यक है। तमिलनाडु शिक्षक शिक्षा विश्वविद्यालय ने तमिलनाडु के सभी प्रशिक्षण महाविद्यालयों को एक छतरी के नीचे लाने में सराहनीय कार्य किया है। इससे शिक्षक शिक्षा महाविद्यालयों का विद्यालयों, विश्वविद्यालयों तथा अन्य से अलगाव कम हुआ है। यह अलगाव निम्नलिखित तीन रूपों में होता है:

1. **विश्वविद्यालय जीवन से अलगाव:** प्राथमिक शिक्षकों की व्यावसायिक शिक्षा को विश्वविद्यालयों की चिंता के रूप में नहीं देखा जाता है। माध्यमिक शिक्षकों की व्यावसायिक शिक्षा निस्संदेह विश्वविद्यालयों के पास है, लेकिन यह विश्वविद्यालय में अन्य बौद्धिक विषयों से अलग हो गई है। शिक्षा को विश्वविद्यालयों के शैक्षणिक जीवन की मुख्यधारा में लाया जाना चाहिए। भारत में, सामान्य प्रवृत्ति शिक्षा को शिक्षणशास्त्र के साथ पहचानने की रही है। इसे ज्यादातर प्रशिक्षण संस्थानों में पढ़ाया जाता है और इसका अध्ययन केवल वे ही करते हैं जो ऐसा निर्णय लेने के बाद शिक्षण पेशे में प्रवेश करने का निर्णय लेते हैं। हालाँकि, शैक्षिक रूप से उन्नत देशों में, शिक्षा एक सामाजिक विज्ञान और एक अलग शैक्षणिक अनुशासन के रूप में काफी विकसित हुई है।
2. **स्कूलों से अलगाव:** प्राथमिक और माध्यमिक दोनों स्तरों पर शिक्षक शिक्षा स्कूलों और स्कूली शिक्षा में वर्तमान विकास से अलग हो गई है।
3. **एक दूसरे से अलगाव:** विभिन्न प्रकार के शिक्षक-प्रशिक्षण संस्थान एक दूसरे से अलग-थलग हैं और एक एकीकृत समुदाय का निर्माण नहीं करते हैं।

अंतिम उद्देश्य समस्त शिक्षक शिक्षा को विश्वविद्यालयों के अधीन लाना होना चाहिए, ताकि यह राज्य शिक्षा विभागों और शिक्षक संगठनों के साथ घनिष्ठ सहयोग में कार्य करती रहे।

तीन गुना अलगाव को कम करने के लिए अनुशंसित कदम हैं:

1. विभिन्न श्रेणियों के शिक्षकों—पूर्व-प्राथमिक, प्राथमिक और माध्यमिक—के लिए व्यावसायिक शिक्षा में पाठ्यक्रम संचालित करना।
2. सभी स्तरों पर अध्यापक शिक्षा की कुछ संस्थाओं को विस्तार सेवाएं प्रदान करना तथा उनके विकास में सहायता करना।

3. विषय सामग्री के साथ-साथ व्यावसायिक शिक्षा में ग्रीष्मकालीन संस्थानों और सेवाकालीन कार्यक्रमों का आयोजन करना।
4. अनुसंधान को विकसित करने तथा बेहतर पाठ्यक्रम और शिक्षण तकनीक विकसित करने के उद्देश्य से सभी प्रकार के कुछ विद्यालयों के साथ निकट सहयोग में कार्य करना।
5. शिक्षा में अनुसंधान को बढ़ावा देना, विशेष रूप से अंतःविषयक दृष्टिकोण के साथ।
6. शिक्षा के स्कूलों में अंशकालिक प्रोफेसरों के रूप में विभिन्न विषयों के प्रख्यात प्रोफेसरों को नियुक्त करने की प्रथा को अपनाना, ताकि वे अपने क्षेत्रों में नए विकास को समझा सकें और यह बता सकें कि वे स्कूल स्तर पर शिक्षा को किस प्रकार प्रभावित करेंगे।
7. स्नातक शिक्षा में पाठ्यक्रम शुरू करना, जिसमें शिक्षा के तीन व्यापक क्षेत्रों—समाजशास्त्रीय, दार्शनिक और मनोवैज्ञानिक आधारों में अभिमुखीकरण प्रदान किया जाएगा।
8. पड़ोस के स्कूलों और उनके कर्मचारियों को उनके काम की योजना बनाने और शिक्षण के बेहतर तरीकों का उपयोग करने में मार्गदर्शन करना। इस तरह के विस्तार कार्य की ज़रूरत स्कूलों के सुधार के साथ-साथ प्रशिक्षण कार्यक्रम के सुधार के लिए भी है।
9. प्रभावी पूर्व छात्र संघों को बढ़ावा देना, जो समय-समय पर दूर-दूर से पुराने छात्रों को एक साथ लाकर कॉलेज स्टाफ के साथ साझा हितों की समस्याओं पर चर्चा करेंगे।
10. छात्र-शिक्षण को एक व्यापक इंटर्नशिप बनाना जिसमें प्रशिक्षु विद्यालय के संपूर्ण कार्य का अवलोकन कर सकें तथा कक्षा के अंदर और बाहर शिक्षक की सभी महत्वपूर्ण व्यावसायिक गतिविधियों में सक्रिय रूप से भाग ले सकें। यह तभी संभव होगा जब विद्यालयों और प्रशिक्षण संस्थानों के बीच व्यवस्थित सहयोग और सहकारिता होगी तथा जब छात्र-शिक्षण को उत्पादकों (अर्थात प्रशिक्षण संस्थानों) और उपयोगकर्ताओं (अर्थात विद्यालयों और राज्य विभागों) की संयुक्त जिम्मेदारी के रूप में माना जाएगा।
11. प्रशिक्षण महाविद्यालय के कर्मचारियों को, जिन्हें विद्यालयों के साथ सहयोग के माध्यम से शैक्षिक विधियों और प्रथाओं में अनुसंधान का एक उपयोगी क्षेत्र मिलेगा, काफी लाभ होगा यदि वे सहयोगी विद्यालयों में कुछ निरंतर शिक्षण कर सकें।

सेवा-पूर्व शिक्षा (Pre-service Education)

शिक्षक तैयारी प्रक्रिया में 'इनपुट' चरण पेशे में भर्ती के बराबर है। शिक्षण कार्यक्रम के लिए उम्मीदवारों का चयन, चाहे बी.एड. हो या डी.टी.एड., मानदंडों के एक सेट के आधार पर किया जाना चाहिए जिसमें विषय ज्ञान, प्रौद्योगिकी से संबंधित औपचारिक और अनौपचारिक शिक्षा उपलब्धियां, और बच्चों के साथ ज्ञान और क्षमताओं को व्यवस्थित करने और साझा करने की प्रवृत्ति शामिल है। पाठ्यक्रम में प्रवेश अत्यधिक प्रतिस्पर्धी होना चाहिए और इसमें साक्षात्कार के साथ-साथ क्षमता परीक्षण भी शामिल होना चाहिए। एनसीटीई (NCTE) द्वारा शिक्षक प्रशिक्षण कॉलेजों की स्थापना को तर्कसंगत बनाने और साल-दर-साल भर्ती प्रक्रिया को उचित ठहराने के लिए लक्ष्य क्षेत्र के भीतर शिक्षक-आवश्यकताओं का विश्लेषण किया जाना चाहिए। भर्ती से लेकर सेवा-पूर्व तैयारी और शिक्षण के पहले दो वर्षों तक संपूर्ण शिक्षक विकास प्रक्रिया की जांच करके, शुरुआती शिक्षक के दृष्टिकोण से निरंतरता को बढ़ाया जाता है और कार्यक्रम की उत्कृष्टता को बढ़ावा दिया जाता है।

समावेशी शिक्षा (Inclusive Education)

स्कूलों में दो प्रकार का निषेध मौजूद है, जिसका मुख्य कारण कक्षा में विविधता से निपटने के लिए शिक्षकों की अपर्याप्त तैयारी है।

1. *विभिन्न प्रकार की विकलांगताओं और सीखने की कठिनाइयों वाले बच्चों का निषेध।* न तो शिक्षक उनकी ज़रूरतों को समझता है और न ही वह उनके लिए सीखने को संभव बनाने के लिए क्या कर सकता है। विकलांग व्यक्ति (पीडब्ल्यूडी) (समान अवसर, संरक्षण और पूर्ण भागीदारी) अधिनियम, 1996 (2016 में संशोधित) अधिनियम में सूचीबद्ध (21 विकलांगताएं) सभी विकलांग बच्चों के लिए 18 वर्ष की आयु तक निःशुल्क और अनिवार्य शिक्षा प्रदान करता है। इस अधिनियम के कार्यान्वयन को सक्षम करने के लिए, शिक्षक शिक्षा संस्थानों को समावेशी शिक्षा के परिप्रेक्ष्य, अवधारणा और रणनीतियों को शामिल करने के लिए अपने कार्यक्रम पाठ्यक्रमों को फिर से तैयार करना होगा।
2. सामाजिक और आर्थिक रूप से वंचित पृष्ठभूमि, अनुसूचित जाति (एससी), अनुसूचित जनजाति (एसटी), अल्पसंख्यक और अन्य समुदायों, लड़कियों और विविध सीखने की ज़रूरतों वाले बच्चों का सामाजिक बहिष्कार। शिक्षकों को इस संबंध में अपने पूर्वाग्रहों को दूर करने और इन चुनौतियों का समाधान करने के लिए पेशेवर क्षमता विकसित करने के लिए तैयार करने की सख्त ज़रूरत है। सामाजिक और आर्थिक रूप से वंचित समूहों, विशेष रूप से एससी/एसटी और अल्पसंख्यकों की शिक्षा कई वर्षों से शिक्षा की प्राथमिक राष्ट्रीय चिंता बनी हुई है।

समावेशी शिक्षा एक दार्शनिक स्थिति के साथ-साथ संस्थागत सुविधाओं और प्रक्रियाओं की व्यवस्था को संदर्भित करती है। इसका उद्देश्य सभी के लिए शिक्षा में सफलता की पहुँच और परिस्थितियाँ सुनिश्चित करना है, जिसमें हाशिये पर रहने वाले लोग भी शामिल हैं, जो शारीरिक या मानसिक विकलांगता या अपनी सामाजिक स्थिति के कारण सीखने में कठिनाई का सामना कर रहे हैं। समावेशी शिक्षा का उद्देश्य एक एकीकृत स्कूल सेटिंग बनाना है, जो विशेष योग्यता, विभिन्न सामाजिक पृष्ठभूमि और विविध सीखने की ज़रूरतों वाले बच्चों को समान अवसर प्रदान करता है।

शिक्षकों को संवेदनशील तरीके से लड़कियों को कक्षा में लाने और शामिल करने के लिए प्रशिक्षित करने की आवश्यकता है। यह आवश्यक है कि कक्षा में पढ़ाने और उसका प्रबंधन करने वाले शिक्षकों को समावेशी शिक्षा के दर्शन के बारे में संवेदनशील और जागरूक बनाया जाए और उन्हें उन विभिन्न प्रकार के समायोजनों के बारे में बताया जाए जो स्कूलों को बुनियादी ढांचे, पाठ्यक्रम, शिक्षण विधियों और अन्य स्कूली प्रथाओं के संदर्भ में करने होते हैं ताकि शिक्षण को सभी शिक्षार्थियों की आवश्यकताओं से जोड़ा जा सके।

समतामूलक एवं सतत विकास (Equitable and Sustainable Development)

समाज के सभी वर्गों के लिए समान और सतत विकास को बढ़ावा देने और सभी के लिए सम्मान को बढ़ावा देने के लिए, यह आवश्यक है कि उन्हें लैंगिक समानता के दृष्टिकोण से शिक्षित किया जाए, ऐसे दृष्टिकोण जो शांति के लिए मूल्य विकसित करते हैं, सभी के अधिकारों का सम्मान करते हैं, और काम का सम्मान और महत्व देते हैं। स्वयं और दूसरों के समान सम्मान के आधार पर शांति

के मूल्यों को बढ़ावा देने में शिक्षा की महत्वपूर्ण भूमिका है। एनसीएफ और उसके बाद पाठ्यक्रम और सामग्री का विकास इस संबंध में एक दिशा प्रदान करता है। इसके लिए, शिक्षकों को इन मुद्दों को समझने और उन्हें अपने शिक्षण में शामिल करने के लिए सुसज्जित होना चाहिए। नए शिक्षक शिक्षा पाठ्यक्रम ढांचे को अपने निर्माण में इन दृष्टिकोणों को एकीकृत करने की आवश्यकता होगी।

शिक्षा में सामुदायिक ज्ञान की भूमिका (Role of Community Knowledge in Education)

बच्चों में अवधारणाओं के विकास के साथ-साथ वास्तविक जीवन में स्कूली ज्ञान के अनुप्रयोग के लिए यह महत्वपूर्ण है कि औपचारिक स्कूली ज्ञान को सामुदायिक ज्ञान से जोड़ा जाए। इससे शिक्षा की प्रासंगिकता के साथ-साथ सीखने की गुणवत्त भी बढ़ती है। शिक्षकों को स्थानीय स्थिति के संदर्भ में पाठ्यक्रम और पाठ्य सामग्री में प्रवेश बिंदुओं की पहचान करने में प्रशिक्षित किया जाना चाहिए। इन प्रासंगिक संदर्भों में प्रौद्योगिकी के बारे में सामुदायिक ज्ञान, स्थानीय व्यवसाय, कृषि और गैर-कृषि दोनों, स्थानीय लोक संस्कृति जिसमें गीत, त्यौहार, मेले और खेल शामिल हैं, शामिल हो सकते हैं। जैसे-जैसे शिक्षक पाठ्यक्रम सामग्री और सीखने के अनुभव विकसित करते हैं, जो ऊपर बताए गए दृष्टिकोणों (लिंग, शांति, सतत विकास) से सूचित होते हैं, वे वास्तविक भागीदारी के माध्यम से, सार्थक पाठ्यक्रम लेनदेन के उद्देश्यों के लिए विशिष्टताओं की पहचान करने और उन्हें संसाधित करने के कौशल भी सीखेंगे।

स्कूलों में आईसीटी और ई-लर्निंग (ICT in Schools and e-Learning)

सूचना एवं संचार प्रौद्योगिकी (आईसीटी) के आगमन और प्रसार के साथ, यह मांग बढ़ रही है कि इसे स्कूली शिक्षा में शामिल किया जाए। शिक्षक शिक्षा को शिक्षक को आईसीटी के महत्वपूर्ण रूप से उपयोगी, विकासात्मक रूप से उपयुक्त और हानिकारक उपयोग के बीच अंतर करने के लिए उन्मुख और संवेदनशील बनाने की आवश्यकता है। एक तरह से, आईसीटी को सेवा-पूर्व और सेवाकालीन शिक्षकों के व्यावसायिक विकास और शैक्षणिक सहायता के लिए कल्पनाशील रूप से तैयार किया जा सकता है।

चित्र 17.1 शिक्षा में 21वीं सदी के कौशल के लिए साझेदारी द्वारा विकसित "21वीं सदी के कौशल" मॉडल का अनुकूलित संस्करण दिखाता है। अधिकांश शिक्षक अपनी कक्षाओं में लागू करने के लिए बुनियादी प्रौद्योगिकी कौशल के बिना पेशे में प्रवेश कर रहे हैं। शिक्षक शिक्षा कार्यक्रमों से बाहर आने के बाद, वे अपने छात्रों की तुलना में प्रौद्योगिकी के बारे में कम जानते हैं, और फिर भी उनसे डिजिटल रूप से कुशल छात्रों को यह सिखाने की अपेक्षा की जाती है कि वे उन कौशलों का उपयोग करके रचनात्मक रूप से कैसे सोचें जो अभी भी उन प्रौद्योगिकियों के साथ विकसित हो रहे हैं जिनमें वे कुशल नहीं हैं ताकि भविष्य की समस्याओं को हल किया जा सके जिन्हें अभी तक पहचाना नहीं गया है। यह ग्राफ़िक आज की औसत कक्षा में शिक्षकों और छात्रों के बीच मूलभूत अलगाव को दर्शाता है।

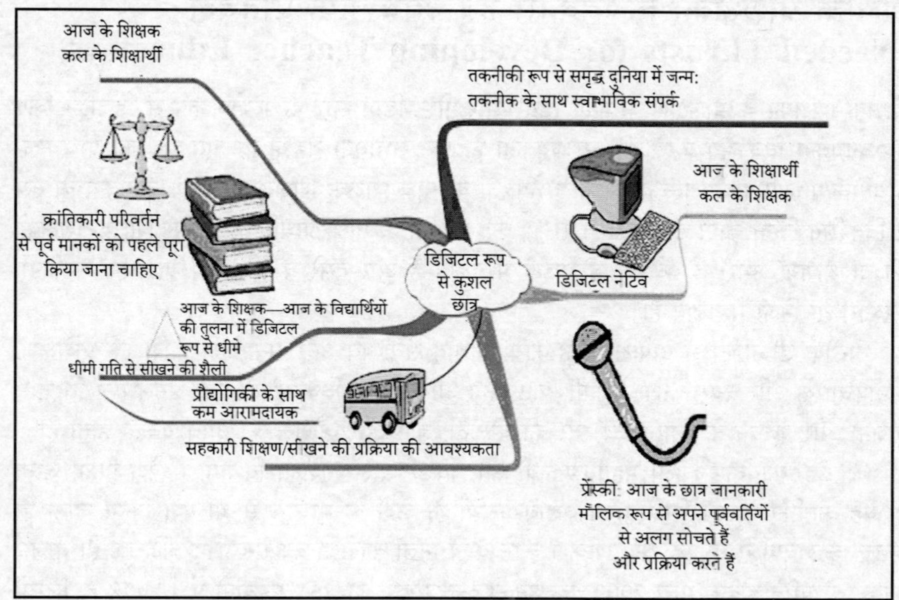

चित्र 17.1 शिक्षण और अधिगम—बदलता परिदृश्य।

शिक्षक प्रशिक्षकों को तैयार करना (Preparing Teacher Educators)

यह स्पष्ट है कि एक भावी शिक्षक की शिक्षा और प्रशिक्षण इस हद तक प्रभावी होगा कि उसे ऐसे शिक्षक प्रशिक्षकों द्वारा प्रदान किया गया हो जो उस कार्य के लिए सक्षम और पेशेवर रूप से सुसज्जित हों।

इसका अनिवार्यतः अर्थ यह है कि मौजूदा एम.एड. कार्यक्रम को नया रूप देने के अलावा, शिक्षक शिक्षा में एक नया विमर्श शुरू करना होगा ताकि निम्नलिखित पहलुओं के निहितार्थों की ठोस समझ प्राप्त की जा सके:

1. उच्च शिक्षा में शैक्षिक अध्ययन के अध्ययन के लिए बहुपक्षीय प्रवेश बिंदु बनाना।
2. अध्यापक शिक्षा के लिए सामान्य विषयों का ज्ञान रखने वाले व्यक्तियों को शामिल करके अध्यापक प्रशिक्षकों की प्रोफ़ाइल को व्यापक बनाना, ताकि शिक्षा का विषय विशेषज्ञता में विकसित हो सके, जिसके लिए शिक्षा के बाहर समान विषयों में भी अच्छी तरह से पारंगत होने वाले व्यक्तियों की आवश्यकता होगी।
3. जहां भी जरूरी और आवश्यक समझा जाए, वहां ब्रिज कोर्स और शिक्षक शिक्षा के माध्यम से स्नातकोत्तर स्तर पर शैक्षिक अध्ययन को आगे बढ़ाने की संभावनाओं पर काम करना।

शिक्षक प्रशिक्षकों के विकास हेतु आवश्यक प्रतिबल (Needed Thrusts for Developing Teacher Educators)

शिक्षक शिक्षकों के प्रशिक्षण के लिए डिग्री और पोस्ट-डिग्री स्तर पर विशेष रूप से डिज़ाइन किए गए कार्यक्रम विकसित करने की आवश्यकता है। एक संभावना यह है कि एम.एड. को प्री-स्कूल/प्राथमिक/माध्यमिक शिक्षक शिक्षा में विशेषज्ञता के साथ शिक्षक शिक्षक प्रशिक्षण कार्यक्रम के रूप में विकसित किया जाए। डीआईटी (DIET) की स्थापना के साथ, प्राथमिक स्तर पर शिक्षक शिक्षकों की दो श्रेणियाँ उभरी हैं—वे जो डीआईटी में पढ़ाते हैं और दूसरे वे जो अन्य प्रशिक्षण संस्थानों, सरकारी या निजी में पढ़ाते हैं।

प्रत्येक डीआईटी से अपेक्षित बहु-कार्य, अर्थात् सेवा-पूर्व और सेवाकालीन शिक्षक प्रशिक्षण, अनौपचारिक और वयस्क शिक्षा कर्मी, पाठ्यक्रम और सामग्री विकास, शैक्षिक अनुसंधान, विस्तार, योजना और प्रबंधन के लिए उच्च स्तर की योग्यता, ज्ञान और कौशल की आवश्यकता होती है।

बी.एड. कार्यक्रम शिक्षा महाविद्यालयों और विश्वविद्यालय शिक्षा विभागों में पेश किया जाता है। यह कार्यक्रम दूरस्थ शिक्षा/मुक्त विश्वविद्यालयों के केंद्रों के माध्यम से भी पेश किया जाता है। पिछले कुछ वर्षों में बी.एड. की पेशकश करने वाले निजी कॉलेजों की संख्या में वृद्धि हुई है। बाजार कारकों से प्रेरित होकर, मार्च 2009 तक उनकी कुल संख्या 11,861 संस्थानों में 14,428 है, जिसमें 10,96,673 उम्मीदवारों का स्वीकृत प्रवेश है।

पिछले कुछ वर्षों में अध्यापक शिक्षा संस्थानों की संख्या में तेजी से वृद्धि होने के कारण स्थिति गंभीर हो गई है, क्योंकि अध्यापक प्रशिक्षकों की आपूर्ति, संकाय की बढ़ती मांग के अनुरूप नहीं हो पाई है, तथा संस्थानों ने योग्यता और संख्या दोनों के संदर्भ में संकाय आवश्यकताओं से समझौता कर लिया है।

शैक्षिक अध्ययन की स्थिति और शिक्षक प्रशिक्षकों के व्यावसायिक विकास को बढ़ाना (Enhancing the Status of Educational Studies and Professional Development of Teacher Educators)

शिक्षा को उच्च शिक्षा प्रणाली से एक विषय के रूप में अलग-थलग करना शैक्षिक अध्ययनों की निरंतर निम्न स्थिति का एक मुख्य कारण माना जाता है। एनसीएफ (NCF) ने यह भी सुझाव दिया है कि स्नातक छात्रों को शिक्षा में अध्ययन करने के लिए विभिन्न मार्ग प्रदान किए जाने चाहिए जैसे कि प्राथमिक और माध्यमिक शिक्षा में चार वर्षीय एकीकृत पाठ्यक्रम, सामान्य शिक्षा के स्नातक कार्यक्रमों में शैक्षिक अध्ययन में ऐच्छिक, इसके बाद शिक्षा, सामाजिक विज्ञान, विज्ञान, मानविकी, गणित, भाषा अध्ययन और उदार कला में स्नातकोत्तर अध्ययन की एक श्रृंखला। ऐसे विविध मार्ग प्रतिभाशाली और प्रेरित युवाओं को शिक्षा में प्रवेश करने और शिक्षक शिक्षा, अनुसंधान, पाठ्यक्रम और शिक्षण जैसे विकल्पों को अपनाने के लिए प्रेरित करेंगे।

एनसीएफटीई (NCFTE) 2010 की सिफारिशें निम्नलिखित हैं:

- प्राथमिक और माध्यमिक शिक्षक शिक्षा को मुख्यधारा से अलग-थलग करने और इसे उच्च शिक्षा के साथ एकीकृत करने के लिए आरआईई (RTE) सहित चयनित (30) विश्वविद्यालय विभागों में शिक्षा विद्यालयों की स्थापना। विद्यालयों में सेवा-पूर्व शिक्षक शिक्षा, पाठ्यक्रम अनुसंधान नीति और शैक्षिक विकास, शिक्षण और शैक्षणिक अध्ययन, मूल्यांकन और मूल्यांकन, शिक्षक प्रशिक्षकों के व्यावसायिक विकास और शिक्षक शिक्षा पाठ्यक्रम और शिक्षक संसाधन और शैक्षणिक सहायता के लिए केंद्र होंगे।
- यूजीसी (UGC) के तहत राष्ट्रीय स्तर पर एक अंतर-विश्वविद्यालय केंद्र की स्थापना की जाएगी, जो शैक्षणिक सामग्री के मामले में स्कूलों का समन्वय करेगा: शिक्षक शिक्षा पाठ्यक्रम को फिर से डिजाइन करना, पाठ्यक्रम सामग्री विकसित करना, क्षेत्रीय भाषाओं में सामग्री तैयार करना, शिक्षक शिक्षा के लिए पाठ्यक्रम और शैक्षणिक सामग्री पर वेब पोर्टल स्थापित करना। केंद्र का कार्य स्कूली शिक्षा के प्राथमिक और माध्यमिक स्तरों पर एकीकृत ध्यान केंद्रित करना होगा।
- आईआईएससी (IISC), होमी भाभा सेंटर, टीआईएफआर (TIFR) जैसे प्रमुख राष्ट्रीय स्तर के संस्थानों में विशेष शिक्षा केंद्रों की स्थापना करना, ताकि 3 वर्ष की अवधि के स्नातकोत्तर पाठ्यक्रम (2 वर्ष के लिए बी.एड. या 3 वर्ष के लिए एम.एड.) की पेशकश की जा सके, ताकि वरिष्ठ माध्यमिक विद्यालय के शिक्षकों और शिक्षक प्रशिक्षकों का एक विशेष कैडर विकसित किया जा सके।
- डीआईईटी (TIET), एससीईआरटी (NCERT) के प्रमुखों के लिए शैक्षिक प्रबंधन में स्नातकोत्तर डिग्री प्रदान करने के लिए आईआईएम (IIM) और एनयूईपीए (NUEPA) में शैक्षिक प्रबंधन के चार क्षेत्रीय केंद्र स्थापित करना।
- शिक्षकों के व्यावसायिक विकास के लिए केंद्र, गणित/विज्ञान/सामाजिक विज्ञान शिक्षा और मूल्यांकन में पाठ्यक्रम और शैक्षणिक अध्ययन में विशेषज्ञता के साथ प्रारंभिक शिक्षा/माध्यमिक शिक्षा में मास्टर कार्यक्रम की पेशकश करेगा।
- प्रारंभिक शिक्षा में उन्नत डिप्लोमा के माध्यम से प्रारंभिक विद्यालय शिक्षण के लिए चयनित माध्यमिक विद्यालय के शिक्षकों का पुन: उन्मुखीकरण; पाठ्यक्रम और शैक्षणिक अध्ययन और अनुशासनात्मक ज्ञान आधार सहित डीआईईटी (DIET)/एससीईआरटी (SCERT) संकाय के लिए व्यावसायिक विकास के केंद्रित कार्यक्रम।
- प्रस्तावित विश्वविद्यालय शिक्षा विद्यालयों में प्रारंभिक विद्यालय के शिक्षकों सहित सभी शिक्षक प्रशिक्षकों के लिए पुनश्चर्या पाठ्यक्रमों और विश्वविद्यालय विभागों द्वारा विशेष विषय पुनश्चर्या पाठ्यक्रमों के माध्यम से मौजूदा शिक्षक प्रशिक्षकों के पेशेवर नवीनीकरण पर विशेष जोर दिया जाएगा।
- अनुसंधान करने के लिए शिक्षक शिक्षक फेलोशिप की स्थापना, जिसमें मार्गदर्शन का प्रावधान है। शिक्षक शिक्षा के सरकारी और सहायता प्राप्त संस्थानों में काम करने वाले शिक्षक शिक्षकों के लिए लगभग 200 या उससे अधिक फेलोशिप। फेलोशिप 2 साल की अवधि के लिए शिक्षण और अनुसंधान करने के लिए उच्च शिक्षा संस्थानों से जुड़ने के अवसर प्रदान करेगी।

- आवधिक शैक्षिक संवर्धन गतिविधियाँ- सार्वजनिक व्याख्यान, फिल्म और पुस्तक चर्चा सत्र, आवश्यकता-आधारित मुद्दे, शिक्षण-अधिगम कौशल पर अल्पकालिक अभिविन्यास पाठ्यक्रम, विभिन्न पाठ्यचर्या क्षेत्रों और बाल विकास से संबंधित मेटा-लर्निंग रणनीतियाँ, पाठ्यक्रम डेवलपर्स के लिए पढ़ने, लिखने, सोचने और अनुदेशात्मक डिजाइन सिद्धांतों से संबंधित शैक्षणिक पहलू।
- शिक्षक संसाधन और शैक्षिक सहायता केंद्र: शिक्षक संसाधन, बाल साहित्य, विविध स्कूल पाठ्यक्रम, पाठ्यपुस्तकें, मल्टीमीडिया सामग्री, इंटरनेट पहुंच का प्रावधान; शिक्षक संपर्क, संकाय आदान-प्रदान, सेमिनार, अध्ययन सत्र, शैक्षिक सहायता, आमने-सामने के साथ-साथ आईसीटी के माध्यम से मंच; स्कूलों में उपयोग के लिए सीखने और पढ़ाने की सामग्री का विकास और स्कूलों में साझा करना।

शिक्षक प्रशिक्षकों की तैयारी—भविष्य की दिशाएं और संभावनाएं (Preparation of Teacher Educators—Future Directions and Possibilities)

शिक्षक शिक्षा में शिक्षक शिक्षकों की शिक्षा एक प्रमुख मुद्दा है। वर्तमान में, शिक्षक शिक्षकों की शिक्षा मुख्य रूप से एक वर्षीय एम.एड. के माध्यम से होती है। तालिका 17.1 में एनसीएफटीई (NCFTE) 2010 की मुख्य सिफारिशें दी गई हैं। एम.फिल. और पीएचडी मार्गों के माध्यम से आगे की उन्नति उपलब्ध है। हालाँकि, ये विशेष रूप से शिक्षक शिक्षक तैयार करने के लिए डिज़ाइन नहीं किए गए हैं, हालाँकि ये सभी शिक्षक शिक्षा के कुछ पहलुओं से संबंधित ज्ञान प्रदान करते हैं।

एनसीएफटीई (NCFTE) 2010 इस संदर्भ में निम्नलिखित सिफारिशें देता है:

- शिक्षक शिक्षा कार्यक्रमों में प्रतिभा के प्रवेश को बढ़ावा देने के लिए तंत्र विकसित करने की आवश्यकता है।
- विभिन्न विज्ञान और सामाजिक विज्ञान विषयों के छात्रों के लिए अनुसंधान कार्यक्रमों सहित शिक्षा में स्नातकोत्तर अध्ययन के लिए ऊर्ध्वाधर संपर्क प्रदान किए जाने की आवश्यकता है।
- चार या पांच वर्ष की अवधि के शिक्षक शिक्षा के एकीकृत मॉडल में ऐसे मुख्य घटक शामिल हो सकते हैं जो सभी शिक्षक शिक्षा कार्यक्रमों (पूर्व-प्राथमिक, प्रारंभिक, माध्यमिक और वरिष्ठ माध्यमिक) के लिए सामान्य होंगे, जिसके बाद शिक्षा के स्तर के अनुसार व्यावसायिक विकास का विशेषीकरण किया जाएगा।
- विज्ञान शिक्षा, भाषा शिक्षा, सामाजिक विज्ञान शिक्षा और गणित शिक्षा में स्नातकोत्तर स्तर पर विशेषज्ञता विकसित करने की आवश्यकता है।
- उदार अध्ययन के रूप में शिक्षा और व्यावसायिक तैयारी के रूप में शिक्षा के बीच अंतर को समझा जाना चाहिए और स्नातकोत्तर कार्यक्रम डिजाइन को इसे ध्यान में रखना चाहिए।

तालिका 17.1 सामान्य-मुख्य सिफारिशें

महाविद्यालयों और शिक्षा संस्थानों तथा स्कूल समुदाय के बीच सहयोग के लिए

शिक्षक शिक्षा के लिए साझेदारी करने वाले शिक्षक शिक्षा संस्थानों और स्कूल जिलों को एक साथ मिलकर काम करते हुए, पेशे के रूप में शिक्षण में रुचि रखने वाले लोगों की भर्ती और उन्हें सलाह देने की एक व्यापक, एकीकृत प्रणाली स्थापित करनी चाहिए।

शिक्षक शिक्षा समुदाय के लिए

1. कॉलेजों और विश्वविद्यालयों में शिक्षण विभागों को कॉलेज स्तर के पाठ्यक्रम प्रदान करने की अधिक जिम्मेदारी लेनी चाहिए, जो शिक्षकों को उपयुक्त विषय-वस्तु के बारे में गहन जानकारी प्रदान करें तथा उस विषय-वस्तु को पढ़ाने के लिए उपयुक्त शैक्षणिक दृष्टिकोणों का मॉडल प्रस्तुत करें।
2. स्वायत्त कॉलेजों और विश्वविद्यालयों को कार्यरत और भावी शिक्षकों की आवश्यकताओं को बेहतर ढंग से पूरा करने के लिए सभी विषयों में प्रारंभिक कॉलेज स्तर के पाठ्यक्रमों की पुनः जांच और पुनः डिजाइन करना चाहिए।
3. जिन विश्वविद्यालयों का प्राथमिक मिशन शिक्षा अनुसंधान शामिल है, उन्हें शिक्षक शिक्षा, शिक्षण की कला और सभी आयु वर्ग के लोगों के लिए सीखने को बेहतर बनाने के तरीकों पर ध्यान केंद्रित करने वाले सहकर्मी-समीक्षित शोध अध्ययनों के विकास और निष्पादन को प्राथमिकता देनी चाहिए। नए शोध जो अध्ययनों में डेटा को संश्लेषित करने और इसे विभिन्न प्रकार की स्कूल सेटिंग्स में स्कूल अभ्यास से जोड़ने पर व्यापक रूप से ध्यान केंद्रित करते हैं, वे भावी और अनुभवी शिक्षकों दोनों के लिए शिक्षक शिक्षा और व्यावसायिक विकास के सुधार के लिए विशेष रूप से सहायक होंगे। इस शोध के परिणामों को राष्ट्रीय इलेक्ट्रॉनिक डेटाबेस या लाइब्रेरी के माध्यम से एकत्रित और प्रसारित किया जाना चाहिए।

राष्ट्रीय विजन मिशन निश्चित रूप से नवाचारों को पोषित करेगा, जैसा कि अध्यापक शिक्षा के लिए राष्ट्रीय पाठ्यक्रम (एनसीटीई, 2009) और अध्यापक शिक्षा: नीति निर्माण की दिशा में चिंतन (एनसीटीई, 2009) के उद्भव से स्पष्ट है।

एकीकृत अभिनव शिक्षक शिक्षा कार्यक्रम (नवरचना विश्वविद्यालय, वडोदरा, 2009, कैरोलैक्स विश्वविद्यालय, अहमदाबाद, 2009) के लिए प्रस्ताव हैं। भारतीय शिक्षक शिक्षा संस्थान, गुजरात (बिल 4, 2010) पर एक विधेयक पारित हो चुका है, जिसमें शिक्षकों और संस्थानों को उत्साहित और उत्साहित करने के लिए अनुसंधान, प्रशिक्षण और विकास, विस्तार क्षमता निर्माण के लिए शिक्षक शिक्षा में उत्कृष्टता केंद्र स्थापित करने की परिकल्पना की गई है। समग्र शिक्षा के लिए अनुसंधान है। यहां तक कि विज्ञान और कला की सामान्य बिषयों ने भी शिक्षक शिक्षा के महत्व को महसूस किया है (गांधीग्राम ग्रामीण विश्वविद्यालय, डिंडीगुल)। आईसीटी (ICT) मध्यस्थता वाले रचनात्मक दृष्टिकोण के माध्यम से शिक्षकों की व्यावसायिक दक्षताओं को बढ़ाने के प्रयास किए जा रहे हैं।

शिक्षक शिक्षा के प्रति दृष्टिकोण में परिवर्तन (Changing the Approach to Teacher Education)

आर्टिफिशियल इंटेलिजेंस (एआई), रोबोटिक्स, ऑटोमेशन—साथ ही महामारी जैसी आपदाएँ—का मतलब है कि भविष्य की पीढ़ियाँ जिस तरह से पढ़ाई और काम कर रही हैं, वह आज की तुलना

में बहुत अलग दिखाई देगी। वर्ल्ड इकोनॉमिक फ़ोरम फ्यूचर ऑफ़ जॉब्स रिपोर्ट 2023 के अनुसार, अधिक जटिल समस्याओं को हल करने के लिए मज़बूत संज्ञानात्मक कौशल की अधिक आवश्यकता होगी। नतीजतन, उनके शोध में शीर्ष पाँच 'बढ़ते कौशल' इस प्रकार सूचीबद्ध हैं:

- रचनात्मक सोच
- विश्लेषणात्मक सोच
- तकनीकी साक्षरता
- जिज्ञासा और आजीवन सीखना
- लचीलापन, नम्यता और स्फूर्ति

एनईपी (NEP) 2020 में यह परिकल्पना की गई है कि 2030 तक शिक्षण के लिए न्यूनतम डिग्री योग्यता 4 वर्षीय एकीकृत बी.एड. डिग्री होगी। शिक्षक शिक्षा सहित उच्च शिक्षा में अब तक किए गए प्रमुख परिवर्तन इस प्रकार हैं:

- पाठ्यक्रम का उन्नयन—सेवा-पूर्व शिक्षा
- यूजीसी क्रेडिट ट्रांसफर-ऑनलाइन पाठ्यक्रमों के लिए 20% से 40% तक
- एमओओसी (मैसिव ओपन ऑनलाइन कोर्सेज) प्लेटफॉर्म, ईडीएक्स साइट्स, स्वयं पाठ्यक्रमों का उपयोग बढ़ाया गया है
- शिक्षक शिक्षा में तेजी से डिजिटल नवाचारों के साथ कौशल उन्नयन, विशेषकर महामारी के कारण
- सभी शिक्षकों और शिक्षक-प्रशिक्षकों को विशेष रूप से डिजिटल साक्षरता में सेवाकालीन शिक्षक प्रशिक्षण प्रदान करना

निष्कर्ष (Conclusion)

एक विकासशील समाज में, शिक्षा के प्रति दूरदर्शी दृष्टिकोण को भी विकसित करने की आवश्यकता है। अब यह सामान्य बात नहीं रह गई है कि विद्यार्थी रोजगार से पहले अपने जीवन के पहले बीस या उससे अधिक वर्ष औपचारिक शिक्षा में बिताए, जहाँ उसे तदर्थ आधार पर लगातार ऑन-द-जॉब प्रशिक्षण की आवश्यकता होती है। शिक्षा आज एक आजीवन प्रयास है, और ऑनलाइन शिक्षा इसमें एक बड़ी भूमिका निभाएगी।

शिक्षक शिक्षा को सामाजिक आवश्यकताओं और बदलते समय के आधुनिक रुझानों के साथ तालमेल बिठाने की आवश्यकता है।